"古文字與中華文明傳承發展工程"協同攻關創新平臺項目
"秦漢簡帛古書異文整理與研究"（G3912）

國家社科基金青年項目
"簡牘文獻所見《蒼頡篇》的綜合整理與研究"（18CYY042）

古文字與中華文明
傳承發展工程

嶽麓書院出土文獻與古史研究叢書

漢簡蒼頡篇研究

白軍鵬 —— 著

社會科學文獻出版社
SOCIAL SCIENCES ACADEMIC PRESS (CHINA)

作者簡介

白軍鵬

　　吉林省公主嶺人，東北師範大學文學學士，吉林大學歷史學博士。現任教於東北師範大學文學院古代漢語教研室。主要從事以簡牘本《蒼頡篇》爲核心的秦漢字書研究、漢代出土文獻人名研究以及古書訛字研究等。在《考古》《文獻》《出土文獻》《光明日報》等報刊上發表學術論文40餘篇。主持國家社科基金青年項目及一般項目各一項、古文字工程項目一項、古委會項目一項、博士後面上資助及特別資助項目各一項等。曾獲第一屆博士研究生國家獎學金、第十三屆中國古文獻獎學金博士組二等獎。

目　录

緒論　文獻中的《蒼頡篇》……………………………………… 1

第一章　簡牘本《蒼頡篇》的文本問題……………………… 43
　　第一節　漢代簡牘本《蒼頡篇》的發現及研究 ………… 43
　　第二節　《蒼頡篇》中的雙音詞 ………………………… 73
　　第三節　《蒼頡篇》中的複字及"姓名簡"的歸屬 ……… 88
　　第四節　"秦三蒼"的字數 ……………………………… 105
　　第五節　《顏氏家訓》所載"豨黥韓覆"等問題的考論 ……… 111

第二章　北大簡《蒼頡篇》文本整理 ……………………… 116
　　第一節　北大簡《蒼頡篇》文字整理及校訂 …………… 117
　　第二節　北大簡《蒼頡篇》簡序的調整 ………………… 151

第三章　漢牘本《蒼頡篇》文本整理及五十五章本復原 …… 185
　　第一節　漢牘本《蒼頡篇》文字整理及校訂 …………… 185
　　第二節　五十五章本的復原 ……………………………… 230

第四章　簡牘本《蒼頡篇》異文研究 ……………………… 247
　　第一節　《蒼頡篇》異文與秦漢用字習慣的更替 ……… 248

第二節 《蒼頡篇》異文中的通假字及相關問題 …………… 259
第三節 《蒼頡篇》異文的學術價值 …………………………… 272
第四節 《蒼頡篇》異文所見的字（詞）替換 ………………… 278

附錄 簡牘本《蒼頡篇》異文表 ……………………………… 283

參考文獻 ……………………………………………………………… 293

後 記 ………………………………………………………………… 309

緒論　文獻中的《蒼頡篇》

一　《蒼頡篇》的編纂及續作

在二十世紀初斯坦因於甘肅發現敦煌漢簡之前，《蒼頡篇》在古書中衹是殘存一些零散記述及隻言片語。能夠成句者僅《説文解字·叙》所述之"幼子承詔"、《爾雅》郭璞注所引之"考妣延年"，以及《顔氏家訓·書證篇》所載之"漢兼天下，海内并厠。豨黥韓覆，畔討滅殘"等。從這些内容分析《蒼頡篇》的文本情況，我們僅能大概知道其四字爲句。

學者們在相關研究之前一般均會對《蒼頡篇》的編纂情況進行介紹。雖然這已經是"老生常談"了，但是爲了保持研究的完整性，這裏還是要將相關文獻引出，并試圖發掘以往未被關注的内容。

在漢代文獻中，《蒼頡篇》或作《倉頡篇》，最初是由秦代李斯所作。《漢書·藝文志》載：

> 《蒼頡》七章者，秦丞相李斯所作也；《爰歷》六章者，車府令趙高所作也；《博學》七章者，太史令胡母敬所作也。文字多取《史籀篇》，而篆體復頗異，所謂秦篆者也……漢興，閭里書師合《蒼頡》《爰歷》《博學》三篇，斷六十字以爲一章，凡五十五章，并爲《蒼頡篇》。武帝時司馬相如作《凡將篇》，無復字。元帝時黄門令史游作《急就篇》，成帝時將作大匠李長作《元尚篇》，皆《蒼頡》中正字也。《凡將》則頗有出矣。至元始中，徵天下通小學者

以百數，各令記字於庭中。揚雄取其有用者以作《訓纂篇》，順續《蒼頡》，又易《蒼頡》中重復之字，凡八十九章。臣復續揚雄作十三章，凡一百二章，無復字，六藝群書所載略備矣。《蒼頡》多古字，俗師失其讀，宣帝時徵齊人能正讀者，張敞從受之，傳至外孫之子杜林，爲作訓故，并列焉。①

許慎在《説文解字叙》中亦對《蒼頡篇》的編纂情況有所叙述：

> 其後諸侯力政，不統於王，惡禮樂之害己，而皆去其典籍。分爲七國，田疇異晦，車涂異軌，律令異法，衣冠異制，言語異聲，文字異形。秦始皇帝初兼天下，丞相李斯乃奏同之，罷其不與秦文合者。斯作《倉頡篇》，中車府令趙高作《爰歷篇》，太史令胡母敬作《博學篇》。皆取《史籀》大篆，或頗省改，所謂小篆者也……孝宣時，召通《倉頡》讀者，張敞從受之。涼州刺史杜業、沛人爰禮、講學大夫秦近亦能言之。孝平時，徵禮等百餘人，令説文字未央廷中，以禮爲小學元士。黄門侍郎揚雄采以作《訓纂篇》。凡《倉頡》已下十四篇，凡五千三百四十字，群書所載，略存之矣。②

雖然《漢志》③與《説文》均對《蒼頡篇》的編纂及續作有類似的記載，但是兩相比較，除了"蒼"與"倉"等用字差别外，仍有一些區别值得關注。④

首先，《説文》對《蒼頡篇》的編纂目的有所交代，即與"書同文"相關，也就是説《蒼頡篇》等編纂的初衷是爲統一六國文字。對此，相

---

① 《漢書》卷三〇《藝文志》，中華書局，1962，第1721頁。需要在此説明的是《漢志》及一部分文獻在提到"複字"及相關概念時使用的是"復字""重復"等，我們在引用原文時仍其舊，而在一般叙述時則據目前使用習慣用"重複"及"複字"。
② 許慎：《説文解字》，中華書局影印陳昌治刻本，1963，第315頁。
③ 如無特殊説明，本書所提到的《漢志》即特指《漢書·藝文志》。
④ 下面在一般叙述時均作"蒼頡"，不過在引述他人意見時則依其原文所用之字。

關的研究者也基本表示認同。胡平生等先生認爲:"秦統一中國後,要'書同文字',《蒼頡》《爰歷》和《博學》就是作爲全國統一的教科書加以頒布的。"①梁静先生提到:"《蒼頡篇》的初創應該是出於規範文字的需要,特别是秦代統一六國文字的需要。"②周飛先生也在趙平安先生意見的基礎上提到"《蒼頡篇》是針對第三次'書同文'而作",并指出"《蒼頡篇》是秦統一文字的重要工具"。③

兩者間的這個差異應主要是由其撰作立場不同造成的。《漢志》的關注重點是學術源流,因此,我們可以明顯發現在叙述《蒼頡篇》的流傳方面,《漢志》是詳於《説文》的,如後者未述《凡將篇》《急就篇》《元尚篇》等的編纂;而許慎作《説文》,則是站在文字學的立場上發言。因此,他的叙述與班固各有側重、互成參差也就不難理解了。

其次,班、許均對《蒼頡篇》的續作情况有所叙述,并分別稱"六藝群書所載略備矣"以及"群書所載,略存之矣"。不過兩者的續作截止并不相同。許慎叙述至揚雄《訓纂篇》,"凡五千三百四十字",即八十九章,而班固則將自己所作十三章一并計算在内,稱"凡一百二章"。班固卒於東漢永元四年(公元92年),此時的《漢書》僅"八表"與《天文志》尚未完成。而一般認爲許慎自漢和帝永元十二年(公元100年)始撰《説文》,從年代上看是晚於班固卒年的,其編纂時間長達二十二年,④而"叙"之撰寫顯然應在全書完成之後,如此來看,自《漢志》的完成至許慎作《説文解字叙》之間應該有幾十年的時間差。

---

① 胡平生、韓自强:《〈蒼頡篇〉的初步研究》,《文物》1983年第2期;後收入《胡平生簡牘文物論稿》(名爲《阜陽漢簡〈蒼頡篇〉的初步研究》),中西書局,2012,第1頁。
② 梁静:《出土文獻與〈蒼頡篇〉研究》,《簡帛》第十輯,上海古籍出版社,2015,第264頁。
③ 周飛:《〈蒼頡篇〉綜合研究》,清華大學博士學位論文,2017,第2頁。
④ 據《説文解字叙》"粵在永元困頓之年",段玉裁謂"漢和帝永元十二年,歲在庚子。《爾雅》曰'歲在庚曰上章,在子曰困頓'。"段氏在"朔日甲申"下又考證《後漢書》賈逵於和帝永元十三年卒,時年七十二。然則許之撰《説文解字》,先逵卒一年。用功伊始,蓋恐失隊所聞也。自永元庚子至建光辛酉,凡歷二十二年,而其子冲獻之。"參《説文解字注》,上海古籍出版社,1981,第782頁。

許書未將班氏所作十三章計算在内，當然有可能當時文獻及信息流通不暢，導致許慎并不知道班固所續作，不過史載《漢書》完成後，很快獲得社會上普遍的推崇，因此稱"當世甚重其書，學者莫不諷誦焉"。① 且在班固生前，《漢書》中的一些篇章就已經在朝廷流傳。與許慎同時的學者有一些是明顯受到《漢書》影響的。陳君先生曾討論過張衡及馬融的文學創作受《漢書》影響的情況。② 而值得注意的是李士彪先生曾指出有證據表明許慎在寫作《説文解字》時受到《漢書》影響。③ 尤其是《藝文志》這類文獻更應該是許慎等關注的重點。我們再看兩者的叙述"六藝群書所載略備矣"以及"群書所載，略存之矣"更是極爲近似，更可説明許慎在此處應是受到《藝文志》影響的。因此《説文·叙》未載班固所作之十三篇是很值得繼續探討的。④

　　不過《蒼頡篇》在漢代的增續并未結束於班固。《書斷》謂："和帝永元中，賈魴又撰異字，取固所續章而廣之，爲三十四章，用《訓纂》之末字以爲篇目，故曰《滂熹篇》，言滂沱大盛，凡百二十三章，文字備矣。"⑤ 至此，廣義上的《蒼頡篇》已經達到了7380字，此後未再有續作者。《隋書·經籍志》："《三蒼》三卷，郭璞注。秦相李斯作《蒼頡篇》，漢揚雄作《訓纂篇》，後漢郎中賈魴作《滂喜篇》，故曰三蒼。"⑥ 這就是傳統上所謂的"三蒼"。

　　按照《漢志》所載，"漢興，閭里書師合《蒼頡》《爰歷》《博學》

---

① 《後漢書》卷四〇《班彪列傳》，中華書局，1965，第1334頁。
② 陳君：《潤色鴻業——〈漢書〉文本的形成與早期傳播》，北京大學出版社，2020，第127~128頁。
③ 李士彪：《魏晋南北朝文體學》，上海古籍出版社，2004，第30頁。
④ 關於班固所作之十三章一直存有爭議。一般認爲這部分文字應保存於賈魴所作三十四章《滂熹篇》中，如段玉裁謂"然則賈魴所作有三十四章，而班之十三章在其中"。梁静先生又提出"還有其他可能，比如'十三章'已佚，并未保存於揚、賈的'三十四章'中。"參梁静《出土〈蒼頡篇〉研究》，科學出版社，2015，"前言"第4頁。
⑤ 張彦遠纂輯，劉石校理《法書要録校理》，中華書局，2021，第448頁。
⑥ 《隋書》卷三二《經籍志一》，中華書局，1973，第942頁。《書斷》所載與此同。庚元威《論書》則謂："後人分五十五章，爲《三蒼》上卷，至平帝元始中，揚子雲作《訓纂》，記'滂喜'爲中卷，和帝永元中，賈升郎更續記'彦均'爲下卷，皆是記字，字出衛人，故人稱爲三蒼也。"稍異。見《法書要録校理》，第74~75頁。

三篇，斷六十字以爲一章，凡五十五章。"這顯然是將"合并"與"斷章"之功均歸諸"閭里書師"。不過從出土文獻所載的情况來看，阜陽漢簡及北大簡均是未"斷章"以前的版本，却已經是合三篇爲一了。如果細加考察，北大簡本未見書題，阜陽漢簡簡 10 首四字爲"爰歷次貤"，顯然是《爰歷篇》之首，在"爰"字上方有一個墨書圓點，這種圓點（結合其在簡册中的位置）在秦漢簡牘中往往用於區分篇章，不可能作爲書題。① 也就是説阜陽漢簡本可以明確爲三者合一之本，作爲含有更多漢人增改痕迹的北大簡本大概率也當如此。且兩者均出土於高等級墓葬之中，與其他典籍如《詩經》《老子》等并存，顯然應與"閭里書師"無關。

"閭里書師"的改編當然是出自教學的需要。《論衡·自紀篇》："父未嘗笞，母未嘗非，閭里未嘗讓。八歲出於書館，書館小僮百人以上，皆以過失袒謫，或以書醜得鞭。充書日進，又無過失。手書既成，辭師，受《論語》《尚書》，日諷千字。"② 其所辭之師乃書館之師，當即"書師"。王國維在《漢魏博士考》一文中指出："漢時教初學之所，名曰書館，其師名曰書師，其書用《倉頡》《凡將》《急就》《元尚》諸篇，其旨在使學童識字習字。"③ 這些都説明了"書師"在漢代是教授等級比較低的老師，與"經師"存在一定差距。而"閭里"在當時亦有粗陋、淺薄之義。《漢書·司馬遷傳》："辨而不華，質而不俚。"如淳曰："言雖質，猶不如閭里之鄙言也。"④《後漢書·蔡邕列傳》："意陳方俗閭里小事，帝甚悦之，待以不次之位。"⑤ 均爲其例。所以班固纔稱之爲"閭里書師"，似亦有輕賤之義。

因此，準確來説，最初合并《蒼頡》《爰歷》《博學》三篇者必非"閭里書師"。我們還可以從《漢志》所載窺得其實："《蒼頡》一篇。"

---

① 關於簡牘帛書中書題、篇題的格式可參程鵬萬《簡牘帛書格式研究》，上海古籍出版社，2017，第 140~158 頁。
② 王充：《論衡》，上海人民出版社，1974，第 447 頁。
③ 王國維：《觀堂集林》，中華書局，1999，第 179 頁。
④ 《漢書》卷六二《司馬遷傳》，第 2738 頁。
⑤ 《後漢書》卷六〇下《蔡邕列傳》，第 1992 頁。

班固自注稱"上七章，秦丞相李斯作；《爰歷》六章，車府令趙高作；《博學》七章，太史令胡母敬作。"①稱李斯所作《蒼頡篇》爲"上七章"，則顯然是以《爰歷篇》爲"中六章"，《博學篇》爲"下七章"爲參照的，是舉"上"以賅"中、下"，可知三者亦爲一篇，從分章上看顯然是未經"斷章"之本，也就是尚未經"閭里書師"改編者。

二 《蒼頡篇》的影響

李斯等作《蒼頡篇》的初衷確實應是爲統一文字，但是統一文字與習字之間是有着密切聯繫的。而且《蒼頡篇》的文本面貌也確實很適合充當習字教材，因此到了漢代，當統一文字的需求沒有了，《蒼頡篇》便理所應當越來越多地承擔起一般字書的習字教材的功用。

不過從相關文獻記載來看，至少在漢初，這一功用主要仍由《史籀篇》來承擔。關於《史籀篇》，《漢志》謂："《史籀》十五篇。"班氏自注："周宣王太史作大篆十五篇，建武時亡六篇矣。"②又謂："《史籀篇》者，周時史官教學童書也，與孔氏壁中古文異體。"③《説文·叙》："及宣王太史籀箸大篆十五篇，與古文或異。"④而從前面《説文》與《漢志》的相關記述來看，《蒼頡篇》的文字亦是在《史籀篇》的基礎上"省改"而來。

《説文解字叙》："《尉律》：學僮十七已上始試，諷籀書九千字，乃得爲吏。又以八體試之，郡移太史并課，最者以爲尚書史。書或不正，輒舉劾之。"⑤《漢志》："漢興，蕭何草律，亦著其法，曰：'太史試學童，能諷書九千字以上，乃得爲史。又以六體試之，課最者以爲尚書、御史、史書令史。吏民上書，字或不正，輒舉劾。'"⑥張家山漢簡《二年律令·史律》亦有相近的記載："[試]史學童以十五篇，能風（諷）

---

① 《漢書》卷三〇《藝文志》，第1719頁。
② 《漢書》卷三〇《藝文志》，第1719頁。
③ 《漢書》卷三〇《藝文志》，第1721頁。
④ 許慎：《説文解字》，第314頁。
⑤ 許慎：《説文解字》，第315頁。
⑥ 《漢書》卷三〇《藝文志》，第1720~1721頁。

書五千字以上，乃得爲史。有（又）以八體（體）試之，郡移其八體（體）課大史，大史誦課，取寂（最）一人以爲其縣令史，殿者勿以爲史。三歲一并課，取寂（最）一人以爲尚書卒史。"①三者相較，即可發現傳世兩書相關記載是對《史律》的節略。而學者們普遍認爲"九"當爲"五"之誤，《說文》之"吏"應爲"史"之誤。②一般認爲張家山漢簡的下限是呂后二年（公元前186年），因此《二年律令》所反映的自然是西漢最初時期甚至是秦代的情況，故此時"史學童"等仍以"十五篇"即《史籀篇》爲考試範本。

但是據《漢志》可知，武帝時司馬相如作《凡將篇》時便取《蒼頡篇》中正字了，說明至少在西漢早期《蒼頡篇》已經取得了很高的地位。"閭里書師"出於教學的需要，將原本字數不多的《蒼頡篇》取以爲教授之"課本"也在情理之中了。到了元帝、成帝時，史游作《急就篇》，李長作《元尚篇》，亦取《蒼頡篇》中的正字，說明其作爲字書，地位已經超過了《史籀篇》。而從漢簡中廣泛存在的習字簡《蒼頡篇》來看，其在漢代的影響確實是十分巨大的。

除了對社會、政治的影響外，《蒼頡篇》對漢代的字書及字典的編纂也產生了深遠的影響。如前所述，《凡將篇》《急就篇》等無不是在其基礎上編纂而成的，且幾乎全取《蒼頡篇》中的文字，由此導致王國維在《重輯蒼頡篇》中將《急就篇》的文字盡數收入。林素清先生很早就以當時所見《蒼頡篇》殘簡與《急就篇》進行對比，討論兩者之間的關係。文字方面，通過逐字對照發現，"兩書用字相同的部分很多"，但是同時也可以看出"兩書所取用字的標準并不很一致"。詞彙方面，林文敏銳地發現了兩書中所顯露出的秦漢兩朝日用詞語的變化。③周飛先生從"改造"與"繼承"這兩個角度討論了《急就篇》與《蒼頡篇》的關

---

① 張家山二四七號漢墓竹簡整理小組：《張家山漢墓竹簡（二四七號墓）》（釋文修訂本），文物出版社，2006，第80~81頁。
② 段玉裁已經將"吏"改爲"史"，與出土文獻相合；又相關問題可參邢義田《漢代〈蒼頡〉〈急就〉、八體和"史書"問題——再論秦漢官吏如何學習文字》，李宗焜主編《古文字與古代史》第二輯，臺灣"中央研究院"歷史語言研究所會議論文集之九，2009。
③ 林素清：《蒼頡篇研究》，《漢學研究》1987年第1期。

係，所論十分詳盡。其中還有兩者文句比較一覽表等，便於研究。①

成書於東漢的《説文解字》，在編纂之時顯然也受到了《蒼頡篇》的影響。段玉裁謂："許全書凡九千三百五十三文，蓋五千三百四十字之外，他采者三千十三字。"②其顯然認爲《説文》是將《蒼頡篇》及《訓纂篇》之全部八十九章文字盡數收入的。桂馥則謂："(《説文》)蓋總集《蒼頡》《訓纂》、班氏十三章三書而成。"③二者的差别在於《説文》是否收録班固所作十三章，但是其根本則無太大區別，亦即《説文》是將《蒼頡篇》收録在内的。當然，前面我們已經提到《説文解字叙》并未提及班氏所作十三章，大概也不會將其收入，因此從這一角度來看段説更接近事實。前引林素清文也提到《蒼頡篇》對《説文》在編排方式上的整體影響以及收字方面的影響。

張標先生以阜陽漢簡《蒼頡篇》與《説文》進行對比後，對《説文》吸取、借鑒《蒼頡篇》的原則與方法進行了總結：第一，"《説文》把《倉頡篇》中絶大多數字尊爲'正字'，列爲字頭"。這與前述段、桂觀點大體上是一致的。第二，與第一點相關，"許書在取用《倉頡篇》文字時態度審慎，是經過對字形討源納流地探求，對字的形音義的綜合研究後選定的"。因此，《蒼頡篇》中有個別的文字在這個過程中被淘汰了。④這與段、桂的觀點則稍有不同。我們亦贊同張氏之説。不過周飛先生認爲："按常理，許慎應將《蒼頡篇》的字全部收入《説文》，不當有所遺漏。"⑤爲此，他對《蒼頡篇》中與《説文》小篆不同和未見於《説文》的字全部進行了考察。不過其結論似乎與前面所述稍有不同，

---

① 周飛：《〈蒼頡篇〉綜合研究》，第97~124頁。
② 段玉裁：《説文解字注》，第760頁。
③ 桂馥：《説文解字義證》，上海古籍出版社，1987，第1339頁。不過桂氏似乎誤讀了《漢志》，認爲："《蒼頡篇》五十五章，《訓纂篇》八十九章，班固十三章，凡一百五十七章。"其中《訓纂篇》的八十九章顯然是錯誤地將《蒼頡篇》五十五章計算在内了。細忖桂氏之誤，大概是爲了牽合《説文》字數而致。因他又稱："以每章六十字計之，凡九千四百二十字（引者按，指所謂的一百五十七章）。《説文叙》云'九千三百五十三文'，然則《説文》集三書之大成，兩漢訓詁萃於一書，顧不重哉？"
④ 張標：《阜陽出土〈倉頡篇〉的若干問題》，《河北師範大學學報》1990年第4期。
⑤ 周飛：《〈蒼頡篇〉綜合研究》，第84頁。

如在論及《蒼頡篇》中未見於《說文》的字時歸結的第二個原因是"由於各種原因《說文》未收"。①第三,"許慎對《倉頡篇》的字形做了正定"。不過,阜陽漢簡《蒼頡篇》已經不是秦本原貌,加之以隸書寫成,因此作字形的比較雖然具有一定的可行性,但是仍無法準確地反映真實情況。第四,"《說文》對《倉頡篇》用字字義詳加區別以定棄取"。張文又將此分爲"直接吸取""間接吸取"以及"捨棄"。

此外,周飛先生還以漢代簡牘本所見《蒼頡篇》文句與《說文》中字序進行了對比,相合之處亦較多。周文謂:"《蒼頡篇》中就有如此多的字序與《說文》一致,這應當不是巧合。很可能許慎在編纂《說文》的過程中參考了《蒼頡篇》。"②這種說法似乎過於保守,前面各家所述,《說文》是將《蒼頡篇》中的文字絕大多數予以收錄的。因此,許慎在編寫《說文》時是一定參考了《蒼頡篇》的。

在結束這一部分的討論之前,我們打算簡單談一談《蒼頡篇》與《爲吏之道》中一段文字的聯繫。按照《漢志》的記載,《蒼頡篇》的母體自然是時代更爲久遠的《史籀篇》。然而睡虎地秦簡《爲吏之道》公布後,有一些學者就覺察到兩者間的關係。整理者最早就指出:

> 簡文中"除害興利"一節,每句四字,內容多爲官吏常用的詞語,有些地方文意不很聯貫,推測是供學習做吏的人使用的識字課本。這種四字一句的格式,和秦代的字書《倉頡篇》《爰歷篇》《博學篇》相似。③

此外,蔣義斌、邢義田、吳福助、陳偉武、陳松長、王化平等先生亦考察其內容與形式,得出了與整理者近似的結論。④林素清先生亦明確談及兩者的關係:"究竟《史籀篇》與《蒼頡篇》兩書關係如何,至今無法得

---

① 周飛:《〈蒼頡篇〉綜合研究》,第93頁。
② 周飛:《〈蒼頡篇〉綜合研究》,第97頁。
③ 睡虎地秦墓竹簡整理小組:《睡虎地秦墓竹簡》,文物出版社,1978,第280頁。
④ 以上諸家意見可參陳偉主編《秦簡牘合集(釋文注釋修訂本)》(壹、貳),武漢大學出版社,2016,第298~299頁。

知。而雲夢睡虎地秦簡《爲吏之道》中有一段文字，其内容、形式都與《蒼頡篇》十分相近，是四字一句，内容多日常用語和公文術語。"①

爲方便與《蒼頡篇》進行對比，我們不妨將這一段文字引述如下：

除害興利，兹（慈）愛萬姓。毋皋（罪）毋（無）皋（罪）可赦。②孤寡窮困，老弱獨轉，均繇（徭）賞罰，勢（傲）悍究暴，根（墾）田人（仞）邑，賦斂毋（無）度，城郭官府，門户關籥（鑰），除陛甬道，命書時會，事不且須，貰責（債）在外，千（阡）佰（陌）津橋，囷屋蘠（牆）垣，溝渠水道，犀角象齒，皮革橐（蠹）突，久刻職（識）物，倉庫禾粟，兵甲工用，樓椑矢閱，槍閭（藺）環殳，比臧（藏）封印，水火盜賊，金錢羽旄，息子多少，徒隸攻丈，作務員程，老弱癃（癃）病，衣食飢寒，稟斳濆（漬），扁（漏）屋塗漑（墍），苑囿園池，畜産肥瘁（牲），朱珠丹青。臨事不敬，倨驕母〈毋（無）〉人，苛難留民，變民習浴（俗），須身遽（遬）過，興事不時，緩令急徵，夬（決）獄不正，不精於材（財），法（廢）置以私。③

顯然，從形式上看，其與《蒼頡篇》十分近似，基本都是四字一句，且有韻。此外，這裏面的一些詞語與《蒼頡篇》亦相同或相關。如"蘠垣"與北大簡 53 "街巷垣蘠"之"垣蘠"相合，"勢悍""倨驕"與北大簡 10 "勢悍驕裾"相合，"孤寡"與北大簡 31 "鰥寡特孤"亦有明顯的聯繫等。林文謂："因此，我們有理由相信早在《蒼頡篇》成書之前，秦應已有類似的識字用書。"④從這段文字所載内容來看，基本上可

---

① 林素清：《蒼頡篇研究》，《漢學研究》1987 年第 1 期。
② 關於此句的讀法學者們頗多爭議，如整理者最初認爲"可赦"前當有"毋皋"二字，整體作"毋皋毋皋，毋皋可赦。"此處我們暫從《秦簡牘合集（釋文注釋修訂本）》的意見。
③ 陳偉主編《秦簡牘合集（釋文注釋修訂本）》（壹、貳），第 308~309 頁。
④ 林素清：《蒼頡篇研究》，《漢學研究》1987 年第 1 期。需要指出的是，林文據以與《爲吏之道》對比的是阜陽漢簡《蒼頡篇》。

以排除其屬於《史籀篇》的可能。聯繫到秦"以吏爲師"的社會狀態，此應爲秦人所獨有的學習或識字課本。目前爲止，我們尚未見到秦簡中有關《蒼頡篇》的任何信息，不過書寫在漢代簡牘上的則已經發現多批次。

三 《蒼頡篇》的亡佚與輯佚

《蒼頡篇》發展到《滂喜篇》之時，已經多至一百二十三章，7380字，在内容上達到了極致，此後未再見文字上的增加。學者們對其亡佚時間的判斷一般有唐末及宋兩種説法。持前一種説法的以王國維爲代表。他認爲"《訓纂》先亡，至隋而《蒼頡故》亦亡，張、郭之書至唐末而亦亡"。① 而孫星衍則認爲《蒼頡篇》亡於宋代："杜林《故》亡於隋，《倉頡》《三倉》及《故》亡於宋。"② 而胡平生先生的意見又有所不同。他説："《舊唐書》修於後晉，《經籍志》所載有關《蒼頡篇》的著作仍有《三蒼》等五種。到北宋修《新唐書》時，《藝文志》因仍其舊。我們認爲，編修兩《唐書》的作者應當也曾見到它們。《蒼頡篇》一系的字書，直到《宋史·藝文志》裏纔不見了踪影。可能北宋時《蒼頡篇》已不在民間流行，僅僅收藏於秘閣之内。宋室南遷，寶笈毀於兵燹，《蒼頡篇》也就連同許多古籍一起亡佚了。"③

唐人所編各種類書經常引述《蒼頡篇》及相關文獻，而宋初所編纂的部頭更大的《太平御覽》中亦有所引及，但是僅有不及十條。這是很值得注意的：雖然北宋初年《蒼頡篇》類文獻可能尚未完全絶迹，但是很可能已經是殘卷。而再往後的文獻中則不見引用《蒼頡篇》類文獻，因此我們認爲雖然宋初之時《蒼頡篇》尚未絶迹，但是傳習者應該已經遠遠不及唐代之多了，也正因此，在兩宋之際的戰亂中纔導致完全亡佚了。

---

① 王國維：《重輯〈蒼頡篇〉》，《王國維遺書》（第七册），上海古籍書店，1983，"叙録"第3頁。
② 孫星衍：《倉頡篇集本序》，《問字堂集·岱南閣集》，中華書局，2006，第102頁。
③ 胡平生：《阜陽漢簡〈蒼頡篇〉的初步研究》，《胡平生簡牘文物論稿》，第1~2頁。

由於已經亡佚的緣故，《蒼頡篇》自宋代以後便鮮有被人提及。直到清代乾嘉時代，輯佚之學大興，學者們在南北朝到唐宋之間的文獻中發現了爲數不少的《蒼頡篇》類引文，從而引起了對《蒼頡篇》進行輯佚的興趣。一般認爲，最早對《蒼頡篇》進行輯佚的是孫星衍，其第一次所輯《蒼頡篇》，成於乾隆四十五年，刊於四十六年。第二次所輯成於乾隆四十九年，刊於乾隆五十年。不過據孫氏自述："星衍以戊辰之歲讀書江寧瓦官寺閣，游覽内典，見玄應《一切經》并慧苑《華嚴經音義》引《倉頡》爲多，隨加采擷，兼采儒書，閲五年矣，粗具條理，刊而行之，庶亦小學之助。"①可知其在閲覽之時已經注意到玄應《一切經音義》等多引《蒼頡篇》，從而萌生了再次輯佚的想法。我們也可以得出這樣的結論，正是因爲看到玄應《一切經音義》中經常引用《蒼頡篇》纔使孫氏產生了第二次輯錄的打算。

　　不過關於對玄應《一切經音義》輯佚價值的發現權，學界以往似存爭議。早在孫書第二次刊刻前三年，即乾隆四十七年，任大椿刊行了《字林考逸》八卷，書中即已經廣泛引用玄應《一切經音義》，而且其在"序"中亦謂"爰是參覈典墳，兼及二藏音義，鈎沉起滯，積累歲年，遂成八卷"。②而孫氏在前述序中亦提及"頃禮部儀制司任君大椿集《字林》八卷，彫板行世"。大概正因任書已刊於前，孫氏纔刻意提及自己的相關研究"閲五年矣"。當然，兩人在差不多同時各自發現了玄應《一切經音義》對《蒼頡篇》的輯佚價值是完全可能的。因此今天顯然無須再爲此發明權作過多糾纏。而任氏之後也對《蒼頡篇》進行輯佚，收入《小學鈎沉》，共四卷。不過《小學鈎沉》刊刻之時任氏已經謝世，亦未留下關於《蒼頡篇》的輯佚時間的記述。

　　孫、任之後，任兆麟、馬國翰、黃奭、梁章鉅、陶方琦、顧震福、曹元忠、王仁俊、龔道耕、陳鱣、陳其榮等亦均從事過《蒼頡篇》的輯

---

① 孫星衍：《倉頡篇集本序》，《問字堂集·岱南閣集》，第104頁。其中的"戊辰"有誤，乾隆戊辰年孫氏未生，嘉慶戊辰時又晚於孫書（初輯本成於乾隆四十五年，二次輯本成於乾隆四十九年）。陳垣先生認爲"戊辰"當爲"戊戌（乾隆四十三年）"之誤。參氏著《中國佛教史籍概論》，上海書店出版社，2005，第62頁。

② 任大椿：《字林考逸》，光緒十六年江蘇書局刻本，第1葉。

佚工作。據王重民先生的統計，相關輯佚者共十七家，成書二十一種。①
這些工作多在孫、任輯佚的基礎之上進行增補，由於二書均屬草創，對
文獻的關注不夠全面，尤其是清末從日本回流文獻中可參考者，孫、任
等人顯然無法得見，因此留下的輯佚空間不小。民國初年，王國維在受
到"流沙墜簡"中發現《蒼頡篇》殘簡的鼓舞下，乃重新輯錄《蒼頡
篇》，成《重輯蒼頡篇》一書，一般認爲此書後來居上，加上輯入了漢
簡中的成句文字，因此王氏輯本幾乎成爲定本，此後再未見有人對《蒼
頡篇》進行過輯佚工作。對於《蒼頡篇》的輯本情況，王重民先生曾有
過細緻的研究，并作了評述。

　　王氏將清人輯本按體例分爲三類，可據體例首創者分爲孫星衍派、
任大椿派及馬國翰派。其對孫氏之體例所作評述爲："書不分李斯、賈
魴，注不分杜林、郭璞，依《説文》部居，統輯爲篇。"②由於孫書最先
出，影響最大，據王文可知從之者有梁章鉅、陳其榮、陶方琦、曹元
忠、王仁俊、龔道耕。對於任氏所輯，王氏謂："《蒼頡》與《三倉》，
各釐爲帙，張揖《訓詁》、郭璞《解詁》，凡可識別，各附該書之後，
不分部居，以徵引書先後爲次。任兆麟、黃奭、顧震福因之。"③對於馬
國翰所輯，王氏謂："能兼二家之長，《蒼頡》《三倉》分輯，此采任氏
之長也；以揚還揚，以杜還杜，亦任氏之意也。編次依《説文》，此采
孫氏之法也。"④

　　王氏對三家的評述，大體上是準確的，不過據我們考察，孫書亦區
分《倉頡》與《三倉》，此在上卷尤爲明顯，所輯成句、成詞者均予區
別，而中、下兩卷亦有體現，如"艸"部，輯《倉頡》十二條、《三倉》
八條。因此，若謂其"不分李斯、賈魴"其實并不準確。而任氏所輯四
卷中，前兩卷爲《倉頡篇》，後兩卷爲《三倉》。因此，孫、任二家於此
亦可謂有相通之處。不過任氏輯本在《倉頡篇》及《三倉》後分別附有

---

①　王重民：《蒼頡篇輯本述評》，《輔仁學志》1933年第1期。
②　王重民：《蒼頡篇輯本述評》，《輔仁學志》1933年第1期。
③　王重民：《蒼頡篇輯本述評》，《輔仁學志》1933年第1期。
④　王重民：《蒼頡篇輯本述評》，《輔仁學志》1933年第1期。

《倉頡訓詁》《倉頡解詁》及《三倉訓詁》《三倉解詁》，則確與王氏所謂"張揖《訓詁》、郭璞《解詁》，凡可識別，各附該書之後"的評價相合。

（一）孫星衍、任大椿及馬國翰輯本的基本情況

由於孫、任、馬三家分別爲各自體例的首創，我們先逐一介紹三家輯本的情況。

1. 孫星衍輯本

孫氏共兩次輯錄《蒼頡篇》，初次輯成於乾隆四十五年，刊於四十六年，共兩卷，用篆文刊行，此大概是考慮到《蒼頡篇》最初本以篆文編纂。據王重民先生考察可知該本共輯得四百餘字，按《説文》次序編排。① 此本至今未得見其真容，不過從王氏所述來看，孫氏輯此本時應未參考玄應《一切經音義》，或至少未充分參考此書。

孫氏本第二次輯成於乾隆四十九年，刊於乾隆五十年。此本共三卷，上卷所輯均爲成句或雙字者，《倉頡》與《三倉》分輯。其中含三個篇名"鮑㲆"篇、"柯欘"篇以及"幼子承詔"篇，前兩者均出自鄭玄所引鄭衆《周禮注》。② 不過"鮑㲆""柯欘"應均非《蒼頡篇》中篇名。《周禮·考工記》："攻皮之工，函、鮑、韗、韋、裘。"鄭衆謂："鮑讀爲鮑魚之鮑，書或爲鞄，《蒼頡篇》有'鞄㲆'。"③ 鄭氏并未言及此二字爲篇名。下文"鮑人之事"亦有類似的説法，而賈公彥疏謂"鞄㲆是其一篇，内有治皮之事"。④ 孫氏將其定爲篇名，當本於此。陳其榮、梁章鉅等均從其説。在漢牘本整理者所定之第五十三乙章中有"鞄㲆"二字，其所在上下文爲"弞韃鞄㲆。皮韋革柔"。其確與皮革相關，但是從其所處位置來看，顯然不能作爲篇名。而且我們從出土文獻來看，以首二字爲篇名者均二十章本，五十五章本則以章序爲每章之名。"柯欘"的情況亦當相同，至於"幼子承詔"，我們已經知道其僅是《蒼頡篇》首章第三句，亦非篇名。中、下兩卷則均爲單字，按《説文》部首

---

① 王重民：《蒼頡篇輯本述評》，《輔仁學志》1933年第1期。
② 孫氏稱後者出自鄭玄注，不確。
③ 孫詒讓撰，王文錦、陳玉霞點校《周禮正義》，中華書局，2008，第3124頁。
④ 轉引自孫詒讓撰，王文錦、陳玉霞點校《周禮正義》，第3127頁。

順序排列，即孫氏所稱"用《說文》部居，使讀者易於尋覽"，與初刻本同。三卷中每卷之前均稱《訓纂解詁》。孫氏於序中亦稱"星衍始刺其文，撰爲三卷，訓纂解故"。①大概是以揚雄、郭璞之書作爲代稱。三卷本篇幅據王重民先生稱"較初輯本幾增一倍"。我們作了大致的統計，有七百餘條，與初版的"四百餘文"相較，確實可看作大約增加一倍，因此王說是接近事實的。

對於孫氏輯本所據之書，我們亦作了調查，其中引述最多者即玄應《一切經音義》，所佔比重應已過半，其次則爲李善《文選注》，數量亦較爲突出。此外，陸德明《經典釋文》、慧苑《華嚴經音義》、司馬貞《史記索隱》、李賢注《後漢書》、《說文解字》、《顏氏家訓》等亦較多引及，連同其他類書、字書、韻書、史書注、《文選》舊注等共計三十餘部。②

2. 任大椿輯本

任大椿所輯《蒼頡篇》佚文刊刻於《小學鈎沉》的前四卷，該叢書首次應刻於嘉慶二十二年，刊刻者爲王廷珍，共十九卷，前十二卷署名王念孫校。王氏（廷珍）在跋文中亦稱"前十二卷高郵王懷祖先生手校"，後七卷則"屬懷祖先生令子伯申侍郎刊其訛誤"。不過據郭國慶先生研究，此項工作更多可能出於臧庸之手，而臧氏從事此務亦受王氏所託。③

任氏所輯與孫氏第二次輯本的篇幅大致相當。除編排體例上的差異外，其輯本未將成句者及複音詞單獨成卷，亦與孫氏不同。此外，由於《倉頡》與《三倉》分輯於不同卷，任氏輯本有內容重出的現象，如其《倉頡》卷上有"啾，衆聲也"，《三倉》卷上亦有"啾，聲也"。前者出自玄應《一切經音義》以及《文選·長笛賦》《文選·籍田賦》注，後者則出自《文選·射雉賦》注。這種重出的情況有可能是任氏的疏忽所致，當然也不排除是限於體例不得已而爲之，不過將同一字（解釋內

---

① 孫星衍：《倉頡篇集本序》，《問字堂集·岱南閣集》，第102頁。
② 具體書目請參下文"《蒼頡篇》的經典化"部分。
③ 郭國慶：《〈小學鈎沉〉述論》，《語文學刊》2013年第12期。

容亦近）置於兩處顯然是不合適的。孫本《倉頡篇》亦輯有"啾，衆聲也"，并注"一作衆叀聲也"。而孫氏上卷雙音詞部分亦輯有"啾唧，衆叀聲也"。兩處均出自玄應《一切經音義》。

今按，玄應《一切經音義》中共引相關內容五次，分別爲：

> 《正法華經》第二卷"啾唧"《蒼頡篇》：衆叀聲也。
> 《雜阿含經》第四卷"啾啾"《蒼頡篇》：衆聲也。
> 《僧祇律》第九卷"啾啾"《蒼頡篇》：衆聲也。
> 《分別功德論》第三卷"啾吟"《蒼頡篇》：啾，衆聲也。
> 《佛本行集經》第十二卷"啾唧"《蒼頡篇》：衆聲也。

均稱出自《蒼頡篇》，而所解釋的辭條分別爲"啾唧""啾啾""啾吟"，除一處作"衆叀聲"外均作"衆聲"，我們認爲所釋之字當爲"啾"而非"啾唧"。釋文則應爲"衆聲"也。而由此觀之，孫、任二家所輯均有失誤。

從文字編排體例來看，孫氏優於任氏，而任氏輯本亦有優於孫氏輯本之處。孫氏在輯佚時僅列出所輯之書名，而無出處的篇章名，其精細程度不足，這爲作進一步的檢索造成了一定的困難。而任氏輯本則每例出處均精確至具體篇章。如上揭"啾"，孫氏輯本的出處僅爲《一切經音義》，而任氏輯本則在《一切經音義》下分別列出了具體篇名，這樣的操作爲後來學者"按圖索驥"提供了更多便利。此外，任氏輯本由於經王念孫手校，一些條目下存有王氏校語，此亦可作爲進行王氏學説輯佚的材料，增加了其附屬的學術價值。

任氏輯本所據之材料，大部分亦出自玄應《一切經音義》。此外，《文選》李善注（含舊注）及《經典釋文》亦較多，這些均與孫氏同，其餘文獻依其引用順序還有：《玉篇》、唐釋湛然《止觀輔行傳弘（任作"宏"）決》、慧苑《華嚴經音義》、李賢注《後漢書》、《廣韻》、殷敬順《列子釋文》、《集韻》、宋祁《漢書》校本、《説文解字》、郭璞《爾雅注》、《禮記正義》、《春秋公羊疏》、《初學記》、鄭氏《周禮注》、《國語舊音》、《顏氏家訓》、《太平御覽》、《齊民要術》、《藝文類聚》、《毛詩正義》、《通典》（卷五十七）、庾元威《論書》、《三國志》裴松之注、《史記索隱》、徐廣《史記音義》、蕭該《漢書音義》、《周禮疏》、《水經注》、陸機《草木鳥獸蟲魚疏》、《竹譜》。此外"鬼，古逵字"條下出處作《魏志》，此乃《三國志·魏書》裴松之注。可見兩家所用以輯佚的典籍主體上是相同的。

3. 馬國翰輯本

馬國翰所輯分《蒼頡篇》《訓纂篇》《蒼頡訓詁》《三蒼》四部，均收入其輯佚名著《玉函山房輯佚書》中。由於該叢書卷帙較大，馬氏生前并無定本，目前可確定的是在其生前的道光二十九年，已經刊印了"經""子"兩部，而作爲"小學"類文獻的《蒼頡篇》自然亦在刊印之列。其中《訓纂篇》及《蒼頡訓詁》分別爲揚雄與杜林所作，其所據主要依《説文解字》中所引二家之説。不過據《漢書·藝文志》所載，"《訓纂》一篇，揚雄作。揚雄《蒼頡訓纂》一篇。杜林《蒼頡訓纂》一篇。杜林《蒼頡故》一篇"。①又："揚雄取其有用者以作《訓纂篇》，順續《蒼頡》，又易《蒼頡》中重復之字，凡八十九章。"②可知《訓纂篇》乃順序《蒼頡篇》者，應爲無訓詁内容的字書，而《蒼頡訓纂》纔是許慎在《説文》中所引揚雄之説的出處，因此，馬氏所定書名并不準確。《漢志》所載之杜林《蒼頡訓纂》及《蒼頡故》，《隋書·經籍志》作"《蒼頡》二卷，後漢司空杜林注，亡"。兩《唐志》則均作"杜林《蒼頡訓詁》二卷"。姚振宗謂："《隋志》引《七録》但云《倉頡》二卷，杜林注。兩《唐志》作《訓詁》，亦并二卷，卷數與本志（引者按，即《漢志》）相符，蓋合《訓纂》及《故》而一之。"③

而馬氏輯録主要集中在《蒼頡篇》與《三蒼》兩書中。與孫氏體例一致之處是：兩書均先列成句及成詞者。除孫氏已經輯入的"幼子承詔"與"考妣延年"外，馬氏還據《説文解字·叙》輯入"神僊之術"

---

① 《漢書》卷三〇《藝文志》，第1720頁。
② 《漢書》卷三〇《藝文志》，第1721頁。
③ 姚振宗：《漢書藝文志條理》，清華大學出版社，2011，第147頁。

一句。不過此應是誤解了許慎之意,將這句輯入《蒼頡篇》不確。① 此外,其所誤輯者還有因信從元代吾丘衍之說,將《說文解字》的部首輯入《蒼頡篇》。吾丘衍之說出自其所著《學古編》:"《倉頡》十五篇即是《說文》目録五百四十部,許氏分爲每部之首。"② 不過吾丘氏此説并無任何依據,因此前人多不相信這種說法,而馬氏據此誤説將《說文》五百四十部首悉數輯入《蒼頡篇》的做法自然也就是錯上加錯的了。

馬氏兩本文字的編排順序大體上如王氏所說"編次依《說文》",不過其輯本每部之内的文字編排則較爲混亂,反不如孫星衍依"《說文》前後比次"條例一貫了。馬氏輯本存有一大弊端。在《蒼頡篇》中常有《三蒼》文字,如"教,誨也,效也"條,稱出自《大般涅槃經音義》引《三蒼》等,此類例子甚多,如果不分别《蒼頡篇》與《三蒼》,如此列出可稱精確,若作區别則屬於自亂其例。

與孫、任二氏所輯相比,馬氏輯本後出,按理,其所輯當超過二氏。不過,從篇幅上來看,除去《說文》部首部分與二家不相上下,從其所參考典籍來看,似乎僅多出《篇海》一部。這説明在當時所見典籍中所能輯出者大致如此。馬氏輯本超過二家之處者不在篇幅上,而是他在輯佚之時注意到了不同出處引文的差異。如前述"啾"字,馬氏在《蒼頡篇》中即分别列"啾唧,衆虿聲也","啾,衆聲也","啾啾,鳴聲也"。③ 這樣的做法較孫星衍與任大椿輯本爲優。

(二) 孫、任輯本的衍生本評述

對於孫、任、馬三家以外各家所輯,王重民曾分别予以評述,不過均較簡單,有些值得説明的地方未作出詳細的説明。因此,我們結合對各本所作的考察,重新就其中幾部重要者進行評述,以見《蒼頡篇》輯佚工作的推進情況。

---

① 許氏原文爲:"俗儒鄙夫翫其所習,蔽所希聞,不見通學,未嘗睹字例之條,怪舊藝而善野言,以其所知爲秘妙,究洞聖人之微恉;又見《倉頡篇》中'幼子承詔',因號'古帝之所作也,其辭有神僊之術焉',其迷誤不諭,豈不悖哉!" 顯然"神僊之術"乃許慎所批評的"俗儒鄙夫"之語,非謂此四字出自《蒼頡篇》。
② 吾丘衍:《學古編》,《夷門廣牘》明刻本,卷下第1葉。
③ "鳴聲"當爲"衆聲"之誤録。

1. 梁章鉅校證本

該書刊於光緒五年，由其子梁恭辰寫刻刊行。梁氏此書旨在校證孫氏輯本的疏失，未在篇幅上有所增加。其所作工作主要是以下三個方面：

一是校訂孫氏在引文及判斷上的失誤。我們可舉兩例來説明，孫書上卷收有"鬼方，遠方也"條，出自《經典釋文》。梁氏指出此原作"鬼，遠也"，謂"孫本衍二'方'字，非"。核以原文，確如梁氏所説作"鬼，遠也"，孫氏所輯有誤。① 孫書"艸"部有"蓐，薦也"條，"衤"部亦有"褥，薦也"條，梁氏認爲"衤"部所出應即"艸"部複文，當删除。這也是可信的。

二是將孫氏所引書名精確至篇章。前面我們已經談到任、馬諸家在輯錄之時已經如此改作，但是由於二家體例與孫氏不盡相同，如果據以核查孫書各條出處則甚爲不便，因此梁氏的這項工作對於利用孫本來説具有重要意義。如"禎，善也"條，孫書僅作"《文選注》，《華嚴經音義》"，而梁氏則將《文選注》精確至《文選·魏都賦》注。

此外，孫氏所引書有時不準確，梁氏也給予了説明，如"珬，五色之石也"條，孫氏謂出自《釋文》，即《經典釋文》，梁氏謂"此見《玉篇》上玉部，《釋文》未詳，俟考"。通過查檢《經典釋文》，確實無此條，而《玉篇》"珬"字下謂"《蒼頡》曰：五色之石也"。可見孫氏認爲出自《經典釋文》不確，當從梁氏的勘正。

三是出異文。此項工作前述馬國翰輯本已首創，不過梁氏的工作仍有價值，亦便於閲讀使用孫書。如"蹻，舉足行高也"條下，梁氏指出《解脱戒本音義》引《三倉解詁》作"蹻，舉足也"等。

梁氏校證工作也有不足，有仍孫氏之誤而未發者，如下文提到的"苟"字的歸部問題，再如俞樾曾指出的對《晋書音義》作者判斷的失誤，孫氏認爲是楊齊宣，梁氏於其下謂"俟考"。此書作者爲何超，楊氏僅序其前，"孫氏因此誤題，梁氏失之誤考"。②

---

① 任本不誤，此外，陳其榮所輯亦不誤。
② 俞説參王重民文。

2. 陳其榮輯本

最早在孫本基礎上進行增訂者似爲陳鱣。據陳其榮序文稱"行間眉端，密綴朱書"，又稱"榮補纂是編，即以徵君（引者按，即陳鱣）手校孫刻本重加搜求"。① 可知陳鱣是在孫本基礎之上進行的增補，而陳其榮又在此基礎上廣泛搜求而成，可謂輾轉成書。

陳氏輯本的基礎是陳鱣於孫本之上所作之批注。王重民文亦提及陳鱣在乾隆五十四年前後從事過小學書籍的輯佚工作，成《小學拾存》，不過《蒼頡篇》似乎并未寫定，而僅存此批注本。王氏稱"陳其榮增訂本，體例大致與孫輯相同。唯成句者移於後，複詞散入各部中，斯爲異耳"。② 此外，孫本卷中與卷下均列有部目，陳本則無部目，此是體例上的差異。

作爲增訂本，其在内容上較孫本確有很多新輯内容。這裏僅舉幾例，如"示"部，孫氏輯入三條，而陳本則增至五條，新增者爲"禍"與"禰"，分別采自《孝經疏》及慧琳《一切經音義》，此兩書均孫氏所未及引。尤其是慧琳《一切經音義》，中土一度亡佚，光緒初年始由日本傳回。孫氏顯然無緣得見。"艸"部，孫氏輯得《倉頡篇》十二條、《三倉》八條，陳本於《倉頡篇》增至二十一條，而《三倉》則減少爲七條。以兩者所輯《三倉》相較，陳氏增一字而減兩字，增加者爲"葩"，出自《文選》李善注，減少者爲"苑"與"苟"。"苑"字，陳氏歸入《倉頡》，"苟"則并不從"艸"，陳氏將其歸入"苟"部。順帶指出一下，梁章鉅《校證》本亦依孫氏之誤，將"苟"字錄於"艸"部下。

除增訂條目外，陳氏亦將引文出處進一步精確化。這項工作前述諸人均已從事，此似無須再論，不過陳氏由於見到更多新的典籍，所以在此項工作之外又增加了新的出處。如前面已述，孫氏輯本中"禎，善也"條，出處僅作"《文選注》,《華嚴經音義》"，梁章鉅將《文選注》

---

① 陳榮：《增訂倉頡篇》，光緒十六年（自序署光緒十五年）《觀自得齋叢書》本，《倉頡篇·序》第1葉。
② 王重民：《蒼頡篇輯本述評》，《輔仁學志》1933年第1期。

精確至《文選·魏都賦》注，而陳氏則又增加了一個出處："釋慧琳《廣弘明集音義》"。由此，我們可以考察陳氏在孫書基礎上多參考的典籍，陳氏輯佚工作開始時，清末從日本回流了一些重要文獻，這些均有助《蒼頡篇》之輯佚。陳氏所采，除慧琳《一切經音義》外，還有《玉燭寶典》及古寫本《玉篇》殘卷。

此外，前所述任本系統中有任兆麟、黃奭及顧震福輯本，其中任兆麟乃任大椿之弟，他在其兄所輯基礎上再作增訂，亦爲四卷，其所用名爲《蒼頡篇》與《三蒼》，與孫星衍、任大椿均不同。據其自稱"余爲更定句五、字二十"，① 即增加了五例成句者，以及二十例單字。不過任本存在不少問題，其所補正很多是"補所不當補，正所不當正"（王重民語），其中最嚴重的則是將每一條輯文下出處删去，相較於孫、任輯本，大爲退步。至於黃奭所輯，分《倉頡篇》、揚雄《蒼頡訓纂》、郭璞《三倉解詁》、郭璞《倉頡解詁》四種，而以《倉頡篇》爲主體，其所輯內容與任氏所輯《倉頡篇》全同，僅篇末據孫本增入幾條。而且任氏所輯《三倉》部分黃氏一概未輯。考察之下，其除據孫本增加一些條目外，還對任氏所輯部分條目作了校正，如任本《倉頡篇》卷上"囧，明也"條，黃氏輯本作"囧，大明也"。此出自玄應《一切經音義·心明經音義》，核查原本，確作"大明"；任書"啾，衆聲也"，黃氏輯本作"啾，衆吏聲也"，如前所述，兩説均存，因此黃氏所改亦不可謂不確。不過其所校改者亦有以不錯爲錯者，如任書"募，問求也"，黃氏"問"作"間"，此條出自玄應《一切經音義·大智度論音義》，核以原文，確作"問"，黃氏作"間"不確。

（三）王國維《重輯蒼頡篇》

王氏此書據其自序完成并刊於民國己未年（即1919年）《廣倉學窘叢書》中，題姬覺彌輯。此書在清儒輯本之上再作輯佚，書最後出，集合衆家之長，據王氏自稱"先後輯本共得七家，所采亦略具矣"。② 此

---

① 任兆麟：《蒼頡篇》，《有竹居集》（附《蒼頡篇》二卷、《三蒼》二卷），嘉慶二十四年兩廣節署刊，《蒼頡篇》第1葉。
② 王國維：《重輯〈蒼頡篇〉》，《王國維遺書》（第七冊），"叙録"第3頁。

七家分別爲孫星衍、任大椿、馬國翰、陶方琦、顧震福、曹元忠、陳其榮。除陶、顧、曹三家，其餘四家前面均已作詳細説明。

王書分爲兩卷，上卷爲李斯、趙高、胡母敬所作之"秦三蒼"部分，下卷則爲自《一切經音義》等書所輯出之部分。上卷中首列成句者，包括敦煌漢簡中所獲數條，以及孫氏等已經輯出之"考妣延年""幼子承詔"等句，這些都是没有問題的。引起爭議的是之後的内容。王氏在序文中説："《急就》一篇皆用《蒼頡》正字，劉、班二家并著其説，乃諸家輯本未有采及之者。搜張、郭之訓詁，忘李、趙之舊文，其失二也。國維有見於此，乃以己意重輯此書，以史游所録，揚雄、杜林所訓之字爲上卷，則《漢志》《蒼頡》五十五章之正字也。"① 在"叙録"中王氏亦謂："輯《蒼頡》者宜莫先於此。而乃獵張、郭之訓詁，棄李、趙之本文，此余所未解者一也。"② 王氏將《急就篇》作爲《蒼頡篇》文字輯入，所根據的顯然即《漢志》所謂之"武帝時司馬相如作《凡將篇》，無復字。元帝時黄門令史游作《急就篇》，成帝時將作大匠李長作《元尚篇》，皆《蒼頡》中正字也"。其意似即史游所作《急就篇》皆取《蒼頡篇》中文字，無出其外者。不過這僅是《漢志》此文的一種理解。

王重民先生對王氏將《急就篇》輯入《蒼頡篇》的做法頗不以爲然。他認爲："班孟堅所謂《蒼頡》正字者，殆指隸書既行，史游仍用李斯小篆而爲言耶？""所輯《急就篇》千六百十八字，字字頓具强烈之危險性"。③ 今天看來，王重民先生對《蒼頡》正字的推測很可能是錯誤的，認爲王國維將《急就篇》輯入《蒼頡篇》字字具危險性似乎亦過於嚴重。王國維據《急就篇》"援衆錢穀主辨均"（或作"遠取財物主平均"）所輯之"均"字，王重民先生認爲即存在問題，因爲據載賈魴《滂喜篇》結尾止於"彦均"二字，則"'均'爲《三蒼》七千三百八十字之末一字，《三蒼》無複字，則'均'字爲李、趙所不收，賈魴所增

---

① 王國維：《重輯〈蒼頡篇〉》，《王國維遺書》（第七册），"序文"。
② 王國維：《重輯〈蒼頡篇〉》，《王國維遺書》（第七册），"叙録"第 3 頁。
③ 王重民：《蒼頡篇輯本述評》，《輔仁學志》1933 年第 1 期。

續，灼然明白"。①

對於王氏的意見我們可稍作分析。首先，可以確定的是通過考察漢簡本《蒼頡篇》可知，無論是二十章本還是五十五章本都是存在複字的，據《漢志》，揚雄在順續《蒼頡篇》時纔將其中的複字進行了替換，也就是説史游在作《急就篇》時是不能排除《蒼頡篇》有"均"字的；其次，據傳世文獻所載，僅可知至《訓纂篇》時無複字，賈魴作《滂喜篇》是否一定與此前文字絕無重複，史未見載；再次，在漢牘本第廿一章中有"賻頌緊均"一句，雖然由於不同文本間用字或有差異，不過至少説明五十五章本《蒼頡篇》中很大可能是有"均"字的。再如《顏氏家訓·書證篇》有"漢兼天下，海内并厠。豨黥韓覆，畔討滅殘"四句，王國維據此輯入上卷，然而其又自注謂："《急就篇》出'漢''内''并''厠''韓'五字。案此四句雖非李、趙、胡母本文，猶當爲漢初閭里書師所益，故《急就篇》取其字。《顏氏家訓》亦云'《蒼頡篇》李斯所造，而云漢兼天下'云云，可知此非揚雄《訓纂》以下語。"②王重民先生認爲此説："斯益彌補自説之不通矣，顏之推知非李、趙本文，以爲後人所屬，固未嘗指爲閭里書師所益也。"③兩人矛盾的焦點是此四句爲"閭里書師"所加還是揚雄或賈魴所加，關於此四句的問題，後面我們會有專門討論，綜合來看，仍以王國維的判斷更近事實，但也要指出的是，雖然如此，王氏判斷此"非揚雄《訓纂篇》以下語"的證據其實是不足的，因此，在當時的認識水平下，王重民的批評也不無道理。

王重民先生之後，對王國維輯《急就篇》入《蒼頡篇》給予關注的是林素清與張標兩位先生。彼時，居延漢簡、敦煌漢簡中的《蒼頡篇》殘簡已經公布，尤其是阜陽漢簡《蒼頡篇》爲解決此問題提供了更多的綫索。林氏認爲解決《蒼頡篇》與《急就篇》的關係首先應從文字入手："在逐字對照之下，可以證明兩書用字相同的部分很

---

① 王重民：《蒼頡篇輯本述評》，《輔仁學志》1933 年第 1 期。
② 王國維：《重輯〈蒼頡篇〉》，《王國維遺書》（第七册），第 1 頁。
③ 王重民：《蒼頡篇輯本述評》，《輔仁學志》1933 年第 1 期。

多，阜陽所存五百四十個《蒼頡》文中，同見於史游《急就篇》的就有二百七十餘，占百分之五十以上。若以出現在同一部首的字來比較，則又發現兩書所取用字的標準并不很一致。"①其後一判斷的依據是以"疒""广""黑""鼠"四個部首爲例，考察《蒼頡篇》與《急就篇》中此四部文字并見的情况。考察結果是兩書中"疒""广"兩部字均較多出現，但是《蒼頡篇》殘簡中所見十一個從"黑"之字均未見於《急就篇》，"鼠"部字的情况也近似。因此林文認爲"這些例子，似乎又很明顯地表現出兩書取字上頗有不同，一般説來，《急就》用字多以漢代習用字爲主。因此，王國維《重輯蒼頡篇》的方法，實在仍有商榷的必要。"②顯然，林文對王氏將《急就篇》盡數輯入《蒼頡篇》的做法也是不贊同的。其理由雖然未指明，但是從其所作出判斷的依據來看顯然也是不認同《急就篇》用字皆出自《蒼頡篇》。不過，由於《急就篇》字數少於《蒼頡篇》，因此見於後者而未爲前者所收從邏輯上看是完全可能的，因此，林文的判斷仍存在瑕疵。

張標先生則完全認同王國維的做法。他統計了阜陽漢簡中的文字319個，與《急就篇》進行核對，發現見於《急就篇》的有140字，相合比例爲43.9%。謂："《倉頡》3300字，《急就》據皇象本31章，章63字，凡1953字。以阜陽殘簡和《急就》相合的比例推算，《急就》中字全部出於《倉頡》是完全可能的。以前王國維在重輯《倉頡篇》時，在卷上部分主要依據的是《急就》。阜陽《倉頡》和《急就》相合的事實，再一次證實王氏的做法是極有見地的。"③我們認爲張文的判斷存在漏洞。首先，阜陽漢簡存字541個，而他選取的是其中的319個，這就使得統計的價值大打折扣。其次，統計得出的結果是相合者比例43.9%，這個數值顯然不足以證明"《急就》中字全部出於《倉頡》是完全可能的"。

如何判斷王氏的輯佚似乎首先應解決《急就篇》中文字是否全出自《蒼頡篇》這一問題。胡平生先生謂："《蒼頡篇》對後代字書影響很大，

---

① 林素清：《蒼頡篇研究》，《漢學研究》1987年第1期。
② 林素清：《蒼頡篇研究》，《漢學研究》1987年第1期。
③ 張標：《阜陽出土〈倉頡篇〉的若干問題》，《河北師範大學學報》1990年第4期。

《漢書·藝文志》説史游作《急就篇》，李長作《元尚篇》，'皆《蒼頡》中正字也'。《急就篇》的許多詞句都與《蒼頡篇》相似，像'勉力務之必有喜'，就是從《蒼頡》中套過去的。"①雖然未明確説明其態度，但從其表述來看應是持贊同意見的。周飛先生在引述《漢志》中相關文字後謂"可知史游《急就篇》之字皆取自《蒼頡篇》"。②其與胡平生先生説法同，而這也是目前學界的主流看法。

我們認爲對王氏的做法大概可以從兩個角度來考慮。首先是對其如此操作的理論基礎的考察，其次纔是方法的檢視。

理論基礎即《急就篇》中所用之字皆取自《蒼頡篇》。由於對兩者作逐字的比勘已經無法實現，則祇能對《漢志》的相關記載再作分析。而對"正字"的解讀則是解決這一問題必不可缺的過程。

前述王重民先生文認爲："班孟堅所謂《蒼頡》正字者，殆指隸書既行，史游仍用李斯小篆而爲言耶？"王氏之後，持類似觀點的還有邢義田先生。他認爲："西漢中期以後，八分隸書大爲通行，政府官僚所作的字書仍無不以篆爲正字。《藝文志》説：'武帝時司馬相如作《凡將》篇，無復字。元帝時黄門令史游作《急就》篇，成帝時將作大匠李長作《元尚》篇，皆《蒼頡》中正字也。'可見，司馬相如、史游等人像李斯、胡母敬等一樣，不能完全擺脱傳統字書權威的束縛，奉篆爲正字。這裏所謂的篆應是漢人所説的小篆。東漢許慎作《説文》基本上仍以這樣的篆爲正字，字書可以説始終處於較爲'尊古'的狀態。"③不過以小篆爲正字，僅爲猜測之詞，没有任何記載表明《急就篇》以篆文寫成，而《漢志》在述及李斯等作《蒼頡篇》時則是清楚地表明"篆體復頗異，所謂秦篆者也"。且由目前所見《蒼頡篇》及《急就篇》的簡牘本來看，書體亦均爲隸書，這其中既有書寫工整的古書本或習字範本，也包含那些書寫草率拙稚的習字簡牘。因此，認爲"正字"即小篆的説

---

① 胡平生：《阜陽漢簡〈蒼頡篇〉的初步研究》，《胡平生簡牘文物論稿》，第9頁。
② 周飛：《〈蒼頡篇〉綜合研究》，第97頁。
③ 邢義田：《漢代〈蒼頡〉〈急就〉、八體和"史書"問題——再論秦漢官吏如何學習文字》，李宗焜主編《古文字與古代史》第二輯，臺灣"中央研究院"歷史語言研究所會議論文集之九，第436頁。

法無法讓人信服。

如果暫時拋開《漢書·藝文志》，對於"正字"的一般理解，一般多指唐代的正字運動。這裏的"正"是與"通""俗""訛"等相對的。我們都知道，顏元孫在《干祿字書》中將同字異體區分爲"正""通""俗"，張參在《五經文字》中則主要分爲"正""訛"兩類。

出於溯源的考慮，學者們對"正字"的概念由唐代向前追溯時一般會及於熹平石經與正始石經，若再向前則可至《說文解字》。而《說文》也遠不是追溯的盡頭。林素清先生曾提到："漢代由於文字使用日趨紊亂，'正字'問題漸被重視，根據《說文解字敘》所載，有：'孝宣皇帝時召通《倉頡》讀者，張敞從受之''孝平皇帝時徵禮（爰禮）等百餘人，令說文字未央廷中，以禮爲小學元士'等事。這些措施促使漢代小學蓬勃發展，也陸續產生多種有'正字'功能的字書。"①其將"正字"的活動溯源至西漢宣帝與平帝時期的兩次文字整理活動。而這兩次活動都與《蒼頡篇》有密切的聯繫。如果涵咏其義，林先生對"正字"的理解似乎仍與"俗""訛""誤"等相關，因爲她認爲這是在"文字使用日趨紊亂"的情況下展開的。

許學仁先生曾考察了漢唐間的正字活動，對於與漢代相關的情況，他有過下面的表述："綜觀戰國到秦漢之交文字材料，秦書八體中實用之書體，但篆、隸二種書體。今古文字之過渡，持續波及兩漢，驗諸近年所獲出土之漢初簡帛文物，書體結構猶承戰國文字遺風，寫法紛呈不一，點畫出入隨意。即《說文》成書前後之碑刻文字，亦異體歧出，所在多有。漢代文字之文字整理與規範，漢字形體由小篆至隸楷，納入'正字'的標準和依據，建立共同遵循之文字系統。"②顯然，許文的"正字"概念仍然是針對"寫法紛呈不一，點畫出入隨意"而闡發的，與林文相同。

上述兩家對"正字"的理解其實均與唐代"正字運動"中的"正字"概念相當，即主要從字形的角度出發進行考慮。

---

① 林素清：《蒼頡篇研究》，《漢學研究》1987年第1期。
② 許學仁：《"存古"與"合時"——兩漢至唐代之正字運動管窺》，《傳統中國研究集刊》第七輯，上海人民出版社，2010，第154~155頁。

許學仁先生曾在討論之時聯繫到更早的秦代"書同文"。較許學仁文更早的張標文已經將漢代的"正字"上推至秦代"書同文":"《説文》把《倉頡篇》中絶大多數字尊爲'正字',列爲字頭。《説文叙》稱書同文時産生了李斯、趙高、胡母敬等三人的字書,用以正定文字。班固稱其爲'正字',即具有法定的規範作用。"①前面我們曾提到李斯等人作《倉頡篇》等的初衷便是"書同文"。

對於這項政策,以往的研究確實均着眼於字形。張標先生最早對此説提出質疑,認爲秦代的書同文主要是"正用字",他對"正字形"與"正用字"有過較精彩的論述:

> 正字形和正用字是完全不同的兩個概念和兩種方法。前者主要着眼於字的形體結構,後者主要着眼於字(詞)的意義用法;前者所要達到的目標是同一字形的使用要整齊劃一,後者所要達到的目標是在特定的語言環境中祇能使用某個特定的字(詞);前者是在同一個字的不同寫法中確立規範,後者是在幾個音同音近的不同字(詞)中確定一個規範。②

此外,張世超、張玉春先生也較早提到類似的觀點:

> 這些字,或者從文字學的角度看,屬於假借,或者僅僅是從後代的角度看,是没有用應當的字。實則它們各是當時書面語中相應詞義的合法代表者,儘管它們中的一些所表達的意義與字的形體結構所反映的意義不合,却是爲社會所承認、接受的。反之,則即使字所表達的意義與形體結構相合,也要造成交際上的困難,甚至混亂。③

---

① 張標:《阜陽出土〈倉頡篇〉的若干問題》,《河北師範大學學報》1990 年第 4 期。
② 張標:《"書同文"正形説質疑》,《河北師範大學學報》1986 年第 1 期。
③ 張世超、張玉春:《秦簡文字編·漢語言書面形態學初探》,中文出版社,1990,第 25~26 頁。

陳昭容先生在審視了相關文字材料及各家説法後提出"書同文"包括"正字形"與"正用字"兩個方面的觀點。① 在里耶秦簡《更名方》被發現以後，學者對於"書同文"包含"正用字"這一點已經毋庸置疑了，而且還發現了"正用語"的規定。《更名方》中與"正用字"相關的内容有："［叚如故，更］假人""［□如故，］更錢□""大如故，更泰守""賞如故，更償責""吏如故，更事""卿如故，更鄉""［者］如故，更諸""酉如故，更酒""瀘如故，更廢官""鼠如故，更予人"。最新的相關研究可參田煒先生文。②

以上對"正字"還是理論上的論證，下面我們將研究視角再回到《急就篇》是否全部采用《蒼頡篇》中文字上來。考察的方法自然是將兩書中的文字作對比，如果有完整的五十五章本《蒼頡篇》，再核以《急就篇》中的文字，驗其是否均出於此或者是否有例外便可得出準確的結論。不過由於目前出土本《蒼頡篇》均非完本，此方法顯然還無法實現。而退一步來講，即使我們有了一個完整的出土本《蒼頡篇》恐怕也很難以此方法來精確驗證。其原因在於文本在流傳過程中因書寫習慣等形成的用字改變，此改變不僅與書寫習慣有關，還包含通假字和異體字的使用以及受書寫者個人習慣影響造成的文本流動。從《蒼頡篇》來看，受上述用字習慣改變等因素影響，各出土本之間存在的異文很多，而史游所采用的《蒼頡篇》版本也無從考證。從《急就篇》本身來看，到目前爲止，由於有多個版本，而且很多文字都有不止一個異文，大概也難以選出一個版本用來作對比研究。理想狀態下，自然以史游所據本《蒼頡篇》與其所作最初本《急就篇》進行對比方可作出準確的判斷，但是這顯然是無法實現的。

由以上的情況來看，結合"書同文"中有對"正用字"的規定，我們認爲《漢志》所謂的"正字"所指主要當爲"本字"。前面陳昭容先

---

① 陳昭容：《秦系文字研究》，臺灣"中央研究院"歷史語言研究所專刊之一〇三，2003，第69~105頁。不過陳先生在綜合考察了戰國至漢初的文字使用情況後認爲"正字形"取得了極佳的成績，"正用字"則收效甚微。
② 田煒：《論秦始皇"書同文字"政策的内涵和影響》，《"中央研究院"歷史語言研究所集刊》第八十九本第三分，第408~413頁。

生已經得出結論，秦代"書同文"在"正字形"方面取得了非常好的成效，因此在漢代這個問題已經不那麽突出。而《蒼頡篇》作爲字書又與"正用語"無關。而"正用字"方面則收效甚微，這也正與漢代簡牘本《蒼頡篇》的諸多異文的實際情況相合。

如果考察漢代簡牘本《蒼頡篇》即可知，從目前所見最早的阜陽漢簡本到時代較晚的漢牘本，若以《説文》的標準來看，很多都非"本字"。① 而且不同文本中的異文有很多。而這些情況也必然是史游在編纂《急就篇》時要面對的問題，我們相信史游所能見到的《蒼頡篇》文本一定不會少於今天所見者。以今日所見爲例，北大簡簡 10 "骫奰左右"，阜陽漢簡本 C89 作"骫奰佐宥"，漢牘第六板作"骫失左右"，在這三種版本中便有多處異文；再如北大簡簡 61 "阢嵬"，阜陽漢簡本 C26 作"阮嵬"，水泉子漢簡本則作"阮隗"，三本間亦均存在異文。因此史氏（也包括李長、司馬相如等）在面對《蒼頡篇》的諸多異文時必然要決定如何選擇，而一般情況下選擇的標準便應是"正字"。而這個正字大概也是不言自明的——按照當時的標準選擇出來的本字。不過我們認爲除了選擇本字以外，大概也還要對當時大量存在的異體字作出甄別。而據此選擇出來的"正字"則大概可與唐代的"正字"概念相當。

了解了《漢志》所謂的"正字"概念，我們再看相關的叙述："武帝時司馬相如作《凡將篇》，無復字。元帝時黄門令史游作《急就篇》，成帝時將作大匠李長作《元尚篇》，皆《蒼頡》中正字也。《凡將》則頗有出矣。"其實仍有兩解：一是《急就篇》《元尚篇》等所收文字均出自《蒼頡篇》，不過在字的選擇上使用了"正字"而非借字等；二是《急就篇》等所收文字部分出自《蒼頡篇》，這些字均爲"正字"。我們是傾向於前者的。

不過從實際情況來看，即使相信後一種理解，也無法完全否定《急就篇》中的文字有出《蒼頡篇》之外者。《急就篇》對《蒼頡篇》是經過了很徹底的改造的，從句式到文字分布都有很大變化，在這一過程中

---

① 當然，這種"本字"是依照《説文》進行的判斷，未必合於李斯所處時代的標準。詳參第四章對《蒼頡篇》異文的討論。

極易摻入《蒼頡篇》以外的文字。《漢志》的記載也許本來就過於絕對，我們以《千字文》的情況爲例，據張懷瓘《書斷》載："其始乃梁武帝教諸王書，令殷鐵石於大王書中，搨一千字不重者，每字片紙，雜碎無序。"①不過，統計下來仍然有六字重見。②可見古人的相關記載往往祇是一個大概的情況，真的去一一核實是很難實現的。

而對於王氏這種輯佚效果，我們認爲即使承認《急就篇》文字均出自《蒼頡篇》也仍然沒有太大意義。這主要與其對這些文字處理有關。我們今天已經知道《蒼頡篇》文字的排列及分布情況，王氏在重輯《蒼頡篇》時已經得見敦煌漢簡中的《蒼頡篇》殘簡，大致可知其文字排列與《說文》不同。而打亂《急就篇》的順序將其按《說文》部首及文字的順序輯入《蒼頡篇》意義實在是不大。

清儒對所輯《蒼頡篇》佚文的編排便存在不同，一部分學者據《說文》順序編排也是出於無奈。但是需要注意的是清人所輯文字均是帶有訓釋內容的，因此其價值也并不在於輯入多少單字，更多的是這些訓解中的詞彙及訓詁內容，而這樣的學術價值則是將《急就篇》輯入《蒼頡篇》所不具備的。

四 《蒼頡篇》的經典化及經典地位

至遲自《漢書・藝文志》起，小學便一直作爲經學的附庸而具有重要的地位，這便是所謂的"蒼雅之學"。《爾雅》因與經學關係密切在宋代以前已經列入經部，成爲正式的經典。而作爲這種學問另一標目的《蒼頡篇》則在唐宋之際亡佚了。《蒼頡篇》深深地影響了《說文解字》與《急就篇》的編纂。《說文解字》的經典地位是毋庸置疑的。而作爲漢代唯一完整傳世的字書，自成書之時起便產生重要影響、被歷史學家沈元先生稱爲"漢代社會生活的一面鏡子"的《急就篇》，③其經典地位大概也是當之無愧的。那麼下面的問題便饒有趣味了：《蒼頡篇》是否

---

① 見於李綽《尚書故實》，清光緒年間刻《畿輔叢書》本，第 24 葉。
② 陳黎明、張晗：《"三百千"的用字及其流向》，《漢字文化》2010 年第 1 期。
③ 沈元：《〈急就篇〉研究》，《歷史研究》1962 年第 3 期。

具有經典地位?

(一)《蒼頡篇》的經典化

在回答《蒼頡篇》是否具有經典地位之前,我們認爲對下面這個問題的討論無疑是具有意義的,即《蒼頡篇》的經典化問題。從理論上來看,任何一部典籍都有可能走向經典化之路,祇是有些成功了,成爲經典,有些則歸於失敗,甚至消亡於歷史長河中。近年來,學界對"經典化"的研究越來越深入,視角亦愈加多樣化。李若暉先生指出:"從文本角度來看,'經典化'的主要方式有二:一是定本,使經典的文字内容獲得固定形式。二是傳記,使經典的思想意義獲得固定解釋。"[1]在相關研究的啓發下,我們打算從文本的整齊與擴容、注釋的累積兩個方面談一談《蒼頡篇》在經典化之路上留下的軌跡。

經典常有其基因。劉知幾謂"自聖賢述作,是曰經典"。[2]過去認爲六經皆聖賢所作,因此自然成爲經典,但是經典的形成一般不是一蹴而就的,因此纔有孔子删《詩》《書》、作"十翼"之説。雖然這些説法的真實情況如何尚待考證,但是無疑表明經典大概都要經歷"經典化"之路。有賴於出土文獻的幫助,我們已經能夠見到很多經典文獻的早期樣貌。簡帛本《周易》《詩經》《尚書》《老子》等的出土,尤其是自戰國至漢代不同時期文本的多次發現,對於這些典籍經典化的認識也越來越清晰。而文本的整齊化及固定化無疑是其中一個重要因素。

李零先生曾提到:"古書在未經編次成篇之前,本來就存在着許多意義相對獨立的片段,也就是自然的章句。古書的編次成篇就是對這種自然章句加以歸并和整理的結果。"[3]據前揭《漢志》可知,李斯所作《蒼頡篇》爲七章,趙高所作《爰歷篇》爲六章,而胡毋敬所作《博學篇》爲七章,"秦三蒼"合計二十章。《蒼頡篇》在漢初被閭里書師"斷六十字以爲一章"。可知此前每章字數是多於六十字的。而在此之前

---

[1] 李若暉:《早期中國的經典形成與思想成熟》,《光明日報·國學版》2023年11月18日。
[2] 劉知幾:《史通》,上海古籍出版社,2008,第126頁。
[3] 李零:《〈孫子〉十三篇綜合研究》,中華書局,2006,第364頁。

《蒼頡篇》的文本樣貌由北大簡的情況亦可得知。"（北大簡《蒼頡篇》）各章文末均標明該章字數，現存標明字數的章末簡有9枚，所標字數，多者'百五十二'，少者'百四'，即一百零四。可知各章字數均在一百以上，但字數不盡等同。"①則此時每章字數是不同的。顯然，"斷六十字以爲一章"後，其文本更爲整齊，也因此將每章的内容固定下來。

北大簡《蒼頡篇》簡8—9："漢兼天下。海内并廁。胡無噍類。菹䤅離異。戎翟給賓。百越貢織。飭端脩瀧。變大制裁。"與阜陽簡本相較，多出"胡無噍類。菹䤅離異。戎翟給賓。百越貢織"四句。朱鳳瀚先生認爲"這四句話，應是歌頌秦始皇統一六國後，北逐匈奴、南略五嶺的業績，應是出自秦人手筆。雙古堆簡《蒼頡篇》此四句話未存，可能是西漢初整理秦本《蒼頡篇》時被删掉，但北大簡以及居延簡《蒼頡篇》都保存了這四句話，較多地體現了秦代本子的面貌。"②梁静先生則提出"這四句話并非秦本原有，其所歌頌的對象也不是秦始皇，而是漢武帝"。理由是"武帝在漢初幾位帝王積累的基礎上，'外事四夷，内興功利'，完成了輝煌的事業……'胡無噍類'這四句話很有可能反映的正是這一時代特徵，也很有可能是這一時期纔被改編入《蒼頡篇》中的。這四句話没有出現在抄寫於漢文帝十五年以前的阜陽漢簡中，而出現在抄寫年代不晚於漢武帝後期的北大本《蒼頡篇》中的原因，就在於此。"③

我們在這裏不打算就此問題作過多論述。而值得關注的是這種文本的流動與"斷章"之前其每章字數不同有關，因此纔可以進行增删且對文本本身不産生實質性損害。而在閭里書師進行"斷六十字以爲一章"的文本整齊工作之後，雖然仍可增減，但無法對每一章進行增訂或删減的工作，否則將使文本面貌産生變化，因此這種整齊工作對《蒼頡篇》文本的相對穩定是有很大意義的。在這種情況下，其實已經形成了李若

---

① 朱鳳瀚：《北大漢簡〈蒼頡篇〉概述》，《文物》2011年第6期。
② 朱鳳瀚：《北大漢簡〈蒼頡篇〉概述》，《文物》2011年第6期。
③ 梁静：《出土〈蒼頡篇〉研究》，第74~75頁。我們亦認爲此四句應爲漢人所加，但是理由與梁書不同，詳參第一章第四節關於"秦三蒼"字數問題的討論。

暉所説的"定本"。

余建平先生提到:"經典化……從文本的生成角度看,則主要表現爲文本的定型,即文本的字句不再有大幅度的變動,文本的章節順序和結構基本保持不變。"①從西北漢簡所見《蒼頡篇》殘簡及漢牘本的情況來看,《蒼頡篇》在斷六十字爲一章後均以數字標明章序,這種情況下不僅無法對每章內容進行增删,其章序顯然也固定下來了。

而之後的揚雄、班固、賈魴等所續作均在此本基礎上進行,一方面這些續作不再破壞李斯等人所作"秦三蒼"的樣貌,另一方面也能説明這種文本的整齊工作得了社會上的普遍認可。前揭《漢志》及《書斷》曾對《蒼頡篇》的文本累積有過叙述,爲了方便討論,我們不妨再次引述,《漢志》謂:"至元始中,徵天下通小學者以百數,各令記字於庭中。揚雄取其有用者以作《訓纂篇》,順續《蒼頡》,又易《蒼頡》中重復之字,凡八十九章。臣復續揚雄作十三章,凡一百二章,無復字,六藝群書所載略備矣。"②《書斷》謂:"和帝永元中,賈魴又撰異字,取固所續章而廣之,爲三十四章,用《訓纂》之末字以爲篇目,故曰《滂熹篇》,言滂沱大盛,凡百二十三章,文字備矣。"③

經典的發展歷程是一個文本累積的過程。《蒼頡篇》自李斯等所作三篇二十章一變爲五十五章3300字,至揚雄《訓纂篇》增至八十九章5340字,後班固續增十三章,則共一百零二章6120字,再至賈魴《滂喜篇》出而爲一百二十三章共7380字。從字數來看其已經幾乎達至大成。這也是《蒼頡篇》經典化的一個重要路徑。

詹福瑞先生謂:"經典在流傳的過程中,不同時代的不同人群,自然會站在當下的立場,對於經典作出不同的理解與解釋,甚或修改、篡改。這些解釋并非原典,但毋庸置疑,這些解釋確實反映了某一時期人們對經典的理解,同時對後代的讀者而言,這些解釋又構成了經典的有

---

① 余建平:《〈保傅〉的生成、流傳與編纂——兼論中國早期經典文本的生成特徵》,《北京社會科學》2022年第1期。
② 《漢書》卷三〇《藝文志》,第1721頁。
③ 張彦遠纂輯,劉石校理《法書要録校理》,第448頁。

機組成部分，如同地球的大氣層，土星的光環。"①這是對經典及解釋性作品關係的準確解讀。而從另一方面來看，這些歷代層累形成的解釋性作品也正是經典之所以爲經典的標志。漢唐正史中的《藝文志》《經籍志》均記載了自漢代起學者們對《蒼頡篇》的注釋工作：

> 揚雄《蒼頡訓纂》一篇；杜林《蒼頡訓纂》一篇。杜林《蒼頡故》一篇。②
> 《三蒼》三卷，郭璞注；《蒼頡》二卷，後漢司空杜林注。③
> 《三蒼》三卷，李斯等撰，郭璞解；《蒼頡訓詁》二卷，杜林撰；《三蒼訓詁》二卷，張揖撰。④
> 李斯等《三蒼》三卷，郭璞解；杜林《蒼頡訓詁》二卷；（張揖）《三蒼訓詁》三卷。⑤

其中，《漢志》所載之杜林《蒼頡訓纂》及《蒼頡故》，《隋志》無名，僅稱杜林注，而兩《唐志》則稱爲《蒼頡訓詁》。姚振宗謂："《隋志》引《七錄》但云《倉頡》二卷，杜林注。兩《唐志》作《訓詁》，亦并二卷，卷數與本志（引者按，即《漢志》）相符，蓋合《訓纂》及《故》而一之。"⑥此說較爲合理。可見，自漢代起，《蒼頡篇》有明確記載的注者四人，分别是揚雄、杜林、張揖與郭璞。而這些人均爲各自所處時代的學術巨擘。其注釋工作顯然爲《蒼頡篇》的經典地位增添了更多的要素，也是其在經典化道路上所經歷的重要環節。

因此，閭里書師對《蒼頡篇》的"斷章"，使其成爲"定本"。經過揚雄、班固等人的續作，至賈魴作《滂熹篇》，《蒼頡篇》及其續作已經增至7380字，在文本方面達到了頂峰。注釋方面，從杜林、揚雄、張

---

① 詹福瑞：《論經典》，人民文學出版社，2015，第164頁。
② 《漢書》卷三〇《藝文志》，第1720頁。
③ 《隋書》卷三二《經籍志一》，第942頁。
④ 《舊唐書》卷四六《經籍志上》，中華書局，1975，第1984頁。
⑤ 《新唐書》卷五七《藝文志一》，中華書局，1975，第1447頁。
⑥ 姚振宗：《漢書藝文志條理》，第147頁。

揖等人的前期積累，到郭璞《三蒼注》（或稱《三蒼解詁》）之集大成，其最終形成了所謂的"蒼雅之學"。庾元威《論書》："夫《蒼》《雅》之學，儒博所宗，自景純注解，轉加敦尚。"①這與其他古書的經典化軌迹無疑是相似的，因此我們有理由認爲《蒼頡篇》經歷了一系列的經典化之路，并且達到了文本及注釋方面的極致。

（二）《蒼頡篇》在秦漢的地位及影響

在成爲漢人識字教本之前，《蒼頡篇》應該就已經被種下了深厚的的經典地位的基因。以今人的觀點來看，經典無一不具有權威性。如《漢語大詞典》認爲經典是"具有權威性的著作"。權威性無疑爲古書注入了經典的基因。而我們已經知道，李斯、趙高、胡母敬等人作《蒼頡篇》《爰歷篇》與《博學篇》的根本原因是爲統一文字作準備。《史記·秦始皇本紀》："分天下以爲三十六郡，郡置守、尉、監。更名民曰'黔首'。大酺。收天下兵，聚之咸陽，銷以爲鍾鐻，金人十二，各重千石，置廷宫中。一法度衡石丈尺，車同軌，書同文字。"②《琅琊臺刻石》亦謂："普天之下，摶心揖志。器械一量，同書文字。"③顯然，"書同文字"或"同書文字"在秦代開國是十分重要的大事，更是對之後兩千年文獻乃至文化的穩定發展具有不可磨滅之功。

《説文解字叙》："秦始皇帝初兼天下，丞相李斯乃奏同之，罷其不與秦文合者。斯作《倉頡篇》，中車府令趙高作《爰歷篇》，太史令胡母敬作《博學篇》。"④許慎在這裏將李斯等作《蒼頡篇》的初衷與"書同文字"的關係交代得十分清楚。當代學者亦多持此觀點，由於前面已經引述，此處從略。因此，肩負"書同文字"這一重任的《蒼頡》等三篇的地位與權威屬性也就顯而易見了。⑤

---

① 張彦遠纂輯，劉石校理《法書要録校理》，第75頁。
② 《史記》卷六《秦始皇本紀》，中華書局，1959，第239頁。
③ 《史記》卷六《秦始皇本紀》，第245頁。
④ 許慎：《説文解字》，第315頁。
⑤ 《商君書·定分》："有敢剟定法令一字以上，罪死不赦。"李若暉在《早期中國的經典形成與思想成熟》中也提到尚法的秦律令在實質上成爲國家的"絕對經典"。這或許可以作爲《蒼頡篇》在秦代具備權威性的一個旁證。

到了漢代，未經"閭里書師"改編之前的《蒼頡篇》，在漢初貴族士大夫心目中的地位依然很高。我們可以與阜陽漢簡及北大簡《蒼頡篇》同出的其他古書爲觀察視角進行考察。

阜陽漢簡出自汝陰侯夏侯竈之墓，墓葬級別較高。出土的古書可與傳世本對應的有較爲完整的《詩經》《周易》兩部，此外還有《吕氏春秋》《孔子家語》《楚辭》等。①《周易》與《詩經》在漢代以前便已取得了"經"的地位。而後幾書在當時亦較受重視，在今天也都成爲經典。因此，與之伴出的《蒼頡篇》在當時的地位也是不言而喻的。而北大簡《蒼頡篇》的伴出文獻書寫水平更高，保存完整，種類也更加豐富。據介紹，北大漢簡含有將近20種古代文獻，從種類上基本涵蓋了《漢書·藝文志》"六藝""諸子""詩賦""兵書""數術""方技"這六大門類。其中傳世文獻可見者有《老子》，其他典籍如《趙正書》《周馴》《妄稽》《反淫》等亦均爲史、集部文獻中的重要組成部分。北大簡整理者認爲北大西漢竹書所陪葬的墓主應與阜陽漢簡、定州漢簡同屬於王侯一級，并認爲"這批竹書的内容構成，反映出西漢中期社會上層所應具備的知識結構和思想趣味，大大有助於增進對西漢思想史、學術史的了解"。②因此，漢初的《蒼頡篇》即使不能與《詩經》《周易》《老子》等具有相當的地位，但也是頗受貴族們重視的重要典籍。

而閭里書師對《蒼頡篇》進行"斷章"工作的前提則是其在當時所具有的識字功用被普遍接受。張家山漢簡《二年律令·史律》："[試]史學童以十五篇，能風（諷）書五千字以上，乃得爲史。""[卜學]童能風（諷）書史書三千字……乃得爲卜。"③由於爲卜爲史都對掌握的字數有一定要求，所以學童習字教材也會爲了與之適應而增加

---

① 参阜陽漢簡整理組《阜陽漢簡簡介》，《文物》1983年第2期；胡平生：《阜陽雙古堆漢簡〈吕氏春秋〉》，李宗焜主編《古文字與古代史》第四輯，臺灣"中央研究院"歷史語言研究所會議論文集之十四，2015，第511~535頁。
② 北京大學出土文獻研究所：《北京大學藏西漢竹書概説》，《文物》2011年第6期。
③ 張家山二四七號漢墓竹簡整理小組：《張家山漢墓竹簡（二四七號墓）》（釋文修訂本），第80、81頁。

字數。由於《二年律令》所反映的是西漢最初時期甚至是秦代的情況，故此時"史學童"等仍以"十五篇"即《史籀篇》爲考試範本，但是據《漢志》可知武帝時司馬相如作《凡將篇》時便取《蒼頡篇》中正字了，說明在西漢早期《蒼頡篇》應當已經取得了很高的地位。到了元帝、成帝時史游作《急就篇》，李長作《元尚篇》時，亦取《蒼頡篇》中的正字。可見其作爲字書的影響已經超過了《史籀篇》。《史籀篇》"建武時亡其六篇"，說明它至少在西漢晚期應該已經被《蒼頡篇》所取代。而目前爲止，我們還未在漢代出土文獻中發現《史籀篇》的内容。①

從各地發現的漢簡來看，在西北地區發現的屯戍簡中，寫有《蒼頡篇》的習字簡數量很大。斯坦因所獲簡牘中習字削衣簡的大量發現更能説明《蒼頡篇》在識字教育方面的影響。②學者們曾經論及科舉對一些典籍經典地位形成的影響。③漢代官吏的選拔顯然與識字有密切關係。《唐六典》卷一引《漢官儀》："能通《蒼頡》《史篇》，補蘭臺令史，滿歲補尚書令史，滿歲爲尚書郎。"④

此外，《蒼頡篇》對《急就篇》與《説文解字》均産生過十分重要的影響，我們可以將前者視爲後兩者的母體。⑤

在前述漢唐正史諸《志》中，《蒼頡篇》均被歸入"小學"類下，作爲"六藝"類的附庸而存在。班固曾稱在其所續十三章後，"六藝群書所載略備矣"，這正是《蒼頡篇》與經學關係的直接體現。而前引《漢志》所載平帝元始年間的那場文字大會，一般認爲應是在王莽、劉

---

① 前引余建平文認爲經典化的一個表現是經典文本對其他各類抄本的淘汰。這是在同一文獻視野下的論述，而將這一視角放大，其實經典文獻也一定會對其他文獻進行淘汰，《史籀篇》的亡佚與《蒼頡篇》的崛起相同步，正是這一現實的反映。
② 參考汪濤、胡平生、吳芳思《英國國家圖書館藏斯坦因所獲未刊漢文簡牘》。這批習字簡中以寫有《蒼頡篇》的内容爲主。
③ 如張新科先生詳細論述了元代科舉對建構及樹立漢賦經典地位的影響。參氏著《元代科舉對漢賦經典化的影響》，《南京大學學報（哲學·人文科學·社會科學）》2015年第1期。郭寶軍先生亦討論了唐代科舉與《文選》經典化的關係。參氏著《試論〈文選〉經典化之可能與生成》，《文學遺產》2016年第6期。
④ 孫星衍等輯《漢官六種》，中華書局，2008，第142頁。
⑤ 具體的影響情況請參第二節《蒼頡篇》的影響"部分。

歆的推動下召開的。考慮到此二人的古文經學立場，不難判斷這次大會也有經學的影響。① 班固在《漢志》中又以倒叙的形式追述了漢宣帝時著名的文字集會："《蒼頡》多古字，俗師失其讀，宣帝時徵齊人能正讀者，張敞從受之，傳至外孫之子杜林，爲作訓故，并列焉。"② 兩次由官方召開的文字會議均以《蒼頡篇》爲核心，這一方面説明了《蒼頡篇》的地位，從另一方面來看，張敞與杜林皆古文經學家，與王莽、劉歆主導的那次有相互呼應之勢。而這顯然也是《蒼頡篇》經典地位的重要證據。

值得指出的是，《蒼頡篇》對漢代辭賦家的創作曾産生過影響。《蒼頡篇》在進入漢代後，陸續有學者對其進行仿作及續補。據《漢志》可知仿作者有司馬相如的《凡將篇》、史游的《急就篇》以及李長的《元尚篇》，補作者有揚雄續作的三十四章以及班固作的十三章。這其中非常引人矚目的便是司馬相如、揚雄、班固均爲兩漢著名的辭賦家。有學者已經指出"想要'鋪彩摛文，體物寫志'，必須先要掌握大量漢字"。③

司馬相如等人創作的大賦十分擅長鋪排辭藻，這確實與《蒼頡篇》的同義（含同類）、近義、反義詞的羅列十分相近。張慶利先生曾指出：

> 寫樹則"陰林巨樹，楩楠豫章，桂椒木蘭，檗離朱楊，櫨梨梬栗，橘柚芬芳"（司馬相如《子虛賦》）；寫鳥則"玄鶴白鷺，黃鵠鵁鶄，鴐鵝鴻鶄，鳧鷖鴻雁"（班固《西都賦》）。利用漢字的特點排列組合的確顯得整齊可觀。④

雖然作爲文學創作的産物，必不可少要經過作者的加工提煉，但從中依

---

① 可參孟琢《秦漢小學字書的歷史沿革與文化精神》，《光明日報·國學版》2022年8月27日。
② 《漢書》卷三〇《藝文志》，第1721頁。
③ 孟琢：《秦漢小學字書的歷史沿革與文化精神》，《光明日報·國學版》2022年8月27日。
④ 張慶利：《尚奇的漢賦》，《文史知識》2022年第3期。

然看得出《蒼頡篇》的影響。還值得注意的是漢賦中多用古字奇字①，而這也與前引《漢志》所載漢宣帝時因《蒼頡篇》中多古字而"召齊人能正讀者，張敞從受之"的情況近似。

（三）六朝隋唐時期《蒼頡篇》身份的轉換

魏晉以後，《蒼頡篇》作爲習字之用逐漸退出舞臺，《急就篇》作爲字書的影響更爲普遍，常出現在典籍的記述中，如晉夏侯湛《抵疑》所載之"鄉曲之徒，一介之士，曾諷《急就》習《甲子》者，皆奮筆揚文，議制論道"。《魏書·崔浩傳》："浩既工書，人多托寫《急就篇》。"同書《儒林傳》："劉蘭始入小學，書《急就篇》，家人覺其聰敏。"《北齊書·儒林傳》："李鉉九歲入學，書《急就篇》，月餘便通。"因此顧炎武稱："漢魏以後，童子皆讀史游《急就篇》。"②不過《蒼頡篇》在字書功能被替代以後，并未因此亡佚，而是擺脫了習字功用的"負擔"，與注文共存，廣泛地影響漢唐之間的學者，直到唐宋之際。③李若暉先生謂："正是傳記的成熟纔使得經典的文本固定，意義確定，并且流傳有緒，於是經典文本及其學術體系便於焉告成。"④前面已經談及至少有四位漢唐間見載於史籍之學者爲《蒼頡篇》作注：揚雄與杜林爲漢人，張揖爲魏人，郭璞則爲東晉人，而《蒼頡篇》的注釋工作在郭璞手中也最終達至大成。

雖然文獻中這一時期《蒼頡篇》對文人影響的直接記載并不多，但是在成書於同時期的類書及古書注解中，經常可見對《蒼頡篇》的引用。我們統計了孫星衍、任大椿等人所輯《蒼頡篇》所採用的文獻。以孫氏所輯爲例，玄應《一切經音義》所占比重最大，其次爲李善《文選注》。此外，陸德明《經典釋文》、慧苑《華嚴經音義》、司馬貞《史記

---

① 有些古字、奇字雖然今傳本已經改爲通行字，但可從其他文獻中保留的異文窺見原貌。可參蹤凡《古代語言文字學著作中的漢賦資料》，《文獻》2008 年第 1 期。
② 顧炎武著，黃汝成集釋《日知錄集釋》，上海古籍出版社，2006，第 1217 頁。
③ 有學者認爲《蒼頡篇》的亡佚與注釋本的出現有關，此説未必可信，且《急就篇》亦有顏師古、王應麟等注釋，却并未致其亡佚。
④ 李若暉：《早期中國的經典形成與思想成熟》，《光明日報·國學版》2023 年 11 月 18 日。

索隱》、《後漢書》李賢注、《說文解字》、《顏氏家訓》等亦較多引及。其餘還有類書：《藝文類聚》《初學記》《北堂書鈔》《太平御覽》；字書、韻書：《玉篇》《廣韻》；經注經疏：鄭氏《周禮注》、郭璞《爾雅注》、《春秋左傳正義》、《毛詩正義》、《爾雅疏》；史書注：徐廣《史記音義》（孫氏稱徐廣注《史記》）、《漢書》應劭注、《三國志》裴松之注、何超《晉書音義》、《郡國志》劉昭注、《史記集解》、《史記正義》、《水經注》；《文選》舊注：劉逵《三都賦》注、薛綜《西京賦》注；其餘：陸機《毛詩草木鳥獸蟲魚疏》、殷敬順《列子釋文》、《竹譜注》。共三十餘部。

《史記·匈奴列傳》："有罪小者軋。"《索隱》："《三蒼》云：軋，輾也。"①《周易·既濟》："鬼方。"《經典釋文》："《蒼頡篇》云：鬼，遠也。"②顯然，"某，某也"不符合出土漢代簡牘本《蒼頡篇》的原文，而與注釋的基本形式相符合。清人在輯佚《蒼頡篇》的時候已經認識到了這一點。這些引文所謂的《蒼頡篇》或《三蒼》其實都是《蒼頡篇》的注釋。

除了稱《三蒼》或《蒼頡篇》以外，各書在引述時還有稱《蒼頡解詁》者，如《後漢書·蓋勳傳》李賢注："《蒼頡解詁》曰'鳶，鴟也'。"有稱《三蒼解詁》者，如《史記·衛將軍驃騎列傳》"漢匈奴相紛挐"。《正義》："《三蒼解詁》云'紛挐，相牽也'。"有稱《蒼頡訓詁》者，如《玄應音義·禪秘要法》卷二"蛕蟲"條："《蒼頡訓詁》云'蛕，腹中蟲也'。"還有徑出注者名的。如《玄應音義·大般涅槃經》卷十一"拍毱"條："郭璞注《三蒼》云'毛丸可踢戲者曰鞠'。"《文選·甘泉賦》："浮蠛蠓而撇天。"李善注："張揖《三蒼》注曰'撇，拂也'。"

從以上所述可知，《蒼頡篇》在六朝隋唐時期對古書注疏所產生的影響是十分巨大的。而這種影響也是通過其經典化——文本及注釋的完善而實現的。

---

① 《史記》卷一一〇《匈奴列傳》，第2893頁。
② 陸德明：《經典釋文》，中華書局，1983年影印通志堂本，第30頁。

《漢書·揚雄傳》："以爲經莫大於《易》，故作《太玄》；傳莫大於《論語》，作《法言》；史篇莫善於《倉頡》，作《訓纂》。"①將《蒼頡篇》與《周易》《論語》并列，正可說明其在漢代的地位。《顏氏家訓·書證篇》謂："世間小學者，不通古今，必依小篆，是正書記。凡《爾雅》《三蒼》《説文》，豈能悉得蒼頡本指哉？"②此則正表明了南北朝乃至隋唐時人對《蒼頡篇》與《爾雅》《説文》等傳世經典的態度，均將其視爲同等地位的典籍。

餘論　亡佚的經典

《蒼頡篇》最後没有以傳世文獻的形式流傳下來，在唐宋之際亡佚了。而經典應該具有的一個特點便是能經受時間的考驗，也就是所謂的傳世性。馮友蘭先生說："現在我們所稱謂'經典著作'或'古典著作'的書都是經過時間考驗，流傳下來的。這一類的書都是應該精讀的書。"③這種觀點顯然能够代表學界的一般認識，也確實是判斷經典的一個比較重要的方面。而從這一點來看，《蒼頡篇》似乎不符合經典的基本條件。不過問題并非這樣簡單。

一般認爲《蒼頡篇》之所以會亡佚主要是因爲其收字古奥，且字數越來越多，以致失去識字教材的優勢，進而被取代，并最終導致了失傳。如林素清先生謂："其篇幅的不斷擴大，使其性質也隨之轉變，由識字用書變爲搜羅衆多新字、異字的書，終於失去其原本意義而漸爲《説文解字》一類字書所取代了。"④這種看法大致是不錯的。不過與《蒼頡篇》關係密切且與之具有代替關係的更應該是《急就篇》。

前面已經言及在字書功能被替代以後，《蒼頡篇》并未因此亡佚。而按照一般的情况，一部作品的亡佚是傳習者漸少纔會導致其最終消亡。但是從前述可知唐代學者是經常引述《蒼頡篇》的，這說明《蒼頡

---

① 《漢書》卷八七下《揚雄傳》，第 3583 頁。
② 王利器：《顏氏家訓集解》（增補本），中華書局，2007，第 515 頁。
③ 馮友蘭：《我的讀書經驗》，《書林》1983 年第 1 期，轉引自詹福瑞《論經典》，第 21 頁。
④ 林素清：《蒼頡篇研究》，《漢學研究》1987 年第 1 期。

篇》在當時的流傳是比較廣的，在亡佚之前并未受到學者們的冷落。而其在宋初以後似乎很快便不傳於世，這一方面與其卷帙較大有關，另一方面也應當與古書亡佚的偶然因素戰亂等有密切關聯。

在我國歷史上，古書的流傳經常受一些自然與人爲因素的影響而導致一部分典籍的亡佚，因此有所謂古書的歷次"厄運"之説。有些古書得以流傳下來有時與一兩個重要的人物的傳承有關，這是偶然因素。以《説文》爲例，唐代中期以後，《説文》之學漸衰，徐鍇謂"自《切韻》《玉篇》之興，《説文》之學湮廢泯没，能省讀者不能二三，棄本逐末，乃至於此。"①李陽冰的出現，對於《説文》的流傳就起到了至關重要的作用。因此黄德寬等先生認爲："如果没有李陽冰的刊定，經安史之亂，唐末的藩鎮割據，加上五代十國的大分裂，《説文》會不會像其他許多重要典籍那樣散佚於兵燹戰亂之中，都很難説。"②這確實是值得考慮的意見。在《蒼頡篇》傳承過程中的關鍵時期，大概也正是因爲没有一位像李陽冰這樣的學者，纔使得這部重要典籍最終流於失傳。

歷史上已經取得經典地位而未得流傳者最具代表性的應爲《樂經》，一般認爲這部位列"六經"之一的典籍在西漢初便已亡佚。此外，在音韻學史上具有重要地位的《切韻》也由於《唐韻》《廣韻》等的替代而終至亡佚，但是大概不會有人因此而質疑其經典地位；與此相似，宋代《大廣益會玉篇》的編定導致了原本《玉篇》的亡佚，但是當清末原本《玉篇》殘卷被發現以後，學者們都已經意識到顧野王原本《玉篇》所具有的學術價值，如果認爲其爲字書中的經典應不會招致懷疑。

總而言之，《蒼頡篇》雖然最終亡佚，不過即使我們以時間的考驗來衡量，它在秦至唐代的一千多年裏始終在社會的各個層面產生重要的影響。對《蒼頡篇》經典地位的討論不僅是要關注《蒼頡篇》這一部典籍，更重要的是提示我們重新審視那些雖然已經亡佚但是在歷史上曾產生深遠影響的古書。

---

① 徐鍇：《説文解字繫傳》，中華書局，1998，第319頁。
② 黄德寬、陳秉新：《漢語文字學史》(增訂本)，安徽教育出版社，2014，第82頁。

第一章　簡牘本《蒼頡篇》的文本問題

《蒼頡篇》由於已經亡佚千餘年，雖有輯佚本，但是所輯者幾乎都是單字。我們根據這些材料顯然是無法對《蒼頡篇》進行有效研究的。因此在清人諸多輯本印刻以後，《蒼頡篇》也僅僅作爲資料供學者們參考。

直到 20 世紀初，漢簡《蒼頡篇》被發現後，相關研究纔在材料的支撑下漸次展開。幾乎每次新材料的發現都能爲《蒼頡篇》的文本情況提供新的信息。因此，本章我們打算首先對百餘年來《蒼頡篇》的發現、整理及研究歷史作一綜述，以便於下面研究的展開。而在對二十章本及五十五章本《蒼頡篇》進行整理復原之前，我們認爲也有必要對簡牘本《蒼頡篇》文本中的幾個問題進行廓清。

第一節　漢代簡牘本《蒼頡篇》的發現及研究

一　漢簡《蒼頡篇》的發現及初步研究

簡牘本《蒼頡篇》的最早發現是在 20 世紀初，英籍匈牙利考古學家斯坦因在第二次中亞考古發掘中於我國新疆、甘肅等地發現了大量以漢文及西域古代其他民族文字書寫的各類文獻，其中 1907 年在敦煌西北的數十個漢代烽燧中掘得很多漢文簡牘。[①] 斯坦因將這批漢文簡牘交

---

① 斯氏二探的發掘情況最後形成皇皇巨著的五卷本發掘報告："*Serindia*：*Detailed Report of Explorations in central Asia and Western-most China*"，由牛津克拉蘭頓出（轉下頁注）

由當時法國著名漢學大師沙畹整理和研究，沙氏選錄了其中清晰完整者整理出版。①這批漢文簡牘最初收藏於英國大英博物館，後大英博物館中的圖書館被分離出來，大英圖書館（或稱英國國家圖書館）由此成立，這批材料也就隨之收藏於圖書館。在沙畹整理這批材料之時，東渡日本的羅振玉得知此事。羅氏寫信給沙氏索要簡影資料，後者將其手校本寄付羅氏。此後，羅振玉與王國維研究數月，於 1914 年出版了《流沙墜簡》一書。該書按照簡牘的內容將其分成三個部分：第一部分爲小學數術方技書，第二部分爲屯戍叢殘，第三部分爲簡牘遺文。第一、三部分由羅振玉完成，第二部分由王國維完成。正是在此書中，羅振玉最早對簡牘中所含《蒼頡篇》進行了研究。

羅氏將其中四枚推定爲《蒼頡篇》殘簡，分別對應今敦煌漢簡通常編號之 1836、2098、2129 以及 1850。此四簡釋文分別作：

●游敖周章，黚驪黯黭，竅黝黚賜，黲黬赫赧，儵赤白黄
                    1836

趨走病狂，疵疕秃瘻。   2098

貔獄鋤毅☐   2129

☐☐寸，薄厚廣俠，好醜長短，☐☐☐   1850

其中前三簡已經爲後來其他文本證實確屬《蒼頡篇》。其中簡 2129 首字

（接上頁注①）版社於 1921 年出版。此書漢譯通常作《塞林提亞：中亞與中國西域考古記》；在 20 世紀末，由中國社會科學院考古研究所主持翻譯，1998 年廣西師範大學出版社出版，因斯氏命名將我國新疆排除在外，故重新命名爲《西域考古圖記》。不過，雖然發掘報告出版遲至 1921 年，但是在 1912 年斯氏已經出版了詳細記錄其第二次考古發掘情況的兩卷本 Ruins of Desert Cathay，漢譯通常爲《沙漠契丹廢址記》，由 Macmillan & Co. Limited 出版。

① 最後成書出版於 1913 年，名爲 Les documents chiois decouverts par Aurel Stein dans les sable du Turkestan Oriental。其中沙畹認爲屬於漢代者有 708 枚，而實際上真正屬於漢代者應爲 702 枚。又魯惟一認爲沙書中全部的 991 枚簡牘中有 709 枚被確定爲屬於漢代。見氏著 Some notes on han-time documents from tun-huang, T'oung Pao, second series, vol.50, liver. 1/3（1963）。富谷至先生在他的《大英圖書館藏敦煌漢簡》(《簡帛研究譯叢》第一輯，湖南出版社，1996）一文中則認爲這批漢簡的數目是 704 枚。

羅振玉釋爲"狸",此字作▨▨,在没有文本對照的情况下,釋爲"狸"從字形上看是没有問題的。阜陽漢簡及北大簡本中均有此句,相應的文字爲"貇",結合字形及異文來看應改釋爲"貇";第二字羅振玉釋"嫩",阜陽漢簡及北大簡本作"獺"。阜陽漢簡整理組據阜陽漢簡本謂:"羅振玉釋'獺'爲'嫩',誤。"① 今按,此字作▨▨,不作"獺"形,然而羅釋亦有差别,右側所從應爲"欠"。因此嚴格釋寫當爲"歟",不過似應爲"獺"之誤寫。

最後一枚目前尚無法與已知《蒼頡篇》文本相合。通過對此數枚殘簡的分析,羅氏得出了較以往更新的認識。如根據簡1836的情况,他認爲:"第一簡凡五句廿字,合三簡則得十五句六十字,正爲一章。若以三棱之觚寫之,則一觚正得一章,與班史所記適合,則此簡之爲《蒼頡》殆無疑矣。"② 羅氏之外,王國維也發現了一枚新簡。此簡敦煌漢簡編號爲1975B,文字書寫於簡背。王氏在《蒼頡篇殘簡跋》中提到"他簡(原注:《流沙墜簡》卷二第八簡)有'蒼頡作'三字,乃漢人隨筆塗抹者,余以爲即《蒼頡篇》首句。其全句當云'蒼頡作書'。實用《世本》語。故此書名《蒼頡篇》,并前四簡共得全句凡十,昔人於此書,惟知'幼子承詔,謹慎延年'二句,今兹所得,乃五倍於古人矣。"③ 後來,王國維在《重輯蒼頡篇》中即將此五簡收入。王氏又提到"蒼頡作書"語出《世本》及《吕氏春秋》。前者作"沮誦倉頡作書",後者出自《君守篇》,相關文字作:"奚仲作車,蒼頡作書,后稷作稼,皋陶作刑,昆吾作陶,夏鯀作城,此六人者,所作當矣。"④ 就後來的發現來看,顯然王氏的判斷是正確的。這也是《蒼頡篇》首句第一次被發現。

到了20世紀30年代,居延漢簡被發現後,在其中又發現了十餘枚《蒼頡篇》整、殘簡牘,尤爲重要的是發現了一枚寫滿一章内容的三

---

① 阜陽漢簡整理組:《阜陽漢簡〈蒼頡篇〉》,《文物》1983年第3期。
② 羅振玉、王國維:《流沙墜簡》,中華書局,1993,第77~78頁。
③ 王國維:《蒼頡篇殘簡跋》,《觀堂集林》,第258頁。
④ 許維遹撰,梁運華整理《吕氏春秋集釋》,中華書局,2009,第443頁。

棱觚，此觚今天普遍采用的編號爲9.1。勞榦先生曾對此觚做過簡單描述："木觚共寫三面，每面一行五句二十字，三面共爲六十字。與《漢藝文志》言'漢興閭里書師合《倉頡》《爰歷》《博學》三篇，雖（引者按，應爲"斷"字之誤）六十字爲一章，凡五十五章，并爲《蒼頡篇》'者相合。"① 此觚上書有"第五"兩字，因此一般認爲此即所謂"閭里書師"斷章後之第五章全章內容。陳直先生謂："《蒼頡篇》首四句，當爲李斯《蒼頡篇》原文。漢兼天下四句（引者按，陳意當指《顏氏家訓》所引四句"漢兼天下，海内并厠。豨黥韓覆，畔討滅殘"），今以居延簡證之，知在第五章，與上文并不連繫，當爲漢初閭里書師所附益。"② 這大概是最早關於"閭里書師"附益文字的討論。此外，陳氏還對"蒼頡"與"倉頡"的問題有過關注。其據漢簡所見"皆作蒼頡，無作倉頡者"指出姚振宗"倉蒼古今字，漢碑及六朝人皆書作倉，作蒼者後人爲之也"之不確。不過他所謂的"知蒼倉二字，在兩漢人隨寫，并無嚴格之區別"則似可商，目前所見漢簡中均作"蒼頡"，從無作"倉頡"者。1973年西安未央區出土了一面"倉頡"銘神人神獸銅鏡，鏡銘爲"余造明鏡，三王作容，翠羽秘盖，靈鳩臺杠，倉頡作書，以教後生，遂（燧）人造火，五味。"③ 據鵬宇先生的考察："此鏡帶有明顯的西漢晚期的銅鏡特徵。"④ 而此鏡銘中的"倉頡作書，以教後生"顯然是出自《蒼頡篇》。"嗣"作"生"，鵬文認爲是爲了與前面東部字的"容""杠"叶韻。而值得關注的是其中的"倉頡"，與漢簡中均作"蒼頡"不同，此外，東漢時期的《倉頡廟碑》亦作"倉頡"，不過後者由於時代較晚，且非出自《蒼頡篇》，情况特殊，而前者雖然引用《蒼頡篇》文句，但是有改字，且漢代銅鏡銘文俗寫較爲嚴重，因此"蒼""倉"的使用應

---

① 勞榦：《蒼頡篇與急就篇文》，《居延漢簡考釋之部·居延漢簡考證》，臺灣"中央研究院"歷史語言研究所專刊之四十，1960，第76頁。
② 陳直：《〈蒼頡〉〈急就篇〉的殘簡》，《居延漢簡研究·居延漢簡綜論》，中華書局，2009，第156頁。
③ 釋文據鵬宇先生《西安所出"倉頡"銘銅鏡柬釋》，《中國文字研究》第二十七輯，上海書店出版社，2018，第29頁。
④ 鵬宇：《西安所出"倉頡"銘銅鏡柬釋》，《中國文字研究》第二十七輯，第32頁。

有時代差異，且當以作"蒼"爲古。①

由於當時所見材料有限，以及對一些文字的釋讀有誤，學者們也曾得出一些錯誤結論。如勞榦先生據簡167.4"幼子承詔，謹慎敬戒"兩句謂"幼子承詔"章第二句當爲"謹慎敬戒"。顯然由今天所見可知"幼子承詔"緊接"蒼頡作書，以教後嗣"而來，并非一章之首。事實上，簡167.4首字存"嗣"字，但是由於勞氏誤釋了簡185.20中"蒼頡作書，以教後嗣"爲"蒼頡作書，以教後詣"，而未將此四句連綴起來。後來陳直先生始將《蒼頡篇》首四句綴合爲"蒼頡作書，以教後嗣。幼子承詔，謹慎敬戒"。②陳氏謂："勞氏此簡（引者按，指居延漢簡9.1）釋文，錯誤甚多，不能通其句讀。以'戎翟給實但致貢'一句而論，似《倉頡篇》不純四言，有時亦雜以七言，亦爲前人所未詳。"③這顯然也是受錯誤的釋文誤導而得出的錯誤結論，以今天所得材料來看，《蒼頡篇》均爲四字一句（水泉子七言本情況特殊，詳下文），無作七言者。"戎翟給實但致貢"實爲"戎翟給實，佰越貢□"，"貢"後一字北大簡本作"織"。

二 二十世紀後期《蒼頡篇》的發現及研究的勃興

新中國成立後，隨着考古事業的發展，從20世紀70年代起，又有很多漢代簡牘被發現、發掘及整理公布。1972~1974年在內蒙古額濟納旗漢代甲渠候官遺址和第四燧遺址出土簡牘八千餘枚，1973年在甘肅金塔縣漢代肩水金關遺址出土簡牘一萬一千餘枚。1979年在敦煌市西北95公里馬圈灣漢代烽燧遺址出土簡牘一千二百餘枚。此外，1977年在玉門花海農場漢代烽燧遺址亦發現了九十餘枚簡牘。這些簡牘中均含

---

① 關於此問題，其他學者也有過更爲詳細的論述。如孫新梅《〈蒼頡篇〉之流傳與"蒼頡""倉頡"孰是考》，《圖書館理論與實踐》2018年第8期；祝永新、楊懷源《〈蒼頡篇〉定名研究》，《漢語史研究集刊》第三十輯，四川大學出版社，2021，第158~181頁；祝永新《漢簡〈蒼頡篇〉及"蒼頡"相關問題研究》，西南大學博士學位論文，2021。
② 陳直：《〈蒼頡〉〈急就篇〉的殘簡》，《居延漢簡研究·居延漢簡綜論》，第156頁。
③ 陳直：《居延漢研究·居延漢簡解要》，第482頁。

有《蒼頡篇》殘簡。不過由於圖版及釋文的正式公布均在 90 年代以後，相關研究的展開自然也在這之後了。

相較而言，1977 年發掘出土的阜陽漢簡《蒼頡篇》則是更早推動相關研究發展的重要材料。阜陽漢簡是 1977 年在阜陽雙古堆一號漢墓發掘出土的。經確認，這是第二代汝陰侯夏侯竈之墓。與《蒼頡篇》同出的還有其他古書，如《詩經》《周易》等。《文物》1983 年第 2 期發表了署名阜陽漢簡整理組的《阜陽漢簡〈蒼頡篇〉》以及胡平生、韓自強的《〈蒼頡篇〉的初步研究》兩篇文章。前者公布了較完整簡的摹本及五枚照片，而且將全部簡文整理出來并作了簡單注釋。阜陽漢簡《蒼頡篇》保存的簡文内容及作爲古書的物質形態信息都十分豐富。據當時統計，此本完整字數達到了 541 個，雖然保存情況相對較差，但仍有許多可成句者，對《蒼頡篇》的研究具有極大的意義，因此材料一經公布即引起了學者們極大的研究興趣。前引胡、韓文章對阜陽漢簡《蒼頡篇》及其相關問題進行了深入的發掘與研究。該文根據已有材料推斷阜陽漢簡《蒼頡篇》是以秦代《蒼頡篇》爲底本的漢初抄本。雖然理由在今天看來似乎并不十分充分，但是這個判斷無疑是正確的。此外，文章還結合已有材料從語言學的角度對《蒼頡篇》進行了考察，如押韻方面提出了《蒼頡篇》《爰歷篇》《博學篇》三篇一篇一韻的猜想：李斯所作《蒼頡篇》押之部韻，趙高所作《爰歷篇》押魚部韻，胡母敬所作《博學篇》押陽部韻。雖然今天看來并不完全準確，不過這個猜測仍然具有相當的啓發意義。篇章、句式方面，文章最早提出了《蒼頡篇》兩種主要的語句編排形式：陳述式與羅列式。這一點已經可以視爲定論。

該文之外，前面已經引及的林素清先生《蒼頡篇研究》一文亦較值得重視。雖然文章整體是對《蒼頡篇》進行的研究，但是其中有較大篇幅關注了阜陽漢簡《蒼頡篇》，所得出的相關結論也多據阜陽漢簡本《蒼頡篇》。文章在前述胡、韓兩位先生研究的基礎上進一步明確了阜陽漢簡《蒼頡篇》是以秦本爲底本的漢初改本。根據抄寫形式、各簡書寫字數以及異文現象首次提到此本非五十五章本。今天來看，這些證據

第一章 簡牘本《蒼頡篇》的文本問題

及結論都是很正確的。此外，林文還首次關注到複字的問題，認爲《漢志》所述揚雄更改重複文字的記載是可靠的。

可以這樣説，阜陽漢簡《蒼頡篇》的發現及公布是《蒼頡篇》研究中的一個里程碑，從此，我們不僅能夠見到"閭里書師"改編後的本子，也能見到時代更早且未經"斷章"的本子。對這部字書的認識可謂有了質的飛躍。到目前爲止，阜陽漢簡本仍然是我們能夠見到的《蒼頡篇》最早版本。

20世紀80年代，玉門花海農場發現的簡牘被公布。① 其中有三枚寫有《蒼頡篇》首章的内容。此三簡敦煌漢簡編號分别爲1459、1460及1461，均兩面書寫。不過其内容并不完整，且書法拙劣，幾不成字。爲便於觀察，我們將此三簡釋文及圖版引述如下：

蒼頡作書，以教後嗣，幼子承詔，謹慎敬戒，勉力諷
　　　　　　　　　　　　　　　　　　　　　1459A

畫夜勿置，勉成史，計會辯治，超等　　　　1459B

蒼頡作書，以教後嗣，幼子承詔，謹慎敬戒，勉力諷誦
　　　　　　　　　　　　　　　　　　　　　1460A

畫夜勿置，苟勉力成史，計會辯治，超等　　1460B

蒼頡作書，以教後嗣，幼子承詔，謹慎敬戒，勉力諷誦，畫夜
　　　　　　　　　　　　　　　　　　　　　1461A

勿置，苟勉力成史，計會辯治，超等　　　　1461B

玉門花海漢簡還有三枚寫有人姓名的簡，敦煌漢簡編號爲1451、1462及1463，其中後兩簡書寫内容相同，祇是後者不及前者字多。因首五字爲"曰書人名姓"，在相關研究中便經常以此五字作爲此二簡名稱。《玉門花海漢代烽燧遺址出土的簡牘》一文公布相關材料時將此三簡列

---

① 相關内容最早發表在嘉峪關市文物保管所《玉門花海漢代烽燧遺址出土的簡牘》一文中，收入《漢簡研究文集》，甘肅人民出版社，1984。

爲"疑爲《蒼頡篇》等字書者"。①

1459A　1459B　1460A　1460B　1461A　1461B

到了 20 世紀 90 年代，隨着此前在西北地區發現的相關材料的公布，對《蒼頡篇》的研究也有相當的推動。其中比較重要的内容有居延新簡 EPT50:1 所載寫有《蒼頡篇》第一章内容的漢簡，此簡正、反面幾乎完整地記録了首章，價值很大。由於後面我們還會對此章文字進行研究，此處暫不展開討論。與玉門花海漢簡類似、同樣書有姓名但内容更爲豐富的一枚木觚發現於馬圈灣烽燧遺址。這是一枚四棱木觚，觚

---

① 嘉峪關市文物保管所：《玉門花海漢代烽燧遺址出土的簡牘》，《漢簡研究文集》，第 22 頁。

上寫有六十字,均爲"單姓、單名"的形式,共三十個名字。因首四字爲"焦黨陶聖",學者們一般稱其爲"焦黨陶聖"章,敦煌漢簡編號爲639。由於六十字恰好與"閭里書師"斷章後的一章文字相合,加上形式上亦與《蒼頡篇》極爲近似,因此在公布之初便被當作《蒼頡篇》的疑似材料來研究,後來又被學者們進一步認定爲屬於《蒼頡篇》。

對以上所列簡牘,胡平生先生均做過相關研究,尤其對相關文字的釋讀提出了很多新的見解。此外,他對居延、敦煌等地所發現簡牘中一些疑似《蒼頡篇》的資料進行了研究。有些後來被新出資料所證實。值得注意的是他聯繫《急就篇》與《蒼頡篇》的密切關係,提出"《蒼頡篇》會不會以四字句爲主,也兼有其他句式"這樣的猜想,并進一步推斷:"具體到每一種書,似乎不能説'四字句'系統的書,就没有四字之外的其他句式。"① 前面已經提到,陳直先生曾根據居延漢簡的錯誤釋文提出過類似的猜測。在今天看來這種觀點應該是不正確的。

值得指出的是1993年中日尼雅遺址學術考察隊進行尼雅故址的調查和發掘,其間發現了兩枚漢簡,圖片和釋文收入林永建等編的《夢幻尼雅》一書中。② 後王樾先生目驗原簡,認爲簡文可以釋讀,應爲:"谿谷阪險丘陵故舊長緩肆延渙……"王先生認爲此應爲《蒼頡篇》内容。這個認識當然是正確的,他進一步提到:"這類漢文小學字書木簡在新疆出土,還是第一次,它們在尼雅的出土,更有着重要的文獻學價值。"③ 2018年,傅希明先生在斯坦因第四次科學考察中於尼雅所獲漢簡中又發現了一枚《蒼頡篇》殘簡。④ 王冀青先生最早對其作了釋文:"☐遷難解頓☐☐頓☐。"⑤ 後來胡平生、汪濤等先生又核驗了原簡,

---

① 參胡平生《漢簡〈蒼頡篇〉新資料研究》,原刊《簡帛研究》第二輯,法律出版社,1996;後收入《胡平生簡牘文物論稿》,第24頁。
② 林永建等編《夢幻尼雅》,民族出版社,1995。
③ 王樾:《略説尼雅發現的"蒼頡篇"漢簡》,《西域研究》1998年第4期。
④ 這批漢簡已經失蹤。1995年王冀青先生在英國國家圖書館訪問期間發現了斯坦因所拍照片。後來他在《敦煌吐魯番研究》第三卷發表了《斯坦因第四次中亞考察所獲漢文文書》一文,公布了整理這批資料的報告和釋文。
⑤ 王冀青:《斯坦因第四次中亞考察所獲漢文文書》,《敦煌吐魯番研究》第三卷,北京大學出版社,1998。

并作了新的釋文："☐疊轊解如☐奴？婢☐。"①傅希明先生將此簡與北大簡《蒼頡篇》簡40的相關文字（疊轅解娕婢點媿）進行了逐一對比，認爲兩者同文。②其所論精確不移，爲尼雅地區發現《蒼頡篇》殘簡又增加一個例證。下面將斯坦因所獲尼雅殘簡與北大簡40并列於下，以便觀覽。③

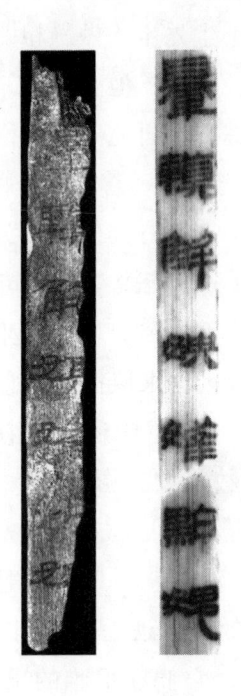

三　斯坦因所獲習字削衣簡中的《蒼頡篇》及相關研究

斯坦因第二、三次考察中所發掘出的漢文簡牘除前述交由沙畹等整理者外，④還有兩千餘枚削衣簡。斯氏在考古報告中謂："在烽隧（T6b）西北約16碼處有一個奇怪的發現。這裏發現了一大堆木刨花，上面寫

---

① 胡平生、汪濤：《斯坦因第四次中亞考察所獲漢文簡牘》，《英國國家圖書館藏斯坦因所獲未刊漢文簡牘》，上海辭書出版社，2007，第148頁。
② 傅希明：《斯坦因第四次中亞考察所獲尼雅遺址〈蒼頡篇〉漢簡一枚》，簡帛網，2018年10月19日。
③ 尼雅《蒼頡篇》殘簡照片出自國際敦煌學網站（http://idp.bl.uk/）。
④ 第三次所獲漢文簡牘開始亦由沙畹整理，不過沙氏1918年因病去世，未完的工作便由其弟子馬伯樂接手整理。不過這部分已經整理的簡牘中并無《蒼頡篇》。

有漢字，而且總數很可能超過1000個。"① 通過斯坦因相關的叙述，當時蔣師爺（蔣孝琬）已經正確地指出這些碎簡爲習字之簡。不過經過後來的研究可知，這批削衣簡的發現地有T6b等多處。由於這部分習字簡沙畹在整理時沒有關注及公布，此後便一直未正式發表，學界亦罕有人進行研究。就目前所見，最早將這批材料介紹給國內學術界的是郭鋒先生，他在《斯坦因第三次中亞探險所獲甘肅新疆出土漢文文書——未經馬斯伯樂刊布的部分》一書中於附錄二對此進行了簡要介紹。

> 筆者1989年調查三探文書時，順便調查了二探未刊木簡，現將所見簡介紹如下：
> 據調查，二探所獲漢文木簡均編於Or8211號下1-3326號内。其中1-992號即已經沙畹刊布之木簡及少量紙文書。993-1351號，皆敦煌烽燧出土（TⅥ、TⅩ-ⅩⅧ等遺址），爲未刊布者。簡皆寸餘或不滿尺之碎片，或二三字或十餘字，隸書，漫漶難識者居多。1352-1682爲尼雅佉盧文簡。1683-1731爲一探所獲尼雅漢文簡47枚，已經沙畹刊出（見正文及《概介》文説明）。1732號爲佉盧文簡。1733-3326號，計一千五百餘號，亦皆未經整理刊布之二探所獲敦煌木簡。由此可知，二探所獲木簡，其未刊布之敦煌木簡尚有近二千號（1733-3326號一千五百餘號與993-1351號三百五十餘號合計）。②

郭氏之後，張德芳、郝樹聲兩位先生對此進行了更爲詳細的調查，經過調查，發現有些編號下不止有一枚簡，比如1786號下有160枚，而3326號下更有359枚之多。又知郭書中所謂的1733~3326號中亦含有非漢文的簡牘，實際的數量要大於郭氏所統計。最終，二氏的統計結

---

① 斯坦因著，中國社會科學院考古研究所主持翻譯《西域考古圖記》，廣西師範大學出版社，1998，第370頁。
② 郭鋒：《斯坦因第三次中亞探險所獲甘肅新疆出土漢文文書——未經馬斯伯樂刊布的部分》，甘肅人民出版社，1993，第124~125頁。

果是未發表漢文簡牘的數量爲2398枚。①這些簡牘後來經汪濤、胡平生及吳芳思等先生整理，在2007年由上海辭書出版社出版發行，即《英國國家圖書館藏斯坦因所獲未刊漢文簡牘》。②書中還附有胡平生、籾山明等先生的相關研究文章。③針對這些殘簡所述，胡文認爲"書人名姓"章與"焦黨陶聖"章均應爲《蒼頡篇》内容。此外，文章還推斷《蒼頡篇》可能有干支表。其理由首先自然是這批削衣簡中存在大量的寫有干支的殘簡，此外干支表六十甲子與《蒼頡篇》五十五章本一章字數正好相合。邢義田先生對此表示懷疑，他認爲這些干支殘簡很可能是練習《六甲》的結果。④

這批材料中確有相當多的文字屬《蒼頡篇》，隨着新材料的公布，有更多的文字被證實了這種歸屬。而這部分材料的一個十分明顯的特點就是重複書寫的内容十分多，這當然是由於其習字的目的所致，而重複内容中文字多少往往參差不齊。這提示我們可以將相關的文字進行内容上的綴合。應該提到的是整理者已經注意到了這種情況，因此在一些注釋下會作相關提示。胡平生先生在文中亦提到了這個問題："此次公布的材料中還有許多《蒼頡篇》的完整的句子，有些簡文可以通過'接龍'的形式互相連綴，或與雙古堆漢簡《蒼頡篇》的簡文連綴，這樣就形成了更長的片段，很值得重視。"⑤不過《英國國家圖書館藏斯坦因所獲未刊漢文簡牘》公布後的一段時間内似乎并未引起其他學者的關注。我們在《〈英國國家圖書館藏斯坦因所獲未刊漢文簡牘〉的初步整理與

---

① 張德芳、郝樹聲：《斯坦因第二次中亞探險所獲敦煌漢簡未刊部分及其相關問題》，《英國國家圖書館藏斯坦因所獲未刊漢文簡牘》，第76~80頁。
② 關於這批簡的數量，日本學者藤田高夫先生亦有統計，與張、郝二氏又不相同。參氏著《大英図書館藏スタイン將來漢簡の研究現狀報告》，《日本秦漢史學會會報》第2號，第49~65頁。
③ 胡平生：《英國國家圖書館藏斯坦因所獲簡牘中的〈蒼頡篇〉殘片研究》；籾山明：《削衣、觚、史書》。此外，書中還收有裘錫圭、李均明、邢義田等先生文章，不過與《蒼頡篇》研究無關。
④ 參邢義田《漢代〈蒼頡〉〈急就〉、八體和"史書"問題——再論秦漢官吏如何學習文字》，李宗焜主編《古文字與古代史》第二輯，第463頁。
⑤ 胡平生：《英國國家圖書館藏斯坦因所獲簡牘中的〈蒼頡篇〉殘片研究》，《胡平生簡牘文物論稿》，第35頁。收入論文集時文章名字略有調整，這裏暫從其舊名。

研究》一文中對一部分殘簡進行了連綴的工作，共繫聯了相關簡文二十組，其中大部分是《蒼頡篇》的文字，通過"聯綴"，不僅得到了在當時能夠見到的更爲完整的《蒼頡篇》文句，還據此校訂了一些整理者釋文的錯誤。下面略舉其中幾處。

簡 2836 釋文作"睞漢□天？"。

  其中 2836 號簡"漢"下一字其殘存筆劃作▨，整理者疑似爲"天"者作▨，顯然，前一字形當是"兼"之殘，而後一字形確爲"天"。"阜陽本"中没有"漢兼天下"之前的内容，而據"居延本"，前面爲"隱□往來□"，但是"漢"與"來"之間的空白當容兩字，因此胡平生認爲是"往來□□"，可以相信。"來"下一字雖不識，但是却可以看出其左側爲"目"形，這與 2879 所載合；而前面討論的 3173 號簡恰有"隱匿往來"一語，可見這些部分是恰好可以聯綴起來的。簡 3722 胡平生釋爲"天下海"，第三字字迹比較模糊，從殘存的筆劃看，確是"毋"或"母"字，但是"母"是"海"字所從，聲又相近，而且"習字本"亦有類似的情况，如以"風"代"諷"，因此有理由將此簡釋爲"天下海"，這五簡應該歸入此部分，且可聯綴出新的内容。①

2914 號簡作"貢諾□"，整理者謂"《居延漢簡》9.1A+C+B：'但致貢諾'"。

  今按："貢"下一字作▨，與"諾"實不相類。其右側似乎是"戈"形，簡 2543 作"百越？貢賦？"，其最後一字殘筆作▨，二者當爲一字，然而釋"賦"亦不確，漢簡中"賦"字作▨、▨等形，2606 號簡簡文整理者作"記□飾□脩"，"飾"上一字作▨，此字極有可能是"識"而借爲"職"，由下文的討論可知首字亦

---

① 《英國國家圖書館藏斯坦因所獲未刊漢文簡牘）的初步整理與研究》，《中國文字》新三十九期，藝文印書館，2013，第 195 頁。

不從"言",當是"貢"字殘筆。而尤其可以注意的是 2914 號簡 "識"下一字殘存一部分筆劃,作▇,從所剩筆劃看,此字很可能是"飭",因此這三簡顯然是同文的,而由字形看,前引 2914 與 2543 號簡,該字顯然應是"識"字之殘;簡 3159 有殘文"飭端脩","飭"上一字殘有筆劃▇,從字形上看也應是"識"字。下面會討論的簡 1963 與簡 2739 均有"識"字,分別作▇、▇,與此尤其近似;而且此部分文字是隔句押韻(參下文聯綴部分),"該""載""服""眯""廁""異"均爲之部或職部字,而"諾"爲鐸部字,"賦"爲魚部字,均無法入韻,"識"則恰爲職部字,可見我們的改釋當不誤。《吕氏春秋》及《禮記·月令》均有"貢職之數以遠近土地所宜爲度"可爲其證。與此相關的還有簡 2094,作"□越貢"。秦漢時期都曾對南越發動大規模的征服戰爭。迫使百越臣服,此簡所記大概就是當時的現實反映,這與"秦兼天下"或"漢兼天下"以及"戎狄給賓"是有密切聯繫的。簡 2783 存"廁"字,其下又有一殘字,作▇,我們很懷疑其當是"胡"字,而此簡亦當屬於"漢兼天下,海内并廁"的内容,其下很可能是"虜"或相關之字,"胡虜"與"戎狄"、"百越"等有密切的聯繫。居延本"戎狄給賓"後的文字已經模糊不清,我們很懷疑彼亦當作"百越貢職"。①

簡 3561 釋文作"實勳向尚馮亦";簡 2874 又有"賞勳"。

簡中所謂的"賞"或"實",其字形作▇,可以肯定的是并非"賞"字,可以對比本書簡 3543 等"賞"字寫法,而與"實"字亦不完全吻合。我們懷疑它是"賓"字,"貝"形之上似是"正",這與《説文》正合,雖然漢簡中似未見有如此作者,但是漢代碑刻中則有類似的字形,可參《隸辨》1-62。簡 3561、2942、

---

① 《〈英國國家圖書館藏斯坦因所獲未刊漢文簡牘〉的初步整理與研究》,《中國文字》新三十九期,第 195~196 頁。

2973、3114、2211、3696中有"馬"或"馮",從辭例看,應該本爲一字,其中3114、3696該字左側殘缺,未知是"馬"還是"馮",2211似乎確實是"馬"字,但是左側仍然有很小的墨點,亦不易判斷,而它簡則逕作"馮",看來此處當以釋"馮"爲是。①

簡2925釋文作"□久？貣□";簡3517作"□貣？□□"。

按,2925、3517號簡"貣"前一字作 、 ,比照3430號簡"分"作 ,顯然可以將此字確釋爲"分",2925號簡首字所殘存的筆劃應該是"予"字下半部分,3517號簡"貣"下一字作 ,3430號簡"莊"作 ,仔細辨認,可以看出前一字形爲"莊"字無疑。因此,2925號簡當作"予分貣□",3517號則當作"分貣莊□"。

《說文》"貣,施也",《國語·晉語》"施舍分寡",韋昭謂:"施,施德,舍,舍禁,分少財也。"王引之則以"施舍"爲"賜予"。對於"施舍"的解釋王說更勝。"舍"與"施"義近,春秋時有人名孟施字舍者,古人名字相應,故名施而字舍,皆"賜"也。但是由此可知"分"亦與"賜"意近,因此"賞祿賢知"與"賜予分貣"似乎各自成爲一個詞組,前一爲動賓結構,後一則爲偏正結構。②

3543號簡爲雙行書寫,其首行釋文作"癰痤賞賜□"。

所謂的"賜"本作 ,可以發現左半部分當爲"示"字,而右半亦與"易"不類,當是"彔"字,可參照3289號簡"祿"字 ,

---

① 《英國國家圖書館藏斯坦因所獲未刊漢文簡牘〉的初步整理與研究》,《中國文字》新三十九期,第200頁。
② 《英國國家圖書館藏斯坦因所獲未刊漢文簡牘〉的初步整理與研究》,《中國文字》新三十九期,第202頁。

而此字下面一字仍有殘存筆劃▨，應是"賢"字所從之"臣"，因此，該簡釋文當作"癰痤賞禄賢"。①

文末，我們亦討論了《蒼頡篇》中是否有六十甲子的問題。晋夏侯湛《抵疑》載："鄉曲之徒，一介之士，曾諷《急就》、習《甲子》者，皆奮筆揚文，議制論道。出草苗，起林藪，御青瑣，入金埔者，無日不有。"②其以《急就篇》與《甲子》并稱，可見在當時《甲子》是獨立成篇的，且可判斷其與《急就篇》的地位相當。《漢書·食貨志》："八歲入小學，學《六甲》五方書計之事，始知室家長幼之節。"③《六甲》應即《甲子》，益可見漢代其可單獨成篇。且作爲字書若將六十甲子收入必然會造成很多重複文字。因此，它們不可能是《蒼頡篇》的内容。

需要注意的是《英國國家圖書館藏斯坦因所獲未刊漢文簡牘》一書所公布的材料并非全部内容。後來汪濤等先生與張存良先生分别著文公布了書内未刊布的相關内容。④其中汪文所公布的圖版是英國國家圖書館提供的高清照片，文章還對簡牘的相關情况有較詳細的叙述，明確了此前遺漏的殘簡數量爲1795及1798~1925間的125枚，并公布了全部的簡文照片。張文所據材料出自"國際敦煌學"網站，對於此前所遺漏的數量謂"100多枚"，文中公布了部分紅外圖版。兩家所作釋文亦互有參差。

《英國國家圖書館藏斯坦因所獲未刊漢文簡牘》的出版已經進入新世紀，在這之後，新的、更重要的材料又陸續被發現及公布。

四　水泉子七言本的發現與認識

2008年8~10月，甘肅省文物考古研究所對永昌縣紅山窰鄉水泉

---

① 《〈英國國家圖書館藏斯坦因所獲未刊漢文簡牘〉的初步整理與研究》，《中國文字》新三十九期，第202頁。
② 《晋書》卷五五《夏侯湛傳》，中華書局，1974，第1493頁。
③ 《漢書》卷二四《食貨志》，第1122頁。
④ 汪濤、胡平生、吴芳思：《〈英國國家圖書館藏斯坦因所獲未刊漢文簡牘〉補遺釋文》，《出土文獻研究》第十五輯，中西書局，2016。張存良：《英國國家圖書館藏斯坦因所獲漢文簡牘未刊部分》，《文物》2016年第6期。

子村漢墓群進行搶救性發掘，共清理墓葬十五座，其中 M5 出土一批木簡，一部分爲《日書》，另外一部分則爲《蒼頡篇》。參與發掘者張存良先生撰文披露了一部分釋文，并進行了初步研究。① 此外，較早關注到這批材料的胡平生先生很快發表了《讀水泉子漢簡七言本〈蒼頡篇〉》一文，對其中一些關鍵問題展開討論。② 關於水泉子漢簡的時代，張存良先生據其中有"萬石君"石奮的記載，又因石奮爲文、景時期之人，"其事功之廣爲流傳乃至於婦孺皆知，必在武帝之後。於此可以推斷，七言本水泉子漢簡《蒼頡篇》，其編纂上限必在漢武之後"。③ 即使此說可信，然而僅斷其上限，意義仍然有限。胡平生先生結合《日書》簡中紀年（本始二年）及墓葬信息，再考慮七言本產生的可能時代等因素，"懷疑這批簡的絕對年代可以定在王莽篡漢前的西漢諸帝時"。④ 整體來看，水泉子漢簡《蒼頡篇》的時代可以定在西漢晚期。⑤

對於七言本《蒼頡篇》與《漢志》所載《凡將篇》《急就篇》《元尚篇》等的先後關係，學者們尚有不同意見。胡平生先生認爲："到西漢中晚期，'武帝時，司馬相如作《凡將篇》'，'元帝時，黃門令史游作《急就篇》。成帝時，將作大匠李長作《元尚篇》'。我們懷疑，這時就有'閭里書師'受到這些七言本字書的影響，而對《蒼頡篇》進一步動手，將四字句改編爲七字句。"⑥ 福田哲之先生認爲："七言本《蒼頡篇》先行於《急就篇》《元尚篇》，更有存在於《凡將篇》以前的可能性，因此可以認爲在秦代的《蒼頡篇》開展到漢代的七言本字書的過程中，占據了

---

① 張存良：《水泉子漢簡七言本〈蒼頡篇〉蠡測》，《出土文獻研究》第九輯，中華書局，2010，第 60~75 頁。
② 據該文後記可知曾在 2009 年於復旦大學出土文獻與古文字研究中心座談會上宣講，後收入《胡平生簡牘文物論稿》。
③ 張存良：《水泉子漢簡七言本〈蒼頡篇〉蠡測》，《出土文獻研究》第九輯，第 70 頁。
④ 胡平生：《讀水泉子漢簡七言本〈蒼頡篇〉》，《胡平生簡牘文物論稿》，第 51 頁。
⑤ 事實上，水泉子漢簡七言本《蒼頡篇》的時代與七言本《蒼頡篇》產生的時代是不同的兩個問題，需要注意區別。不過由於此本僅一見，且文獻中亦未有所提及，所以也不排除水泉子七言本就是一個未經流行的"孤本"。
⑥ 胡平生：《讀水泉子漢簡七言本〈蒼頡篇〉》，《胡平生簡牘文物論稿》，第 50 頁。

很重要的位置。"①張世超先生認爲七言本《蒼頡篇》"當是開始進入七言詩時代的産物,在此之後《急就篇》之類七言字書便出現了"。②這些觀點均與胡平生先生的看法相反。不過綜合考察水泉子漢簡七言本《蒼頡篇》的情况來看,其七言中的"四+三"模式與《急就篇》等并不相同,這一點福田文章亦已指出。另外,如果七言本《蒼頡篇》可以影響到《急就篇》《元尚篇》(甚至《凡將篇》),那麽爲何在西北漢簡所發現的以西漢後期爲主的《蒼頡篇》殘簡中從未見過七言本呢?當然,七言本《蒼頡篇》也未必一定是受到《急就篇》等影響纔産生的,我們認爲應該主要與七言詩的發展相關,也許與《急就篇》都是七言詩語言環境下的次一級産物。

這批《蒼頡篇》殘簡保存較差,幾乎全部殘斷。不過內容十分重要,不僅在於簡文中含有以前未見的文字,更重要的是以七言寫成,這與以往所見大不相同。七言本的句式結構,很明顯是以《蒼頡篇》正文爲前四字,而后三字則是"對前四字文意的一個順勢延伸,有簡單訓釋的意思,使前四字的意義更加完整或確有所指"。③

由於簡文殘斷嚴重,加上很多內容此前未見,所以對於哪些文字屬於《蒼頡篇》正文、哪些屬於解釋性的文字,張、胡二文的判斷有時并不一致。如"水泉子漢簡"暫12(當時公布時的編號)簡文曰"陶主變大制裁好衣服男女藩屏",張存良斷爲"陶主,變大制裁好衣胑,男女藩屏";④胡平生先生則斷爲"陶主變大,制裁好衣服男女,藩屏(?)"。⑤由前所述,我們已經知道後三字是對前四字的順延和簡單訓釋,而實際上我們還發現後三字其實都是可以作爲一個短語的,如"用載粟""食黍糧""不可量"等皆是。此文若按胡文斷句則"服男女"不

---

① 福田哲之:《水泉子漢簡七言本〈蒼頡篇〉考——在〈説文解字〉以前小學書中的位置》,簡帛網,2010年11月26日。
② 張世超:《北京大學藏西漢竹書的文字學啓示》,《古代文明》2014年第4期。
③ 胡平生:《讀水泉子漢簡七言本〈蒼頡篇〉》,《胡平生簡牘文物論稿》,第49頁。
④ 張文所謂的"胑"即"服"字,漢簡中"服"字右側常作"皮"形,如居延新簡EPT51:278"服一完"之"服"作。
⑤ 胡文對"屏"字的釋文持懷疑態度,從北大漢簡本"變大制裁"後爲"男女蕃殖",可以斷定七言本"藩屏"當爲"蕃殖"。胡氏的懷疑是有道理的。

詞，若如張文斷句則"好衣服"更爲文從字順。而且如張文之斷句，則"變大制裁"爲《蒼頡》正文，這也可爲後來的北大簡及阜陽簡本所印證。當然，隨着新資料的陸續公布，一部分問題很容易便可以釐清，尚無重見内容的部分則仍待研究。

對於水泉子漢簡七言本《蒼頡篇》的作者問題，由於張存良認爲它們應即《蒼頡訓纂》，因此判斷作者可能是揚雄或者杜林。不過胡文不同意此觀點：首先，張文對《漢志》相關叙述的理解有誤，《漢志》謂"揚雄取其有用者以作《訓纂篇》，順續《蒼頡》"。張文認爲"順續"就是對"訓纂"的淺顯説明。這顯然是有問題的。其次，依《漢志》對章數、字數的記載可知，揚雄《訓纂篇》亦應爲四言而非七言。最後胡文還指出七言本文字過於俚俗，不可能出自揚、杜手筆。我們認爲胡文的判斷是有道理的，七言本《蒼頡篇》不可能是《蒼頡訓纂》，應是當地的塾師們爲了方便學習者記誦而進行的簡單加工，目前未見此本在其他地區通行。當然，此本的發現也不能成爲《蒼頡篇》有七言的證據。

由於七言本後三字與前四字之間具有密切的語義聯繫，可以據此幫助我們了解一些《蒼頡篇》的文義，而與此同時，我們也發現有時七言本的作者對文義的理解似乎與一般有所差異。如"變大制裁"顯然當與經國緯政相關，亦即應與"飭端脩法"相聯繫，這從押韻和文本完整性角度來看應該是没有問題的。而觀"七言本"，其後接"好衣服"，則無法聯繫國家大事，而與裁剪衣服有關。①《後漢書・南蠻西南夷列傳》"好五色衣服，制裁皆有尾形"②，似乎與此相合。結合其他版本《蒼頡篇》可知"飭端脩法"與"變大制裁"原處一章，③在漢人"斷六十字以爲一章"時將兩者分别斷爲一章之末與一章之初，由此來看，漢人在"斷章"之時有時真正是"斷章取義"了。④

---

① 當然，也不能完全排除"變大制裁"本來就是指製裁衣服等，這樣則以往學者所釋均有誤。
② 《後漢書》卷八六《南蠻西南夷列傳》，第 2829 頁。
③ "斷章"前本均作"灋"，之後各本則作"法"，此與用字習慣的變化相關，詳參後文。
④ 詳參拙文《〈蒼頡篇〉的兩種漢代版本及相關問題研究》，《文獻》2015 年第 3 期。

水泉子漢簡《蒼頡篇》保存下來的全部文字材料在張存良《水泉子漢簡〈蒼頡篇〉整理與研究》中發表出來。① 該文分上、中、下三編。上編前三章分別對《蒼頡篇》及其輯本以及出土本進行概述，第四章則集中介紹水泉子《蒼頡篇》的情況。值得一提的是張氏在這一部分仍然堅持了水泉子《蒼頡篇》是《蒼頡訓纂》的看法。中編爲釋文及圖版，釋文共編號138個，圖版則僅有50枚。② 下編是全文的重點——釋文校注。其注釋十分詳盡，不過對很多簡單的文字、詞語進行詳細注釋是否有必要則值得討論。

如上所述，水泉子漢簡本釋文全部公布於張存良《水泉子漢簡〈蒼頡篇〉整理與研究》。但是由於圖版信息不完整，一部分釋文的準確性無法驗斷，目前對這批材料可進行前四字正文與後三字解釋文字間關係的研究，這對漢代的文字與詞彙的認識應該是有幫助的。

五　北大漢簡《蒼頡篇》對相關研究的推動

在水泉子漢簡發掘整理及初步研究的同時，2009年北京大學入藏了一批漢簡，內容以古書爲主。其中有一部分爲《蒼頡篇》。經過最後綴合整理，共得整簡63枚，殘簡18枚（整理者注：其中有兩枚簡僅末字殘或缺），共81枚。③ 保存了整字1317個，殘字20個，合計1337個。這在當時是自羅、王從敦煌漢簡中發現《蒼頡篇》殘簡以後所能見到的保存最完整的文本，對《蒼頡篇》研究的推動也是空前的。而且北大簡書寫精良，在書法藝術上也具有很高的研究價值。

最早對北大簡《蒼頡篇》進行介紹的是朱鳳瀚先生，他在《北京大學藏西漢竹書分述》之《蒼頡篇》概述中對相關情況進行了説明。④ 從竹簡的物質形態上看，北大簡《蒼頡篇》每簡整簡寫滿爲二十字，均爲

---

① 張存良：《水泉子漢簡〈蒼頡篇〉整理與研究》，蘭州大學博士學位論文，2015。不過該論文在2019年纔公開并可查閲。
② 其自注稱僅限已公開發表部分。未知何故。
③ 朱鳳瀚先生最初在《北大漢簡〈蒼頡篇〉概述》一文中稱有整簡69枚，殘簡13枚，共82枚。
④ 朱鳳瀚：《北大漢簡〈蒼頡篇〉概述》，《文物》2011年第6期。

隸書書寫。從文本上看，北大簡《蒼頡篇》每章均有章題，且以章首兩字爲題，這與先秦兩漢古書的情況相吻合，現存章題共十一個，分別爲"顓頊"、"雲雨"、"室宇"、"□輪"、"鶡鴇"、"漢兼"、"□禄"（當爲"賞禄"）、"闊錯"、"幣帛"、"□悝"、"賣構"（當爲"齎購"）。通過該文，我們了解到北大簡《蒼頡篇》的分章與"閭里書師"斷章後的五十五章本完全不同。據介紹，北大簡《蒼頡篇》各章末均標明該章字數，朱文中披露的有"百四""百一十二""百廿八（三處）""百卅六""百卌""百五十二（兩處）"。這説明北大簡《蒼頡篇》每章的字數不同。而五十五章本我們已經知道是被所謂的"閭里書師"强行按照字數斷開的。此外，文章還介紹了押韻與分章的問題，即多數章一韻到底（含合韻），而同一韻部不僅分布在一章内，還往往分布在若干章中。

文章還提到了兩個問題，引出了後來的一部分討論方向。首先是"胡無噍類，菹醢離異。戎翟給寶，百越貢織"這四句話的歸屬問題，朱文認爲此四句爲秦本所有，阜陽漢簡《蒼頡篇》未見是因爲西漢人整理時删去。梁静先生則不同意此説。對於該問題的看法我們後面會作詳細討論。其次，關於北大簡"丹勝誤亂"一句中"丹"與阜陽漢簡"政勝誤亂"中"政"字的關係問題。最初朱文認爲此字是"月"字，而該句亦見於水泉子漢簡《蒼頡篇》，張存良未釋，胡平生先生懷疑是"丹"或"丼"字。①朱先生的意見是"丹"爲"端"之同音借字，而"端"則爲"政"的避諱字。這個意見被胡平生先生接受，認爲"此説應當是迄今爲止最好的解釋"。不過避免與"端"重複而改"丹"之説似乎并不完滿。②吴毅强先生則認爲"丹""勝"分別指燕國的"太子丹"與齊國的"后勝"。此説顯然是受此前林素清先生將阜陽漢簡"政勝誤亂"中"政""勝"分別解釋爲"嬴政"與"陳勝"的啓發，③有一定參考價值。不過他認爲"阜陽本的'政'，可能是'端'的同義詞，而'端'與'丹'音近，故而抄寫者先是寫作了'端勝'，後用同義詞'政'代

---

① 參朱鳳瀚《北大漢簡〈蒼頡篇〉概述》，注釋19。
② 胡平生：《讀北大漢簡〈蒼頡篇〉札記》，《出土文獻研究》第十五輯，第283頁。
③ 林説參《蒼頡篇研究》，《漢學研究》1987年第1期。

替"①，與前説則僅僅是反推"丹""政"的關係，仍然較爲迂曲。陳世慶先生認爲北大簡及水泉子漢簡《蒼頡篇》中"丹"均爲"用"之誤釋，而讀爲"勇"。同時懷疑阜陽漢簡本"政"爲"敢"字。②目前來看此僅爲一家之言。應該說此問題尚無完美的解讀。

2015年，《北京大學藏西漢竹書（壹）》出版。③北大簡《蒼頡篇》的全部資料及整理成果公布出來。書後所附朱鳳瀚先生《北大藏漢簡〈蒼頡篇〉的新啓示》一文又從文本、語言等方面對《蒼頡篇》進行了探索，引起了學者廣泛的討論。其中，釋文的訂補是很重要的一個方面，這對北大簡《蒼頡篇》文本的進一步準確化有很重要的意義，有相當一部分學者提出了具有價值的修訂及釋讀意見，在下一章我們會作相關論述。其他研究如下。

時代問題：《蒼頡篇》是北京大學藏西漢竹書的一部分，因此其時代與北大竹書的整體時代密切相關。對於北大簡的時代，整理者有過闡釋。

> 關於這批竹簡的抄寫年代，似可從以下幾點情況作一推測。此批竹書中未發現漢武帝以後的年號，僅在一枚數術簡上發現有"孝景元年"紀年。各篇竹書文字的書法與書體特徵不盡相同，抄寫年代可能略有早晚，但大體上可以認爲已近於成熟的漢隸，與張家山漢簡、馬王堆帛書中近於秦隸的西漢早期隸書有較明顯的區別，與銀雀山漢簡書體相比亦顯稍晚。但若取其中最接近成熟漢隸的書體與定州八角廊漢墓出土的宣帝時期竹簡書體相比，仍略顯古樸。再結合對竹書内容的分析，我們推測這批竹簡的抄寫年代多數當在漢武帝時期，可能主要在武帝後期，下限亦應不晚於宣帝。④

---

① 吴毅強：《北大簡〈蒼頡篇〉"丹勝誤亂"解》，《出土文獻》第十三輯，中西書局，2018，第288頁。
② 陳世慶：《〈蒼頡篇〉"丹勝誤亂"獻疑》，《阜陽師範大學學報》2021年第4期。
③ 北京大學出土文獻研究所：《北京大學藏西漢竹書（壹）》，上海古籍出版社，2015。
④ 北京大學出土文獻研究所：《北京大學藏西漢竹書概說》，《文物》2011年第6期。

這一判斷是基本可信的。朱鳳瀚先生在《北大漢簡〈蒼頡篇〉概述》一文中亦認爲北大簡《蒼頡篇》應略晚於阜陽漢簡《蒼頡篇》，但是不應晚於武帝後期。其中一個理由是，"雙古堆簡從摹本看，其書體似更近秦隸，而北大簡漢隸筆意則似已稍強，表明其抄寫年代可能稍晚"。① 周飛先生通過對比北大簡《蒼頡篇》中"甄""麻""擾"等字與小篆及漢簡文字的形體關係，認爲北大簡《蒼頡篇》應是由秦小篆本《蒼頡篇》隸定而來，并在對比北大簡本與阜陽漢簡本之後認爲"兩者文句方面的差別是很小的"，"北大簡與阜陽簡在文字方面的區別也不大"以及"分章方面，北大簡與阜陽簡也是相當一致的"，從而得出結論："北大簡、阜陽簡都是轉抄自秦本，時間不晚於漢武帝。"② 顯然，周文將北大簡《蒼頡篇》的時代向前提了幾十年。陳文波先生則從書法風格演變序列的角度入手分析。他認爲北大簡《蒼頡篇》的結體穩定且方折意味濃厚，應已經屬於八分體，從而得出"從書法風格來看，北《蒼》抄寫時代的上限應該是漢隸成熟、八分體初具規模的昭帝、宣帝之際"這樣的結論。③

顯然，對出土文獻時代的判斷最好是如阜陽漢簡《蒼頡篇》那樣有明確的紀年信息，這是能够進行精確時代定位的基本條件。除此以外進行時代判斷則需要從多角度進行考慮。書法風格、文字形體以及構件的組合等均能提供一定的信息。此外還值得注意的是書寫習慣也能够透露出時代特徵。而就我們後面的研究來看，北大簡《蒼頡篇》的書寫時間應介於阜陽簡與西漢後期在西北地區所發現的各批《蒼頡篇》殘簡之間。因此我們既不能同意將其時代大幅度提前，亦不認同北大簡的時代可以晚至以昭、宣之際爲上限的西漢後期。

章旨問題：以往對《蒼頡篇》的認識是按字義編排。如果將視角擴大到"章"的層面，則與韻相關。無論是"斷章"前的二十章本還是

---

① 朱鳳瀚：《北大漢簡〈蒼頡篇〉概述》，《文物》2011年第6期。
② 周飛：《出土〈蒼頡篇〉版本探討》，《出土文獻》第八輯，中西書局，2016。
③ 陳文波：《北大漢簡〈蒼頡篇〉抄寫時代新探——兼論隸變中書風的變遷》，《中國書畫》2018年第5期。

"斷章"後的五十五章本都與韻密不可分。首先提出"斷章"前《蒼頡篇》的分章與全章内容相關的是楊振紅、賈麗英先生，她們以章爲單位進行了相關的研究。如在《北大藏漢簡〈蒼頡篇·顓頊〉校釋與解讀》一文中，她們首先提到了"《蒼頡篇》各章均有章旨即主題思想，雖然囿於體裁，内容稍顯鬆散，跳躍性較大，但仍可以看出整章内容圍繞章旨展開，句子之間文義有承啓關係"。① 在經過逐句分詞的解讀後，她們認爲《顓頊》一章的内容圍繞"顓頊""祝融"展開，并以之爲中心，集中反映了當時關於天地、民神、時令、人類發展歷史等思想觀念。該文還指出了本章與《月令》一類文獻的緊密關係。而在對《闊錯》章進行研究之後，楊振紅、單印飛先生提出"我們可以推測本章的内容是叙述諸侯母親的葬禮儀式"，同時還提到"《闊錯》章講述的喪葬禮儀與《儀禮》等經典文獻可以互相參證"。② 需要指出的是《闊錯》章目前僅存兩簡，即北大簡 12 及簡 13。對不完整的内容的解讀能否得出完整一章的章旨尚待考論。

周飛先生則認爲《蒼頡篇》每章無一定的主題。以楊振紅、賈麗英文所論之《顓頊》章爲例，周氏分析後認爲：

> 本章爲北大簡 46-52。本章頭兩句講顓頊與祝融招摇奮光，但是隔了兩句就開始講地名，且在兩組地名之間插入"閱勞竈趕，滕先登慶"這兩組似乎與攻城有關的語句。本章從第三行開始，先後出現經商、顏色、疾病、占卜、獄訟等相關的語句。可以説顓頊章的選字涵蓋了很大的範圍。③

此外，周文還提到了主題與《蒼頡篇》章題命名的關係：

---

① 楊振紅、賈麗英：《北大藏漢簡〈蒼頡篇·顓頊〉校釋與解讀》，《簡帛研究二〇一六·春夏卷》，廣西師範大學出版社，2016，第 222 頁。
② 楊振紅、單印飛：《北大漢簡〈蒼頡篇·闊錯〉的釋讀與章旨》，《歷史研究》2017 年第 6 期。
③ 周飛：《〈蒼頡篇〉綜合研究》，第 73 頁。

也正因爲每章沒有一定的主題，所以用概括性的文字作每章的章題顯然是不可能的，不如直接用每章頭兩字作章題方便。這應當是除了沿襲傳統命名規則之外，《蒼頡篇》以每章的頭兩字作爲章題的另一個原因。①

我們對《蒼頡篇》存在章旨的看法亦持保留意見。《蒼頡篇》經常按同義、反義、類義字進行編排，因此會造成某一兩枚簡文所述内容均相關。而這樣的情況比較集中出現於一章便會造成這一章集中記述幾個主題的錯覺。如果説《蒼頡篇》有主題，我們認爲祇能把目光放到句子層面，因爲一般來説，每句四字間從字義上看都是有密切關聯的，而上下句之間也是可以討論相同主題的。周飛亦認爲："《蒼頡篇》中圍繞每個主題的語句普遍不長，以兩句到四五句爲主。"② 雖然没有明確這一看法，但是其意與我們所説相近。

應該説北大簡《蒼頡篇》公布以後，簡牘本《蒼頡篇》的研究達到了一個新的高潮，對相關問題的認識比從前也大大前進了。研究的方向絶不僅限於以上所論，不過由於篇幅和體例所限，這裏祇能就上面的幾個問題進行討論，其餘相關的問題我們會在接下來的其他章節中繼續探討。③

六　漢牘本的公布與研究前景

就在北大簡公布四年後，2019年由劉桓先生整理的《新見漢牘〈蒼頡篇〉〈史篇〉校釋》面世。④ 内容如書題所示爲書寫於木牘上的《蒼頡篇》和《史篇》，體量較大，資料性很強。據整理者所述，漢牘本《蒼頡篇》共存字2160個。單純從保存文字數量上看此本已經超過了北大簡。與以往所見均不同的是，這批材料寫於木牘之上。保存完整的木

---

① 周飛：《〈蒼頡篇〉綜合研究》，第74頁。
② 周飛：《〈蒼頡篇〉綜合研究》，第74頁。
③ 最近，《北京大學藏西漢竹書》系列出版了修訂版，《蒼頡篇》所在的第一册也在其中。修訂版主要對初版中存在問題的釋文、編排等進行了修改、增訂。
④ 劉桓編著《新見漢牘〈蒼頡篇〉〈史篇〉校釋》，中華書局，2019。

牘長度約爲47釐米，寬爲5.4釐米~6.1釐米，厚度則在0.6釐米~0.7釐米之間。其中《蒼頡篇》部分爲每牘寫三行，每行20字，一牘共60字，恰合"閭里書師"改編後的一章字數，亦與當年羅振玉所述三棱觚上書寫一章的情況相應。且由於每枚木牘上方均寫有編號，因此，每一方木牘恰好書有五十五章本之一章內容及章序。而相關木牘上的文字記載與以往已經確定的一些章節內容可以吻合，如第一章、第五章等。

漢牘本《蒼頡篇》的面世無疑將爲《蒼頡篇》研究提供一片更廣闊的天地。不過由於這批木牘形制較爲獨特，與以往所見皆不同，加之此批材料并非科學發掘品，亦未經過相關的科學檢測及學術鑒定，學界對其眞僞仍存在一定的爭議。一部分學者認爲這批木牘應爲贗品。也正因此，目前學者們對漢牘本《蒼頡篇》的研究并未像北大簡《蒼頡篇》發表後那樣熱烈。我們認爲漢牘本《蒼頡篇》造假的可能性較低，應是具有重要研究價值的漢代木牘寫本。

對於這批漢牘的年代，整理者稱："這批漢牘上的文字正是西漢中期以後向八分書（隸楷）過渡的隸書字體。"①又稱："漢牘《蒼頡篇》隸書寬扁有波勢，明顯屬於漢武帝晚期或以後的抄本。從時代上說，可能稍晚於北京大學藏的有古篆成分的西漢竹書《蒼頡篇》。"②又謂："在上述本子中，以阜陽漢簡《蒼頡篇》的年代最早，北大漢簡本次之，水泉子漢簡七言本又次之。後者的形成年代應該在漢牘本之後。"③

不過通過對木牘上文字的考察，我們認爲，其書寫時代當不早於西漢末，甚至極有可能抄寫於東漢初年。從書寫風格上看，其文字已經完成了從古隸向八分的過渡，屬於成熟的八分。也幾乎看不出過渡時期的痕迹，說明距離過渡期已經有一段距離。裘錫圭先生在討論隸書的發展時提到"可以把昭帝時代也包括在過渡時期裏"。④那麼這批漢牘的書寫

---

① 劉桓編著《新見漢牘〈蒼頡篇〉〈史篇〉校釋》，"前言"第1頁。
② 劉桓：《漢牘〈蒼頡篇〉的初步研究》，載《新見漢牘〈蒼頡篇〉〈史篇〉校釋》，第220頁。
③ 劉桓：《漢牘〈蒼頡篇〉的初步研究》，載《新見漢牘〈蒼頡篇〉〈史篇〉校釋》，第220頁。
④ 裘錫圭：《文字學概要》（修訂本），商務印書館，2013，第87頁。

時代距昭帝時已有相當長的時間，并非整理者所謂的稍晚於北大本《蒼頡篇》的書寫年代。牘上一些字的寫法也有較明顯的晚期傾向，如"第六"章"殖"作▇▇▇，"第十三"章的"兆"作▇，"第十四"章的"顙"作▇，"第十九"章的"崩"作▇等，亦可作爲參考。不過鑒於木牘上數字的寫法與新莽時期有别，如"廿"不作"二十"，"卅"不作"三十"，"七"不作"桼"等，我們大概是可以排除其抄寫於新莽時期的。① 因此，整理者對漢牘本時代的判斷尤其是對此本與水泉子本早晚的判斷應該是有問題的。

目前所見已經有一些學者對這批材料進行了專門的研究或在相關研究中引述其中的内容。而學界對漢牘本《蒼頡篇》的研究目前主要集中在釋文的校訂、章序的調整等。相信隨着科學研究的推進，有關漢牘本《蒼頡篇》的相關研究也將逐漸深入。

此外，在最新公布的西北漢簡中，亦有零星的《蒼頡篇》殘簡，如在目前已經出版了數卷的《懸泉漢簡》中均有發現。不過其内容大都不出以往所發現的材料之外，對於《蒼頡篇》研究的價值有限。

餘 論

目前可確知的是，以上各批材料中，阜陽漢簡及北大漢簡本《蒼頡篇》未經"閭里書師"所"斷章"改動，而其餘各本則均爲"斷六十字以爲一章"後的版本。②

這裏我們打算簡單談談所謂的"閭里書師"改編《蒼頡篇》的時代問題。按照《漢志》所載這個時間爲"漢興"。這是一個經常出現在班、馬等漢代史家歷史叙述中的詞語，尤其是在《漢書·藝文志》叙述"六藝"的傳承時，班固屢次以"漢興"引起下面所述。如在論及《易》之

---

① 關於這批材料的時代，張傳官先生亦認爲："木牘本《蒼頡篇》的年代當可大致定在西漢中晚期至東漢前期，從字體風格來看，似以東漢前期更爲可能。"參氏著《談談新見木牘〈蒼頡篇〉的學術價值》，《出土文獻與古文字研究》第九輯，復旦大學出版社，2020。
② 其他各本分别爲漢牘本、水泉子漢簡本、斯坦因所獲習字本以及敦煌、居延等地所發現的殘簡本。

傳授謂:"漢興,田何傳之,訖於宣、元"①;論及《禮》時謂:"漢興,魯高堂生傳《士禮》,訖孝宣世"②;論及《論語》時謂:"漢興,有齊、魯之説"③;論及《孝經》時謂:"漢興,長孫氏、博士江翁、少府后倉、諫大夫翼奉、安昌侯張禹傳之,各自名家。"④姚曉鷗先生認爲:"'漢興',是漢代人習用的歷史政治術語,特指高祖立國、漢朝興起到文帝這段時間。"⑤這樣的叙述大體不錯,但是漢人使用"漢興"的概念有時表示"漢興以來",《漢書·平當傳》:"漢興,唯韋、平父子至宰相。"⑥此處"韋"指韋賢、韋玄成父子,其中韋賢任丞相時已在宣帝時,韋玄成自然更晚;至於"平"則指平當、平晏父子,其事更在韋氏父子之後。因此這裏的"漢興"顯然應爲"漢興以來"。就前引《漢志》來看,傳《孝經》之人"長孫氏、博士江翁、少府后倉、諫大夫翼奉、安昌侯張禹"皆繫於"漢興"之下,而后倉爲宣帝時人,翼奉、張禹更在其後。也就是說"漢興"所代表的時間下限有時候是要超過文帝甚至延及西漢中後期的。

　　如果單純從《漢志》的叙述先後出發,武帝時司馬相如作《凡將篇》在"閭里書師""斷六十字以爲一章"之後,似乎可以將"斷章"後本的編訂下限定在武帝時期。而這與目前所見"斷章"前版本均爲武帝以前所抄寫、"斷章"後諸版本均爲武帝後所抄寫的現實情況也是相合的。

　　在即將結束本節的討論前,我們對李斯等作《蒼頡篇》的書體問題稍加總結。從《漢書·藝文志》及《説文解字叙》的記載"文字多取《史籒篇》,而篆體復頗異,所謂秦篆者也"與"皆取史籀大篆,或頗省改,所謂小篆者也"來看,《蒼頡篇》最初應以秦篆也就是小篆的形式完成。以往學者們亦對此深信不疑,如林素清先生謂:"……《蒼頡

---

① 《漢書》卷三〇《藝文志》,第1704頁。
② 《漢書》卷三〇《藝文志》,第1710頁。
③ 《漢書》卷三〇《藝文志》,第1717頁。
④ 《漢書》卷三〇《藝文志》,第1719頁。
⑤ 姚曉鷗:《"漢興""大收篇籍"考》,《歷史研究》2007年第2期。
⑥ 《漢書》卷七一《雋疏于薛平彭傳》,第3051頁。

篇》，共二十章，其文字多取自《史籀篇》，字體則爲秦篆。"①朱鳳瀚先生謂："秦代時李斯等用秦篆所寫《蒼頡篇》等三部字書可能在西漢後即不流行了。"②周飛先生謂："總結起來，此次'書同文'就是利用《蒼頡篇》《爰歷篇》《博學篇》（即"秦三蒼"）來推廣小篆。而從出土《蒼頡篇》來看，'秦三蒼'確是用小篆書寫，恰好與典籍記載相合，說明許慎、班固的記載是符合事實的。"③

張世超先生較早對這種觀點提出了不同意見。他認爲：

> 從出土的文字材料看，從戰國時期的秦國延至秦漢，一直是篆、隸二體文字并行的。雖然《説文·叙》有"秦書八體"之説，但當年通行的字體祇是小篆和隸書。《倉頡》《爰歷》《博學》三書的產生與秦統一文字有着密切的關係。作爲兼有識字教科書、規範字樣雙重功能的《倉頡篇》，自然應有篆、隸二種版本——《説文》《漢書》是僅叙其篆文者而已。實際上，從文字的應用看，當年隸書本的《倉頡篇》應是更爲流行的。迄今所見漢簡中之《倉頡篇》皆爲隸書抄寫，正證明了這點。④

張先生的立論是從秦漢出土文獻的書寫實際出發的。他的觀點較以往有所不同，但是并未否認篆文本的存在。而陳松長先生在考察目前所見的各批簡牘本《蒼頡篇》後認爲：

> 可令人困惑的是，現在出土的漢簡《蒼頡篇》，竟沒有一篇或一章是用篆書抄寫的，居然全部都是隸書，就是現在所知最早的抄本阜陽漢簡《蒼頡篇》也是用與馬王堆一號漢墓出土遣策類簡

---

① 林素清：《蒼頡篇研究》，《漢學研究》1987年第1期。
② 朱鳳瀚：《北大藏漢簡〈蒼頡篇〉的新啓示》，《北京大學藏西漢竹書（壹）》，第171頁。
③ 周飛：《〈蒼頡篇〉綜合研究》，第32頁。周文在考察了北大簡本的文字後認爲北大簡《蒼頡篇》具有很多小篆的特徵，認爲北大簡《蒼頡篇》可能是據小篆本直接隸定或據小篆本的隸定本轉抄而來。這自然更是對《蒼頡篇》本爲篆文寫成的一種認定。
④ 張世超：《北京大學藏西漢竹書的文字學啓示》，《古代文明》2014年第4期。

牘書體基本相同的古隸所抄寫，而這種古隸的書體特徵又與睡虎地秦簡、里耶秦簡一脈相承，由此，我們大致可以推想，李斯作《蒼頡篇》時所用的字體就應該是現在所看到的睡虎地秦簡、里耶秦簡一樣的秦隸，因爲現在所看到的秦簡文字實際上就是秦代的通用字體。①

在此基礎上，陳先生又進一步提出了"秦篆"與"秦隸"本是一種字體，差別僅在於載體與功用，同時，考證了"秦篆"與"小篆"概念的差異以及漢人對於篆文認識的不同等。這些意見都很重要，也很有啓發意義，讓我們可以從另一個角度去認識秦漢時期的篆隸觀。

對於《蒼頡篇》以何種書體編寫確實是十分重要的議題，且迄今仍未見秦本《蒼頡篇》，因此無法得到確切的答案。對於以上兩位先生的意見，我們認爲可從兩個方面進行考慮。首先，目前所見幾批重要的《蒼頡篇》阜陽漢簡本、北大簡本、水泉子漢簡本以及漢牘本均以隸書寫成，這確實不能不引起我們對《蒼頡篇》編寫時的書體產生懷疑，但是在斯坦因所獲習字削衣簡中，文字却有着十分濃厚的篆意。對此，學者們已經有所論及，如張德芳、郝樹聲先生謂："這批未刊木簡……大都是篆意很濃的篆隸體。"②邢義田先生也提到："英藏《蒼頡》篇削衣……多半是帶篆意的隸書，有些較像隸，有些更近篆，以瘦長或圜筆爲特徵的篆書不少。"③很難想象，作爲習字者可以將隸書範本的《蒼頡篇》寫得有篆意，而在漢代可見篆書本《蒼頡篇》，就不難理解李斯等人確實還是用小篆編纂《蒼頡篇》并作爲"書同文字"的範本推廣了。其次，在里耶秦簡中有不少明確的篆文簡牘，對此，胡平生先生進行過考察："里耶秦簡是我們目前所能見到的數量最大的篆書資料，是我們

---

① 陳松長：《〈蒼頡篇〉與"書同文"再議》，《書法研究》2021年第1期。
② 張德芳、郝樹聲：《斯坦因第二次中亞探險所獲敦煌漢簡未刊部分及其相關問題》，《英國國家圖書館藏斯坦因所獲未刊漢文簡牘》，第81頁。
③ 邢義田：《漢代〈蒼頡〉〈急就〉、八體和"史書"問題——再論秦漢官吏如何學習文字》，李宗焜主編《古文字與古代史》第二輯，第456頁。

首次見到的大批量的直接用墨筆書寫的篆書資料。"①因此，秦代簡牘中有篆文是毋庸置疑的了。再考慮到張家山漢簡《史律》所載的"八體"等内容，秦漢時期尤其是秦代使用篆書也是完全可能的，因此，《蒼頡篇》在編纂之初使用篆文也是完全合理的了。

第二節 《蒼頡篇》中的雙音詞

我們已經知道，李斯等作《蒼頡篇》的首要目的是統一文字。而對於其性質，學界基本上是以"字書"視之的。如胡平生先生認爲："根據《漢書·藝文志》的記載，我國古代的字書，當推《史籀篇》爲最早，其次是《蒼頡篇》。"②林素清先生對此有過類似的闡述。周飛先生謂："《蒼頡篇》是我國歷史上極爲重要的一部字書。"③也正是基於這樣的認識，學者們在對《蒼頡篇》進行研究時亦多從"字"的角度展開。

當然，以上的看法并没有錯誤，《蒼頡篇》是字書的基本性質應該是準確的。不過在對《蒼頡篇》進行研究的時候，有些學者也關注到了其中的"詞"。如胡平生先生曾指出："'蒼頡作書，以教後嗣''漢兼天下，海内并側'，皆爲叙述句，其中詞語祇能按照它在句中的意義理解，不能照文字本義解釋。'蒼頡''後嗣''天下''海内'等，都是複音詞，更不能照單字的意思看待。"④林素清先生在論及《蒼頡篇》與《急就篇》的關係時，曾從"語彙"的角度對比兩書間的差異，而"語彙"當然是包含雙音詞的。許學仁先生在分析《蒼頡篇》構詞方式及内容形式時曾指出："或一句之中，兩組成詞，意義各不相涉，各組同義或近義并列。"⑤此外，周飛先生在對《蒼頡篇》進行句式分析時在"并列式"

---

① 胡平生：《里耶秦簡篆書論》，"紀念中國古文字研究會成立四十周年國際學術研討會"論文，第2頁。
② 胡平生：《阜陽漢簡〈蒼頡篇〉的初步研究》，《胡平生簡牘文物論稿》，第1頁。
③ 周飛：《〈蒼頡篇〉綜合研究》，第1頁。
④ 胡平生：《阜陽漢簡〈蒼頡篇〉的初步研究》，《胡平生簡牘文物論稿》，第6頁。
⑤ 許學仁：《"存古"與"合時"——兩漢至唐代之正字運動管窺》，《傳統中國研究集刊》第七輯，第156頁。

下列有"短語并列"。不過僅舉了北大簡簡 15"甄穀燔窯"、簡 27"送客興居"以及簡 59"冬寒夏暑"三句,其中前兩句爲動賓短語,第三句爲主謂短語。①

目前所見,尚無人對《蒼頡篇》中的雙音詞進行過專門討論。更未見有就此對《蒼頡篇》性質中字書以外的因素加以關注者。研究《蒼頡篇》中的雙音詞當然不是舉起"《蒼頡篇》是詞書"的旗號,祇是從雙音詞的角度對這部典籍進行研究,確實是值得開拓的荒地,也是有意義的。需要指出的是,古代漢語雙音詞是複音詞的一個重要組成部分,由於《蒼頡篇》是四字爲句,這種句式結構限制了它不可能有三音或四音詞,因此我們不以複音詞爲題目進行討論。

一 簡牘文獻所見《蒼頡篇》中的雙音詞

《蒼頡篇》中有一部分專有名詞,如人名之"桀""紂",國名之"陳""蔡""宋""衛",水名之"江""漢""涇""渭"等。此外還有一個作爲朝代名的"漢"。這些都是單音詞。《蒼頡篇》專有名詞中的雙音詞見於簡牘者有:②

蒼頡(H1)、顓頊(B46)、祝融(B46)、宗幽(B1)

戎翟(B8)、百越(B9)、胡貉(B11)、巴蜀(B11)③、氐羌(B61)

招搖(B46)

---

① 周飛:《〈蒼頡篇〉綜合研究》,第 71 頁。
② 下文所引簡牘本《蒼頡篇》有阜陽簡本、北大漢簡本、水泉子漢簡本、斯坦因所獲習字簡本以及漢牘本。爲區別各本,阜陽簡本編號前按照以往整理者的習慣加 C,北大漢簡本編號前加 B,水泉子漢簡本編號前加 S(此爲與阜陽漢簡本相區別所加,在本書其他部分提到時亦依原編號作 C),漢牘本編號前加 H,斯坦因所獲習字本按照一般習慣加 Y。
③ "戎翟""胡貉""巴蜀"等最初分別指兩國族名,當爲兩個單音詞。不過秦漢時期,它們已經經常性地凝聚使用,且含義往往超出字面上所代表的兩個國族,因此,我們這裏將其視爲雙音詞。

這些雙音詞分別爲人名、民族名以及星宿名。"戎翟"傳世文獻多作"戎狄";"招搖",與同期秦漢簡牘寫法同,如睡虎地秦簡《日書》甲種均作"招搖",張家山漢簡《蓋盧》簡17-18"招搖在上、大陳其後可以戰",亦同。漢牘本作"裑搖",傳世文獻則多作"招搖"。"宗幽"指周幽王。《漢書·叙傳》:"於惟帝典,戎夷猾夏;周宣攘之,亦列《風》《雅》。宗幽既昏,淫於褒女,戎敗我驪,遂亡酆鄗。"①從内容上看,此處之"宗幽"顯然就是周幽王。顔師古注曰:"宗幽,幽王居宗周也。"②

《蒼頡篇》中還有一部分聯綿詞。朱鳳瀚先生曾經指出幾例《蒼頡篇》中可能的聯綿詞:"'汯汌''茉萸''娍孏''黮黕'。"③《北京大學藏西漢竹書(壹)》對朱文所舉四詞亦分別從語音上進行過說明:"'茉萸'是疊韻聯綿字,兩字皆爲侯部韻。"④"'黮''黕'皆侵部韻,二者合成疊韻聯綿詞。"⑤"'汯'爲匣母真部字,'汌'爲匣母文部字,真、文皆陽聲韻而旁轉,故'汯汌'爲雙聲疊韻聯綿詞。即水流翻騰之貌。"⑥"'娍'爲見母支部字,'孏'爲匣母錫部字,見、匣爲牙、喉音而相近,支、錫爲陰入對轉。故'娍孏'近於雙聲疊韻聯綿詞。其義爲靜好貌。"⑦此外,書中還指出了"鴛鴦(B56)"爲雙聲聯綿詞。

對於聯綿詞的判定,學界似乎亦尚無統一標準。我們在這裏儘量采用"寬式"標準進行認定。如"娍孏"在《廣雅》中爲相連的兩個詞,均訓爲"好",此組中有"窈窕""婠約""嬬媚"等聯綿詞亦同訓爲"好",因此有理由將其等同視之。然而王念孫據《博雅音》"娍"下有"牛委""牛果"二音,將"婑"字補入,從而將"娍""孏"分開,若王說可靠,則在《廣雅》中是將二字分爲兩詞來處理的。不過《楚

---

① 《漢書》卷一〇〇《叙傳下》,第4267頁。
② 《漢書》卷一〇〇《叙傳下》,第4268頁。
③ 朱鳳瀚:《北大藏漢簡〈蒼頡篇〉的新啓示》,《北京大學藏西漢竹書》(壹),第174頁。
④ 北京大學出土文獻研究所:《北京大學藏西漢竹書》(壹),第94頁。
⑤ 北京大學出土文獻研究所:《北京大學藏西漢竹書》(壹),第117頁。
⑥ 北京大學出土文獻研究所:《北京大學藏西漢竹書》(壹),第82頁。
⑦ 北京大學出土文獻研究所:《北京大學藏西漢竹書》(壹),第101頁。

辭·神女賦》"既姽嫿於幽静兮，又婆娑乎人間"兩句中，"婆娑"與"姽嫿"處在相同位置上，前者爲聯綿詞無疑，因此也有理由將後者視爲聯綿詞。

除了上面所列幾例外，目前所見簡牘本《蒼頡篇》中的聯綿詞還有：

  狗獼（H39）、踵跰（H39）、説譯（H54）、游敖（B49）、周章（B49）、疕痏（B51）、骫斐（B10）、跌踼（H20）、瞵盼（H54）、蒹葭（B24）

其中"説譯""游敖""跌踼"在古書中常見，"説譯"或作"悦懌""説釋"等，"游敖"或作"游傲""遊鶩"等，"跌踼"或作"跌宕""跌蕩"等。"瞵盼"北大簡字形不全，周飛先生補釋爲"瞵盼"①。"瞵"古音爲來母真部字，"盼"爲滂母文部字，"真""文"旁轉，"瞵盼"爲疊韻聯綿詞，該詞在斯坦因所獲習字削衣簡中作"賓分"，爲雙聲疊韻關係。《廣雅·釋草》："狗獼，哺公也。"王念孫謂：《唐本草》：'蒲公草，一名搆耨草。'……狗獼、搆耨聲正相近。"②"踵跰"，劉桓先生認爲即"連併"。③《楚辭·九懷》："流星墜兮成雨，進瞵盼兮上丘墟。"《九歌·雲中君》："聊翱游兮周章。"王逸謂："周章猶周流也。""周章"爲雙聲聯綿詞。《説文》："骫，骨耑骫斐也。""斐，頭袠，骫斐態也。""骫"爲影母歌部字，"斐"爲匣母質部字，二字非雙聲疊韻。《説文》："痏，疕痏也。""疕"，章母之部，"痏"，匣母之部，二字爲疊韻關係。"蒹葭"，雙聲聯綿詞。此外，前文所列之專有名詞"招摇"亦爲聯綿詞。

---

① 參劉婉玲《出土〈蒼頡篇〉文本整理及字表》，吉林大學碩士學位論文，2018，第107頁。關於此二字的釋讀等情況可參後文相關部分。
② 王念孫：《廣雅疏證》，中華書局，2004，第319頁。《廣雅》原文本作"鷄狗獼，哺公也。"王念孫認爲"鷄狗獼"三字不相連，懷疑"鷄"下本當有一字而脱去，因此，此處以"狗獼"連文。
③ 劉桓編著《新見漢牘〈蒼頡篇〉〈史篇〉校釋》，第105頁。

此外，漢牘本第卅七板有"蹇攣陵萍"一句，整理者認爲"蹇攣"即"蹇連"。并引《漢書·敘傳上》："紛屯澶與蹇連兮"等爲證。"蹇連"古均爲元部字，當爲疊韻聯綿詞，若其説無誤，則"蹇攣"亦當如此，不過此二字亦有可能指兩種手足病。在第三章相應位置我們有更詳細的論述，此暫記於此。

專有名詞與聯綿詞是比較容易判斷的。而在雙音詞中，難以判定的是一般的複合詞。短語是複合詞最主要的歷史來源。董秀芳先生指出："歷史文獻中的材料證明，漢語中五種基本的短語類型，即并列、偏正、動賓、主謂和述補短語，都有可能降格爲詞。"[1]因此一般來說，漢語雙音複合詞的基本結構方式也就是并列式、偏正式、動賓式、主謂式以及述補式。在《蒼頡篇》中的雙音複合詞，以并列式爲主，也有一小部分爲偏正式。在詞彙研究中如何區別複音詞與短語是比較麻煩的議題。王力先生很早就提到"必須承認，詞和仂語（引者按，即短語）之間没有絕對的界限"。[2]很多學者從不同角度提出了判斷的標準，概括來説大致是語義標準、結構標準以及頻率等幾個方面。我們無意參與這個標準的討論。與對待聯綿詞的態度一致，在下面的叙述中我們亦采用"寬式"標準。[3]

偏正式雙音詞比較容易判斷，目前所見簡牘本《蒼頡篇》中的如下内容應屬於偏正式雙音詞。

後嗣（H1） 幼子（H1） 青北（B2） 天下（B8） 海内（B8） 噍類（B8） 六畜（B9） 毒藥（B3） 鼙鼓（B33） 乘車（H18） 屋内（B54） 星晨（B59） 漆鹵（B61） 四荒（H20） 票風（B16） 鄭舞（B33） 羽扇（B37） 蓬蒿（B24）

---

[1] 董秀芳：《詞彙化——漢語雙音詞的衍生和發展》，商務印書館，2011，第34頁。
[2] 王力：《詞和仂語的界限》，《中國語文》1953年第9期；後收入《龍蟲并雕齋文集》，中華書局，1980，第561頁。
[3] 在實際操作中，一般對專書或一批材料中的複音詞進行的研究中，學者們也往往采取相對寬鬆的標準，如程湘清先生對《論衡》複音詞的判斷、張雙棣先生對《吕氏春秋》複音詞的判斷、朱湘蓉先生對秦簡複音詞的判斷等均采用比較寬鬆的標準。

蓼蘇（B25）　瓝瓜（B25）　鉗首（H54）　瘴熱（B36）

其中的"青北"，朱鳳瀚先生引《説文》"乖也，從二人相背"及《玉篇》"方名"爲證，但是并未作進一步解説。而"北"字漢牘本及削衣習字簡本均作"背"。考慮到秦漢時代"北"與"背"在表示"背"時的替換關係，我們認爲"青北"即"青背"，屬於偏正式雙音詞。馬王堆帛書《胎產書》："取爵甕中蟲青北者三。"其中的"青北"顯然即"青背"。漢人亦喜以"青背"爲名，如居延漢簡24.13之人名"青背"等。"票風"，傳世文獻多作"飄風"，不煩舉例；"鉗首"，又見於水泉子漢簡S034，作"黔首"。在秦漢時代，以上所舉出的各例已經語法化爲雙音詞應該是没有問題的。

根據構成語素的詞性，我們將《蒼頡篇》中并列式雙音詞分爲"名＋名類""形＋形類"以及"動＋動類"。

谿谷（B4）　丘陵（B4）　臣僕（B6）　葅醢（B8）　左右（B10）　鈴鏽（B12）　塵埃（B16）　券契（B18）　果蓏（B25）　禮節（B27）　筭籌（B18）　鰯鯖（B20）　蛟龍（B29）　陷阱（B29）　資貨（B30）　鰥寡（B31）　準繩（B34）　菁華（B35）　粉騰（B35）　脂膏（B35）　髮膚（B36）　兒孺（B50）　社場（B52）　寇賊（B52）　門閭（B53）　室宇（B53）　邑里（B53）　封疆（B53）　街巷（B53）　垣蘠（B53）　橋梁（B54）　豺狼（B56）　鳧雁（B56）　溝洫（B57）　隄防（B57）　日月（B59）　紀綱（B59）　陰陽（B60）　偃毚（B62）　根本（B64）　麋鹿（B64）　熊羆（B64）　晝夜（H1）　冠帶（H7）　朋友（C46）　牙齒（H14）　姊妹（H15）　親戚（H15）　弟兄（H15）　飴餳（H16）　鐘磬（H16）　音聲（H16）　璣珠（H16）　衣裳（H16）　機杼（H31）　罪蠱（H36）　錦繡（H37）　雷電（H38）　表裏（H39）　鬼魅（H40）　君侯（S053）

以上所列爲"名＋名類"。其中北大簡20有"竊鮒鰯鯖，鱸鮪鯉鮨"兩句。除"竊"以外,其餘均爲見於《説文》的魚名。不過"鱋鰫"在漢牘第五十三板作"解隋"。劉桓先生即按照傳世文獻所見"解隋"來解讀,又作"解惰""解墮"。① 我們這裏暫從北大簡的書寫及整理者的意見來處理。

迷惑(B1) 故舊(B4) 勇猛(B4) 剛毅(B4) 便走(B5) 勢悍(B10) 驕倨(B10) 貪欲(B30) 細小(B32) 貧寠(B32) 端直(B34) 恐懼(B50) 臞瘦(B50) 謹慎(H1) 敬戒(H1) 勞苦(H1) 忠信(H1) 微密(H1) 飢渴(H35乙) 驩康(H54) 欣喜(H54) 整齊(S53) 悲哀(S59) 廣大(S76) 詘折(S94) 忿怒(S101) 貴富(S105) 卑賤(S105)

以上爲"形+形類"類。其中北大簡5"便走"之"走",整理者認爲通"捷"。事實上,《説文》:"走,疾也。""捷"則訓爲"獵也,軍獲得也……《春秋傳》曰'齊人來獻戎捷'"。"捷"表"便捷"爲後起之義,在此意義上"走"與"捷"應爲古今字的關係。"驩康"中的"驩"今作"歡",前者是秦漢時期的通常寫法,符合當時的用字習慣。"詘折"後世常作"曲折""屈折",不過在秦漢時期,前者與後兩者一般並不通用,《漢書·司馬相如傳》:"駕應龍象輿之蠖略委麗兮,驂赤螭青虯之蚴蟉宛蜒。低卬夭蟜裾以驕驁兮,詘折隆窮蠼以連卷。"顏師古注引張揖曰:"詘折,曲委也。"②

獲得(B1) 負戴(B3) 觀望(B6) 遁逃(B7) 隱匿(B7) 往來(B7) 眄睞(B7) 離異(B8) 制裁(B9) 蕃殖(B9) 誅罰(B10) 遮迣(B19) 揖讓(B27) 收繳(B30) 羨溢(B30) 乞匄(B32) 髳搣(B36) 決議(B44) 牴觸(B48) 貿易(B48) 束縛(B51) 卜筮(B52) 叚耤(B69) 諷

---

① 劉桓編著《新見漢牘〈蒼頡篇〉〈史篇〉校釋》,第132頁。
② 《漢書》卷五七下《司馬相如傳》,第2593~2594頁。

誦（H1） 計會（H1） 辨治（H1） 犢豢（H6） 驅馳（H20） 讒
詈（H35乙） 涉渡（H37） 祭祀（S69） 犇亡（S94） 號哭
（S60） 繼續（C10） 賞賜（Y3543）

以上爲"動+動類"。其中北大簡69"叚耤"當即"假藉"，亦即"假借"。北大簡30之"羨溢"，整理者原釋爲"羕溢"，此據漢牘本改。詳參後文。

從以上分類來看，"名+名類"所占比重最大，"動+動類"次之，"形+形類"再次之。這與朱湘蓉先生所統計的秦簡複音詞（亦以雙音詞爲主）中名詞、動詞、形容詞的所占比重相當。① 張雙棣先生統計了《吕氏春秋》中的聯合式複音詞。② 其數據爲名詞239個，動詞138個，形容詞77個。名詞中"名+名"188個，"動+動"28個，"形+形"23個。無論是大類還是小類，都是名詞＞動詞＞形容詞。這與我們的統計結果都是吻合的。

當然，應該承認，雖然我們所統計的雙音詞在相關著述中亦多被認定爲已經詞彙化爲雙音詞，但是秦漢時期正處在短語向複音詞轉化的重要階段，而詞彙化是一個長期過程，如詞彙化之初，詞與詞的組合雖然在一些場合已經作爲一個意義整體固定下來，但是複音詞中的組成部分仍然可以單獨使用，所以在這一時期，對詞與短語的判斷顯然不能脱離語言環境。而在《蒼頡篇》中，幾乎不存在語言環境這一限定條件，因此正如前述，我們這裏祇能采用"寬式"標準。

二 佚文中的《蒼頡篇》雙音詞及相關問題

傳世本《蒼頡篇》雖然已經亡佚，但是由於歷代（主要是唐代）典籍的大範圍徵引，現在仍可見到一些字詞。從緒論論述可知，歷代典籍

---

① 朱湘蓉：《秦簡詞彙初探》，中國社會科學出版社，2012，第62~63頁。當然，"名+名類"與名詞、"動+動類"與動詞、"形+形類"與形容詞并不能完全等同，不過在反映所占比重這種非精確統計上來看還是可以作爲平行例證的。

② 張書中的聯合式即我們所說的并列式。

中所引《蒼頡篇》佚文主要是杜林、揚雄、郭璞、張揖等人的注釋。在這些佚文中有一部分爲聯綿詞：

伶俜：《玄應音義·大方等大集經音義》："《三蒼》：伶俜猶聯翩也。"

歔欷：《玄應音義·濟諸方等學經音義》："《蒼頡篇》：泣餘聲也。"

轒轤：《玄應音義·僧祇律音義》："《蒼頡篇》：三輔舉水具也。"

玫瑰：《玉篇》："《蒼頡》曰火齊珠也。"

呻吟：《慧琳音義·集神州三寶感應通傳音義》："《蒼頡篇》云：呻吟嘆也。"

碌磞：《慧琳音義·開元釋教錄音義》："《蒼頡篇》云：碌磞謂砂石粗貌也。"

顤顃：《慧琳音義·根本毗奈耶雜事律音義》："《蒼頡篇》：憂傷也。"

疚痛：《慧琳音義·阿惟越致遮經音義》："《蒼頡篇》云毆傷也。"

陴堄：《慧琳音義·大毗婆沙論音義》："《蒼頡篇》：小垣也。"

其中的"轒轤"，即"轆轤"。"顤顃"又作"憔悴"。《玄應音義·妙法蓮華經音義》有"憔悴"詞條，稱："《三蒼》作顤顃。"《玄應音義·大般涅槃經音義》謂："俾倪，《三蒼》作頡倪，又作埤堄二形。"《廣雅·釋宮》："埤堄，堞女墙也。"王念孫謂："字或作俾倪，或作睥睨，或作僻倪。"[①]"小垣"與"女墙"顯然爲同物。而"俾倪"的各種形態也正與聯綿詞詞形的不固定相符。銀雀山漢簡《陳忌問壘》："……者，當堞也；發者，所以當俾堄也。"此"俾堄"顯然亦爲"小垣"之義。

---

① 王念孫：《廣雅疏證》，第213頁。

《淮南子·修務訓》:"過者莫不左右睥睨而掩鼻。"①此"睥睨"當爲左右邪視,或含厭惡之意。《釋名·釋宮室》:"城上垣曰睥睨,言於其孔中睥睨非常也。"畢沅謂"當作俾倪"②。張家山漢簡《引書》:"信(伸)胻直踵,并臽(蹈)卅,曰埤堄。"與之相平行的幾個導引動作名稱分別爲"交股""尺污(蠖)""僉指""繠動""襲前""引陽筋"等。從形式上看,此"埤堄"與"小垣"義應無關聯,我們推測或許與"睥睨"的這種動作有關。高大倫先生認爲"此條似以舂鑄垣蘠比喻本導引動作"③可能性不大。

張衡《思玄賦》:"繽連翩兮紛暗曖,儵眩眃兮反常閭。"李善注謂:"《蒼頡篇》曰:眩眃,目視不明貌。"④如前説述,北大簡有聯綿詞"汯汯",義爲"水流翻騰之貌"。從聯綿詞詞形不固定而係以聲音的特點來看,"眩眃"與"汯汯"極有可能是一個詞的兩種寫法。而目視不明與水流翻騰從語義上看似乎也有一定關聯。

佚文所見有時與簡牘中的文字存在差異。如《玄應音義·出曜論音義》:"《蒼頡篇》:黬黫,深黑不明也。"北大簡整理者則認爲"黬黫"與"黯黮""黳黫"相同。⑤如果從聯綿詞的角度來看當然是没有問題的,不過北大簡49"馰驪黯黮,颽黝黳賜。驗黬赫赧,儵赤白黄"四句中本有"黬"字。敦煌漢簡1836與北大簡同。對於這種矛盾我們懷疑有兩種可能,一種是傳世本所見爲後人所更改者。《蒼頡篇》自西漢後期開始,經揚雄、班固以及賈魴等屢次增訂,其本來面貌應該有所變化。核查《玄應音義》與《慧琳音義》,均未收"黯黮"而多收"黬黫",這大概與此時的書寫習慣是相關的。另外一種可能的情況是"黬黫,深黑不明也"本應爲"黬,深黑不明也"。"黫"當是受詞條本身

---

① 劉文典撰,殷光熹點校,張文勛審定《淮南鴻烈集解》,安徽大學出版社、雲南大學出版社,1998,第675頁。
② 王先謙:《釋名疏證補》,上海古籍出版社影印上海圖書館藏光緒二十二年本,1984,第268頁。
③ 高大倫:《張家山漢簡〈引書〉研究》,巴蜀書社,1995,第100頁。
④ 蕭統編,李善注《文選》,中華書局影印胡克家本,1977,第222頁。
⑤ 北京大學出土文獻研究所:《北京大學藏西漢竹書》(壹),第118頁。

影響竄入。《玄應音義》本條在羅列《蒼頡篇》的解釋文字又謂:"《説文》:青黑也。"我們知道,《説文》訓爲"青黑色"的是"黰"字。此外,《慧琳音義》在釋此條時作"《蒼頡篇》:黬,深黑不明。《説文》:青黑"。"黬"《説文》訓爲"桑葚之黑也",與"青黑"不合,作"黬"亦當爲"黰"之誤。而《玄應音義》所引訓釋文字受詞條影響而發生訛誤者較多,因此,我們認爲後一種可能性是極大的。

聯綿詞之外,在《蒼頡篇》佚文中還有一些複合詞,有些可與前述簡牘本所見相合:

偃黽:《説文》:"楊雄説匽黽蟲名,杜林以爲朝旦。"
鴟鵂:《史記索隱》:"《三倉》云:鴟鵂,神鳥也。"
曶爽:《史記索隱》:"《三蒼》云:曶爽,早朝也。"
敲𣪊:《玄應音義·德光太子經音義》:"《三蒼》:敲𣪊,相擊也。"
麋鹿:《玄應音義·菩薩睒子經音義》:"《蒼頡篇》云:以冬至解角者。"
稽首:《玄應音義·月光童子經》:"《三蒼》:稽首,頓首也。"
煒燁:《玄應音義·大般涅槃經》:"《三蒼》:光華也。"
西土:《文選·述高帝紀讚》注:"郭璞《三蒼解詁》曰:西土,謂長安也。"
𪒠頞:《慧琳音義·大寶積經音義》:"《蒼頡篇》:鼻上騫也。"

其中"偃黽""麋鹿"見於簡牘本《蒼頡篇》。

《齊民要術·芸》稱:"《倉頡解詁》:芸蒿,葉似斜蒿,可食。春秋有白蕏,可食之。"《玉燭寶典》則稱:"《蒼頡篇》:芸蒿,似耶蒿,香可食。"《藝文類聚》卷八十一:"《倉頡解詁》:芸蒿,似耶蒿,香可食。"以上幾書所載,似可確定《蒼頡篇》中有"芸蒿",然而如前所述，北大簡 24 有"蓬蒿"，一般來說不應再有"芸蒿"。《呂氏春秋·仲冬紀》："芸始生。"高誘注："芸蒿，菜名。"①《急就篇》："芸蒜薺芥茱萸香。"顏師古注："芸，即今芸蒿也。"② 從高、顏的注釋來看，《蒼頡篇》原本應作"芸"而非"芸蒿"，這與北大簡 28"鷚雛芸卵"所載相合。由此，我們可以推斷關於"芸"的注釋應爲"芸，芸蒿。似邪蒿……"如果不加甄別，則會誤認爲《蒼頡篇》中原有"芸蒿"。

從《蒼頡篇》佚文所見的訓釋來看，有時會將一個雙音詞分開解釋。如：

> 脂膏：《玄應音義·善見律毘伽師地論音義》："《三蒼》：有角曰脂，無角曰膏。"
> 朋友：《春秋公羊傳·定公四年》疏："同門曰朋，同志曰友。"
> 鼉鼍：《玄應音義·維摩詰所說經音義》："《三蒼》：（鼉）似鱉而大也；（鼍）似蛟而大。"
> 園圃：《玄應音義·大方廣佛華嚴經音義》："《蒼頡解詁》云：種樹曰園，種菜曰圃。"
> 桯梧：《玄應音義·法炬陀羅尼經音義》："《蒼頡篇》：著曰桯，參著曰梧。"

這些雙音詞除"桯梧"外，其餘均見於漢代簡牘本《蒼頡篇》。我國傳統的語文學也往往是關注"字"而非"詞"，如董秀芳先生提到："從整體上來看，古代訓詁學對詞語的解釋是以解釋單音詞爲主的。由於對雙音詞的性質認識不夠，在古代注釋中，常常把雙音詞分成兩個單音詞來

---

① 許維遹撰，梁運華整理《呂氏春秋集釋》，第 241 頁。此處整理本斷作"芸，蒿菜名"，似不確。《淮南子·時則訓》"芸始生"，高注亦作"芸，蒿菜名"。劉文典整理作"芸，芸蒿，菜名"，又似增字。段玉裁在《說文解字注》"芸"下稱"高注《淮南》《吕覽》皆曰'芸，芸蒿，菜名'"，似亦誤。

② 張傳官：《急就篇校理》，中華書局，2017，第 163 頁。

解釋。"①這種注釋習慣往往會影響我們對雙音詞的判斷。

三 對《蒼頡篇》雙音詞的認識

對於并列雙音詞來說，其組成語素之間是平等的關係，因此在雙音詞凝固的初期，會經常出現同素逆序的現象。這種現象在先秦時期便已經出現。學者們也做過較豐富的研究。不過針對這種現象，董秀芳先生認爲："在同一個語言系統内部，如果内部成分次序相反的形式并存，那麼這兩個成分組成的是短語而不是詞。短語的性質允許換序的操作，無所謂'正'與'倒'。而詞則不允許内部成分換序，當并列結構的短語逐漸固化爲詞後，換序的操作也就終止了。從有換序形式到換序形式的消失，正反映出了并列短語詞彙化的過程。"②如果從嚴格的標準來看，董說是值得考慮的。不過前面已經交待了我們采用"寬式"標準，因此對這類現象不以短語視之。

古人在最初關注到此問題時將其稱爲"倒字"。"倒"自然是針對通常所見的順序來說的。因此一般來說，同素逆序的兩個詞之間是可以劃分出通用與非通用的。趙岩先生通過臺灣"中央研究院"上古漢語標記語料庫等統計了"言語"和"語言"的出現次數分別爲57次和7次，"金錢"與"錢金"的出現次數分別爲36次和4次，"飲食"與"食飲"的出現次數分別爲205次和32次，"出入"與"入出"的出現次數分別爲198次和6次等。③這說明存在逆序的詞中二字確實存在通用與非通用之別。檢查《蒼頡篇》中的并列雙音詞，發現以非通用式出現的有"貴富"與"計會"。以上古漢語標記語料庫進行檢索，"貴富"的出現次數爲33次，而"富貴"則爲224次；"計會"的出現次數爲5次，而"會計"爲14次。此外，也有一些同素逆序詞的出現頻率相當，如"紀綱"出現次數爲26次，"綱紀"爲23次等。

---

① 董秀芳：《詞彙化——漢語雙音詞的衍生和發展》，第11頁。
② 董秀芳：《詞彙化——漢語雙音詞的衍生和發展》，第121頁。
③ 趙岩：《簡帛文獻詞語歷時演變專題研究》，中國社會科學出版社，2013，第110~140頁。

最後談一下《蒼頡篇》中的重言詞問題。爲了在一定篇幅內列出更多的"字",一般來說,字書是比較"排斥"重言詞的。從目前所見簡牘文獻來看,《蒼頡篇》中確實是没有重言詞的。不過從《蒼頡篇》的佚文來看,又有很多證據指向其含有重言詞。我們看一下下面這些例子。

《玄應音義·寶網經音義》:"《三蒼》:鎗鎗,金聲也。"
《慧琳音義·大乘顯識經音義》:"《蒼頡篇》:轟轟,聲也。"
《文選·魏都賦》注:"《蒼頡篇》:輷輷:眾車聲也。"
《文選·羽獵賦》注:"郭璞《三蒼解詁》曰:啾啾,眾聲也。"
《文選·閑居賦》注:"《蒼頡篇》曰:煌煌,光明也。"
《文選·琴賦》注:"《蒼頡篇》曰:嚶嚶,鳥聲也。"
《史記索隱》:"《三蒼》云:蠕蠕,動貌。"

從以上幾例來看,《蒼頡篇》中似乎是有重言詞的。但是這又與出土文獻各本所載以及其他字書如《急就篇》等相矛盾。

我們認爲《蒼頡篇》中當無重言詞。佚文中所見的重言詞并非《蒼頡篇》中所有。《方言》:"奕、偞,容也。自關而西凡美容謂之奕,或謂之偞。"郭璞注:"奕偞皆輕麗之貌,偞音葉。"周祖謨先生謂:"'奕偞',《紺珠集》引作'奕奕偞偞';《御覽》卷三八一引作'奕奕偞偞'……郭璞注《方言》,每取疊字及聯綿語釋書中所舉之單詞。"①所言甚確。②在郭注《方言》中,類似的例子并不稀見,如卷六:"汩、遥,疾行也。"郭注:"汩汩,急貌也。"③卷十二:"屑、往,勞也。"郭注:"屑屑往來,皆劬勞也。"④"翬、翩,飛也。"郭注:"翬翬,飛貌也。"⑤

---

① 周祖謨:《方言校箋》,中華書局,2004,第10頁。
② 在周氏之前,劉台拱在《方言補校》中已經指出:"郭君釋字義,每用雙聲疊韻之字形容之。"參華學誠:《揚雄方言校釋匯證》,中華書局,2006,第419頁。
③ 周祖謨:《方言校箋》,第42頁。"汩"原作"汨",此據周祖謨先生意見改。
④ 周祖謨:《方言校箋》,第73頁。
⑤ 周祖謨:《方言校箋》,第77頁。

卷十三："藐、索，廣也。"郭注："藐藐，曠遠貌。"①而且不僅《方言》如此，在對《爾雅》《山海經》注釋時，郭璞也會以重言詞來解釋書中所舉之單詞，如《爾雅·釋言》："愷悌，發也。"郭注："發發，行也。"②"漦，盩也。"郭注："漉漉，出涎沫。"③

而前面已經提及《蒼頡篇》的注釋者有揚雄、杜林、張揖、郭璞等。我們從各種保存佚文的著作中一般難以判斷其所引爲何書。在前引諸例中或稱《三蒼》或稱《蒼頡篇》，僅《文選·羽獵賦》注所引稱"郭璞《三蒼解詁》"。而考慮到郭注喜歡以重言詞解釋單詞的特點來看，這些佚文極有可能出自郭璞的《三蒼解詁》。④因此，這些重言詞祇是誤將郭注的注釋文字歸爲正文，而《蒼頡篇》應是沒有重言詞的。

餘論　從詞的角度看《蒼頡篇》

雖然《蒼頡篇》等的編寫初衷是爲"書同文"，但是從目前的研究來看，秦代的"書同文"所要統一的却不僅是文字形體，還有用字以及用語方面。⑤用字與用語都與詞彙有着密切的關係。以里耶秦簡《更名方》爲例，其中"大如故，更泰守"屬於正用字，但是通過"泰守"這一雙音詞來明確所指。至於"王室曰縣官""徹侯爲列侯"等正用語更是直接針對雙音詞用語。再從《説文解字》來看，作爲字書，受形式及內容所限，祇能以文字爲單位進行解説。但是如果將其與《蒼頡篇》仔細對比後可發現，《説文》中很多兩個相鄰的字在《蒼頡篇》中也是相鄰的，如"繼續""賞賜""機杼""蓬蒿""疕瘍""橋梁""諷誦""表裏""招搖""玫瑰""桎梏"等。⑥這些自然與《説文》受《蒼頡篇》影

---

① 周祖謨：《方言校箋》，第80頁。
② 郝懿行：《爾雅義疏》，上海古籍出版社影印同治四年郝氏家刻本，1983，第403頁。
③ 郝懿行：《爾雅義疏》，第527頁。
④ 綜合考察各書所引《蒼頡篇》佚文，可知其名稱作《三蒼》《蒼頡篇》《三蒼解詁》《蒼頡解詁》等是十分隨意的，沒有辦法根據這些題名確定內容所屬。
⑤ 可參田煒《論秦始皇"書同文字"政策的內涵和影響》，《"中央研究院"歷史語言研究所集刊》第八十九本第三分。
⑥ 考慮到《説文》祇能將同一部首的字排在相鄰的位置，可以預見的是如果不是受編排所限，這種情況一定會更加突出。

響有關,不過進一步來看,亦與這些本來是當時的詞彙不無關聯。因爲許慎在編排文字時是經常將成詞的兩個字連在一起的,以不見於目前所見《蒼頡篇》者爲例,有"褎褎""傴僂""伯仲""蘆藪""瘠瘵""胵(腥)臊"等。

朱鳳瀚先生在論及《蒼頡篇》句式時提到:"此種句式(引者按,指羅列式)中的文字,雖可能多是四字字義均相近或相類,如'朔時日月''玄氣陰陽'(簡五九),但仔細分辨,則可知前兩字、後兩字之間字義更密切。這一特徵不僅體現於以名詞組成的句子中,也存在於由動詞組成的句子中,如'行步駕服''逋逃隱匿'(簡七)亦均是一句中四字義近或相聯繫,但仍是前兩字、後兩字的字義更近……有相當一部分屬羅列式的句子,四個字并非字義相近或相類,而是前兩個字之間、後兩個字之間各有字義(或爲假借義)上的聯繫,是同義字、同類字或義近字,而前兩個字與後兩個字之間并無字義上的聯繫,如'泫泛孃姪。髳弟經枭'(簡一三)。"①

朱文所說的這種特殊格式其實正是由其中的"前兩字"或"後兩字"是雙音詞所致。如果不過分強調《蒼頡篇》中的"字"的獨立性,而放到複音詞至少是短語的層面考慮,這種現象就極易理解了。當然,前文我們已經談到,秦漢時期,很多雙音詞還在詞彙化的過程中,但是即使是將其中一部分以短語來看,也仍然要擺脱"字"的束縛,而是對兩字進行綜合考慮、解讀,而這在以往的研究中是看不到的。此項在《蒼頡篇》的整理工作中體現得尤爲明顯。這也是將來相關工作的一個方向。

第三節 《蒼頡篇》中的複字及"姓名簡"的歸屬

一 《蒼頡篇》中的複字

按照《漢志》的記載,《蒼頡篇》中本來是有複字的,《漢志》所

---

① 朱鳳瀚:《北大藏漢簡〈蒼頡篇〉的新啓示》,《北京大學藏西漢竹書》(壹),第174頁。

載:"至元始中,徵天下通小學者以百數,各令記字於庭中。揚雄取其有用者以作《訓纂篇》,順續《蒼頡》,又易《蒼頡》中重復之字,凡八十九章。臣復續揚雄作十三章,凡一百二章,無復字,六藝群書所載略備矣。"① 從實際情況來看,出土文獻所見《蒼頡篇》也確實存在複字。學者們在相關的研究中亦曾提及,如林素清先生指出了阜陽漢簡《蒼頡篇》中有"毒""載""黃""内""思""前"等幾個複字,居延漢簡《蒼頡篇》中有"起""敬"等複字。② 這其中"毒"字林文當時所據釋文有誤,當除去。而目前所見各出土本《蒼頡篇》時代基本都在西漢晚期之前,早於揚雄"易《蒼頡》中重復之字"的時代,這與《漢志》所記相合。漢牘本的抄寫時代雖然可能晚至東漢,但它仍是五十五章本,未見《訓纂篇》的蹤迹。

但是作爲一部字書,一般來說是需要儘量避免文字重複的,如《漢志》便記載了武帝時司馬相如作《凡將篇》時無重複文字。班固在叙述時刻意強調了"無復字",大概也是出於此種考慮。由前面的引文可知,揚雄在順續《蒼頡篇》時所做的一項重要工作便是"易《蒼頡》中重復文字",而班固又強調他自己所續作十三章"無復字",説明《蒼頡篇》本來存在複字的事實以及漢人對這一問題的重視。除此之外,衆所周知的《千字文》在編著時同樣強調了不重字。唐代李綽稱:"其始乃梁武教諸王書,令殷鐵石於大王書中,揭一千字不重者,每字片紙,雜碎無序。"③

當然,從實際情況來看,這種"無複字"或"不重字"多半衹能是一種理想狀態,以《千字文》爲例,雖然號稱"不重字",但是統計下來仍然有六字重見。④ 不過《蒼頡篇》經過揚雄的"去重"工作,即使有去之未盡者,數量也應該極少,所以班固纔説"凡一百二章,無復字"。由於"文獻不足",這裏衹能暫時默認《漢志》的記述。需要再一

---

① 《漢書》卷三〇《藝文志》,第 1721 頁。
② 林素清:《蒼頡篇研究》,《漢學研究》1987 年第 1 期。
③ 參李綽《尚書故實》,第 24 葉。
④ 陳黎明、張晗:《"三百千"的用字及其流向》,《漢字文化》2010 年第 1 期。

次指出的是，從班固的敘述中可知，揚雄的"去重"工作是在《漢志》所謂的"閭里書師""斷六十字以爲一章"後的版本基礎上完成的，也就是説可以肯定的是經過"閭里書師"整理後的《蒼頡篇》有複字，至於"秦三蒼"及其各自内部是否有重複之字則還需要進一步的論證。

前揭林素清先生文已經明確指出阜陽漢簡《蒼頡篇》有複字。而北大簡《蒼頡篇》的主要整理者朱鳳瀚先生亦言及北大簡《蒼頡篇》有重見字，認爲共七個。① 不過實際的複字數量遠多於朱文所説的七個。下面分别以北大簡本、阜陽漢簡本《蒼頡篇》爲對象，統計這兩本中的重見字，以期了解"秦三蒼"的複字情況。爲眉目清晰考慮，下面以表格的形式呈現出來（表1、表2）。簡文編號各依整理者，不同版本前以大寫首字母標識，如北大本簡8標以B8，阜陽本簡9標以C9，② 由於二本有較多的文句重複，因此當重見字見於不同版本者，則僅舉書寫及保存情況更好的北大本。

表1 北大簡《蒼頡篇》複字重見情況

重見字	出處1及辭例	出處2及辭例	備注
漢	B8 漢兼天下	B57 江漢澮汾	
内	B8 海内并厠	B54 殿層屋内	
胡	B8 胡無噍類	B11 胡貉離絶	
菹	B8 菹醢離異	B28 蒜薑葅菹	
醢	B8 菹醢離異	B72 私醢救醒	
離	B8 菹醢離異	B11 胡貉離絶	
給	B8 戎翟給賓	B42 箸涏縞給	
賓	B8 戎翟給賓	B14 狄署賦賓	
端	B9 飭端脩瀧	B34 端直準繩	B64 又有"耑末根本"
悝	B12 鈐鎘閨悝	B32 悝	B32 爲章題，前簡缺失
鄅	B13 韶津邪鄅	B53 縣鄅封彊	
娃	B13 泫沄孀娃	B69 禆稰娃娣	

---

① 朱鳳瀚：《北大漢簡〈蒼頡篇〉的新啓示》，《北京大學藏西漢竹書（壹）》，第170頁。
② 整理小組編號前之"C"，似乎應爲"蒼頡"之"蒼"的首字母。

第一章 簡牘本《蒼頡篇》的文本問題

續表

重見字	出處1及辭例	出處2及辭例	備注
決	B17 鷸決抎愁	B44 決議篤稽	B17"決"字原缺右半，可由C39"決抎"確定
請	B27 請謁任宰	B67 與瀕庚請	與B67對應之字，C56作🗌，似非"請"字
展	B43 鹽繰展庫	B48 鯤展貴達	
熱	B36 瘴熱疥瘑	B71 截炊熱楠	
漳	B44 候騎漳沮	B57 河沛澠漳	
氏	B45 耒旬隸氏	B61 漆鹵氏羌	
宛	B43 戻弅焉宛	B47 宛鄧郛鄣	
鬱	B63 鬱棣桃李	B78、77 鬱	
雋	B17 雋鱸🗌🗌	B76 雋陼郝鄁	

表2 阜陽漢簡《蒼頡篇》複字重見情況

重見字	出處1及辭例	出處2及辭例	備注
内	C2 海内并廁	C29 屋内	C29"屋"原釋"室"，此從周飛改
前	C10 繼續前圖	C50 前	
黄	C34 儵赤白黄	C83 黄	C83"黄"字殘，待考
思	C53 思勇	C98 思慮	C53與B4"涣奂若思，勇猛剛毅"相當

以上的統計，共得複字25個，北大簡《蒼頡篇》内部重見者爲21字，阜陽簡《蒼頡篇》内部重見者爲4字。① 此外，還有兩字分別見於二本者，即北大簡B13"髳弟経枲"之"枲"字與阜陽簡C12"繭絲枲絡"之"枲"字，以及北大簡B8"胡無噍類"之"無"字與阜陽簡C20"屏圂廬無"之"無"字。

不過考慮到漢代書寫中字、詞的對應問題，不同書手尤其是不同

---

① 此據最新的釋文所定，C1有"發傳約載"，C7原有"何竭負載"一句，然北大本簡3有"何竭負戴"句，此"載"當改釋爲"戴"；C7、C95、C37有"毒藥醫工"，C45原有"奈毒"等字，然據北大本簡39作"奈壐"來看，C45之"毒"亦當改釋爲"壐"，此二字的改釋可參張傳官《據北大漢簡拼綴、編排、釋讀阜陽漢簡〈蒼頡篇〉》，《出土文獻》第八輯。因此，前揭林素清文所說的"毒"字重見不確。

時期的書手在書寫的過程中爲某詞所選用的文字有時是有差異的,因此在考慮複字的同時也不能忽視其中詞的因素。因此,不同文本間的重複字僅能作爲相關研究的參考,如北大簡"胡無噍類"與阜陽簡"屏圂廬無"的重見字"無",後者從"廬"字來看,"無"顯然爲"廡"之借字。且此句重見於北大本,簡55作"屏圂廬廡",因此"無"字在兩者間的重見中價值有限。而北大簡"髳弟経枲"與阜陽簡"繭絲枲絡"之"枲"字,從文例來看,兩個"枲"字均爲"麻"義,文獻中亦均用爲此或引申義,因此其作重見字似乎具有更大的價值。

至於同一文本内部的複字,當然也仍然需要考慮到其中的"詞"因素。不過如果不進行精準的數據統計,那麼毋庸置疑的是每一種文本内部都是有複字的,而自然越早的文本越具有代表性。

通過以上的分析可以明確未經"閭里書師"改編的"秦三蒼"中是存在複字的。如果單以北大簡中的複字爲考察對象,據朱鳳瀚先生的統計,北大簡《蒼頡篇》"保存有完整字一千三百一十七個,殘字二十個"。①則21字占全部文字數量的比例很低,如果去掉其中的不同詞,則複字的比例會更低。朱鳳瀚先生在簡述《蒼頡篇》中重複文字的時候曾提到:"這(指前文提到的朱氏所統計的北大簡《蒼頡篇》中存在的七個複字)很有可能是由於秦代三篇字書在收字範圍上雖有分工,但并不嚴格,或在具體編撰過程中有所疏忽。至於某些重複字會否是漢人在改編秦代三篇字書時生出,似亦不無可能。"②則朱文認爲北大簡《蒼頡篇》中的複字在秦代形成的那部分是"秦三蒼"間相互不避重複造成的。這個分析是有道理的。

朱文所説的三者在收字範圍上有分工,這是有可能的。不過從"爰歷次貤,繼續前圖"兩句來看,三者在編寫上似乎存在先後順序,《爰歷篇》正是在《蒼頡篇》編纂好後纔踵於其事的,因此可以避免出現複字。而《博學篇》應該又是在《爰歷篇》的基礎上再進行編纂的。以往學者們似乎均未注意到此事,而這與《蒼頡篇》《爰歷篇》《博學篇》雖

---

① 朱鳳瀚:《北大漢簡〈蒼頡篇〉的新啓示》,《北京大學藏西漢竹書》(壹),第170頁。
② 朱鳳瀚:《北大漢簡〈蒼頡篇〉的新啓示》,《北京大學藏西漢竹書》(壹),第178頁。

然存在複字但是數量極其有限應該是有密切關聯的。

二 "姓名簡"的歸屬

（一）相關簡文的釋文

在《蒼頡篇》研究中，有一部分内容值得注意，學者們也曾給予一定的關注，即所謂的"姓名簡"。新中國成立以後所發現的與姓名相關的簡文有以下幾處：首先是1977年玉門花海農場所發現的三枚習字簡，後爲《敦煌漢簡》收入，編號爲1451、1462、1463。其中後兩簡内容相同。而簡1451與後來在鹽池灣所發現的一枚漢簡所寫内容相同。這枚簡後來敦煌漢簡編號爲1260。① 由於這幾枚漢簡或書寫較差或保存不佳，以致很多字的釋讀尚存爭議，我們主要依據最新意見將其釋寫如下：

  曰書人名姓。葫苴韓碭。范鼠張猜②。翟如實錢。偉戈馮鄢。
陘涓　　　　　　　　　　　　　　　　　　　　　　　　1462
  曰書人名姓。葫苴韓碭。范鼠張猜。翟如賤。　　　　1463
  □殤□釦營庄邵駢郇邵鄙鄄傅功董僕李□諫奞　　　1260
  ☑□營庄邵駢郇邵鄙鄄傅贛董僕李貝。　　　　　　1451

1979年馬圈灣烽燧遺址又出土了一枚四棱觚，《敦煌漢簡》編號爲639。整理者最初所作釋文如下：

  ▲焦黨陶聖。陳穀魏嬰。程頎樛平。梁賢尹寬。榮雍尚
　　　　　　　　　　　　　　　　　　　　　　　　639A
  贛。岑廖露騫。彭績秦參。涉兢夏連。樂恢椒更。　639B

---

① 鹽池灣又叫鹽池灣墩，關於此地發現漢簡的時間有1979年及1986年兩說。詳參拙著《敦煌漢簡校釋》，上海古籍出版社，2018，第420頁備注。
② 此字原釋"豬"，張傳官先生認爲當釋"猜"，參張傳官《漢簡〈蒼頡篇〉人名校正二則》，《出土文獻與古文字研究》第八輯，上海古籍出版社，2019。

93

唐美耿謦。庎沓瘗譔。黄文戫山。肥赦楸脩。賈闌鄧
　　　　　　　　　　　　　　　　　　　　　　　639C
難。季偃田硯　　　　　　　　　　　　　　　　　639D

不過這個釋文中存在的問題較多，已經有多位學者對相關文字進行過改釋。"贛"字胡平生先生釋作鐿，①張傳官先生釋"籍"，②可從。"瘗"字胡先生懷疑當釋"庫"，而用爲"應"；梁静先生釋"進"。"績"字于淼先生釋爲"繚"，可從。③"樴"字，胡先生懷疑爲"樹"字之誤；"庎"字，胡文改釋"段"；"戫"字，改釋"哉"；"楸"字，改釋"桃"；"競"改釋"兢"。以上胡平生先生的觀點均可從。④"瘗"，胡文讀爲"啓"，梁静先生根據施謝捷、周波等先生的意見將其釋爲"殷"，可從。此外，孫濤先生將"美"字改釋爲"笄"。如此，則"焦黨陶聖"章的釋文當爲：

---

① 胡平生：《漢簡〈蒼頡篇〉新資料研究》，《胡平生簡牘文物論稿》，第14頁。下面所引同。不過梁静先生在《出土〈蒼頡篇〉姓名簡研究》一文中釋作"檀"，見《簡帛》第八輯，上海古籍出版社，2013。下引梁静釋讀意見亦出於此文。
② 張傳官：《漢簡〈蒼頡篇〉人名校正二則》，《出土文獻與古文字研究》第八輯。
③ 于淼：《漢代隸書異體字表與相關問題研究》，吉林大學博士學位論文，2015，"異體字表"第581頁。因最初未見于文的具體考釋意見，我們曾進行過考證，現將原來所作的考釋略述於下：《秦印文字彙編》"繚"字下所收一單字印作▨，不過該字最晚在秦時"日"形上部已經發生了省并，同書"繚"下又收一單字印作▨，作者將其歸入"繚"字下是没有問題的。《虚無有齋摹輯漢印》0338號"成繚"印，"繚"字作▨，銀雀山漢簡《孫臏兵法·威王問》簡276"繚適計陵"中"繚"字作▨，整理者將"繚"與"適"分別破讀爲"料"和"敵"，正確可從，也説明此字釋"繚"是可信的。而其與所謂的"彭績秦參"中"績"的形極爲接近，衹是從"日"形與"目"形的差别。毛遠明先生指出在漢魏碑刻異體字中有增加橫筆的情況，而秦漢文字中本從"日"而增加一横筆變爲從"目"的例子有很多，如"莫"字，居延新簡 EPT53：187 作▨，漢"莊莫如"印中"莫"字作▨，其本來所從的"日"形均作"目"；金關漢簡73EJT30：202"諸"字作▨，亦從"目"作。再如"縣"、"皋"字等，其相關部分亦有從"目"與從"日"形的相互訛混，這是我們所熟知的；漢代"皇"字或從"白"作，或從"自"作，也是這種情況的反映。因此，將此"績"改釋爲"繚"從字形上看是没有問題的。又，《秦印文字彙編》"績"字下有一例，作▨，印文爲"宋績"，顯然亦爲私印，從字形及作爲名字上看，其亦當改釋爲"繚"。《秦文字編》及《秦文字字形表》"績"字下均僅有此一字，當然是隨着《秦印文字彙編》的釋法而誤，亦當改釋。
④ "競"更準確應作"竸"。

>>> 第一章 簡牘本《蒼頡篇》的文本問題

▲焦黨陶聖。陳穀魏嬰。程頎樛平。梁賢尹寬。榮雍尚 639A
籍。岑應露鶱。彭繚秦參。涉竞夏連。樂恢樹更。 639B
唐箐耿聲。段沓殷誤。黄文戡山。肥赦桃脩。賈闌鄧 639C
難。季偃田硯。 639D

關於此觚上文字，以上各家所述之外尚有幾處與字形相關者需再行補充說明。"黨"字作▢，"黑"上所從乃"小"，這種寫法前所未見，不能視爲異體，而當以訛寫視之，其所以致誤，當是受最上面的"小"形影響。

"陶"字作▢，其右側"勹"内所從爲"言"，與"陶"形不符，但是漢代文字作爲偏旁時，從"言"與從"缶"可以相通用，如"瑤"字，《説文》從"缶"，《西嶽華山廟碑》同，作▢，《禮器碑》則作▢，從"言"。此外，漢印中亦有從"言"者，此不贅舉。這是從"缶"代以從"言"之例。"皋繇"之"繇"本從"言"，因此其正體當作"譮"，東漢以後開始出現從"缶"作者，如《校官碑》作▢即爲其例，後世典籍從"缶"作者更是基本取代了從"言"者。

"魏"字作▢，本當釋"巍"，後來作爲姓氏皆作"魏"。需要注意的是其左側并非"委"字，而是從"禾"從"子"，這種寫法也是未有之先例，大概也祇能視爲誤字，不過綜合考慮將其釋爲"魏"則是没有問題的。

"寬"字作▢，"宀"下的部分爲"正"形，與"寬"字不同，而與漢代"賓"字較早的一種寫法相近，馬王堆帛書《戰國縱橫家書》"賓"作▢，故宫博物院藏有一枚穿帶印，其一面的印文爲"虞長賓"，印面爲▢，"賓"字所從亦與之同。① 漢代文字中"正"與"匹"字較爲接

---

① 羅福頤主編《故宫博物院藏古璽印選》，文物出版社，1982，第102頁。

近，孟蓬生先生有過詳盡的論述。①北大簡《老子》"萬物將自賓"作賓，"貝"上所從顯然是"匹"形的進一步變化，居延漢簡20.8"匹"字作圖，即此例也。考慮到此瓠上文字訛寫較多，加上"寬"與"賓"下部較爲接近，因此，這個所謂的"寬"字也不能排除是"賓"字的誤寫。②

"秦"作圖，漢簡及漢印中皆有其例，如居延新簡EPT59：566"秦"字作圖，石繼承先生亦舉漢印"秦孝親印"中"秦"字的寫法爲證，印文作圖，并認爲"秦"字的"這些寫法相較小篆寫法而言，都可以看作是'秦'字上部構件被截除性簡化的結果"。③

"偃"字作圖，"女"形訛爲"人"形，亦當以訛誤字視之。

"硯"字，胡平生先生認爲即"硯"，與"研"同。梁静先生謂："'硯'，《玉篇·石部》：'硯，亦與研同。'此字圖版作圖，還有可能從石從見，即'硯'字。"④二氏意見基本一致。不過梁文所引《玉篇》爲宋代《大廣益會玉篇》，原本《玉篇》殘卷作"硯，《字書》亦研字也"。⑤此後字書、韻書如《廣韻》《集韻》《類篇》等均將"硯"視作"研"之異體，《汗簡》"研"所收其中一形作圖，應該也是受此影響。

對於"美"字，長期以來未見有異議。該字作圖，與同時代的"美"字形體確實較爲接近。如睡虎地秦簡《秦律十八種》簡65"美"作圖，敦煌漢簡253"美"作圖等，除了上部"艸"形略有不同外，整體均相合。因此，純粹從字形上看，此字釋"美"并没有問題。後來孫濤先生著文，將此字改釋爲"箅"，并舉出了很多字形上的例證。如果從字形上看，孫釋也没有問題。不過至於同樣從字形上可以講得通

---

① 可參孟蓬生《"正""匹"同形與古籍校讀》，《中國語文》2021年第1期。
② 此字處在韻脚，"寬"在元部，而"賓"在真部，但是由於上一個韻脚以前歸入元部的"贛"等被改釋爲"籍"後，此字也不必歸入元部。秦簡及漢印中"寬"字有從"止"作者，由於"止""正"形亦近，這個字由從"止"訛爲從"正"的可能性當然是更大的。
③ 石繼承：《漢印文字研究》，上海古籍出版社，2021，第143頁。石先生在列舉漢簡"秦"的此種寫法時亦舉了敦煌漢簡639的此字。
④ 梁静：《出土〈蒼頡篇〉姓名簡研究》，《簡帛》第八輯，第415頁。
⑤ 顧野王編撰《原本玉篇殘卷》，中華書局，1985，第474頁。

的"美"爲何不確,孫文無說。而且孫文也承認:"從字形混同來看,'箕'和'美'確實存在由於草化原因而字形相同的可能性……也就是'美'與'箕'的草化字形可能近似或者同形。"①事實上,單純從字形上考慮,這兩種釋法均可從。不過需要注意的是漢人以"美"或"箕"爲名者極爲稀見。漢印有"富美",②此似目前所僅見,而以"箕"爲名者則未見。

如果熟悉漢代人的命名習慣就可知,漢人是比較喜歡以干支爲名的。③以漢代私印爲例,如"李甲""趙乙""淳于丙""史戊""張己""吳庚""康壬""張丑""鄭寅""沈卯""慶辰""程午""趙未""楊申""杜酉""屈戌""原亥"等,當然,以"癸"爲名者亦多有其例,如"郭癸""任癸""張癸""宣癸"等。④而漢簡中"癸"字與所謂"唐美"之"美"字亦近,如居延新簡 EPT58:100"癸巳"之"癸"作 ,居延漢簡 14.25"癸酉"之"癸"作 ,簡 232.9"癸巳"之"癸"作 ,敦煌漢簡 557"癸未"之"癸"作 ,均與之相近,而"癸"上之" "形作"艸"在漢簡中不乏其例:居延漢簡 9.1《蒼頡篇》"發傳約載","發"字作 ,上部所從即作"艸"形。再如,居延漢簡 139.13"登"字作 ,亦將上部所從之" "變爲"艸"形。因此,我們認爲所謂的"唐美"亦有可能爲"唐癸"。這樣,不僅字形上與漢簡中"癸"字相合,亦與漢人命名習慣相符。

"岑廖露騫"一句中的"廖"字,前面已經提到各家的改釋,但是從字形上看其實都還存在距離。該字作 ,我們認爲當即《說文》"广"部的"庫",訓爲"屋從上傾下也"。馬王堆帛書《戰國縱橫家書·蘇秦自齊獻書於燕王章》中有燕將"張庫",字作 。原整理者謂:"張庫,(音頹)人名,燕將。《呂氏春秋·行論》作張魁,發音上略有

---

① 孫濤:《敦煌馬圈灣漢簡〈蒼頡篇〉中的人名用字"箕"》,簡帛網,2017 年 10 月 7 日。
② 李鵬輝:《漢印文字資料整理與相關問題研究》,安徽大學博士學位論文,2017,第 349 頁。
③ 這種習慣在春秋時期已經十分廣泛,直到戰國、秦代均爲常見的情況。
④ 以上各例均見羅福頤編、羅隨祖增訂《漢印文字徵》,紫禁城出版社,2010,第 646~662 頁。

差異。"①張家山漢簡《奏讞書》所載一案例中經常出現一個以此字爲名之人，其字作䧹、隼、𦬒，整理者亦將其釋爲"䧹"，而認爲其當即"雁"字。②此外，秦印中也有以此爲人名之例。③

今按，所謂的"䧹"，首見之字書似爲《龍龕手鑒》，謂："䧹音雖，屋邪也。""屋邪"自然就是《説文》的"屋從上傾下"。《正字通》指出其由"雁"訛變而來，改音"雖"不確。"䧹"字下部的"十"形實際上就是"隹"形竪筆與最下一筆的延伸。衹是有時"隹"字横畫會多出一筆，給人造成了其爲"十"字的認識。北大簡《周馴》"其誰能毋怵惕"，"誰"字作𧨥，其右側的"隹"形即符合以上所論。李家浩先生曾指出秦漢文字中所從"隹"旁亦多寫作"隼"旁，并進一步認爲"'隹''隼'古本一字"。④現在回頭來看"焦黨陶聖"章的該字，與《奏讞書》及《戰國縱橫家書》中"雁"是可以視爲一字的，尤其是此二例中的該字亦均作人名，更增加了此説的可信性。

《長沙馬王堆漢墓簡帛集成》整理者在前舉《戰國縱橫家書》條目下認爲《吕氏春秋·行論》"張魁"之"魁"有可能是"䰾"字之誤。⑤現在看來，《説文》"雁"與"䰾"均從"隹"作并得聲，一爲"都回切"，一爲"杜回切"，其相通假或誤書的可能性都是非常大的，因此該説值得重視。

此外，所謂的"譔"字作𧨥，若嚴格考慮，與"譔"形亦存在一定距離，此暫從此前各家所釋。

基於以上的討論，我們得到了以下三十個名字，即：黨、聖、穀、嬰、頗、平、賢、寬、雍、籍、雁、鶩、繚、參、競、連、恢、更、癸、瞀、沓、譔、文、山、赦、脩、闌、難、偃、碬。

---

① 馬王堆漢墓帛書整理小組：《馬王堆帛書·戰國縱橫家書》，文物出版社，1976，第13頁。
② 張家山二四七號漢墓竹簡整理小組：《張家山漢墓竹簡（二四七號墓）》（釋文修訂本），第103~105頁。
③ 許雄志主編《秦印文字彙編》，河南美術出版社，2001，第293頁。
④ 李家浩：《唐寫本〈説文〉木部殘卷真僞研究》，李宗焜主編《古文字與古代史》第五輯，臺灣"中央研究院"歷史語言研究所會議論文集之十八，第466頁。
⑤ 裘錫圭主編《長沙馬王堆漢墓簡帛集成》（叁），中華書局，2014，第207頁。

第一章　簡牘本《蒼頡篇》的文本問題

（二）歸屬問題

此四棱觚以四字爲句，共十五句，凡六十字，與"五十五章本"《蒼頡篇》的一章正相合。由於其全篇書寫姓名（一姓一名），學界將其與玉門花海所獲"曰書人名姓"簡等一同稱爲"姓名簡"。加之其内容又見於斯坦因所獲的習字削柹，如 2771 有"曰書人"，3268 有"更唐"，2877 有"逯殷譔黄"，很顯然通過文句可將它們與上揭内容聯繫起來。到目前爲止學界均將其歸入《蒼頡篇》。① 不過從審慎的角度出發，這種判斷現在還無法視爲定論。

首先，諸家認爲相關簡文屬於《蒼頡篇》，一個最重要的證據是"姓名簡"中的文字出現於斯坦因所獲習字削柹中，不過這些習字削柹并非全屬《蒼頡篇》，我們可以舉出許多書寫了多次却并非《蒼頡篇》的内容，尤其是漢牘本《蒼頡篇》《史篇》公布以後可知，其中很多習字内容與漢牘本《史篇》相合。而更重要的是，在出土於墓葬并已經確知的幾種《蒼頡篇》版本中，從未出現與"姓名簡"相同的文字。② 北大簡《蒼頡篇》存 1300 餘字，阜陽簡存 540 餘字，即使去掉兩者重複的内容，亦有 1500 多字，已經超過了我們後面要討論的"秦三蒼"一半的篇幅。而且以上三本之文字又是"散見"的，雖然不完全，但具有廣泛而全面的代表性。這些不能不引起我們對將"姓名簡"歸入《蒼頡篇》進行反思。

其次，從複字的角度來看，就"焦党陶聖"一章來説，其與已經確知的《蒼頡篇》即存在大量的複字："梁賢尹寬"之"寬"字又

---

① 學者們對於"姓名簡"的認識有一個逐漸變化的過程，如胡平生先生最初的看法雖然認爲其當屬《蒼頡篇》一系，但是又提到"貿然斷定本章必是《蒼頡》，似尚欠穩妥"。參《漢簡〈蒼頡篇〉新資料研究》，《胡平生簡牘文物論稿》，第 19 頁；不過在斯坦因所獲習字簡公布後，則認爲"現在看來它們應當是《蒼頡篇》的内容"。參《英國國家圖書館藏斯坦因所獲未刊漢文簡牘中〈蒼頡篇〉殘片研究》，原載汪濤等編《英國國家圖書館藏斯坦因所獲未刊漢文簡牘》，又收入《胡平生簡牘文物論稿》，第 31 頁。而上注中梁静、張傳官等先生論著中亦徑視之爲《蒼頡篇》内容并進行相關的研究。

② 阜陽漢簡《蒼頡篇》簡 83 殘存兩字，第二字爲"黄"，第一字整理者未釋出，梁静先生懷疑第一字爲"譔"，字作🉑。參《出土〈蒼頡篇〉研究》，第 31 頁。不過從字形上看似無法將其確釋爲"譔"。

見於北大簡簡1"寬惠善志","榮雍尚籍"之"尚"字又見於北大簡簡2"賓勸向尚","陳穀魏嬰"之"嬰"又見於北大簡簡3"嬰但掊援","肥赦桃脩"之"脩"又見於北大簡簡9之"飭端脩瀘","段沓殷譔"之"沓"又見於北大簡簡19之"遮迡沓詢","黃文竷山"之"文"又見於北大簡簡32之"趡文窣窆","黃文竷山"之"黃"又見於北大簡簡34之"儋赤白黃","樂恢樹更"之"恢"又見於北大簡簡46之"顡豫録恢","賈闌鄧難"之"鄧"又見於北大簡簡46之"鄢鄧析酈","陳穀魏嬰"之"陳"又見於北大簡簡47之"陳蔡宋衛","賈闌鄧難"之"賈"又見於北大簡簡48之"市旅賈商","梁賢尹寬"之"梁"又見於北大簡簡54之"柱枔橋梁","彭繚秦參"之"參"又見於北大簡簡55之"桶槩參斗","岑厏露鶱"之"露"又見於北大簡簡59之"霧露雹霜","涉競夏連"之"夏"又見於北大簡簡59之"冬寒夏暑","岑厏露鶱"之"岑"又見於北大簡簡61之"崋巒岑崩","季偃田硯"之"偃"又見於北大簡簡62之"偃鼉運糧","肥赦桃脩"之"桃"又見於北大簡簡63之"鬱棣桃李","榮雍尚籍"之"榮"又見於北大簡簡64之"榮葉莠英","樂恢樹更"之"樹"又見於北大簡簡69之"頗科樹莖","陳穀魏嬰"之"穀"又見於阜陽簡簡9之"冣穀肄宜","程頎樛平"之"平"又見於阜陽簡簡46之"高嚚平夷"。"梁賢尹寬"之"賢"見於斯坦因所獲習字簡,簡3430作"賢知賜予分貣莊犯",簡2472作"禄賢知賜予",結合簡3543"癰痤賞禄",可將北大簡簡1上部所殘部分補爲"賞禄賢知,賜予分貣,莊犯"。①因此,雖然此字直接見於習字簡本,但是根據上面所述其實也當屬間接見於北大簡本。

此外,"程頎樛平"之"頎"字見於斯坦因所獲習字本1791B"賓分范喪頎碩□",此簡可與1852"禹湯毅印奏厥賓分范□"内容相聯綴。而1852與北大漢簡本簡65"……□。堯舜禹湯。頞印趡廱。瞵盼"内容是相當的,"厥"與"廱","分"與"盼"可以相互

---

① 具體論證過程可參拙文《讀北大簡〈蒼頡篇〉札記》,《簡帛研究二〇一六·春夏卷》,第252頁。

通假,"瞵"與"賓"古音均在真部,"瞵"爲來母字,"賓"爲幫母字,兩字韻同而聲異。不過古音來母字常與其他各紐字相互諧音,有學者認爲此與複輔音問題有關,如裘錫圭先生曾論及來母與明母的關係。① 幫母與明母并爲唇音字,因此,"賓"與"瞵"似乎也可視爲通假關係。古音"奏"爲精母侯部字,"趡"爲精母宵部字,兩字聲母相同,韻亦可通。如果放寬標準的話,"顐"字也應歸入間接見於北大簡本之列。

即使不計算"顐"字,"焦党陶聖"章仍有二十三字見於已經確知的《蒼頡篇》,更確切地說是"斷章"之前的"秦三蒼",幾乎達到了其全部六十字的五分之二,而這還是與非完整本《蒼頡篇》內容相重的情況,可以想見,如果與完整的"秦三蒼"相較,其重見字必然會更多,比例自然也會更高。因此,即使考慮到字詞對應時文字書寫的變化,其重見字的比例也仍然會是十分高的。而將具有如此多重見字的內容歸入《蒼頡篇》或至少歸入"秦三蒼"顯然是不合適的。

值得指出的是前人在論證今傳本《急就篇》第七章爲後人增補時也多注意到此章文字與前文重複者較多的情況。如章太炎先生謂:"《急就》例無複字,而焦滅胡與六章郭破胡重,司馬襃與五章馬牛羊重,尚自於與五章尚次倩重,姓名訖、請言物與二十五章諸物央(引者按:應爲盡之誤)訖五官出重。知史游真本無此章矣。"② 陳昭容先生認爲:"(第七章)六十三字中,與《急就篇》原本三十一章文字重複者有三十二字,其重出比例之高,與《急就》全篇之精神不甚相合。"③

還有一點需要指出的是,在北大簡《蒼頡篇》中是有與姓氏相關的內容的。簡47"陳蔡宋衛,吳邗許莊",前四字爲古國名無疑,後四字則爲姓氏。水泉子漢簡《蒼頡篇》簡023"吳邗許莊姓不亡",其後三字是針對前四字的解釋性文字,因此,可以確定"吳邗許莊"是姓氏,

---

① 裘錫圭:《西周銅器銘文中的"履"》,載《甲骨文與殷商史》第三輯,上海古籍出版社,1991;又收入《裘錫圭學術文集·金文及其他古文字卷》,復旦大學出版社,2012,第28頁。
② 章太炎:《章太炎全集·膏蘭室札記》,上海人民出版社,2014,第68頁。
③ 陳昭容:《急就篇研究》,臺灣私立東海大學碩士學位論文,1982,第24頁。

這説明"秦三蒼"雖然有與姓名相關的内容,但并非集中於一兩章之内。前面我們已經討論了,"斷章"以前的《蒼頡篇》似乎每章并没有一個統一的章旨,而純以韻隸字。這些似乎都指向了以"焦黨陶聖"章爲代表的"姓名簡"不大可能爲"秦三蒼"的内容。

胡平生先生早年根據此章用韻情况,認爲其"顯示時代較晚的痕迹"。我們不妨引述其説:

> 一處是,開頭三句押耕部韻的"聖""嬰""平"三個字。中古時,聖、嬰入清韻,擬音作 ǐeŋ,同元部字發展而來的仙韻比較接近。至於"平"字,上古時或讀爲"便"音(真部),中古就讀入仙韻(ǐɛn)。另一處是,"彭續秦參"的"參",上古音是個侵部字,與上下句的元部字不押韻(此處可不入韻);但"參"字後來字音有了變化,成爲談韻字,擬音作 am,這就與元韻比較接近,元韻的擬音作 an,母音相同,韻尾發音部位不同。①

第一處,因三字上古同屬耕部,可以不論。而"參"字中古與元部字發音接近,則在此證其時代較晚具有一定的合理性。尤其是作爲"閭里書師"所作的部分,其用韻應體現了當時口語中的押韻情况,而從語音演變的常理來看,口語中聲韻的演變一般來説比書面用語更爲活躍。

目前所見保存五十五章本最完整的是漢牘本《蒼頡篇》。在所保存的幾十個整、殘牘文中亦未見有以上内容,説明其不僅不可能是"秦三蒼",亦不可能是五十五章本的《蒼頡篇》。當然,畢竟"焦黨陶聖"章從形式上完全符合"斷章"後的《蒼頡篇》樣貌,且又見於其他習字材料,那麽退一步講,其存在爲西漢"閭里書師"所擬作的可能性。并且由其在斯坦因所獲習字簡中被大量抄寫的情况來看,其在當時的接受度應該相當高,不過這種"擬作"自然是擬"斷章"後所作。

---

① 胡平生:《漢簡〈蒼頡篇〉新資料研究》,《胡平生簡牘文物論稿》,第21頁。

###（三）"焦黨陶聖"章的性質

關於書寫"焦黨陶聖"章的這枚木觚的性質，以前學者一般語焉不詳。從章節的完整性來看，此處寫滿了一章的內容，這與西北漢簡中絕大多數習字簡《蒼頡篇》僅僅練習"隻言片語"的情況是不同的，也沒有重複書寫某一單字的現象，文字間距也基本一致。對於這樣寫有完整一章的觚，我們是有理由將其視作習字範本的。邢義田先生認爲居延漢簡 9.1 及 307.3 兩枚寫有《蒼頡篇》內容的木觚以及敦煌漢簡 1972 及 2356 兩枚寫有《急就篇》的木觚屬於"疑似字書範本"，并給出了四個理由。[①] 而將此枚木觚定爲習字觚，我們同意這一判斷。

但是邢文將此觚與玉門花海漢簡 1459~1463 一起歸入"由同一人重複書寫多次"之列，并就此認定此觚屬於習作，這種看法則是不準確的。玉門花海漢簡 1459~1461 每簡正反均寫有《蒼頡篇》首章，簡 1462、1463 則均寫有"曰書人名姓"章的內容，將這些簡歸入"同一人重複書寫多次"没有問題，而且其書寫拙劣，不僅確定無疑是習字之作，而且可以肯定爲初學者所寫。而此觚前面已經提到無重複書寫的現象，其書寫水準也遠非玉門花海習字簡所能及。對於這樣一枚木觚，判斷其性質應該要更加謹慎。我們認爲將其視爲習字簡，主要基於以下幾個方面。

第一，雖然此觚上的文字整體并不能用"拙稚"來形容，書寫水平高於玉門花海寫有《蒼頡篇》首章者，但是通篇仍然有一些字寫得比較不合"規範"，這也是學者們對於其中一些字的釋讀意見無法統一的主要原因。而且如上面所述，有些字還寫成了錯字且錯字比例不低，這些都難稱範本之名。

第二，該觚上字間的距離雖然較一般的文書簡更大，但是與前面提到邢氏所判定的習字範本相比仍然要小，而與斯坦因所獲絕大部分習字削衣簡上的字距相當。可參下圖：

---

① 邢義田：《漢代〈蒼頡〉〈急就〉、八體和"史書"問題——再論秦漢官吏如何學習文字》，李宗焜主編《古文字與古代史》第二輯，第 445~446 頁。

漢簡《蒼頡篇》研究 >>>

居延漢簡 9.1　　　　馬圈灣漢簡 639　　　　斯坦因所獲削柿

　　雖然字間距并不能作爲判斷習字簡與範本的絕對標準，而且斯氏所獲習字削衣簡中亦偶有字間距較大者，但是還需要注意的是，作爲範本的《蒼頡篇》在書寫之前一般會預先設計好每簡或觚的每面將要書寫的字數，因爲就五十五章本《蒼頡篇》來看，四字爲句，每章六十字，共十五句，則每簡或每面觚書五句二十字最爲適宜。從實際情況來看，居延漢簡中的兩枚範本木觚確實如此，北大簡《蒼頡篇》雖然每章字數不定，但是在寫滿的情況下也是每簡五句二十字。而馬圈灣漢簡的這枚觚則完全沒有照顧到這一點，從前面介紹的釋文就能看出，文字寫在了觚的四面，而每一面的字數也不一致，分別寫有十九字、十七字、十九字、五字。而這些與字間距也有着密切的關係。

　　第三，這枚四棱觚的上下均有不規則的斷口，而這斷口學者們過去似乎也沒有注意到，大概是將其當作簡牘流傳過程中的殘斷來看待了。但是我們仔細觀察觚的上下兩端，可以發現所殘缺的部分極有可能在書寫前便已經存在。首字距可見的頂端有一段距離（參上圖馬圈灣 639），而北大簡《蒼頡篇》，居延漢簡、敦煌漢簡所見《蒼頡篇》與《急就篇》

範本則均"頂格"書寫。不僅如此,如果不考慮一些特別的情況,漢代簡牘文獻中的首字絕大多數都是"頂格"書寫的。因此我們有理由認爲其首字(其他三面首字情況亦同)的這種"留白"是由其上面的殘缺導致的。更重要的是,第三面下端"闌鄧"兩字間距明顯小於其他文字間距,而其下部殘缺若是寫後纔出現的則無法解釋"鄧"字的位置爲何如此尷尬(見下圖)。

確定了其上下兩端在書寫前便已經殘缺,再將其作爲書寫範本來看就顯得極爲勉強,而以兩端殘破的木觚作爲習字之用便容易理解了。

第四節 "秦三蒼"的字數

據《漢志》所載可知,"閭里書師"對"秦三蒼"的改編工作是合《蒼頡篇》《爰歷篇》《博學篇》爲一篇,斷六十字以爲一章。不過實際上漢人對《蒼頡篇》的整理并非止於此,而爲《漢志》所未載。我們認爲,他們對"秦三蒼"的內容極有可能進行過"擴容"。

在討論這個問題之前,我們打算先談一談北大簡"胡無噍類"等四句的寫作時代問題。北大漢簡《蒼頡篇》簡8~9:"漢兼天下。海内并廁。胡無噍類。菹醢離異。戎翟給賓。百越貢織。飭端脩瀍。變大制裁。"與阜陽簡本相較，多出"胡無噍類。菹醢離異。戎翟給賓。百越貢織"四句。朱鳳瀚先生認爲："這四句話，應是歌頌秦始皇統一六國後，北逐匈奴、南略五嶺的業績，應是出自秦人手筆。雙古堆簡《蒼頡篇》此四句話未存，可能是西漢初整理秦本《蒼頡篇》時被刪掉，但北大簡以及居延簡《蒼頡篇》都保存了這四句話，較多地體現了秦代本子的面貌。"①

梁靜先生則提出："這四句話并非秦本原有，其所歌頌的對象也不是秦始皇，而是漢武帝。"理由是："武帝在漢初幾位帝王積累的基礎上，'外事四夷，内興功利'（《漢書·食貨志》），完成了輝煌的事業。除了人們所熟知的派張騫出使西域聯合各國，派衛青、霍去病遠征匈奴以外，武帝時期還多次出兵南方的閩越、東越、南越，收服西南夷各族等。總之，漢武帝時期與周邊少數民族的接觸，在深度和廣度上都要超過秦始皇時期。其對周邊民族的威懾力，也與漢初不可同日而語。'胡無噍類'這四句話很有可能反映的正是這一時代特徵，也很有可能是這一時期纔被改編入《蒼頡篇》中的。這四句話沒有出現在抄寫於漢文帝十五年以前的阜陽漢簡中，而出現在抄寫年代不晚於漢武帝後期的北大本《蒼頡篇》中的原因，就在於此。"②

我們也認爲這四句當爲漢人所作，很明顯的一個理由當然就是梁文也提及的其未見於時代更早的阜陽本中。③不過，對於梁文主要依據史實來考證，認爲這四句可與漢武帝時期的"外事四夷，内興功利"相合，我們認爲説服力仍稍顯不足，因爲將這些功績放到秦始皇身上無疑也是合適的。《史記·秦始皇本紀》："始皇乃使將軍蒙恬發兵三十萬人北擊胡，略取河南地。三十三年，發諸嘗逋亡人、贅婿、賈人略取陸梁地，爲桂林、象郡、南海，以適遣戍。西北斥逐匈奴。自榆中并河以

---

① 朱鳳瀚：《北大漢簡〈蒼頡篇〉概述》，《文物》2011 年第 6 期。
② 梁静：《出土〈蒼頡篇〉研究》，第 74~75 頁。
③ 周飛先生認爲阜陽本中也應該有這四句，祇是因爲文句順序與其他簡本有別，而没有寫在"海内并厠"句後。造成這種文句順序差別的原因，可能是抄寫過程中的差錯，也可能是所據原本出現了錯簡。見氏作《出土〈蒼頡篇〉版本探討》，《出土文獻》第八輯，第 195 頁。

第一章 簡牘本《蒼頡篇》的文本問題

東，屬之陰山，以爲四十四縣，城河上爲塞。又使蒙恬渡河取高闕、陽山、北假中，築亭障以逐戎人。徙謫，實之初縣。禁不得祠。明星出西方。三十四年，適治獄吏不直者，築長城及南越地。"①這些"武功"正與前揭朱鳳瀚先生文稱"北逐匈奴、南略五嶺"略同，而與"胡無譙類。菹醢離異。戎翟給賓。百越貢織"四句亦可相互印證。因此，單從史實的角度來考慮，秦始皇也是完全配得上此四句的。

上文我們已經統計了北大簡《蒼頡篇》中的複字，整體來看，其複字的比例極低，但是我們會發現在這四句十六字中竟有六個字與其他部分中的文字存在重複，分別是"胡"又見於簡11"胡貉離絶"，"菹"又見於簡28"蒜薑菹菹"，"醢"又見於簡72"私醢救醒"，"離"又見於簡11"胡貉離絶"，"給"又見於簡42"箸涏縞給"，"賓"又見於簡14"狄署賦賓"。即使考慮到書寫過程中的用字習慣問題，亦即字詞間的對應關係，也僅有"給"字是不能確定的，其餘五例均同字亦表同義。而如此高的複字比例在北大簡《蒼頡篇》中是十分突出的。簡8"戎翟給賓"與簡14"狄署賦賓"所述內容相當，②"胡無譙類""菹醢離異"與簡11"胡貉離絶"句意亦極爲近似，且二簡從文義及簡背劃痕看確屬一章。這樣看來似乎祇有一種可能，即此四句爲漢人在合并"秦三蒼"時所加，這當然極有可能是出於"歌功頌德"的目的。而由於并非原作，没有顧及複字與重複内容便很容易理解了。

但是如果再進一步考察，"閭里書師"的增字工作可能遠不止於此。當然，我們認爲參與改編《蒼頡篇》的"閭里書師"應該不是一時一地的。針對七言本《蒼頡篇》的作者問題，胡平生先生提到："基層的教書先生們大可各顯其能，愛怎麼改就怎麼改，《漢志》無法確切地記錄這一群衆性的改易活動，祇好用一句'閭里書師'來概括。代表性的成果是合并《蒼頡》《爰歷》《博學》，'斷六十字以爲一章，凡五十五章'。"③我

---

① 《史記》卷六《秦始皇本紀》，第252~253頁。
② 簡8"戎翟給賓"之"翟"與簡14"狄署賦賓"之"狄"所表述的意義亦相同，如此，則"複字"又多一例。
③ 胡平生：《讀水泉子漢簡七言本〈蒼頡篇〉》，《胡平生簡牘文物論稿》，第50頁。

們下面的討論也是基於這樣一個基本的認識之上展開的。

　　對於"秦三蒼"的字數，有些學者認爲其當與《漢志》所載"斷六十字以爲一章，凡五十五章"的總數三千三百字相當。周飛先生便認爲："三者（引者按，即《蒼頡》《爰歷》《博學》）合計二十章，三千三百字。這三篇統稱之爲'秦三蒼'。"① 也有一部分學者認爲"二十章本"的字數不可知。王國維即稱："秦《蒼頡》《爰歷》《博學》三篇，凡二十章，不知字數。"② 福田哲之先生在論及阜陽漢簡《蒼頡篇》字數所占比重時亦謂："這個總字數（引者按即三千三百字）是根據漢代五十五章本而來，還要考慮到與秦代《蒼頡篇》之間有字數上之差異的可能性。"③ 態度與觀點都是比較審慎的。

　　針對周飛先生的判斷，從北大簡所透露出來的信息來看，事實似乎并非如此。北大本《蒼頡篇》存有標明字數的章末簡共十枚，分別是簡7：百五十二；簡26：百廿八；簡31：百廿八；簡37：百一十二；簡45：百冊四；簡52：百卅六；簡58：百四；簡67：百五十二；簡72：百廿；簡77：百廿八。據此計算，則此十章所存字數爲1304字，平均到每章約爲130字，如果以此爲準，進一步推算下來，"秦三蒼"二十章，則應收字2600左右，這與3300字有一定的差距。周飛先生認爲："根據《漢書·藝文志》記載計算，《蒼頡》《爰歷》《博學》三篇共20章，總字數應爲3300字，平均每章165字，與北大簡章尾數字相距并不算大。"④ 然而每章130字與165字的差距還是很明顯的，更是無法忽略的。

　　其實，北大簡《蒼頡篇》除了每章末簡明確記載的該章字數外，還有一章的章名及字數是可以考得的，即李斯《蒼頡篇》的首章。由北大簡《蒼頡篇》來看，二十章本每章均以該章首二字爲章題，則此首章的章題應爲《蒼頡》，循此思路，二十章本《蒼頡篇》自然還應有《爰歷》與《博學》二章。由於"斷章"後的第五章全部內容我們是知

---

① 周飛：《〈蒼頡篇〉綜合研究》，第3頁。
② 王國維：《重輯〈蒼頡篇〉·叙録》，《王國維遺書》第七冊，第2頁。
③ 福田哲之著，佐藤將之、王綉雯合譯《中國出土古文獻與戰國文字之研究》，萬卷樓，2005，第17頁。
④ 周飛：《出土〈蒼頡篇〉版本探討》，《出土文獻》第八輯，第192~193頁。

道的，即前面提到的居延漢簡9.1的三棱觚，參考其他簡牘中的相關內容，其釋文作：

> 第五　戲叢奢掩。顛顠重該。悉起臣僕。發傳約載。趣遽觀望。行步駕服。逋逃隱匿。往來眒睞。漢兼天下。海内并廁。胡無噍類。菹醢離異。戎翟給賓。佰越貢織。飭端脩法。①

結合北大簡本，可知此處"往來眒睞"之前的內容屬於北大簡《賞禄》章，"漢兼天下"之後的內容屬於北大簡《漢兼》章。②北大本《賞禄》章共152字，保存在"斷章"後第五章的文字爲32字，則根據"斷六十字以爲一章"，可知"斷章"後的第三、四章與《賞禄》章其餘部分恰好重合，爲120字。那麽，斷章之前，《賞禄》章的上一章當即《蒼頡》章，而該章恰與斷章後的第一、二章相應，即存字120個。③而"百廿字"的一章再與前面的內容平均，則北大簡《蒼頡篇》的章均字數大概衹有129個左右了。

北大簡《蒼頡篇》雖然保存下來的并非完本，但是十一章已經占到總數二十章的一半強，應該還是具有相當的代表性。由此可推知，北大簡《蒼頡篇》的原本字數極有可能是不足3300字的。從這個判斷出發，自然可以推得"閭里書師"（當然不僅限於這一特定群體）對《蒼頡篇》除了"斷章"以外還添加了新的內容這樣的結論。

福田哲之先生曾針對阜陽漢簡提到了陪葬用的《蒼頡篇》是否完整的問題。④與之相關，朱鳳瀚先生亦提到北大簡是否與班固在《漢

---

① 簡牘整理小組編《居延漢簡》（壹），臺灣"中央研究院"歷史語言研究所專刊之一〇九，2014，第28~29頁。其中的"顠"，整理者釋"願"，徑正。"奢"字，整理者誤釋爲"書"，釋讀可參拙文《讀北大簡〈蒼頡篇〉札記》，《簡帛研究二〇一六·春夏卷》，第253~254頁；"悉"字未釋，可據北大簡本補正。
② 關於《賞禄》章章題的考訂可參拙文《讀北大簡〈蒼頡篇〉札記》，《簡帛研究二〇一六·春夏卷》，第251~252頁。
③ 相關問題亦可參周飛《出土〈蒼頡篇〉版本探討》，《出土文獻》第八輯，第198頁。
④ 福田哲之：《阜陽漢簡〈蒼頡篇〉之文獻特徵》，載福田哲之著，佐藤將之、王綉雯合譯《中國出土古文獻與戰國文字之研究》，第17頁。

書·藝文志》著録的二十章本相同，因章數不能確定而不可知。① 兩位先生的懷疑當然是出於審慎的考慮。不過對於福田先生的疑問，我們從阜陽漢簡及北大簡伴出文獻來看未見有截取的迹象。尤其是北大簡《老子》，保存十分完整，絕無刪減的痕迹。其餘《周馴》《趙正書》等亦均叙述完整，因此不大可能單單對《蒼頡篇》進行刪減。至於朱先生的懷疑，我們認爲對於已經成爲定本的文獻從結構上進行更改的可能性也是不大的，何況北大簡抄寫謹嚴，亦未見倉促成書的痕迹，且《漢志》未載在"閭里書師"之前對二十章本有過結構上的更改，因此，從文本形態上來看，阜陽簡和北大簡《蒼頡篇》應該還是較忠實地保存了秦本樣貌的。

事實上，從整個兩漢時代來看，自"閭里書師"改編以後，《蒼頡篇》是不斷被增續的。前面已經詳細談及由五十五章到八十九章，到百二章，再到百二十三章，字數亦從3300字最終增至7380字。這樣一個逐漸增字的過程對於我們前面的判斷顯然也是有利的。祇是由於"閭里書師"的影響甚微，其增字的工作爲史家所略。其實漢人爲字書增字，不僅限於《蒼頡篇》，衆所周知，《急就篇》第七、三十三、三十四章即爲後人所增加并成爲其正式內容，一般認爲增補時間在東漢時期。這大概也可以作爲《蒼頡篇》在漢代增字的一個側面反映。

漢牘本第五十三乙板，前面十一句屬於一般所說的"羅列式"，② 而後面四句則爲"陳述式"，陳述式的部分爲："盡得所求。延年益壽。上下敖游。兼吞天下。"從內容上看非常簡單，沒有難字，而上面的十一句"羅列式"中則頗有筆畫繁複的文字。因此我們可以斷定此板中的前十一句應當屬於"二十章本"中的一章結尾，而後面四句，若按常理來看，則當爲其他章的開頭內容。但是其實也存在其爲"閭里書師"所加的可能。首先就是其內容比較簡單，與我們已知的《蒼頡篇》的形式大多不類；而其中的"上下敖游""兼吞天下"分別與"二十章本"的

---

① 朱鳳瀚：《北大藏漢簡〈蒼頡篇〉的新啓示》，《北京大學藏西漢竹書》（壹），第173頁。
② 第十一句爲"令次雎徧"，我們最初將其視爲"陳述式"，但是由於無法確定其作爲句子表述的內容，所以此處將其屬上。

"游敖周章"及"漢兼天下"多字重複，因此其屬於漢人所增加的可能性是很大的。"延年益壽"一句廣泛出現於漢代瓦當、磚文及鏡銘中，似乎也體現了漢人的思想。這也爲我們前面的判斷提供了依據。

最後需要説明的是，我們據北大簡本推算的二十章本字數約爲2600字，但是這個字數并不是我們認爲的"秦三蒼"字數的絕對值（哪怕是大約值），上面的討論僅僅想表明漢人在對《蒼頡篇》進行改造之時應該是存在增字行爲的。

附帶談一下，有些學者將經過"斷六十字以爲一章"之本稱爲"閭里書師本"。不過這樣對於未經"閭里書師"斷章之本則無法找到對應的稱呼。我們認爲以"二十章本"稱未經"斷六十字以爲一章"之"秦三蒼"本，而以"五十五章本"稱"斷章"之後的版本則可以很好地解決這一問題。若以"斷章前"本、"斷章後"本來稱呼也不會引起誤會。

第五節 《顔氏家訓》所載"豨黥韓覆"等問題的考論

《顔氏家訓·書證篇》曾引《蒼頡篇》"漢兼天下，海内并廁。豨黥韓覆，畔討滅殘"。孫星衍據押韻等情況改"滅殘"爲"殘滅"。① 這自然是認爲後兩句與前兩句相連。從文義銜接上看，"漢兼天下"與"豨黥韓覆，畔討殘滅"也似乎確實有比較明顯的承接關係。但是出土文獻所載五十五章本第五章相關的部分爲"漢兼天下，海内并廁"後直接接"胡無噍類，菹醢離異。戎翟給賓，百越貢織"等内容，與《顔氏家訓》所引顯然不同。于豪亮、胡平生等先生均認爲《顔氏家訓》所引前兩句與後兩句本不相連屬。② 林素清先生在討論"政勝誤亂"之寫作時代時亦舉此段内容，稱"這與《顔氏家訓》所引的後代更增入的《蒼頡篇》文：'漢兼天下，海内并廁。豨黥韓覆，畔討滅殘'一段文字的立

---

① 參王利器《顔氏家訓集解》（增補本），第489頁。
② 參胡平生《阜陽漢簡〈蒼頡篇〉的初步研究》，《胡平生簡牘文物論稿》，第4頁。

意十分近似，都是政局改變之後，用以宣揚政令，并詆毁前代亂世的文字"。① 福田哲之則認爲林氏的意見當是認爲此四句前後相連。當然福田氏亦認爲此四句前後并不聯屬。② 與此相關者，梁庾元威《論書》：

> 漢晉正史及古今字書并云《蒼頡》九篇是李斯所作，今竊尋思，必不如是。其第九章論豨、信、京、劉等，郭云："豨、信是陳豨、韓信，京劉是大漢，西土是長安。"此非讖言，豈有秦時朝宰談漢家人物，牛頭馬腹，先達何以安之？③

這段話前述學者亦多有關注。不過有一些問題仍值得注意。首先即所謂的"《蒼頡》九篇"與史載不合，王先謙認爲："此《志》止言七章，則自八以下或後人所附益。元威、景純皆未覈論至此。"④ 庾氏的懷疑當然是没有考慮到漢人對"秦三蒼"的改編及續作，而且就目前出土文獻所見各版《蒼頡篇》來看，以序數爲章名者都是"五十五章本"而非更接近秦本的"二十章本"，因此王氏對其"未覈論"之批評是合適的。⑤ 但是其所説"漢晉正史及古今字書"都記載了"《蒼頡》九篇是李斯所作"，這却絲毫未見於史籍所載，亦與目前學界的共識不符。我們懷疑"九"篇之"九"當爲"七"之訛誤，庾氏在這段話之前已引述《漢志》"及秦相李斯破大篆爲小篆，造《蒼頡》七章"。⑥ 則此處不應作"九"，似乎衹有誤書這種可能，大概涉下文"第九章"而誤。

此外，庾氏稱"第九章論豨、信、京、劉等"，其中"豨、信"顯

---

① 林素清：《蒼頡篇研究》，《漢學研究》1987 年第 1 期。
② 福田哲之：《阜陽漢簡〈蒼頡篇〉之文獻特徵》，《中國出土古文獻與戰國文字之研究》，第 13~14 頁。
③ 《中國書畫全書》第一册，上海書畫出版社，2000，第 42 頁。其中"古今字書"吴岫鈔本《法書要録》作"今古字書"。
④ 王先謙：《漢書補注》，第 861 頁。
⑤ 但是王氏的批評將郭璞牽涉其中則有問題，從文義上看，對"豨、信、京、劉"提出懷疑的是庾元威，而非郭璞。此外，對於這一段文字，福田哲之以及朱鳳瀚等先生亦有過自己的看法，可參梁静《出土〈蒼頡篇〉研究》，"前言"第 6 頁。
⑥ 庾氏在表述時"篇"與"章"的概念有時是混用的。

然與"豨黥韓覆"的內容相當，但是文字上有差別。《顏氏家訓》作"韓"，而《論書》所引則作"信"，且有郭璞注爲證。無論是"韓"還是"信"顯然確當如郭璞所説指漢初名將韓信。值得注意的是《急就篇》中有"韓"字，見於姓名部分"韓魏唐"。按照《漢志》所載，史游作《急就篇》，"皆《蒼頡》中正字"。也就是説如果《漢志》的記載可靠，則見於《急就篇》者，當爲《蒼頡篇》所收。且兩"韓"字均用爲姓氏，二者間的繼承關係較爲明確。從這個角度來看當以作"韓"更具説服力。顏氏、庾氏所處時代相同。但是前者代表的是北朝學術，後者則爲南朝學人。《世説新語・文學》載楚哀與孫盛論南北學問有"北人學問淵綜廣博"，"南人學問，清通簡要"。① 《隋書・儒林傳叙》："南人約簡，得其英華；北學深蕪，窮其枝葉。"② 一般認爲北方更多地保持了東漢時期的古文經學學風，而南方則多爲魏晉學風。顏之推本人早年曾於南朝入仕，他在《顏氏家訓・勉學篇》中説"江南閭里間，士大夫或不學問，羞爲鄙樸，道聽塗説，强事飾辭"。③ 我們由此可見其對南朝學問的大致看法。《書證篇》中亦屢有關於一字之差，江南本與江北本不同的情況，而往往是"江南書本多誤"。結合以上所論來看，由於"豨"是名，而"韓"是姓，爲求整齊，《論書》所見本"信"爲"韓"之改或誤均是有可能的。不過事實上，西漢文獻中并提二人時在姓氏與名字并稱之外是有并稱姓與名的情況的，如《新書》"使曹、勃不能制"，曹謂曹參，勃謂周勃，正一姓（氏）一名（字）；再如《史記・孟子荀卿列傳》"管、嬰不及"，管爲管仲，嬰爲晏嬰，亦一姓一名，此皆爲其例。④ 這樣的用例爲"豨韓"并列提供了可能性的證據。

再看"漢兼天下，海内并廁。豨黥韓覆，畔討滅殘"幾句，顏氏論述的背景與庾元威相似：

---

① 劉義慶著，劉孝標注《世説新語》，上海古籍出版社影印思賢講舍本，1982，第125~126頁。
② 《隋書》卷七十五《儒林傳》，第1706頁。
③ 王利器：《顏氏家訓集解》（增補本），第214頁。
④ 參顧炎武著，黃汝成集釋《日知錄集釋》，第1308頁。

或問："《山海經》，夏禹及益所記。而有長沙、零陵、桂陽、諸暨，如此郡縣不少。以爲何也？"答曰："史之闕文，爲日久矣；加復秦人滅學，董卓焚書，典籍錯亂，非止於此。譬猶《本草》神農所述，而有豫章、朱崖、趙國、常山、奉高、真定、臨淄、馮翊等郡縣名，出諸藥物；《爾雅》周公所作，而云張仲孝友；仲尼修《春秋》，而《經》書孔丘卒；《世本》左丘明所書；而有燕王喜、漢高祖；《汲冢瑣語》，乃載《秦望碑》；《蒼頡篇》李斯所造，而云漢兼天下，海內并厠，豨黥韓覆，畔討滅殘；《列仙傳》劉向所造，而《贊》云七十四人出佛經；《列女傳》亦向所造，其子歆又作頌，終於趙悼后，而傳有更始韓夫人、明德馬后及梁夫人嫕。皆由後人所羼，非本文也。"①

對於同樣的問題，顏氏的想法顯然較庾氏通透。顏氏之答亦恰可解庾氏之惑。顏氏引多例證明"後人羼入"之說，所引内容不必連屬。因此"豨黥韓覆，畔討滅殘"很有可能確如庾氏所論在第九章而非第五章。這樣，其與出土文獻所載内容上的矛盾自然也就迎刃而解了。

庾氏又提及郭注"西土是長安"。從其所述，當與"豨、信、京、劉"同屬一章，故其稱"等"。《文選·述高帝紀贊》"西土宅心"，李善注引郭璞《三蒼解詁》："西土，謂長安也。"②與庾氏所述同，説明"漢三蒼"中確實有"西土"二字。至於是否在《蒼頡篇》中便已存在則不能定。在《英國國家圖書館藏斯坦因所獲未刊漢文簡牘》一書中編號爲3451的削杮作"▲西土宣浩符□"。胡平生先生懷疑"這種内容會不會是漢武帝開拓河西以後增加的文字"。③書中其實還有另外含"西土"者，編號2536的削杮作"▲西土宣廣"。④兩者"西土"前均有章節符

---

① 王利器：《顏氏家訓集解》（增補本），第483~484頁。
② 蕭統編，李善注《文選》，第706頁。
③ 胡平生：《英國國家圖書館藏斯坦因所獲未刊漢文簡牘中〈蒼頡篇〉殘片研究》，《胡平生簡牘文物論稿》，第36頁。
④ 相關的論述參拙文《〈蒼頡篇〉兩種漢代版本及相關問題研究》，《文獻》2015年第3期。

號，說明"西土"爲一章之首。從語義的角度看"宣廣"優於"宣浩"。此外，敦煌漢簡中亦有相關的内容，簡 1800 "敕西土宣廣三□"，内容且同於前引 2536。3451 與 2536 前均有章節符號，考慮到敦煌漢簡及習字削柿的時代，則"西土"當在《蒼頡篇》中便已存在，下限應該不會到《訓纂篇》，更絶不會晚至《滂熹篇》。① 從這批習字削柿中書寫《蒼頡篇》的情況來看，這種章節符號均有很明確的標示一章始終的作用，因此，"西土"當爲一章之首二字是可以確定的。如果庾元威所述準確，則其當爲第九章之首二字。

---

① 對於這批削柿的時代，裘錫圭先生認爲"從字體上看，這批削柿大概屬於西漢時代"。裘先生還提及其中未見編成於元帝時的《急就篇》，認爲"這似乎也可説明其時代不會晚到東漢"。參《談談英國國家圖書館所藏敦煌漢簡》，《英國國家圖書館藏斯坦因所獲未刊漢文簡牘》，第 58 頁。敦煌漢簡 1800 出自斯坦因編號 T6b.1 的凌胡隧，此烽燧所出簡牘從紀年簡所載來看以宣帝時爲主。而根據斯坦因的發掘報告來看，這些削柿中的大部分亦出自凌胡隧。

第二章　北大簡《蒼頡篇》文本整理

　　對《蒼頡篇》進行文本整理首先要考慮到其在秦漢間的兩種不同版本系統，即更近秦本的二十章本及爲"閭里書師"所改的五十五章本。因此，我們擬分别就兩種文本進行梳理。到目前爲止，二十章本有阜陽漢簡本及北大漢簡本，其中北大漢簡本保存較好，在北大簡公布後可據之爲阜陽漢簡的釋文及拼綴工作提供極大的幫助，且已經有一些學者進行相關的研究，因此我們不將此作爲本次工作的重點，尤其是北大簡的內容可以涵蓋大部分阜陽漢簡的內容，所以在梳理二十章本時我們主要針對北大簡《蒼頡篇》的文本展開工作，阜陽漢簡可以作爲輔助材料支撐相關研究。五十五章本有斯坦因所獲習字削衣簡本、水泉子漢簡本、漢牘本以及西北邊塞各地所發現的零星殘簡，其中漢牘本保存最爲完整，與北大簡的情況相同，我們選用漢牘本作爲梳理五十五章本時的工作本。其他文本亦祇作爲輔助材料參與進來。

　　雖然我們在具體操作時對兩種文本作分别處理，但是兩者具有十分密切的關係。因此，將兩者分開處理絶不是完全割裂二十章本與五十五章本的聯繫，祇是爲了方便分別還原兩種文本的本來面貌而采用的方法。大多數簡牘出土時受墓葬保存條件、盜墓等人爲活動的擾動以及自身材質等影響，編繩往往斷爛，有些簡牘本身還有殘斷，因此簡牘文書的復原主要是拼綴及編聯兩部分工作。

第一節　北大簡《蒼頡篇》文字整理及校訂

北大簡文本梳理主要從以下兩個角度展開：首先是釋文的整理及校訂。這幾乎是任何古籍整理工作中首先要解決的問題，對於出土文獻來說，釋文的校訂更是首要任務。其次是對簡牘編聯問題的探討，由於出土竹、木簡的編繩往往都爛斷殆盡，而簡與簡之間的順序或相對位置對整章或整篇文獻來講就顯得十分重要。因此，出土文獻的整理過程中一個必不可少的工作就是簡的編聯。

一　北大簡《蒼頡篇》的釋文

北大簡的全部文本內容在 2015 年於《北京大學藏西漢竹書（壹）》中公布，書中的主要內容是圖版及釋文、注釋。圖版既有原大照片又有放大照片，此外還有紅外綫照片，爲學者們繼續從事研究提供了極大的便利。此外，書中還附有簡背劃痕示意圖、竹簡的相關數據、北大簡《蒼頡篇》與其他出土文本的對照表以及朱鳳瀚先生所撰寫的《北大藏漢簡〈蒼頡篇〉的新啓示》一文。爲了方便後面的討論，我們將北大簡整理者所整理出來的文本按照其所分出的各小組列於下。①

1. 之職合韻部（一）

　禄　寬惠善志。桀紂迷惑。宗幽不識。宕□肄宜。□□獲得。　B1
　　　賓勸向尚。馮奕青北。係孫褱俗。狠鷔吉忌。瘛瘇癰痤。　B2
　　　疢痛遫欨。毒藥醫工。抑按啓久。嬰但掮援。何竭負戴。　B3②

---

① 釋文均依整理者原釋，不具備區別意義的異寫據通常寫法。對於殘字，均以□表示。爲方便稱引，簡號均用 B 加阿拉伯數字的形式。押韻字作加粗處理。部分文字未完全依照整理者所作的嚴格釋寫，在不影響對字形等理解的情況下，如有通行字均用通行寫法。如簡 3 "何竭負戴" 之 "戴"，整理者據該字的寫法將左上之 "十" 嚴格寫作 "才"，爲了方便書寫，我們便徑作 "戴" 了；再如簡 5 "便恚巧㱿" 之 "㱿"，整理者據字形將右側的 "又" 寫作 "夊" 形，我們則將此字徑寫作 "㱿"。不過這情況我們均出注釋將其原形列出，以便觀覽。由於秦漢簡牘中 "艸" 與 "竹" 作偏旁時經常不別，這裏亦不單獨列舉相關字形了。

② "戴" 字作🈳，下文 "載" "裁" 等字情況同，不具引。

谿谷阪險。丘陵故舊。長緩肆延。涣奂若思。勇猛剛毅。　　B4
便娃巧亞。景桓昭穆。豐盈爨熾。嬽荅蜎黑。婉姆款馲。　　B5①
戲叢書插。顛顥重該。悉起臣僕。發傳約載。趣遽觀望。　　B6②
行步駕服。逋逃隱匿。往來眮睞。百五十二。　　　　　　　B7

2. 之職合韻部（二）

漢　漢兼天下。海内并廁。胡無噍類。菹醢離異。戎翟給賓。B8③
兼　百越貢織。飭端脩瀘。變大制裁。男女蕃殖。六畜逐字。B9
　　顫魩觭贏。䚃臾左右。勞悍驕裾。誅罰貲耐。丹勝誤亂。
　　　　　　　　　　　　　　　　　　　　　　　　　　B10④
　　囹奪侵試。胡貉離絶。冢章棺柩。巴蜀筰竹。筐篋籢筒。B11

3. 之部

闊　闊錯甓葆。莛據起等。梲尯隝闉。鈐鐕閨悝。騁虣刻柳。B12
錯　䣙津邧鄙。祁絓鐔幅。芒陬偏有。洇洍孃姪。髳䣙経枭。B13

4. 幽宵合韻部

　　鵰煦窅閣。泠竉過包。穗稻苦姣。挾貯施祒。狄署賦寶。B14⑤
　　䝿鷲駴謷。贛害輖慼。甄觳燔窯。秏補麻苔。鑾欒鞠□。
　　　　　　　　　　　　　　　　　　　　　　　　　　B15⑥

5. 幽部（一）

　　猜常衰土。橘藗萋苞。塵埃票風。嫯髳霧擾。嫯鞪嬈嬉。B16
　　嫺嬬范麀。岥岭裘褐。齡履幣袍。鴠汜戽愁。焦雔□□。B17⑦
　　齳娛齫齘。䶂繞黜勊。美數券契。筆研筭籌。鞠窭訏窬。B18⑧

6. 幽部（二）

　　塍篍陾沙。遮迣沓誨。鏪鍵𩥗總。納幭戀橐。葬墳髳獟。B19

---

①　"亞"字作𠄔。
②　"顛"字作𩕄。
③　"醢"字作𣃔，此爲秦漢時期的通常寫法。此外，《説文》"醢"字籀文作𥁱，亦從"有"。
④　"魩"字作𩵋；"亂"字作𤔔。
⑤　"祒"字作𧙃。
⑥　"贛"字作𧯫；"欒"字作𣡌；"鞠"字作𩉥。
⑦　"嬬"字作𡟙，簡41"譜""癰"情況同；"齡"字作𠺬；"履"字作𡳶。
⑧　"數"字作𪡔，此爲秦漢時期通常寫法。

7. 幽部（三）

　　飫猷猕稀。支亥牒膠。竊鮒鰯鱗。鱣鮪鯉鮪。摻拊翰□。　B20①
　　㤓摯柠羔。冤暑暖通。坐縕譤求。蓼閭堪況。燎灼煎炮。　B21

8. 幽部（四）

　　……䭓斟掇。謷謱鰡聊……　　　　　　　　　　　　　B22

9. 幽部（五）

　　……馨。級絢筦繩……　　　　　　　　　　　　　　　B23

10. 魚部（一）

　　莎荔蓦蔓。蓬蒿蒹葭。薇薜莪藑。蘿藜薊荼。薺芥萊苴。　B24

11. 魚部（二）

　　茮莫蓼蕪。果蓏茄蓮。羔栗瓠瓜。堅殼極縈。饒飽糞餘。　B25②
　　胅齎尼睆。餛餓鎌餔。百廿八。　　　　　　　　　　　B26

12. 魚部（三）

幣　幣帛羞獻。請謁任幸。禮節揖讓。送客興居。鵻雕虡雞。　B27
帛　雉兔鳥烏。雅雛芸卵。禁菫蕰蒩。貙獺聊殼。貓駒昭狐。　B28
　　蛟龍虫蛇。黿鼉鼈魚。陷阱鐯釣。罾筍罜罝。毛觛彀矰。　B29
　　收繳繁紆。汁洎流敗。蠱臭腐胆。貪欲資貨。兼溢跂奭。　B30

13. 魚部（四）

　　頑祐械師。鰥寡特孤。百廿八。　　　　　　　　　　　B31

14. 魚部（五）

悝　領勃醉酤。越文窣窊。差費歙酺。細小貧寠。气匄賃捛。　B32
　　歌潘閒簡。鼛鼓歌醵。盩娶裹嬊。鄭舞炊竽。嬰捐婗嬭。　B33

15. 魚部（六）

　　柳櫟檀柘。柱橈枝枎。瓦蓋焚櫨。晉溉楅杅。端直準繩。　B34
　　媌嬸菁華。姣姲娃婹。啜啥黎櫨。粉膩脂膏。鏡櫛比疏。　B35
　　鼃髦髯娍。須顧髮膚。癉熱疥癰。瘊痺癃疽。旟旟簦笠。　B36
　　羽扇聶譽。桴梗杍棘。條箐樂樗。百一十二。　　　　　B37

---

① "竊"字作㊀，此爲秦漢時期較常見寫法。
② "縈"字作㊁。

16. 魚部（七）

　　……貘鱻。麃欿腶皋。　　　　　　　　　　　　　　　　B38

17. 支脂合韻部

　　宓晉諫敦。讀飾奈璽。瘧斷疣疕。膩偽槃槃。淺汙盱復。B39

18. 脂部（一）

　　娓毈蠻娛。蠻喊趍恚。魅袗婦再。篝畾頓解。姎婷黠媿。B40

　　督嬰嬬媞。頛壞蠡虩。廊序戌講。癟效姁卧。瀉雒鴬赺。B41

19. 脂部（二）

齎　齎購件妖。羕櫨杪柴。箸涏縞給。勸怵檷桂。某栩早蠻。B42

購　窭椅姘鮭。戻夆焉宛。邰簍垺畦。狛賜溓榮。盬繎展庫。B43①

20. 脂部（三）

　　梧域邸造。牪穀玥耆。侯騎淳沮。決議篇稽。媸欺蒙期。B44②

21. 脂部（四）

　　耒旬隸氏。百卌四。　　　　　　　　　　　　　　　　B45③

22. 陽部（一）

顓　顓頊祝融。招搖奮光。頡豫錄恢。泂隋愷襄。鄢鄧析鄘。B46

項　宛鄂鄢鄭。閱鄸鼀趣。滕先登慶。陳蔡宋衛。吳邟許莊。B47

　　建武牴觸。軍役嘉臧。貿易買販。市旅賈商。鰓展貴達。B48

　　游敖周章。黜黶黯黜。覰勤黥鬄。黔黮赫赧。儵赤白黃。B49

　　殰棄朧瘦。兒孺早殤。恐懼懷歸。趨走痏狂。疵疶禿癭。B50④

　　齮齕痍傷。毆伐疣疕。朕眹睛盲。執囚束縛。論訊既詳。B51

　　卜筮兆占。祟在社場。寇賊盜殺。捕獄問諫。百卅六。　B52

23. 陽部（二）

室　室宇邑里。縣鄙封疆。徑路衛術。街巷垣藩。開閉門閶。B53

宇　闕廷廟郎。殿層屋內。窻牖戶房。栵楣桭檔。柱枅橋梁。B54⑤

---

① "展"字作⿱尸展，簡48"展"字同。
② "稽"字作𥡴，此爲秦漢時期通常寫法。
③ "隸"字作𥛬，此寫法秦漢時期亦較常見。
④ "殤"字作𣨛。
⑤ "殿"字作𣪘，秦及漢初簡牘中此寫法常見，漢代以後逐漸消失；"楣"字作𣕕。

屏圂廬廡。亭庌陛堂。庫府廥廄。囷窖廩倉。桶概參斗。 B55

24. 陽部（三）

犀犛豺狼。貆貍麈豻。鷹鷂䲽鸘。鴋鵠鶋鴈。鳩鶂鴛鶿。 B56①
陂池溝洫。淵泉隄防。江漢滄汾。河沸溠漳。伊雒涇渭。 B57
維楫船方。百四。 B58

25. 陽部（四）

雲　雲雨霣零。霂露雹霜。朔時日月。星晨紀綱。冬寒夏暑。 B59
雨　玄氣陰陽。杲旭宿尾。奎婁軫亢。弘竟蕝眉。霸暨傅庚。 B60
　　崋巒岑崩。阮嵬陀阬。阿尉馭瑣。漆鹵氐羌。贅拾鋏鎔。 B61
　　鑄冶容鑲。頸視歙豎。偃黿運糧。攻穿襠魯。墨郭墜京。 B62②

26. 陽部（五）

輪　䡊畚帇箱。松柏樿械。桐梓杜楊。鬱棣桃李。棗杏榆桑。 B63
　　藿葦菅蔽。莞蒲藺蔣。耑末根本。榮葉莠英。麋鹿熊羆。 B64③

27. 陽部（六）

……□堯舜。禹湯頟印。趯鏖日日。 B65

28. 耕部（一）

狗獮鷹鴷。蝙䘐蝃…… B66

29. 耕部（二）

牼嬐姶瞥。魁鉅圜艫。與瀕庚請。百五十二。 B67

30. 耕部（三）

鶂　鶂雖牝牡。雄雌俱鳴。屆寵趨急。邁徙覺驚。狖潯僂繚。 B68
雎　頗科樹莖。裎稻姪娣。叚精合冥。踝企瘂散。賴㹁播耕。 B69
　　嬰顪妕孅。婣婆眇靖。姑縈姍賸。訐費䙷塋。罪蠱訟卻。 B70④

31. 耕部（四）

曠疑齰圂。裦綅糾絣。律丸内戍。闌踐矍杅。戳炔熱㭓。 B71⑤

---

① "勛"字作𦫳；"鶿"字作𪆂。
② "鑄"字作𨥏。
③ "蔽"字作𦶎。
④ "嬰"字作𡚇。
⑤ "曠"字作𣊫。

蕪火燭熒。婼嬾窺鬢。悥擾嫖娙。樊厭妮袟。私醓救醒。百廿。

B72

32. 耕部（五）

……院。闚關鬧扃。增譄專斯。

B73

33. 未能分韻（一）

陜郘宮……

B74

……郡邊……

B75

……茆。虵掣陒□。雋陼郝鄧。

B76

……□□。□□嗓㕯。百廿八。

B77

……𨚫𨚫□

B78

……□渠波□……

B79

二　北大簡《蒼頡篇》釋文校訂

應該說，北大簡整理者對《蒼頡篇》的整理已經達到了很高的水準，呈現給學界的是一份已經比較完備的資料。不過，智者千慮必有一失，北大簡《蒼頡篇》最初的釋文與注釋仍然存在一些問題。因此，北大簡公布後，學者們展開了比較熱烈的討論。下面，我們根據學者們的意見及自己的思考，據北大簡的簡序，依次對相關文字的改釋進行校訂。

（一）

北大《蒼頡篇》簡 1 作爲章題的 "禄" 上缺一字。根據其章題均寫於每章章首二簡頂端，可以知道此章前面缺了一枚簡，并且可進一步得知此簡首句當爲 "□禄□□"。我們曾據《英國國家圖書館藏斯坦因所獲未刊漢文簡牘》中所載習字削衣簡的相關内容對此枚缺失簡的内容進行過補充復原。該書簡 3543 作 "癰瘂賞禄賢"。[①] 簡 3382 作 "癰瘂▲□"，章節分隔號後面一字作𧶠，此字當釋爲 "賞"。又，簡 2007 作

---

① "禄"，整理者原釋爲 "賜"，我們將其改釋爲 "禄"；最後一字整理者未釋，我們新釋爲 "賢"。參拙文《〈英國國家圖書館藏斯坦因所獲未刊漢文簡牘〉初步整理與研究》，《中國文字》新三十九期，藝文印書館，2013，第 202 頁。

"▲賞","▲"爲章節符號,結合簡3382可知"賞禄"爲一章之首二字。因此,北大簡《蒼頡篇》簡1前一簡章題"禄"上一字當爲"賞"字。簡2472釋文作"禄賢知賜予",3430作"賢知賜予分貸莊犯"。將以上内容進行連綴,在不考慮異文的情况下,我們可復原北大簡《蒼頡篇》簡1前一枚簡的十字:"賞禄賢知,賜予分貸,莊犯"。這一章爲之職合韻,處在韻脚的"貸"爲職部字,與之契合,這也可以從另一個角度證明我們的考證不誤。《説文》:"貸,施也。"《國語·晋語》"施舍分寡",韋昭謂:"施,施德,舍,舍禁,分少財也。"由此可知,"分""貸"意近。其與"賜予"意思亦相近。①

漢牘本公布後,相關内容見於第三板,可驗證此前所補無誤,且又可知其後的幾字爲"耆强,朋友過克,高嚚平夷"。這部分文字亦見於《英國國家圖書館藏斯坦因所獲未刊漢文簡牘》:1928"嚚",簡1958"崩〈朋〉友",簡2673"强?崩〈朋〉友",簡2699"高嚚平",簡2987"强? 崩〈朋?〉 友", 簡3069"崩〈朋〉 友 □",簡3073"友? □刻高□",簡3610"友過□"。其中"崩〈朋〉"的處理不够準確,按整理者的意見,將"朋"寫作"崩"爲誤字,我們認爲應與用字習慣有關。秦漢簡牘中"朋"常作"倗",如敦煌漢簡496"韓倗"即敦煌寫本中的"韓朋"。②此外,西北漢簡中常見的人名"倗"亦應即"朋"。因此,我們不同意將多次書寫的"崩"視爲"朋"之誤字。

(二)

簡2"馮奕青北",整理者引《説文》及《玉篇》訓"青"爲"東方色",引《玉篇》訓"北"爲"方名"。張存良先生認爲:

"青北"不可義訓,雖然整理者釋青爲東方之色,釋北爲方位之名,但是組合在一起仍然扞格不入,牴牾難通。釋爲"脊背",則不僅義訓豁然明朗,而且也符合"分別部類"的編寫原則。

又北大簡《雨書》簡4有"蟄蟲青"三字,整理者認爲青當讀

---

① 白軍鵬:《讀北大簡〈蒼頡篇〉札記》,《簡帛研究二〇一六·春夏卷》,第251~252頁。
② 今本《搜神記》作"韓憑"或"韓馮"。

爲驚。已有學者指出青、驚聲紐遠隔，不能通借。此處之青當釋爲脊，通瘠。另有陳劍先生指出《節》篇中的"弇青"也應釋爲"弇脊"，這兩處誤釋正好可做爲《蒼頡篇》"青北"釋爲"脊背"的有力旁證。①

此說出後，支持者甚多。就目前所見，僅陳文波先生持不同意見。他認爲從出土材料來看，"脊""青"的訛混大概不早於西漢晚期，而此前兩字字形仍有差別："脊"上部所從的"朿"形 雖有訛變爲三橫的現象，但仍不同於"青"上部并未完全變成三橫一豎寫法的"生"形，且"脊"從"肉"，"青"從"丹"，形體不同。②

陳文從文字訛混時代立論，頗具新意，也存在相當的合理性。我們亦不同意張說。不過從張文所舉北大簡《節》中"脊"字來看，其與"青"確已具備訛混的可能，而北大簡《蒼頡篇》之"青"單從形體上看也自然存在訛爲"脊"之可能。

我們反對張說的理由如下。首先，目前所見《蒼頡篇》各本中北大簡、削衣本均作"青"，而從無作"脊"者。削衣簡本簡2973作 ，簡3696作 ，簡3561作 ，亦無一例作"脊"字者。漢牘本公布後，此字作 ，顯然亦爲"青"而非"脊"。在這樣的情況下，仍堅持"脊"之訛字說自然是有問題的。其次，從目前所見文獻來看，"脊背"的出現似乎并不早，較早的用例見於《齊民要術》及同期醫藥文獻中，秦漢簡牘中從無"脊背"連用之例。而作"青北（背）"者則不乏其例，如馬王堆帛書《胎產書》"取爵甕中蟲青北者三"。又漢人有名"青北"者，如《虛無有齋摹輯漢印》1862"沈青北－沈翁"印。③前引漢簡亦有徑作"青背"者。此"青背"應與漢人常見之"青肱""青肩""青臂"等取義相同。

---

① 張存良：《〈蒼頡篇〉研讀獻芹（四）》，簡帛網，2015年12月18日。
② 陳文波：《北大漢簡〈蒼頡篇〉文字形體研究》，復旦大學碩士學位論文，2017，第7頁。
③ 施謝捷：《虛無有齋摹輯漢印》，藝文書院，2014，第316頁。

許文獻先生據戰國文字及秦漢簡牘中"北"與"丘"形近,存在訛混的可能,從而認爲不排除北大簡"青北"之"北"爲"丘"之抄訛,甚至有可能在秦末或漢初,就已將"丘"字訛抄爲"北"。同時他還提到"北"與"丘"二字上古音俱屬之部,有相通之可能,如果將"北"改爲"丘",與押韻亦不違背。"青丘"爲傳說中的海外國名。①許文還結合傳世文獻的記載,將"青丘"與大禹聯繫起來,并進一步與"賓勸向尚""係孫褒俗"相關聯。不過由於斯坦因所獲習字削衣簡本作"青背",説明北大簡作"北"是沒有問題的,因此,認爲"北"爲"丘"之訛寫尚缺乏足夠的文本證明,許文認爲英藏本"脊背"有可能是"訛之又訛",或是編者有意爲之的異文。不過這自然也是推測成分更多。因此對於此説我們也持保留意見。②

(三)

簡2"豤驚吉忌",首字作 ![字]。張新俊先生最早聯繫秦印及秦簡中的相關文字以及馬王堆帛書整理者對《五行》"貌"字的意見,將此字改釋爲"貌"。③據馬王堆帛書《五行》整理者的意見:馬王堆帛書中"貌"字的右半往往寫得與"艮"相同。不僅馬王堆帛書,在漢代銅鏡文字中也能看到同樣的寫法,因此,他們認爲:

> 大概在漢代人筆下,"貌"所從的"兒"就以寫作"艮"形爲常。隸楷"豤"及從"豤"之字,在《説文》中本皆作"豤"。睡虎地秦簡《秦律十八種》簡9、銀雀山漢簡《守法守令十三篇》簡905"開墾"之"墾"原作"豤";漢印有"懇"字,亦從"豤"而不從"豤"(《漢印文字徵》10.19)。所以,即使漢人把"貌"寫

---

① 許文獻:《北大漢簡〈蒼頡篇〉簡2"青北"或爲"青丘"小考》,簡帛網,2018年9月26日。
② 許文提到了《吕氏春秋·知度》"若何而治青北,化九陽、奇怪之所際"中,孫詒讓認爲"青北"當作"青邱","北"即"丘"。顯然孫説可信。因此將"丘"誤作"北"是有其例的。
③ 張新俊:《鑒印山房藏古璽印文字考釋二則》,《紀念于省吾先生誕辰120周年、姚孝遂先生誕辰90周年學術研討會論文集》,2016年7月,第136~139頁。

作"狠"形,在當時一般也不會造成誤認。①

此外,蘇建洲先生也提出了相同的看法。②秦漢時代"兒"的這種同於"艮"的寫法確實是十分常見的,張、蘇的改釋可信。蘇文還將"狠䲪"讀爲"怢憎",前者據《集韻》等書爲"快",即"滿意、稱心、暢快"之義。後者則爲"憂心"之義,蘇文認爲如此破讀則"二者意思相對"。

（四）

簡5"婏姆款餌",首字作䰧。許文獻先生認爲此字"應從女從宀從鬼,而非從兔"。他對比了此字右側與秦漢簡帛中"兔""冤"的寫法,發現差異較大,尤其是與同書簡49之"顅"䰧的右側亦不同。相反,北大簡40"䰧"作䰧,其左側所從之"鬼"與之則相當接近,因此,將其改釋爲"媿",認爲是"魄"之異體。③不過正如許文已經指出的那樣,相關的内容又見於斯坦因所獲習字本,字作䰧,顯然仍是"婏"字。這説明許文的改釋從文本層面來看并不受支持。

劉婉玲認爲許説對字形的理解有誤:"此簡'婏'形中的田與"鬼"形中的田,前者由訛變的突出的兔唇和兔頭組成,後者爲象徵"鬼"頭的"田"字形,兩者雖形似但有本質區别。本簡'婏'所從的'兔'形與其他秦漢簡'兔'形不同,衹是寫法特殊罷了。"④劉文的分析有一定的道理,漢牘本此字亦作"婏",證明許文的改釋確實存在問題。不過認爲衹是特殊寫法却没有合理的解釋。而許文對相關的情況有過如下分析:"頗疑此與'兔''鬼'二字之形近訛混有關,若以上所引簡49'顅'字之形而言,其所從'兔'與'鬼'僅在上方形構或有差異而已,甚至連上部形構之寫法亦屬相近,因此,二字訛混或有其可能

---

① 裘錫圭主編《長沙馬王堆漢墓簡帛集成》(肆),第78頁。銀雀山漢簡《爲國之過》等有"狠畜"一語,王挺斌先生據"艮""兒"形近將"狠"改釋爲"貌"。參其所著《戰國秦漢簡帛古書訓釋研究》,中國社會科學出版社,2022,第58~59頁。
② 蘇建洲:《北大簡〈蒼頡篇〉釋文及注釋補正》,《出土文獻與傳世典籍的詮釋》,中西書局,2019,第203~204頁。
③ 許文獻:《北大漢簡〈蒼頡篇〉讀札——簡5"媿姆"試解》,復旦大學出土文獻與古文字研究中心網站,2017年11月21日。
④ 劉婉玲:《出土〈蒼頡篇〉文本整理及字表》,第16頁。

性。"①他認爲從"鬼"從"兔"與形近訛混有關的看法是比較合理的。

（五）

簡6"戲叢書插",此句後兩字分別作🗆、🗆。這部分文字又見於居延漢簡9.1,《居延漢簡甲乙編》亦釋作"書插"。②斯坦因所獲習字簡3254有兩字,整理者釋爲"亶掩"。所謂的"亶"字作🗆,我們曾將其改釋爲"奢"。③相互比照之下,就可知道其與北大簡《蒼頡篇》中所謂的"書"是一字,皆上從"大",下從"者",顯然應該釋爲"奢"。進一步可知下一字北大簡整理者釋"插"也是不對的,由斯坦因所獲習字削衣簡本可確定此字當爲"掩"。漢代隸書文字中,"奄"下"电"字有作"申"形的,如《西嶽華山廟碑》"奄有河朔","奄"作🗆,可爲其證。"奢"字《説文》訓"張也",又"夸,奢也",而與"夸"相連的是"奄",訓爲"覆也,大有餘也"。"掩"從"奄"聲,因此"奢"與"掩"應該是意近相連。不過《説文》"掩"字訓爲"斂也,小上曰掩",因此"掩"與"奢"義又相反,按照《蒼頡篇》的列字規律,反義相連也是很常見的。④如果再回頭來看居延漢簡9.1中的兩字,其分別作🗆、🗆,清晰可辨,將此二字釋作"奢""掩"顯然不存在問題。

我們在《讀北大簡〈蒼頡篇〉札記》一文中曾討論了北大簡《蒼頡篇》"戲"在習字本中的異文問題,這個字在習字本中經常出現,整理者多釋爲"齓"。其字形如下:

🗆（簡2449）🗆（簡3254）🗆（簡3607）🗆（簡3675）

---

① 許文獻:《北大漢簡〈蒼頡篇〉讀札——簡5"魄姆"試解》,復旦大學出土文獻與古文字研究中心網站,2017年11月21日。
② 參謝桂華等《居延漢簡釋文合校》,文物出版社,1987,第14頁。
③ 白軍鵬:《〈英國國家圖書館藏斯坦因所獲未刊漢文簡牘〉初步整理與研究》,《中國文字》新三十九輯,第194頁。此外,簡3097整理者懷疑釋爲"春"的字作🗆,我們均將其改釋爲"奢"。
④ 此兩字的改釋參拙文《讀北大簡〈蒼頡篇〉札記》,《簡帛研究二〇一六·春夏卷》,第253~254頁。此外,在北大簡公布後,復旦大學出土文獻與古文字研究中心網站及武漢大學簡帛網上亦有學者發表文章提出類似的看法。詳參劉婉玲《出土〈蒼頡篇〉文本整理及字表》,第17頁。

其中前兩字左側殘缺較爲嚴重，但是從簡3675可知該字左側確實從"虍"，至於右側的字，若從"包"，則"䖝"與"戲"之間的聯繫很難找到。二字古音遠隔，"包"爲滂母幽部字，而"戲"則在曉母歌部。我們懷疑習字簡右側所從應爲"它"。居延漢簡14.28"它"作![字形]，居延新簡EPT56.113"它"作![字形]，均與所謂"䖝"字的右側十分接近。而"它"古韻在"歌"部，與"戲"韻同。不過，我們在典籍中仍然找不到從"它"之字與"戲"相通的例證。事實上"戲"字是從"虍"得聲的，而習字本中諸字亦從"虍"，因此我們懷疑它們是從"虍"得聲，如此則二字同從"虍"聲，從理論上是可相互通假的。①

（六）

簡9"六畜逐字"，北大簡整理者已經指出《漢書·嚴安傳》有"六畜遂字"，并謂"疑此'遂'應作'逐'字讀"，"《嚴安傳》'六畜遂字'，應從簡文改作'六畜逐字'"。② 整理者的一個主要根據是"今本《周易》中的"逐"字在上海博物館藏楚竹書《周易》中皆作"由"，"逐"爲定母覺部字，"由"爲喻母幽部字，二字聲母均舌音，極近，而幽、覺爲陰入對轉，故"由"可以讀作"逐"。而"遂"是邪母物部字，與"由"音不可通。徐富昌先生認同整理者的看法。

對照諸說，"逐""遂"二字若言音近通假者，或言意近可通者，若此，則無關"訛誤"問題。若以整理者所引張政烺《馬王堆帛書〈周易〉經傳校讀》之引注爲"逐"，并謂："帛書常以遂爲逐，此處似遂字義長。"又引今本《周易》中的"逐"字，在上海博物館藏楚竹書《周易》中皆作"由"，"逐"爲定母覺部字，"由"爲喻母幽部字，二字聲母均舌音，極近，而幽、覺爲陰入對轉，故"由"可以讀作"逐"。而"遂"是邪母物部字，與"由"音不可通。認爲《周易》文字中今本作"逐"應是對的，"遂"則是"因字形相近而混用"。《嚴安傳》"六畜遂字"，應從簡文改作"六畜逐

---

① 這樣并不妨礙我們仍然認爲該字從"它"而不從"包"。
② 北京大學出土文獻研究所：《北京大學藏西漢竹書》（壹），第78頁。

字"。則以"遂"字爲"逐"之訛。若依蔡偉等人之説，則又認爲"逐"字乃"遂"之訛。説各有據，本人則以整理者所云爲可信。①

蔡偉先生則認爲"逐"爲"遂"之訛。他認爲"遂"與"字"爲同義複語：

  《廣雅·釋言》："遂，育也。"《廣雅·釋詁》："字、育，生也。"《墨子·尚同中》："雪霜雨露不時，五穀不孰，六畜不遂。"《管子·小匡》有"時雨甘露不降，飄風暴雨數臻，五穀不蕃，六畜不育，而蓬蒿藜并興"之語。"六畜不遂"，顯然即"六畜不育"。"六畜逐〈遂〉字"與"六畜不遂"，義雖相反，而用字應該是相同的。②

他在文中還指出了傳世及出土文獻中"遂"表"育"義之例。如《管子·兵法》"定宗廟，遂男女"，《管子·七法·選陣》作"育男女"。《新書·輔佐》"緩施生遂"，《大戴禮記·千乘》作"緩施生育"。《史記·陳丞相世家》"下育萬物之宜"，《漢書》《漢紀》并作"下遂萬物之宜"。馬王堆漢墓帛書《老子》"長之遂之"，今通行本"遂"皆作"育"。《莊子·在宥》"吾又欲官陰陽，以遂群生"，王叔岷說，"以遂群生"與上文"以養民人"對言，養、遂皆育也。《文子·自然》"天化遂無形狀，地生長無計量"，《淮南子·兵略訓》作"天化育而無形象，地生長而無計量"。

  我們認爲蔡説可從。"逐"與"育"音并不近，雖然從音理上看存在通假的條件，但是除了所討論的情况外并無相通之例。而"逐"本身是没有"生""育"之義的。與之相反，"遂"在古書中表"生""育"的情况十分普遍，前述蔡文已經列舉很多例子。不過蔡文没有明確說

---

① 徐富昌：《從〈北大簡·蒼頡篇〉"六畜逐字"論簡牘文字訛混問題》，《"中國古代語言、文學和文獻研究的古典學視野"北京大學第一屆古典學國際研討會論文集》，2017年11月，轉引自劉婉玲《出土〈蒼頡篇〉文本整理及字表》，第23頁。
② 蔡偉：《讀北大漢簡〈蒼頡篇〉札記》，復旦大學出土文獻與古文字研究中心網站，2011年7月9日。

明的是在作爲重出文獻中的異文出現時,"遂"與"育"應該就是同義換用的關係,這與異文中的通假是相當的。《史記·樂書》:"其功大者其樂備,其治辨者其禮具。"《集解》引徐廣曰:"辨,一作'別'。"① 我們都知道"辨"與"別"就是同義造成的異文。《說文》:"辨,判也。"段玉裁謂:"古辨判別三字義同也。"《廣韻》:"辨,別也。"均爲其例。因此,這種同義異文無須用通假來解釋。

(七)

簡10"丹勝誤亂",其中關於"丹"與阜陽漢簡本"政"之間的爭議我們在前面已經有過詳細說明,此處不再贅述。其中的"亂",字作🅰,整理者認爲此字"即'亂'字訛變形成的異體",同時還提到秦漢簡牘文字中"亂"字左側所從有多種變體。② 華東師範大學中文系出土文獻研究工作室進一步提出此部件"絕大多數訛變形體的共同點是'幺'下部與下'又'類化爲'子',簡文此字亦不例外"。針對整理者將此部件下部隸定作上下重疊的兩"子"形,他們亦提出不同意見,認爲"中間的'H'尚未訛變爲橫畫,還能看出兩端豎筆,與下部訛變成的'子'字形仍有區別",因此不認同整理者的隸定。此外,他們還提到"亂"字在秦漢文字中有作"乳"形者,所舉例證爲銀雀山漢簡中的字形。③ 事實上,水泉子漢簡《蒼頡篇》此句中的"亂"即與"乳"同形,作🅱。

(八)

簡12"梲虺隃闉",首字作🅲,左側顯然不從"木"。胡平生先生認爲此字從"衣",因此當釋"裞"。不過他認同整理者對"梲"的解釋,即通作"脫",假作"蛻"。結合下字"虺",胡文認爲"裞虺"義爲"蛇蛻皮"。④

---

① 《史記》卷二四《樂書》,第1193頁。
② 北京大學出土文獻研究所:《北京大學藏西漢竹書》(壹),第78頁。
③ 華東師範大學中文系出土文獻研究工作室:《讀新出版〈北京大學藏西漢竹書〉書後(一)》,簡帛網,2015年11月12日。
④ 胡平生:《讀北大漢簡〈蒼頡篇〉札記》,《出土文獻研究》第十五輯,第285頁。此外,周飛先生也提出"梲"當改釋爲"裞"。參周飛《北大簡〈蒼頡篇〉初讀》,清華大學出土文獻研究與保護中心網站,2015年11月16日。

蘇建洲先生對"虺"字的形體進行了分析。此字作󰏡，整理者嚴格隸定作從"元"。不過認爲此即"虺"。蘇文認爲此字與北大簡《老子》簡48之"蚖"爲一字，該字作󰏡。而裘錫圭先生曾指出"蚖"與"虺"爲一字分化。蘇文認爲北大簡《蒼頡篇》的這個字就是"虺"的"兀"旁加飾筆形成的。① 李桂森、劉洪濤先生則進一步指出相關從"兀"之字應由從"元"之字分化而來。②

（九）

簡12"騁虧刻柳"，第三字作󰏡，其右側所從爲"力"而非"刀"形，楊振紅先生等認爲此應改釋爲"劾"。③ 秦漢時期從"刀"與從"力"之字有混同的情況，不過目前所見以從"力"訛寫作從"刀"的情況更爲普遍，相反的情況則較爲少見。綜合以上情況來看楊文的改釋是可信的。

（十）

簡15"猺鷙駼鷙"，首字作󰏡。胡平生先生認爲此字當改釋爲"猎"。④ 劉婉玲據北大簡《蒼頡篇》中的相關形體對"豸"與"犭"進行了對比。其所舉相關字形如下：

󰏡（狛，簡B43）󰏡（狼，簡B56）󰏡（狁，簡B69）
󰏡（豻，簡B56）󰏡（貍，簡B56）󰏡（豺，簡B56）

可見兩形體確實差別明顯。蘇建洲先生則認爲此字右側仍實爲"舌"。他對比了秦漢簡帛文獻"舌"與"告"的形體差異：

---

① 蘇建洲：《北大簡〈蒼頡篇〉釋文及注釋補正》，載《出土文獻與傳世典籍的詮釋》，第209~210頁。
② 李桂森、劉洪濤：《"蚖""虺"關係補説》，《漢語字詞關係研究》第二輯，中西書局，2021，第325~331頁。
③ 楊振紅、單印飛：《北大藏漢簡〈蒼頡篇·闖錯〉的釋讀與章旨》，《歷史研究》2017年第6期，第168頁注釋⑦。
④ 胡平生：《讀北大漢簡〈蒼頡篇〉札記》，《出土文獻研究》第十五輯，第286頁。

✡（舌，馬王堆《周易》61下）
✡（告，銀雀山貳1572）　✡（浩，北大肆《反淫》10）

蘇先生認爲秦漢時期"舌"與"告"的差異主要在於後者上突出一筆，從而從"舌"形分化出來。不過他認爲此字形所代表的仍是"猎"這個詞，作此形應爲誤寫。"《蒼頡篇》反映的是秦漢文字'舌''告'訛混的現象。"①

蘇文指出此字右側仍從"舌"是正確的，不過他認爲"舌"爲"告"之誤書的基礎是建立在胡平生文將"猎"讀爲"獒"、訓爲"大犬"的基礎上，而"騺"爲"大馬"，兩者詞義相關。如此破讀是否正確尚待確認，加之作"猎"還需在論證的鏈條上再加入訛寫這一環節。因此我們認爲目前比較穩妥的做法應以字形爲準，將此字改釋爲"猞"。漢牘本此字左側殘，不過右側所從仍可確定爲"舌"非"告"。

（十一）

簡15"秅秭麻荅"，第二字作✡。在北大簡公布後有學者已經指出此字當釋爲"秭"。②李家浩先生對此的討論最爲詳贍。他將此字右側所從分別與北大簡《蒼頡篇》中所見的"甫"形與"宁"形對比，前者如✡（逋，簡7）、✡（舖，簡26），後者如✡（姊，簡40）。可見此字與後者同，這是形體上的證據。《周禮‧秋官‧掌客》鄭玄注曾有"秅，讀爲'秅秭麻荅'之秅"。孔廣森很早就提出"此未見所出，然與《急就》相類，似古小學文也"。段玉裁亦推測"此當是《蒼頡篇》若《凡將篇》中語"。③綜合李文所述，將此字改釋爲"秭"是正確的。此外，李文還指出"甫"形與"宁"形相近，從而導致傳世及出土文獻中出現

---

① 蘇建洲：《北大簡〈蒼頡篇〉釋文及注釋補正》，《出土文獻與傳世典籍的詮釋》，第212~213頁。
② 參劉婉玲《出土〈蒼頡篇〉文本整理及字表》，第38頁。
③ 李家浩：《北大漢簡〈蒼頡篇〉中的"秭"字》，《出土文獻研究》第十六輯，中西書局，2017，第205~209頁。

了相關的異文及訛寫。①

（十二）

簡15"鬻糱麹□"，最後一字下部殘缺，僅存一部分筆畫作▨。秦樺林先生認爲左側應爲"米"字上半部分。根據押韻（此字爲韻脚字）及前三字的詞義，他推斷此殘字當爲"糟"。《説文·米部》："糟，酒滓也。"《急就篇》："糟糠汁滓桌莝芻。"顔師古注："糟，酒粕也。"王國維云："《急就》一篇，皆用《蒼頡》正字。"秦文謂："此言雖不免絕對，但'糟'乃秦漢時期的常用字，見於《蒼頡篇》的可能性自然較大。"②漢牘本此字確爲"糟"，可證秦文的推測不誤。

不過秦文又提到："整理者已指出'鬻''糱''麹'都指酒麴，'糟'與此三字雖然相關，但終究義別，《蒼頡篇》用此字頗有凑韻之嫌。"③我們認爲此說則未妥。"酒滓"與"酒麴"義雖不完全相同，但是畢竟相關，這在《蒼頡篇》的字際關係中已經足以使此四字并列一句了。用"凑韻"來解釋顯然是不合適的。劉桓先生曾舉劉伶《酒德頌》"枕麴藉糟"一句表明兩字的關聯。④這說明在當時人心目中"糟"與其他三字的關係是很密切的。

（十三）

簡17"鷸氵⺝愁"，第二字作▨。本有殘缺，整理者拼合後基本完整，并懷疑此當爲"决"字。此字阜陽簡《蒼頡篇》簡39亦有相關内容，與北大簡17第二字相當的字作▨，整理者所作的摹本則作▨，釋爲"决"。兩相結合，釋爲"决"應可信。許文獻先生認爲北大簡17的該字與"决"有別，認爲此字當爲"汱"。他認同阜陽漢簡整理者將簡39中的那個字釋爲"决"。而北大簡作"汱"當爲"决"之借字，在簡文

---

① 《詩經·衛風·碩人》有"領如蝤蠐"一句，其中"蠐"字阜陽漢簡《詩經》S069作"䖩"。胡平生、韓自强先生在《阜陽漢簡〈詩經〉研究》（上海古籍出版社，1988，第64~65頁）一書中認爲是"蠐"之訛。而上古音"宁"與"齊"音近可通。不過由於簡文清晰程度有限，該字的確切寫法如何無法判斷。我們認爲此字未必是訛寫，很可能應該徑釋爲"䖩"，與北大簡的情況相同。

② 秦樺林：《北大藏西漢簡〈蒼頡篇〉札記（二）》，簡帛網，2015年11月15日。

③ 秦樺林：《北大藏西漢簡〈蒼頡篇〉札記（二）》，簡帛網，2015年11月15日。

④ 劉桓編著《新見漢牘〈蒼頡篇〉〈史篇〉校釋》，第131頁。

中應讀爲"跂",意爲"翹首遠望"。①

此説存在一些問題。首先是該字右側與同篇"支"形并不近,許文亦指出此點。雖然他也列舉秦漢簡牘中的相關字形作爲例證來説明此處"與衆不同"的合理性,但是仍然相隔一間。尤其是其認爲此字爲阜陽簡"決"之借字,却又將其讀爲"跂",似相互矛盾。而漢牘本此字亦作"決",説明整理者所推測的"決"是可信的。

(十四)

簡 17 "焦雔□□",首字作雔。已經有學者指出此當釋"雔"。② 可從。張家山漢簡《二年律令》簡 457 "雔"字作雔可爲證。③ 此字還有異體作"雔",秦簡及漢印中均有出現,漢牘本相應之字即如此作,此外簡 76 "雔"字作雔,亦與之同。④

(十五)

簡 18 "美數券契",首字作美。釋"美"不確。已經有學者指出此字應釋爲"弄"。⑤ 劉婉玲列舉了北大簡其他各篇所見"美"字。

  A. 美(《儒家説叢》簡 2) 美(《妄稽》簡 13) 美(《妄稽》簡 24)

  B. 美(《周訓》簡 45) 美(《妄稽》簡 14) 美(《妄稽》簡 28)

在對比之後,劉文提到"A 類可明顯看到'羊'頭。B 類'羊'頭部分拉平爲了一橫筆,但下面'大'形美與簡 B18 之'弄'字所從'廾

---

① 許文獻:《北大漢簡〈蒼頡篇〉殘字考》,《古文字研究》第三十二輯,中華書局,2018。
② Jileijilei "北大漢簡《蒼頡篇》釋文商榷"主題帖,復旦大學出土文獻與古文字研究中心論壇,2015 年 11 月 14 日。
③ 參于淼《漢代隸書異體字表與相關問題研究·異體字表》,第 155 頁。
④ 劉婉玲:《出土〈蒼頡篇〉文本整理及字表》,第 43 頁。
⑤ 胡平生:《讀北大漢簡〈蒼頡篇〉札記》,《出土文獻研究》第十五輯,第 286 頁。此外,Jileijilei "北大漢簡《蒼頡篇》釋文商榷"主題帖亦提出此意見,復旦大學出土文獻與古文字研究中心論壇,2015 年 11 月 14 日。

第二章 北大簡《蒼頡篇》文本整理

（収）'形⼤仍不同。故本句該字當爲'弄'，非'美'"。①

不過雖然這裏校正了整理者的誤釋，卻不可否認兩者的形近事實。尤其是前引劉文所舉"美"字的B類寫法，與"弄"字差別極小。需要指出的是《周馴》簡45相關簡文爲"美之以夏后之璜"。胡敕瑞先生認爲"美"當改釋爲"弄"。如此則文從字順。②這更說明了兩字間的形近及辨識之不易。

兩字的這種形近誤書或誤釋也在傳世文獻中有所體現。《史記·貨殖列傳》："多美物。"《集解》引徐廣曰："美，一作'弄'。"③《漢書·地理志》亦作"多弄物"。前引胡文認爲作"弄"爲確，應是抄手不識"弄"的這種寫法而將其誤認爲"美"。其所指出的情況與北大簡整理中的錯誤相同。當然，古書中亦有將"美"誤爲"弄"者。上揭胡文也有相關的考證。

（十六）

簡19"鏠鍵鬃總"，第三字作鬃。從字形上來看，釋寫沒有問題。整理者謂："'鬃'即'繁'字，此字從'泉'，'綮'聲。故亦即《説文》中的'灤'字。'灤'爲泉水，有'聚束'義。"④漢牘本此字作"綮"。顯然兩者爲同一字的不同寫法。《説文》："總，聚束也。"《廣雅·釋詁》："繁，多也。""繁，衆也。""衆""多"與"聚"義近。《九歌·東皇太一》："五音紛兮繁會。"《廣雅·釋詁》："會，聚也。""繁會"連言，亦可説明其語義關係。而"繁""綮"常通用，古書有例。《大戴禮記·夏小正傳》："繁，旁勃也。"孔廣森即謂："繁，古通以爲綮字。"漢簡亦常將"繁"寫作"綮"。如肩水金關漢簡73EJT6：150"繁陽"之"繁"作綮，簡73EJT23：93"繁陽"首字作綮，皆爲其例。《説文》："灤，泉水也。"然而此字不見於歷代文獻，如錢大昕謂"灤字不見於它書"。⑤段

---

① 劉婉玲：《出土〈蒼頡篇〉文本整理及字表》，第45頁。
② 胡敕瑞："弄""美""箏""兵"的形誤》，《歷史語言學研究》第十三輯，商務印書館，2019。
③ 《史記》卷一二九《貨殖列傳》，第3264頁。
④ 北京大學出土文獻研究所：《北京大學藏西漢竹書》（壹），第89頁。
⑤ 錢大昕：《十駕齋養新錄》，上海書店出版社，1983，第70頁。

玉裁認爲此即《淮南子·俶真訓》之"莫鑒於流潦而鑒於澄水"等之"潦"。然而終無確證。銀雀山漢簡《孫臏兵法·官一》簡 11 有此字，作 ▨，與北大簡結構全同。然而在篇中對應何義尚無確證。①

簡 19 "納鞻戀橐"。北大簡整理者認爲第三字應讀爲"彎"。以往學者未對此字產生懷疑。此字漢牘本作"韣"。張傳官先生引述陳劍先生的意見認爲北大簡該字所從的"車"形亦爲"惠"形，因此該字應視爲"繐"之繁體而讀爲"韣"。②陳先生將北大簡與漢牘本的兩字形體聯繫起來，并據漢牘本將北大簡本的該字讀爲"韣"，這是可信的。北大簡此字作 ▨，其中間確爲"惠"形，不過北大簡整理者本來便持此看法，衹是隸定字形時將中間寫作"甴"，與"車"形較爲接近，從而導致了陳先生的誤判。不過大概受到了學者們認爲"彎"字本從"叀"聲或"嗇"聲的影響，北大簡整理者將其讀爲"彎"，這一意見在漢牘本出版後的修訂本中亦未作改變。

《說文》"韣，橐紐也"，"一曰成盛虜頭橐也"，與"橐"字義近，亦與"鞻"的"弓衣"義相近。

漢代文字中累增或簡省同形構件的情況并不罕見：累增之例如肩水金關漢簡 73EJT9：252B "禁"作 ▨，③《郭仲奇碑》"雲"作 ▨，《孔耽碑》"曹"作"蠠"等；簡省之例如肩水金關漢簡 73EJT30：210 "菌"作 ▨，再如常見的"纍"之省作"累"，"曹"之作"曺"等。

（十七）

簡 20 "支裹牒膠"，首字作 ▨。有學者將其改釋爲"丈"。④"丈"在秦漢時代普遍作此形。從字形上來看，如此改釋沒有問題。而秦

---

① 洪德榮先生認爲當讀爲"奔"，比較可信。參山東博物館、中國文化遺産研究院編，張海波整理《銀雀山漢墓簡牘集成》（貳），文物出版社，2021，"注釋"第 41 頁。我們在《試說漢簡"綮"字的一種異體》（《古文字研究》第三十五輯，中華書局，2024）一文中對此問題亦有詳細論述，可參看。
② 張傳官：《談談新見木牘〈蒼頡篇〉的學術價值》，《出土文獻與古文字研究》第九輯，上海古籍出版社，2020。
③ 不過此字無上下文，存在習字的可能。
④ Jileijilei "北大漢簡《蒼頡篇》釋文商榷"主題帖，復旦大學出土文獻與古文字研究中心論壇，2015 年 11 月 14 日。

及漢初古隸"支"一般不從"十"形。如馬王堆帛書《五十二病方》"支"作⽀等，而這與其字形來源有關。不過在馬王堆帛書中已經有作從"十"的"支"，如《相馬經》作⽀，而這種寫法在西漢後期的西北漢簡中較爲普遍。處在兩者之間的北大簡中"支"作此形當然是可以理解的，因此單純從字形上看釋爲"支"似乎也沒有問題。將其改釋爲"丈"主要是與其後的"袤"有關。《說文》："一曰南北曰袤，東西曰廣。"《廣雅·釋詁二》："袤，長也。"這樣看來，作爲長度單位的"丈"與表示長義之"袤"之間具有一定的聯繫。

"支""丈"兩字書寫常混同，尤其是在西漢中後期的西北漢簡中存在大量的同形情況，也導致了相關釋讀上的爭議。比較典型的就是疾病名稱"支滿"與"丈滿"之爭。學者們各執一端，似乎均能自圓其說，因此無法達成一致的看法。裘錫圭先生將"支"與"滿"都看作病名，并聯繫《韓詩外傳》所載之"十二發"進行論證。最近，劉嬌先生又申述裘說，對相關爭議亦有較詳細的闡述。①

（十八）

簡20"㨂抪瀹□"，首兩字分別作㨂、抪，并不從"扌"。有學者將其改釋作"㸈""牪"。② 正確可從。《急就篇》"㸈牪特犗羔犢駒"，亦兩字連文。隸書階段的"扌"與"牛"非常接近，甚至經常同形難辨。以北大簡《蒼頡篇》爲例，簡12"據"作據，簡52"捕"作捕。其左側所從之"扌"均與"㸈""牪"所從之"牛"形同。肩水金關漢簡73EJT28：134"特"作特，如果單從字形上來看，與"持"已經無法分別。不過兩者作爲部件的訛混并不僅限於隸書階段。在南北朝隋唐時期大量的楷書中，兩者亦存在十分普遍的書寫混同，仍以"特"爲例，《叔孫協墓誌》作特，《李賢墓誌》作特等，已經與"持"無別。

縱觀整個隸楷階段，作爲部件的"扌""牛""木""屮"等均經常

---

① 劉嬌：《漢簡病名"支滿"補證——兼說〈韓詩外傳〉"十二發"》，《醫療社會史研究》2016年第2期。
② 華東師範大學中文系出土文獻研究工作室：《讀新出版〈北京大學藏西漢竹書〉書後（一）》，簡帛網，2015年11月12日。

相互訛混，不僅給這個時期的出土文獻的釋讀帶來一定的困難，也經常體現在傳世文獻的訛誤中。①

最後一字左側殘，剩餘筆畫作▆，整理者懷疑字爲"殺"。有學者已經指出當釋爲"羝"。②漢牘本此字作"羯"。在這個認識的基礎上再回看此殘字，當爲"羯"字無疑。《説文》："夏羊牡曰羭。"段玉裁改"牡"爲"牝"。"羯"字《説文》謂"羊殺犢也"。段注認爲"羊殺"當爲"殺羊"。不管怎樣，兩字均表兩種羊則是無疑的，這與"犙牸"連用相同。

（十九）

簡23"級絢筥繩"，第三字作▆。整理者釋"筥"，不過該字未見於《説文》。整理者引《玉篇》"苣，苣蔯，胡麻也"及《説文》"苣，束葦燒"兩處，認爲此即"苣"字。此前似未見有質疑者。崔慶會先生對此提出質疑：

> 其一，北大漢簡《蒼頡篇》所收從"艸"與從"竹"的字很多，而它們的寫法差異十分明顯，決不相混。若是抄者筆誤，應該不會僅此一處有誤。其二，"苣"字明見於《説文》，而"筥"字却未收，如果此處真是從"艸"之"苣"的異體，爲何不直接寫作"苣"？其三，"筥"見於字書的時間較晚（最早見於成書於宋代的《集韻》和《類篇》），而且在之前傳世和出土文獻中也并未發現。③

崔文注意到了"巨"與"亙"兩字古音較爲接近。聲母分別爲匣母與群母，韻皆爲魚部。此外，兩字在傳世及出土文獻中常互作。在此基礎上他認爲此字當釋爲見於《説文》的"筳"。下部所從的"巨"當爲假借用法。《説文》："筳，可以收繩者也。"這與本句其他幾字意義相關。

---

① 詳細情況可參毛遠明《漢魏六朝碑刻異體字研究》，商務印書館，2012，第257~260頁；梁春勝《楷書部件演變研究》，綫裝書局，2012，第217~224頁。

② Jileijilei "北大漢簡《蒼頡篇》釋文商榷"主題帖，復旦大學出土文獻與古文字研究中心論壇，2015年11月14日。

③ 崔慶會：《北大漢簡〈蒼頡篇〉簡23補釋》，《出土文獻》第十五輯，中西書局，2019。

此字漢牘本作"笁",可證其説可信。

最後一字作▇。有學者指出其當釋"綜"。①北大簡中有確定的"繩"字,如同篇簡34作▇,《老子》簡193作▇等。其與簡23該字差别較大。而"争"則與其右側所從同。如《老子》簡131作▇等,例多不備舉。《説文》:"綜:紓未縈繩。一曰急弦之聲。"義與"繩"較爲接近。漢牘本此字正作"綜"。

此外,本簡"藝"前一字殘,僅餘部分下面的筆畫,作▇,有學者認爲當爲"漏"字。漢牘本此字較爲模糊,整理者釋爲"脯",亦可疑。不過在此基礎上再看北大簡的該字,其左側應非"氵"而確爲"月"形。右側亦可能爲"禸"。參前(十一)所論。

(二十)

簡25"堅毅極縈",第三字作▇。從形體上看,釋"極"不確,有學者改釋爲"擥"。陳文波先生認同此改釋。②不過字形上看似仍無法密合,且如此改釋後"擥""縈"之間的關係難以確定。漢牘本此字亦殘缺模糊,無法確釋。因此,對待此字比較穩妥的辦法還是暫時存疑。

(二十一)

簡27"鶉雕戟雞",第三字作▇。周飛先生改釋爲"鳶"。他提到:"睡虎地秦簡《日書甲種》24背貳作▇,整理者隸定爲鳶,釋爲弋。楚帛書丙篇作▇,釋爲鳶。▇與▇、▇顯然爲一字。"③戰國秦漢文字從"戈"與從"弋"常無别,如"代"與"伐"等的混同即與此相關,而且這種混同亦延及楷書階段。敦煌吐魯番本鍾會《檄蜀文》篇題注釋"魏陳留王景初罢代蜀"一句中,"代"即"伐"字。④《説苑・政理》:"以不肖伐賢,是謂奪也。"《孔子家語》"伐"作"代"。⑤此外,戰國時

---

① Jileijilei"北大漢簡《蒼頡篇》釋文商榷"主題帖,復旦大學出土文獻與古文字研究中心論壇,2015年11月14日。
② 陳文波:《北大漢簡〈蒼頡篇〉文字形體研究》,第8頁。
③ 周飛:《北大簡〈蒼頡篇〉初讀》,清華大學出土文獻研究與保護中心網站,2015年11月16日。
④ 金少華:《敦煌吐魯番〈文選〉輯校》,浙江大學出版社,2017,第539頁。
⑤ 向宗魯:《説苑校證》,中華書局,1987,第164頁。

期開始出現的分别從"戈"與從"弋"作的"貳"亦因此而來。①

（二十二）

簡28"雉雛芸卵"，首字作[字]。有學者改釋爲"雛"。可從。②"雛"，《説文》："雞子也。""雛"，《説文》："鳥大雛也。一曰雉之莫子爲雛。"兩字顯然聯繫密切，尤其值得注意的是兩字在《説文》中亦前後相連。

（二十三）

簡30"羕溢跂奭"，首字作[字]。整理者認爲"羕"當讀爲"漾"，并根據《廣韻》訓爲"水溢蕩貌"，而將其與"滿溢"之"溢"聯繫起來。③漢牘本"羕"作"羨"。整理者注意到古書中"溢""洫"常通用的關係，因此認爲"羨洫"即"羨溢"，并謂其有"富足"義。④對於"羨"與"羕"之間的異文，則認爲"屬於改字"。

今按，漢牘本整理者認爲"羨洫"當讀爲"羨溢"的觀點基本是正確的。秦漢簡帛文獻中多以"洫"表"溢"。銀雀山漢簡《孫子兵法·形》簡35"勝兵如以洫稱朱"，整理者謂："十一家本作'故勝兵若以鎰稱銖'。漢代文字多以'洫'爲'溢'（馬王堆帛書、武威簡本《儀禮》皆如此）。疑此字本從'皿'從'水'，乃'益'字之異體，因與溝洫之'洫'字形近，遂至混而不分。"⑤"羨溢"乃秦漢時常語。其所謂"富足"義，《漢語大詞典》已經明確指出。然而從其所引《漢書·董仲舒傳》"富者奢侈羨溢，貧者窮急愁苦"來看，"羨溢"與"奢侈"同列，顯然非"富足"義，我們認爲當與"貪欲"相近。《廣雅·釋詁》"羨""貪"皆訓爲"欲"。而《蒼頡篇》"羨洫（溢）跂奭"上一句爲"貪欲資貨"，亦表明"羨溢"與"貪欲"相關。"奭"字《説

---

① 參趙培《"貳""弍"同形及其影響考論》，《中國語文》2019年第3期。
② Jileijilei"北大漢簡《蒼頡篇》釋文商榷"主題帖，復旦大學出土文獻與古文字研究中心論壇，2015年11月14日。
③ 北京大學出土文獻研究所：《北京大學藏西漢竹書》（壹），第99頁。
④ 劉桓編著《新見漢牘〈蒼頡篇〉〈史篇〉校釋》，第82頁。
⑤ 銀雀山漢墓竹簡整理小組編《銀雀山漢墓竹簡》（壹），文物出版社，1985，"注釋"第9頁。

文》訓爲"目裹視"。段注謂"奭之目裹淫視"。《禮記·曲禮上》："毋淫視。"孔穎達疏："毋淫視者，淫謂流移也。目當直瞻視，不得流動邪眄也。"① 此義與"貪欲"之義亦有關。

對於漢牘本整理者認爲"羨""羕"之間爲"改字"的判斷，我們認爲亦不可信。漢初"羨""羕"兩字形近，如張家山漢簡《算數書》簡 24 "羨"字作![羨]，而北大簡"羕溢跂奭"句中"羕"字作![羕]，差別不大，因此，我們懷疑北大簡之"羕"當爲"羨"之誤書。② 北大簡 42 有"羕櫨杪柴"，"羕"字已見，若此處爲"羨"之誤字，則兩者間即不存在複字關係，這對於我們的判斷顯然也是有利的。

（二十四）

簡 34 "柱橈枝杖"，首字作![柱]。有學者改釋爲"柱"。③《説文》："橈，曲木。"段玉裁注："引伸爲凡曲之稱"。而"柱"字《説文》謂"裹曲也"。從近義詞羅列的角度來看，此改釋可信。秦漢簡牘中"主"或從"主"之字的"王"形之上基本都有"丶"。而"王"作爲偏旁則往往上部出頭。這是因爲其本來從"𡈼"而并非從"王"。除"柱"字外，同篇簡 7 "往"字作![往]，北大簡《老子》簡 216 作![往]等均與此合。這一方面可與"主"區別開來，另一方面這種區別又不是很明顯，因此易於造成誤釋。而"主"與真正的"王"字間亦因僅有一點之別而容易相互訛混。《大戴禮記》："猶此觀之，王左右不可不練也。"賈誼《新書》"王"作"立"。一本作"主"。王引之謂："家大人曰：'立字是也。主者，立之訛，王又主之訛耳。'"④

順帶談一下，在漢簡中，"主"與"生"亦有訛混或因形近而發生誤釋的情況，因此考釋的時候要特別注意區別。居延漢簡 67.8："西望

---

① 《禮記正義》卷二《曲禮》，中華書局影印阮元校刻《十三經注疏》，1980，第 1240 頁。
② 張傳官先生亦認爲此處異文應與訛寫有關，不過未知二者孰是。參氏著《阜陽漢簡〈蒼頡篇〉拼合四則》，復旦大學出土文獻與古文字研究中心網站，2020 年 1 月 11 日。
③ Jileijilei "北大漢簡《蒼頡篇》釋文商榷"主題帖，復旦大學出土文獻與古文字研究中心論壇，2015 年 11 月 14 日。
④ 王引之撰，虞思徵、馬濤、徐煒君點校《經義述聞》，上海古籍出版社，2016，第 664 頁。

里張更主亡死……"所謂的"主"作■，與前揭文字同形。不過漢人不以"更主"爲名，而有名"更生"者，因此任攀先生將其改釋爲"生"是可信的。①漢人以"更生"爲名者，如《漢書·王子侯表》有"牟平敬侯更生"，《郊祀志》有"劉更生"。居延新簡EPT59：48有"郝更生"，"生"作■。而此二字的形近，體現在文獻整理中即兩者相互間常被誤書或誤釋。《尉繚子·兵談》"戰勝於外，備主於內"，《淮南子·兵略》則作"戰勝於外，福生於內"。②此異文的產生顯然源於二字形近。《史記·絳侯周勃世家》："人主各以時行耳。"《正義》："人主"作"人生"。③《論衡·訂鬼篇》："陰氣生爲骨肉，陽氣主爲精神。"孫詒讓認爲"生"當爲"主"。④《列仙傳》："子主贊甯主祠秀。"孫詒讓謂："'主'當作'生'，即傳之甯先生也。"⑤

（二十五）

簡38"麃欻腶皋"，最後一字作■，整理者釋"皋"，認爲是"奉"字，并進一步將其讀爲"吻"，表示"凌晨日尚明而天未明"。⑥此說很值得懷疑。有學者改釋爲"芈"。⑦胡平生先生則提到"在漢簡中'臯'或'睪'字下部常常簡化寫作三橫一豎，與'皋'下部的寫法相同。'皋'字之上部，我們懷疑是'罒'形異寫，其實就是'臯''睪'的字頭的變異，漢晉簡亦常見。因此，此字應釋爲'臯'或'睪'，通'嗥'。"⑧陳文波先生認爲"秦漢文字中沒有出現過把上部省并爲一橫的'臯'字，故胡說不可信"。⑨

考慮到北大簡各篇"羊"字上部經常被拉平作一橫畫，如《蒼頡

---

① 任攀：《居延漢簡釋文校訂及相關問題研究（居延舊簡部分）》，復旦大學碩士學位論文，2012，第80頁。
② 參鄭邦宏《出土文獻與古書形近訛誤字校訂》，中西書局，2019，第319~320頁。
③ 《史記》卷五七《絳侯周勃世家》，第2077~2078頁。
④ 孫詒讓撰，梁運華點校《札迻》，中華書局，2006，第293頁。
⑤ 孫詒讓撰，梁運華點校《札迻》，第389頁。
⑥ 北京大學出土文獻研究所：《北京大學藏西漢竹書》（壹），第105頁。
⑦ Jileijilei"北大漢簡《蒼頡篇》釋文商榷"主題帖，復旦大學出土文獻與古文字研究中心論壇，2015年11月14日。
⑧ 胡平生：《讀北大漢簡〈蒼頡篇〉札記》，《出土文獻研究》第十五輯，第289~290頁。
⑨ 陳文波：《北大漢簡〈蒼頡篇〉文字形體研究》，第5頁。

篇》簡21"羔"字作■，簡20"翰"字作■等，因此從字形上來看將此字釋爲"芈"最爲接近。漢牘本此字稍有殘缺，整理者認爲其右側爲"卒"，并括注爲"猝"。①細審字形，其亦應爲"芈"形，從該字的整體位置來看，左側似無部件，因此，亦當改釋爲"芈"。不過"芈"與"朖"及整句的關係難以確定。②

（二十六）

簡40"蠻■赵恚"，第二字整理者左側未釋。漢牘本此字作"瞅"。在此基礎上我們再考察北大簡此字，其作■，左側亦爲"目"形，因此該字亦可徑釋爲"瞅"。

（二十七）

簡44"梧域邸造"，首字作■。有學者改釋爲"牾"。③參考北大簡從"午"與從"木"之字的寫法，這個改釋是可信的。

（二十八）

簡44"侯騎淳沮"，第三字作■。胡平生先生認爲此字當改釋爲"漳"："漳沮，乃指漳水、沮水。"胡文還列舉了古書中的例子，以證漳、沮經常聯用。如《慧琳音義》卷八十八"沮漳"條："沮、漳，二水名，在當陽。"④不過胡文亦提到簡57"河沸淝漳"一句中"漳"字重出，字作■。其與此字形體有別。此外，胡文還提到文章最初在復旦網上發布後，柴夫曾表示"淳沮"應釋爲"淖沮"。不過胡氏認爲此字右側與"卓"形體似不合。⑤

今按，此兩字形體差異較大，尤其是作爲重出之字更需謹慎。漢牘本此字作"淳"，由於字形較爲清晰，北大簡的該字仍應從整理者釋"淳"爲確。秦漢文字中將"亠"寫作"人"形者習見。此大概也是柴

---

① 劉桓編著《新見漢牘〈蒼頡篇〉〈史篇〉校釋》，第111頁。
② 關於"朖"字，整理者認爲此即訓爲"明"之"朗"。胡平生先生已經指出此説不可信，認爲"朖"應讀爲"狼"，漢牘本同，如此，則兩字似應爲動賓關係。
③ Jileijilei"北大漢簡《蒼頡篇》釋文商榷"主題帖，復旦大學出土文獻與古文字研究中心論壇，2015年11月14日。
④ 胡平生：《讀北大漢簡〈蒼頡篇〉札記》，《出土文獻研究》第十五輯，第292頁。
⑤ 胡平生：《讀北大漢簡〈蒼頡篇〉札記》，《出土文獻研究》第十五輯，第292頁。

夫先生將其釋爲"淖"的原因。

（二十九）

簡48"貿易買販"，第三字作▨，確爲"買"字。此部分内容又見於斯坦因所獲習字簡本，其中與第三字相當者爲"賣"。如簡2469作▨，顯然應爲"賣"字。漢牘本此字作▨，亦當爲"賣"。在傳世文獻中"買""賣"經常互作，《周禮·地官·賈師》："凡國之賣儥，各帥其屬而嗣掌其月。"鄭注謂："故書賣爲買。"①《秋官·萍氏》"幾酒"，鄭注："苛察沽買過多及非時者。"《經典釋文》："買，一本作賣。"②一般認爲"賣"字由"買"字分化而來。陳斯鵬先生梳理了睡虎地秦簡、嶽麓秦簡以及里耶秦簡中"買""賣"的使用情況，認爲"賣"字的創製很可能在秦代，并推測與秦"書同文字"的政策有關。③在此後的出土文獻中"買"與"賣"的分工基本上截然分明。"貿易"在秦漢時期已經基本成詞。而我們知道在詞彙化的初期，構成詞彙的兩字間的位置是可以互換的。學者們一般稱其爲"同素逆序"。而"販賣"在秦漢時期是十分常見的，在《史記》《漢書》中有很多例子，而無作"販買"之例。因此，從雙音詞的角度來看"販賣"顯然是優於"販買"的。也就是説北大簡中的"買"應是表"賣"的。這種與書寫時代用字習慣的不同應該與其所據底本有關。④

（三十）

簡50"兒孺旱殤"，第三字作▨，從字形上看釋爲"旱"没有任何問題。整理者認爲"旱"與"殤"意義相關，前者是"因旱而至農作物未能成熟"，後者則是"未成年而死者"。⑤阜陽漢簡《蒼頡篇》簡34作"兒孺旱陽"，"陽"應用爲"殤"。水泉子漢簡《蒼頡篇》作"兒孺殤父母悲"。不過由於"旱殤"連用不見於傳世文獻。學者們普遍認爲

---

① 孫詒讓撰，王文錦、陳玉霞點校《周禮正義》，第1090頁。
② 孫詒讓撰，王文錦、陳玉霞點校《周禮正義》，第2906頁。
③ 陳斯鵬：《説"買""賣"》，《漢語字詞關係研究》第一輯，中西書局，2021年。
④ 陳文也指出在張家山漢簡中仍然有幾例以"買"表"賣"的情況出現，但是張家山漢簡的時代比北大簡更早。
⑤ 北京大學出土文獻研究所：《北京大學藏西漢竹書》（壹），第118頁。

"旱"當爲"早"之訛寫。胡平生先生認爲:"既然是'父母悲','旱殤'顯然應當是'早殤'之訛。'兒孺早殤父母悲',小孩子未成年就夭折了,父母爲此悲痛哀傷,文從句順。"①不過三本均作"旱",若以訛寫來講,於道理上似乎説不過去,除非此字在秦代就已經訛誤,以致以訛傳訛。

孫濤先生提到秦及西漢簡帛文獻中記録"早"這個詞時基本都以"蚤"而不以"早"。他分别統計了秦、西漢早期及西漢中晚期文獻中的情況,其中秦代有一例以"棗"表"早"("表"後一字爲詞,下同),13 例以"蚤"表"早",無一例以"早"表"早";西漢早期有 30 例以"蚤"表"早";西漢中晚期有 108 例以"蚤"表"早",2 例以"早"表"早"。在這樣一個認識之下,學者們將"旱殤"改爲"早殤"是有問題的。他認爲:"'旱殤'實爲秦漢時代的固定語,指的是由於旱灾導致未成年早夭的現象。"②孫濤先生的意見無疑是正確可從的。

值得指出的是漢牘本中與"旱"對應之字整理者釋作"俚",讀爲"里"認爲"里殤"即"里中之殤"。③今按,此字作▇,雖然字跡較爲模糊,但是可以判斷左側似從"忄"而非"亻"。張傳官先生認爲此應爲"悍"字,可從。④

(三十一)

簡 51"胅胅睛盲",第三字作▇。有學者改釋爲"瞢"。⑤《説文》:"瞢,目不明也。"而"盲",《説文》則謂"目無牟子"。顯然改釋爲"瞢"之後,兩字屬於同義詞的羅列。漢牘本此字亦作"瞢",亦可證此改釋不誤。

(三十二)

簡 51"論訊既詳",第三字作▇。有學者改釋爲"旣",并謂:

---

① 胡平生:《讀北大漢簡〈蒼頡篇〉札記》,《出土文獻研究》第十五輯,第 293~294 頁。
② 孫濤:《説"旱殤"》,《出土文獻研究》第十八輯,中西書局,2019,第 306 頁。
③ 劉桓編著《新見漢牘〈蒼頡篇〉〈史篇〉校釋》,第 55 頁。
④ 張傳官:《談談新見木牘〈蒼頡篇〉的學術價值》,《出土文獻與古文字研究》第九輯。
⑤ Jileijilei "北大漢簡《蒼頡篇》釋文商榷"主題帖,復旦大學出土文獻與古文字研究中心論壇,2015 年 11 月 14 日。

原所謂"論訊旣詳"確甚通，但其形明確作"鈘"。要說是"旣"字誤寫爲"鈘"，可能性也不大（誤字多應爲較特別少見之字誤爲一般常見之字而非相反纔對）。"鈘詳"可讀爲"禍祥"（"鈘"本即所謂"古禍字"），連下句爲義。①

此改釋及相關看法基本可從。"鈘"，《說文》謂："䎿惡驚詞也。"段玉裁注："《史記》《漢書》多假鈘爲禍。"②不過認爲"鈘"爲"禍"之古字，似值得商榷。目前所見秦漢出土文獻中"禍福"之"禍"多作"禍"，祇有馬王堆帛書兩見從"心"的寫法。而戰國楚系文字"禍"常從"化"作，亦非"鈘"之形體源頭。

（三十三）

簡 56 "麖䨲麞麢"，此四字的釋讀并不存在問題。不過據此可對《山海經》中一處可能的訛誤提供校釋的參考。《山海經·中山經》："（綸山）其獸多閭塵麢䨲。"郭璞曰："䨲似兔而鹿脚，青色，音綽。"③《廣韻·藥韻》："㲋，《說文》曰：'獸也，似兔，青色而大，象形。頭與兔同，足與鹿同。''䨲'，同'㲋'。"與此同。《中山經》中"麢䨲"連用者尚有多例："（崌山）其獸多夔牛麢䨲犀兕"；"（大堯之山）其獸多豹虎麢䨲"；"（玉山）其獸多豕鹿麢䨲"；"（葛山）其獸多麢䨲"；"（即谷之山）多玄豹，多麢䨲"。顯然，"麢"與"䨲"均連用，可見兩者關係十分密切。

而《蒼頡篇》此句中則"麖""䨲"連用。衆所周知，《蒼頡篇》"羅列式"文字的編排方式是將字義相同、相近、相關者置於一處，而每一句的四字中前兩字與後兩字的内部往往又在古籍中經常連用，甚至有很多都是已經詞彙化了的。以北大簡 56 爲例，其釋文爲"犀犛豺

---

① Jileijilei "北大漢簡《蒼頡篇》釋文商榷"主題帖，復旦大學出土文獻與古文字研究中心論壇，2015 年 11 月 14 日。
② 段玉裁：《說文解字注》，第 414 頁。
③ 袁珂：《山海經校注》，上海古籍出版社，1980，第 153 頁。

狼。貓狸塵豻。麟麔麝麢。䳓鵠鳬鴈。鳩鶪鴛鴦"。其中"豻狼""䳓鵠""鳬鴈""鴛鴦"是我們都很熟悉的詞語或經常連用者，此外"鳩鶪"見於《莊子·天地》"鳩鶪之在於籠也"。"犀犛"則常見於《國語》《漢書》之中。"貍"，《説文》謂"伏獸，似貙"。《山海經·中山經》："（女儿之山）其獸多豹虎、多閭麋麝麂。"《説文》"麔"爲"麢"之或體，而"麂"爲"麝"之或體，因此，顯然"麋麂"就是"麝麢"。簡文中的相連兩字除"塵豻"外，在文獻中都有連用或成詞之例。而"麟麔"與《山海經·中山經》中"麟臭"的連用不會是偶然。這樣似乎能説明"麟麔"與"麟臭"所指無異。自然，"麔"與"臭"也本應是相同的。而前者屢見於出土文獻，因此我們懷疑《山海經》中的"麟臭"應本作"麟麔"。

（三十四）

簡 56 "䳓鵠鳬鴈"，第三字作▆，從形體上看，確實從"鳥"從"力"。有學者改釋爲"鳬"。① 這是正確的。"鳬"字本從"勹"聲，隸變之後"勹"訛變爲"力"。漢初出土文獻如馬王堆漢簡及張家山漢簡中的"鳬"即均從"力"作。直到東漢晚期的熹平石經，"鳬"字仍從"力"，如《詩經·大雅·鳬鷖》中"鳬"字作▆。

（三十五）

簡 65 "趍麎▢▢"，後兩字殘，分別作▆、▆。周飛先生將其釋爲"瞵""盼"。② 此簡内容殘斷，上部殘缺，所餘文字作"……□堯舜。禹湯頯印。趍麎▢▢"。此斷句爲北大簡整理者的意見。秦樺林先生認爲該斷句有誤，當作"……□。堯舜禹湯。頯印趍麎。▢▢"。其理由是一方面"堯舜禹湯"爲人名的疊加，與北大簡中"顓頊祝融"相類。另一方面則是相關内容見於水泉子漢簡《蒼頡篇》，簡 C058 作"禹湯稱不絶，毅迎趍厥怒佛甘"。顯然，"禹湯"與"毅迎趍厥"分屬上下兩

---

① Jileijilei "北大漢簡《蒼頡篇》釋文商榷"主題帖，復旦大學出土文獻與古文字研究中心論壇，2015 年 11 月 14 日。
② 周飛：《北大簡〈蒼頡篇〉初讀》，清華大學出土文獻研究與保護中心網站，2015 年 11 月 16 日。

句。①相關内容還見於斯坦因所獲習字削衣簡本。簡1852作"禹湯毅印奏厥賓分笵□"。"厥"與"蠤"、"分"與"盼"、"瞵"與"賓"以及"趨"與"奏"的關係前文我們已經簡單談及，此處不再贅述。漢牘本亦作"瞵盼"，與北大簡同。

（三十六）

簡69"頛狁播耕"，其中"頛"字作𬤩。從字形上來看，整理者所作釋文無誤。不過整理者也指出此字不見於《説文》《玉篇》等字書，并將其分析爲從耒負聲，并進一步讀爲"耤"，同時讀"狁"爲"伉"，而"伉"有"偶"義。至於"耤"爲農具，或意爲耕，再由"耕"引申出耦耕，由此和"伉"産生聯繫。②此説甚爲迂曲。而北大簡整理者亦已注意到此字阜陽漢簡中作"頼"，漢牘本公布後此字亦作"頼"。因此該字應徑釋爲"頼"。將"束"改爲從"耒"作大概是受到了後面"播耕"的影響，這種情況在《蒼頡篇》中并不罕見。

（三十七）

簡71"律丸内戍"，第三字作内。有學者改釋爲"冗"。③北大簡8"海内并廁"中"内"作内，與此字判然有别，釋"内"顯然不確。該字與秦漢時期"冗"字相合，改釋爲"冗"是正確的。"冗"，《説文》謂："㪔也，从宀，人在屋下，無田事。"此字俗寫作"冗"。睡虎地秦簡《秦律十八種·司空》："非適（謫）辠（罪）殹（也）而欲爲冗邊五歲，毋賞（償）興日，以免一人爲庶人，許。""冗邊"，整理者認爲"應爲一種戍防邊境的人"。高敏先生認爲"冗邊"就是"戍邊"。魏德勝先生認爲應是"臨時去邊地服役而無一定差事"。④秦簡中"冗"與"戍"同出的情況較多。這也説明將此字改釋爲"冗"是可靠的。

不過不能否認的是"冗"與"内"確實形近。齊繼偉先生曾對秦至

---

① 秦樺林：《北大藏漢簡〈倉頡篇〉札記（一）》，簡帛網，2015年11月14日。
② 北京大學出土文獻研究所：《北京大學藏西漢竹書》（壹），第136頁。
③ Jileijilei"北大漢簡《蒼頡篇》釋文商榷"主題帖，復旦大學出土文獻與古文字研究中心論壇，2015年11月14日。
④ 以上各説并參陳偉主編《秦簡牘合集（釋文注釋修訂本）》（壹、貳），第122頁。

漢初簡帛文獻所見"穴"與"内"的字形進行了比對，發現兩字確實存在形近難分的情況。① 此外，與之相關的是"内"與"穴"的形近及其在文獻中的混亂。《商君書·境内》："内通則積薪，積薪則燔柱。"孫詒讓謂："'内'當爲'穴'，篆文相似而誤。《墨子·備穴篇》云：'古人有善攻者，穴土而入，縛柱施火，以壞吾城。'即穴攻之法也。"② 今按，孫氏所謂二字"篆文相似"雖然也是事實，但是在隸書階段，兩字字形亦極相似，完全存在訛混的可能。如馬王堆帛書《繫辭》"上古穴居而野處"一句中"穴"字作󰀀，與同時期隸書中的"内"字便極爲接近，且此類寫法十分普遍。在秦簡的整理過程中，亦有因形近而將兩字誤釋的情況，如放馬灘秦簡《日書甲·地支占盗》簡34"取者臧（藏）谿谷、宛穴中"之"穴"，原整理者即誤釋爲"内"。③

（三十八）

簡72"媥嬧窺髼"，首字作󰀀。有學者改釋爲"媥"。④《說文》："媥，疾言失次也。""嬧"，《說文》則謂"過差也"。段玉裁注："凡不得其當曰過差，亦曰嬧。今字多以濫爲之。"⑤ 因此，劉婉玲已經指出："媥、嬧二字意義相關。"⑥ 可見，改釋是正確的。秦漢簡牘中從"丣"與從"首""齒""酉"等字形近，亦常因此造成相關誤釋。如以"丣"與"酉"間的形近來看，居延漢簡85.28有"具四分桶一枚"，其中的"桶"字《居延漢簡甲乙編》及《居延漢簡考釋》即均釋爲"輎"。⑦

---

① 齊繼偉：《秦簡"冗""内""穴"辨誤——兼論秦至漢初隸書的規範化問題》，《古漢語研究》2018年第3期。
② 孫詒讓撰，梁運華點校《札迻》，第147頁。
③ 孫占宇：《天水放馬灘秦簡集釋》，甘肅文化出版社，2013，第80頁。
④ Jileijilei"北大漢簡《蒼頡篇》釋文商榷"主題帖，復旦大學出土文獻與古文字研究中心論壇，2015年11月14日。
⑤ 段玉裁：《説文解字注》，第625頁。
⑥ 劉婉玲：《出土〈蒼頡篇〉文本整理及字表》，第114頁。
⑦ 參謝桂華等《居延漢簡釋文合校》，第151頁。此外，相關問題的討論可參裘錫圭《漢簡零拾》，《文史》第十二輯，中華書局，1981；後收入《裘錫圭學術文集·簡牘帛書卷》；劉釗《"丣"字源流考》，《古文字研究》第三十輯，中華書局，2014；魏德勝《也説漢簡中的"丣"》，《文獻語言學》第九輯，中華書局，2019。

（三十九）

簡 73 "鬮關闟肩"，首字作▨。有學者改釋爲"閣"。①《説文》："閣，外閉也。""關"，《説文》謂"以木横持門户也。"又《説文》："闟，關下牡也。"段玉裁注："關下牡者，謂以直木上貫關，下插地，是與關有牝牡之别。"②《説文》："肩，外閉之關也。"顯然四字意義相關，是很典型的羅列式，且前三字在《説文》中的位置亦與《蒼頡篇》相同且前後相接。③

（四十）

簡 74 所殘内容之"窅"作▨。周飛先生懷疑是"窯"字。④陳文波先生認爲："簡 15 有'窯'字，作▨，構形與▨迥異，後者下部非'羔'形，幾個横畫的兩邊均有豎畫，其中第一横明顯與右豎連寫而成折畫，左下角的殘畫似是撇畫的末端，因此我們懷疑此字可能是'寬'。"⑤劉婉玲亦認爲此字與簡 1"寬"字接近，懷疑其爲"寬"字。⑥由於殘缺較爲嚴重，此字形暫待考。

（四十一）

簡 76 "苉""虹"兩字均殘，前一字作▨，陸希馮先生據簡 43 "姘"字▨與簡 B71 "絣"字▨右側所從之"并"認爲此字應爲"萍"。同時，他還提到"萍"與簡末"鄧"字協韻。⑦後一字作▨。北大簡整理者懷疑爲"蚡"字。⑧

（四十二）

簡 77 與 78 均有殘缺。陸希馮先生綴合了此兩殘簡，并拼綴新釋出

---

① Jileijilei "北大漢簡《蒼頡篇》釋文商榷"主題帖，復旦大學出土文獻與古文字研究中心論壇，2015 年 11 月 14 日。
② 段玉裁：《説文解字注》，第 590 頁。
③ 僅在"閣"與"關"之間雜一"闟"字。
④ 周飛：《北大簡〈蒼頡篇〉初讀》，清華大學出土文獻研究與保護中心網站，2015 年 11 月 16 日。
⑤ 陳文波：《北大漢簡〈蒼頡篇〉文字形體研究》，第 3 頁。
⑥ 劉婉玲：《出土〈蒼頡篇〉文本整理及字表》，第 116 頁。
⑦ 陸希馮：《關於〈北京大學藏西漢竹書（壹）〉釋文注釋的幾點意見》，復旦大學出土文獻與古文字研究中心網站，2015 年 11 月 17 日。
⑧ 北京大學出土文獻研究所：《北京大學藏西漢竹書》（壹），第 141 頁。

>>> 第二章　北大簡《蒼頡篇》文本整理

"鬱"字，拼綴後的該字作▆，與簡 63 "鬱"字作▆相合。其綴合及新釋均可從。下一字陸文懷疑爲"奡"。①該字作▆，確實與"奡"字較爲吻合。

此外，王先虎先生對簡 77 中的殘字進行了試補。他亦認爲▆應爲"奡"字。其餘四個殘字分別作▆、▆、▆、▆。王文認爲此四字當釋爲"窘""窮""嬻""隙"。其中前兩字"窘窮"，作者認爲即傳世文獻之"窮窘"。"嬻"可讀爲"窮兵黷武"之"黷"。而"隙"可讀爲"極"或"隙"。②除"嬻"由於左側部件全部殘缺無法確認外，其餘幾字的新釋應均可信。不過其似未見陸希馮文，因此未將簡 77 與簡 78 合并考慮。

以上是北大簡《蒼頡篇》公布後，學者們對簡文進行的相關研究，主要是針對整理者所作釋文中存在的問題進行的校訂。其中大部分改釋是可信的。而整理者最初釋文失誤之處多由於未注意到秦漢時期一些形近字的區別而致。梳理這些誤釋與改釋除了對北大簡《蒼頡篇》的文本研究具有重要意義，也對隸書階段文字形近研究具有重要參考價值。

第二節　北大簡《蒼頡篇》簡序的調整

一　阜陽漢簡的拼綴

阜陽漢簡《蒼頡篇》在出土時保存情況較差，幾乎無一枚整簡，據整理者稱原簡當有三道編繩，其中兩道編繩之間的距離爲 11.3 釐米，而殘簡所存最長者爲 18.6 釐米，并推測整簡長度應爲 25 釐米左右。③在現存的殘簡中，存字較多的 C001、C021 及 C034 的長度均爲 18 釐米左右，存字則在 18~19 字之間。由於字所占的空間略小於 1 釐米，因此林素清先生判斷長度 25 釐米的整簡上寫有的文字一定是超過 20 字的。④

---

① 陸希馮：《關於〈北京大學藏西漢竹書（壹）〉釋文注釋的幾點意見》，復旦大學出土文獻與古文字研究中心網站，2015 年 11 月 17 日。
② 王先虎：《北大藏西漢竹書〈蒼頡篇〉七七號殘簡試補》，《書法研究》2021 年第 1 期。
③ 阜陽漢簡整理組：《阜陽漢簡〈蒼頡篇〉》，《文物》1983 年第 2 期。
④ 林素清：《蒼頡篇研究》，《漢學研究》1987 年第 1 期。

而目前所知的五十五章本似乎均爲每簡或每枚木觚的一面寫有 20 字，如居延新簡 9.1 以及敦煌漢簡 1836 等。①由此可知，阜陽漢簡的文本形態與五十五章本有所不同。後來在北大簡《蒼頡篇》公布後，有學者據此對阜陽漢簡《蒼頡篇》進行拼綴工作，所得存字最多者有 26 字，可見林説不誤。

就阜陽漢簡《蒼頡篇》來説，通過與敦煌漢簡 1836 的對比，可以較容易地將 C032~034 三簡的内容連綴，而借助居延漢簡 9.1 的幫助，亦可知道 C001 與 C002 可前後接續。如果不依靠文本的對比，那麽則需要拓展思路，通過别的方式進行拼綴的工作。福田哲之先生是最早從事這項工作的學者。他通過分析阜陽漢簡《蒼頡篇》的文句，將文字排列分爲三種形態：陳述式形態、連文式形態以及類義字羅列形態。其中前者即相當於胡平生等先生所總結的陳述式，後者則爲羅列式，此無須多言。中間的"連文式"則介於兩者之間。而他所拼綴的三例均爲"類義字羅列形態"。通過進一步的分析，他得出此類排列的三個共同點：以名詞爲中心、二句八字爲一個群組、押韻字均處在每一群組最末字。最終，他將 C015 與 C013 兩簡接續起來，同時將 C027 與 C028、C058 與 C035 分别拼綴起來。②其所謂"接續"是兩簡内容相連而未必同屬一簡，"拼綴"則是被拼綴的雙方原屬一簡。在北大簡中，這幾枚殘簡的内容均重見，通過比對，證明了福田氏的判斷是正確的。

北大簡公布後，由於保存較好，文本的完整性與連續性遠遠好於阜陽漢簡。因此據北大簡《蒼頡篇》對阜陽漢簡《蒼頡篇》進行拼綴及編聯的工作就有了可能性。張傳官與周飛等先生進行了較爲集中的工作。③此外，張存良先生亦曾據水泉子漢簡《蒼頡篇》拼綴了阜陽漢簡《蒼頡

---

① 從前面我們論述"焦黨陶聖"章時可知，這種情況不針對習字簡。
② 福田哲之：《中國出土古文獻與戰國文字之研究》，佐藤將之、王綉雯合譯，第 34~49 頁。其中，《中國簡牘集成》第二編第 14 册圖版選中亦將 C027 與 C028 拼綴爲一。在拼綴 C058 與 C035 時，居延漢簡 282.1 "□堂庫府"起到了重要的作用。
③ 兩家的拼綴意見主要集中於張傳官《據北大漢簡拼綴、編排、釋讀阜陽漢簡〈蒼頡篇〉》，《出土文獻》第八輯；周飛《〈蒼頡篇〉綜合研究》，第 139 頁。

篇》C031 與 C063。① 漢牘本公布後，張傳官先生又據新出材料等對相關工作展開了研究。

經過相關學者的努力，阜陽漢簡《蒼頡篇》已經有很多殘簡被拼綴在一起。下面我們將主要的成果列舉如下：②

C007+C095+C037：□孫褒俗。貌驚吉忌。瘉瘁癰痤。疢痛遬欯。毒、藥醫、工。印按啓久。被

C089+C003：觭羸、骪奊佐宥。憨悍驕裾。誅罰貲耐。政勝誤亂。

C013+C017：鼈魚。陷阱錯釣。箐筍罟罝、毛栖□曾。收條縈紆。

C016+C092：須髯髪膚。癉疒疥癘。疲痺癃睢。旂瞖

C044+C075+C059：賣購件妖。横樸杪柴。箸、梃緺紟、歡志辱

C032+C033：展貢達。游敉䵣章、黮黶黯黸。

C025+C105：疵疕禿瘻。齮齕痍傷。毆伐疕痏。肤胅、兒盲。勢囚

C027+C028：邑里。縣鄙封彊。徑路衢□、街巷垣藩。開閉門閭。闕

C058+C035：庫府、廥廐。囷窌廩倉。桶㮷參斗。升半實當。□□

C100+C107+C036+C040：尉、駮璜。漆鹵、氐羌。贅拾鈇鉛。鑄冶鎔鑲。頣視歗、豎。偃電

C031+C063：壘鄣隊京。咸地斥竟。盡搏四荒。鄧鎬林禁。□

C006+C048：牝牡。雄雌俱鳴。屆寵躍急。邁送、覺驚。犴筭僂

C10+C77+C93：·爰歷次貤。繼續前圖。輔廑穎□日。䩖儋閦

---

① 張存良：《水泉子漢簡七言本〈蒼頡篇〉蠡測》，《出土文獻研究》第九輯。
② 主要參考劉婉玲《出土〈蒼頡篇〉文本整理及字表》，第 122~125 頁。張傳官先生據漢牘本新綴者則參《阜陽漢簡〈蒼頡篇〉拼合四則》，復旦大學出土文獻與古文字研究中心網站，2020 年 1 月 11 日。

屠。□覃頌緊均。多①

　　C14+C12：機杼滕椱。紝綜篡纑。繭絲枲絡。布絮繫絜。雙軩
簟□……

　　C74+C24+C19：敗橐糇胕胆。㥶𧮁□□。□□□□。詩語。
□……②

不過由於北大簡本保存了更爲完整的文本，根據北大簡對阜陽漢簡《蒼頡篇》進行拼綴在阜陽簡《蒼頡篇》文本研究上具有一定的意義，但是在二十章本（即"斷章前"本）的文本梳理中則處在次要地位。

二　北大簡簡序的調整——漢牘本公布之前的工作

北大簡《蒼頡篇》殘斷者不多，經過整理者的綴合，得整簡 63 枚，殘簡 18 枚。相對來説，由於其在整理之初亦無編繩，編聯工作似乎更具難度。而其編聯工作主要依靠簡背劃痕及押韻情況展開。據整理者稱："屬同一韻部的各章内簡的綴連，以及章與章之間的綴連，均首先利用了簡背劃痕。"③北大簡《蒼頡篇》的編聯存在一個較爲突出的問題，即除章末簡以外，其每簡均書有五句二十字，也就是説其任何一句均未跨越兩簡。與之相關，阜陽漢簡據前面介紹已經可知其每簡容字超過 20 字，而據周飛先生的進一步研究可知阜陽簡本《蒼頡篇》"不像北大簡一樣每簡寫整句，很可能每簡的字數有所參差，大約在 21~27 字之間"。④如此來看，北大簡的這種書寫使得語義與押韻的效力與阜陽簡本相較在編聯時所能起到的作用被弱化了許多。

---

① "闕"字，阜陽漢簡整理者原釋爲"闔"。然而此字未見於早期字書。此據漢牘本改。張傳官先生將其讀爲"旅"，因此在文中仍其舊釋。
② 此爲張傳官與于森兩位綴合，張文綴合 C24 與 C19，于文將 C74 與之綴合。"胆""詩"整理者原釋爲"臟""詞"。張文引師長説據漢牘本及北大簡本改。C74 三字原僅釋"橐"及後面的半個字，于森先生據北大簡將其改釋爲"敗橐糇"。
③ 北京大學出土文獻研究所：《北京大學藏西漢竹書》（壹），第 68 頁。
④ 周飛：《〈蒼頡篇〉綜合研究》，第 143 頁。

≪≪≪　第二章　北大簡《蒼頡篇》文本整理

最終，呈現給我們的《北京大學藏西漢竹書（壹）》的簡號順序基本上就體現了整理者的編聯結果，或者可以說是他們對簡序的最終認識。具體順序及分組情況可參上面北大簡的釋文部分。當然，這并不意味着簡與簡之間都是直接相編聯的。整理者是有作進一步的區別的。而其區別出的下一層級，則可視爲是編聯在一起的。

需要指出的是，北大簡整理者最初的區分較爲細緻謹嚴，尤其是章與章之間，整理者均未直接連綴，顯然是出於審慎考慮而做出的決定。而在書後所附《北大藏漢簡〈蒼頡篇〉的新啓示》一文中，朱鳳瀚先生提到"同韻部諸章可能是相連綴的"，具體指出了"□禄"（引者按，即"賞禄"）章章末的簡7可能與"漢兼"章章首簡8相連；"幣帛"章章首簡27可能與上一章章末的簡26相連；"顓頊"章章末的簡52與"室宇"章章首簡53可能相連；"雲雨"章章首簡59與上一章（同爲陽部韻）章末簡58可能相連。①

在北大簡公布後的一段時間，學者們的關注重點主要集中在文字的釋讀上，因此對簡牘的編聯進行研究的文章并不多。秦樺林先生《北大藏漢簡〈倉頡篇〉札記（一）》是較早對北大簡整理者所作編聯提出不同意見者。

文章第二條意見在對内容完整的"顓頊"章進行考察後，得到了"隔句押韻，俱爲陽部韻"以及"一句八字之中，内容往往相關"的認識，并在此基礎上對整理者所編聯的"室宇"章提出了新的見解，認爲簡55末句"桶概參斗"與簡56首句"犀牻豺狼"并不相關，因此認爲將簡55與56編聯於一處有誤。他提出："簡56可能不屬於'室宇'章，而當與簡64繫聯。簡64的韻脚字爲'蔣''英'，亦爲陽部韻，末句'麋鹿熊羆'在内容上恰可與簡56的首句'犀牻豺狼'相銜接，這兩支簡應屬於同一組。"②

秦文的判斷除了根據押韻與内容外，應該還受到阜陽漢簡《蒼頡篇》C035"桶槩參斗。升半實當"兩句的啓發，其文中亦已提及。通

---

①　朱鳳瀚：《北大藏漢簡〈蒼頡篇〉的新啓示》，《北京大學藏西漢竹書》（壹），第173頁。
②　秦樺林：《北大藏漢簡〈倉頡篇〉札記（一）》，簡帛網，2015年11月14日。

過漢牘本進行驗證，將簡 56 與 64 銜接的判斷是正確的。不過正如福田哲之先生指出的那樣，秦文認爲整理者將簡 55 與 56 編聯相接的看法是誤解。從我們上面所總結的內容亦可很直觀地表明，兩簡分別處於整理者所劃分的不同組別。

秦文的第三條意見是針對簡 33、34、35 三簡的編聯提出的不同意見。文章從內容考察，認爲簡 34 與簡 33、簡 35 差別較大，不可能屬於同一章，并進一步提出"簡 33 應與簡 35 直接編聯。簡 33 的末句'嫛捐娓嫭'與簡 35 的首句'媥嗋菁華'同爲描繪女子容貌、體態的形容詞"。①

參考漢牘本的重見內容，秦文認爲簡 33 與簡 35 直接編聯是正確的。不過與上一條的情況相類，在北大簡整理者所作的進一步分組中，簡 33 本來與簡 34 便不在同一組內。

秦文之後，集中對北大簡《蒼頡篇》的相關編聯提出不同意見的是福田哲之先生。他在簡背劃痕之外又總結了兩項可以幫助編聯的指標：一是簡序與押韻位置的關係。他將所有竹簡區分爲 I 型竹簡及 II 型竹簡，前者爲奇數簡序，後者爲偶數簡序。兩種竹簡中分別爲奇數（第一、三、五）句押韻與偶數（第二、四）句押韻，交互排列，絕無同型相連者。二是字義間的關聯。此在前引秦文中亦被主要應用。

通過簡背劃痕及參照以上兩項指標，福田氏對北大簡四個部分進行了重新編聯。②

首先是魚部韻章，簡 24~30 的編聯。在前面引述中可以看到，雖然北大簡整理者對簡序的排列是簡 24~30，不過這祇代表基本排序，具體來看將這 7 枚簡分爲簡 24、簡 25~26、簡 27~30 三個部分。其原因在於簡 24 與簡 25 之間的簡背劃痕斷開。福田氏據簡 24 與簡 25 的押韻交錯及字義判斷兩簡在最初是相連的，簡背劃痕斷開當由廢簡造成。而

---

① 秦樺林：《北大藏漢簡〈倉頡篇〉札記（一）》，簡帛網，2015 年 11 月 14 日。
② 福田哲之：《北京大學藏漢簡〈蒼頡篇〉的綴連復原》，《出土文獻與古文字研究》第八輯。

這一部分中簡 27 與簡 28 之間的簡背劃痕亦斷開，不過由於兩簡爲章首，簡首分別寫有章題"幣"與"帛"，因此可以作相連處理。簡 26 與簡 27 由於分別處在兩章章末與章首，由前所述，北大簡整理者認爲兩者可能相連，但是在釋文中仍作分開處理。福田氏則將其一并編聯。最後的結果即簡 24~30 可完全編聯。

其次是陽部韻章。在秦文認識的基礎上，福田氏將相關簡文的編聯順序調整爲簡 63、64、56、57、58、59、60、61、62。不過其認爲簡 64 與簡 56 之間存在廢簡。

再次，在不同韻部的編聯上，福田氏將幽部與宵幽合韻的簡 14、簡 15 與幽部的簡 20、簡 21 編聯，這除了考慮押韻外，主要還是依據簡背劃痕。此外，文章還據簡背劃痕信息認爲之部的簡 12、簡 13 亦可與簡 14、簡 15 編聯於一處。因此，最後的結果爲簡 12、13、14、15、20、21 幾枚簡直接編聯。

最後，主要參考簡背劃痕間的相對位置關係，福田氏將脂、支合韻及支部的相關簡編聯復原爲簡 44、45、缺兩枚、39、缺一枚、40、41、缺一枚、42、43。

參考漢牘本的重見内容，福田氏前兩處的編聯復原基本是正確的。第三處，簡 13 與簡 14 之間不能直接編聯。最後一處，其認爲簡 39 與簡 40 之間缺簡一枚的看法是正確的，由漢牘本可知所缺者爲簡 38，而對簡 44、45 與簡 40、41 以及簡 42、43 之間相對位置關係的判斷則不準確。

由於北大簡殘簡較少，因此留下的綴合空間不大。除前述陸希馮先生綴合了簡 77 與簡 78 以外，據張傳官先生提到，福田哲之先生曾將北大簡簡 66 與簡 22 綴合，① 因此得到的内容爲"狗獳𧊧鼾。媥䋎婗䭃。斟掇謍譃。觸聊"。張傳官先生在其基礎上又將簡 23 與簡 22 綴合，從而得到了"狗獳𧊧鼾。媥䋎婗䭃。斟掇謍譃。觸聊□䯸。級絇管繩"幾乎

---

① 張文謂福田氏文章即前述之《北京大學藏漢簡〈蒼頡篇〉的綴連復原》一文的未刊稿，不過該文刊發後未見相關内容，應爲作者所刪。

完整的一簡。①

經過以上的綴合與編聯工作，阜陽漢簡與北大簡《蒼頡篇》的内容完整性與準確性都有所提高。在漢牘本公布後，對以北大簡爲主的二十章本《蒼頡篇》文本的復原工作又向前推進了一步。一方面漢牘本每一章均書寫於木牘之上，因此，完好保存的一枚木牘上便有完整的一章内容，與簡本相較，顯然木牘上的這一章已經無須再考慮相互間的簡序問題。另一方面，漢牘本《蒼頡篇》在每一枚木牘上部均寫有序號，這個序號即章序。相比於簡背劃痕，章序在排列文本順序上的作用無疑是更直接的。因此，依據漢牘本的文本形態可以對北大簡、阜陽漢簡《蒼頡篇》整理者及相關研究中的編聯、綴合進行驗證，也可以將通過其他方法無法進一步綴合、編聯的工作向前推進。

需要説明的是，如果分别以簡和牘爲單位，有些對應是整簡與木牘之間的。如北大簡1、2對應漢牘本第三章，當然，可知北大簡1之前應有一枚簡屬於漢牘本第三章的前五句；北大簡3、4、5與漢牘本第四章完整對應。不過，更多的情況是北大簡某一枚簡對應漢牘本兩章的首尾，如北大簡9前兩句爲漢牘本第五章的末兩句，而後三句則爲漢牘本第六章的前三句。

三 北大簡簡序與漢牘本的章序

需要明確的是利用漢牘本對北大簡的簡序進行考察有兩個前提不能忽略。首先即漢牘本所代表的"閭里書師"的"斷章"工作是否完全没有變動二十章本的順序。這既是這項工作的前提，也可以借由兩本間的對比來回答這樣一個值得重視的問題。其次就是漢牘本本身的保存情况。雖然漢牘本保存的文字比北大本更多，但是其本身仍不完整，有些木牘缺失，保存下來的木牘亦存在殘斷及文字漫漶不清的情况。這對北大簡本的編聯復原當然是不利的。

---

① 張傳官：《北大漢簡〈蒼頡篇〉拼合一則》，《出土文獻與古文字研究》第九輯。

第二章　北大簡《蒼頡篇》文本整理

（一）漢牘本章序的初步考察

漢牘本公布後，我們發現整理者對章序的認定及相關認識存在一些問題，因此需要首先對這些問題進行釐清。我們曾對相關章序的調整提出了新的意見。① 下面即將當時的觀點陳述如下。

漢牘本《蒼頡篇》整理者稱："按六十字一章來說，結果就出現漢牘本在有些板正好是一章，如第一板、第三板、第五板、第七板等；而有的板則不正好是一章，其中最明顯的是第十板最末兩句正是《爰歷》首章開始，則此板前五十二字已不夠六十字一章；又如第三十三板從第二十五字開始的'博學深惟，蠢愚'實爲胡母敬《博學》起始兩句，足見板與章不相值的情況……看來漢代閭里書師對李斯的《蒼頡》祇由原來的七章增益至十章，遠不如對趙高《爰歷》由六章增益至二十三章，對胡母敬《博學》由七章增益至二十二章爲多。"②

今按，此説不確。對於李斯等人原本《蒼頡篇》等的分章與"閭里書師"改編後的分章之不同，學者們早有定論。由七章到十章，由六章到二十三章，由七章到二十二章，絕非"增益"，而主要是"斷章"所致。整理者此説表明其對《漢志》所述《蒼頡篇》文本的改編即《蒼頡篇》在漢代所見的兩種版本沒有正確的認識。

在後面的進一步叙述中，整理者將漢牘本《蒼頡篇》各章章序、押韻情況列出，并根據第十章後兩句"爰磨次虵，繼續前圖"判斷此後的內容爲《爰歷篇》，以及第卅三章第二十五字開始之"博學深惟"判斷其後的內容爲《博學篇》。如此，若按五十五章本來計算，《蒼頡篇》爲十章左右，《爰歷篇》爲二十三章左右，《博學篇》爲二十二章左右。這樣判斷從表面上看是沒有問題的，但是其前提仍是各板章序是可靠的。而由下文來看，整理者在此對"秦三蒼"的區別是有誤的。

如前所述，漢牘本《蒼頡篇》每板頂端均有章序，有些字迹保存

---

① 白軍鵬：《漢牘本〈蒼頡篇〉讀後》，復旦大學出土文獻與古文字研究中心網站，2019年12月26日；後收入《古文字與出土文獻青年學者論壇（2019）論文集》，上海古籍出版社，2023。
② 劉桓編著《漢牘〈蒼頡篇〉的初步研究》，第219頁。

得較好，可清晰辨認，如第五章、第七章等。然而，有相當多的章序就公布的圖片來看是模糊不清的，這也導致了整理者所定章序存在部分錯誤。

如在離析《蒼頡篇》與《爰歷篇》中具有重要位置的所謂第十板時，如果從字迹上看并不能判斷其章序。"閭里書師"在斷章時大多數未變動順序，這從漢牘本與北大簡《蒼頡篇》的對比上可清晰表明，因此我們可以據北大簡的内容幫助判斷漢牘本的章序。北大簡《蒼頡篇》簡61的文字爲："巋巒岑崩。阮嵬陀阮。阿尉馭瑣。漆鹵氐羌。贅拾鋏鎔。"其中"漆鹵氐羌"正處在所謂第十板的第一句，而其上一句"阿尉馭瑣"則與第十九板最末句"阿尉馭□"相同。很顯然，整理者判斷爲第十板者應爲第廿板。這樣第十九、廿兩板内容正好銜接。而漢牘本又正好無第廿板，因此，將第十板改爲第廿板應是正確的。否則，北大本簡61中的文字被分割到兩個完全不相干的章中且前後倒置便不太容易解釋。而在整理者看來，漢牘本《蒼頡篇》有兩個第十一板。其中第十一乙板的上端字迹比較清晰，其數字可以確定爲"十一"，相當於北大本簡46~48，北大簡《蒼頡篇》每簡書二十字，三簡恰好六十字。此即《顓頊》章的前面部分，自"顓頊祝融"起，止於"鼬展賁達"；而北大本簡49~51則相當於漢牘本的第十二板，起於"游敖周章"，止於"論訊禍祥"。從北大簡《顓頊》章的分章來看，整理者的意見是《顓頊》章自簡46起，至簡52"捕獄問諒 百卅六"止，恰好一章，簡46~51每簡寫滿二十字，簡52書十六字正文加上記録本章字數的"百卅六"，全章無殘缺。這無疑是正確的。簡52"卜筮卦占"起至簡55首句"屏圂廬廄"止，相當於漢牘本的第十三板。因此，所謂的"第十一乙"板確實是第十一板。而所謂的"第十一甲"板，其章序的數字剥落嚴重，不易辨識。此兩板上的内容分別見於阜陽漢簡本和北大簡本，因此屬於"閭里書師"所增益的可能性是極小的。

第廿板最末兩句是《爰歷》的開篇"爰磨次虵，繼續前圖"，而所謂的"第十一甲"板的章首爲"輔廑顆頭，較儋闊屠"。這恰可與阜陽本簡C10相合，其作"爰歷次虵。繼續前圖。輔廑顆□日。較儋闊屠"，說明所謂的第十一甲板確可與我們改序後的"第廿"相接,因此,我們以爲整理者所說的第十一甲板也當改爲第廿一板,而漢牘本亦恰無第廿一板,如此也解決了出現兩個第十一板的問題。在此認識下,我們再仔細觀察這一板上數字的字迹,隱約有兩豎筆存在,也説明其當爲"廿"而非"十"。這樣,《蒼頡篇》與《爰歷篇》的界限就應該在第廿板。而第卅三板的字迹較爲清晰,以之爲《爰歷篇》與《博學篇》的界限是没有問題的。

按照上面的推論,李斯的《蒼頡篇》所占篇幅就五十五章本的版本計,當有二十章左右,趙高的《爰歷篇》則爲十二章半左右,而胡母敬的《博學篇》則爲二十二章半左右,但這僅僅是一種理論上的考慮。如果前面我們的考證可靠,則北大簡《蒼頡篇》平均下來僅約130字,而按照以上三篇章數的推算來計算,《蒼頡篇》章均字數大約爲170字,《博學篇》更是達到了將近190字。因此,五十五章本中應該有其在漢代逐漸增加的部分。

按照整理者的意見,本書中有幾個章序是有兩板的,除上面已經談到的整理者所定之第十一板我們認爲當爲第廿一板外,尚有第十八、第卅五、第卅、第卅三、第五十三幾章,整理者認爲分别有甲、乙兩板。

不過就目前所見漢牘本的照片來看,除第五十三板兩板均可依稀辨識章序外,其餘則不能確定。而且第五十三乙板中的内容不見於其他各本《蒼頡篇》,這也是很值得再深思的。所謂的第十八甲板和第十八乙板,從圖版上看均無法確認。第十八甲板中有個别字句見於阜陽漢簡本,不過由於阜陽本《蒼頡篇》殘斷過甚,我們無法用來考證其板序。第十八乙板上下均有殘缺,但是從内容上看則可與北大本相合,北大簡《蒼頡篇》簡64、簡56及簡57前四句與此板内容同,爲方便討論,我們將北大簡相關文字寫出:

蘆葦菅蒯。莞蒲蘭蔣。尚末根本。榮葉荂英。麋鹿熊羆。 64
犀聲豻狼。貙狸麈䴠。鷹鴁鷹鷹。鴗鵠鳧鴈。鳩鴞鴛鴦。 56
陂池溝洫。淵泉隄防。江漢澮汾。河沸沤漳。 57

由"葷葦菅蕛"至"河沛溷漳"共十四句五十六字,與完整一章的六十字相比少了四字,而其所缺者從五十五章本看當爲該章首句的四字,因爲北大本簡57第五句"伊雒涇渭"恰好爲第十九板的內容,因此將第十八乙板的章序定爲"第十八"是沒有問題的。但是第十八甲板章序的確定從字迹與相關論證上看均毫無根據。

對於第卅五板中的兩板,其中的甲板,漢牘本本來是沒有的,整理者對比北大本簡71、72、68、69等與漢牘本第卅四、卅六兩板的內容,確定北大簡71自最後一句"截炊熱槁"起,至簡69第四句(即倒數第二句)"踝企瘑散"止,恰合整三簡六十字,當爲"第卅五"板的內容,這是正確的。至於其所謂的"第卅五乙",由於字迹漫漶不清,姑且存疑。

第卌板的情況近似。由於第卅九板最後一句"齎購件妖"爲北大本簡42首句,因此簡42後面四句應該就是第卌板的內容。簡43由於簡首有作爲章題的第二字"購",因此其與作爲該章首簡的簡42內容上沒有問題可以前後相連,亦當接續簡42對應漢牘本第卌章的內容。不過按照整理者所認定的第卌板看來,其內容與北大本簡42、簡43顯然不同,因此整理者稱:"説明漢牘本三九、四〇必有一重號板。兹定四〇板有重號。"①這種并無根據的"二選一"從方法上看顯然不可接受,而且所謂的"第四〇"板上的序號亦實在難以辨識,因此不能排除其并非第卌的可能,即所謂的"第四〇乙"亦暫存疑。

第卌三兩板的情況與以上幾例亦同。且此兩板上部均有殘缺,根本無法確定其章序,整理者根據北大簡本的相關內容,確定第卌三甲板的序號是正確的,但是所謂的"第卌三乙"無法辨識,可存疑,章序待考。

由此看來,所謂的兩板同一章序的情況,最好還是謹慎對待,目前來看,有相當一部分是存在問題的。如果從實際應用的角度來看,"閭里書師"的"斷六十字以爲一章",實在祇是爲了整齊劃一、方便書寫以及學童記誦。整體上其一章的內容未必有什麼聯繫,因此沒有任何

---

① 劉桓編著《新見漢牘〈蒼頡篇〉〈史篇〉校釋》,第107頁。其中的"四〇"按照木牘上的板序文字應作"卌"。

理由將一章的六十字擴充至一百二十字，更何況在整理者所定的幾個兩板同序章中，同序的兩板在內容上也沒有任何關聯。《漢書·藝文志》："至元始中，徵天下通小學者以百數，各令記字於庭中。揚雄取其有用者以作《訓纂篇》，順續《蒼頡》，又易《蒼頡》中重復之字，凡八十九章。臣復續揚雄作十三章，凡一百二章，無復字，六藝群書所載略備矣。"①揚雄、班固的增字至八十九章與一百二章，其章序應該是接續五十五章的，也不太可能在某一章旁加一個同樣的序號。

不過對於這一問題，目前的研究困境是相關木牘上的序號文字漫漶不清，而整理者對這些板序的認定我們實在也不知道其所依據，而且不僅木牘上的序號，有些文字單憑書中所提供的照片亦難以辨識，希望今後能有更清晰的圖版公布。

（二）福田哲之的研究

福田哲之先生在對比了漢牘本與北大簡之後，曾寫成了《漢牘〈蒼頡篇〉的押韻與章次》一文，在文章中他製作了一個比較詳細的表格。②不過該文僅有此表，并無論證過程。後來他結合此前對北大簡簡序的研究及漢牘本章序的考察將相關的論證補入。③在後文中，他除了對相應的部分增加考證外，還對此前發表時的表格內容進行了少量的修改。一個最重要的變化是增加了"押韻形式"一列，此内容前表無。關於押韻形式，福田氏在對北大簡簡序進行調整時曾總結了Ⅰ型與Ⅱ型，前者爲奇數（第一、三、五）句押韻，後者則爲偶數（第二、四）句押韻。此表的A型與B型的情況，福田氏有說明："從漢牘本各章（板）中押韻的位置可知，具有偶數句的句末字押韻（以下，A型）以及奇數句的句末字押韻（以下，B型）等兩種形式，A型相當於奇數章，B型則相當於偶數章。"④爲了方便下面的討論及閱讀的便利，我們將其後表引述如

---

① 《漢書》卷三〇《藝文志》，第1721頁。
② 福田哲之：《漢牘〈蒼頡篇〉的押韻與章次》，復旦大學出土文獻與古文字研究中心網站，2020年6月27日。
③ 文章仍以《漢牘〈蒼頡篇〉的押韻與章次》爲名，由白雨田翻譯，發表在《簡牘學研究》第十一輯（甘肅人民出版社，2022）。
④ 福田哲之：《漢牘〈蒼頡篇〉的押韻與章次》，白雨田譯，《簡牘學研究》第十一輯。

下，前後兩表不同之處以注釋指出（見表1）。

表1　漢牘《蒼頡篇》的押韻與章次情況

漢牘本 章次（板）		章數判讀	押韻形式	韻部	北大本
修正（陰影部分）	原釋				
第一 第1句~《蒼頡》	第一		A	之職合韻部	
第二《史篇》一 第二	第二（缺）		B	之職合韻部	
第三	第三		A	之職合韻部	簡1—簡2
第四	第四		B	之職合韻部	簡3—簡4—簡5
第五	第五	○	A	之職合韻部	簡6—簡7—簡8—簡9
第六	第六		B	之職合韻部	簡9—簡10—簡11
第七	第七		A	之職合韻部	
第八（缺）			(B)		
第九（缺）	第九（缺）		(A)		
第十	第五四		B	陽部	簡65
第十一	第一一乙	○	A	陽部	簡46—簡47—簡48
第十二	第一二	○	B	陽部	簡49—簡50—簡51
第十三	第一三		A	陽部	簡52—簡53—簡54—簡55
第十四	第一四		B	陽部	簡55
第十五	第一五	○	A	陽部	
第十六	第一六	○	B	陽部	
第十七	失序號第四		A	陽部	簡63
第十八	第一八乙		B	陽部	簡63—簡64—簡56—簡57
第十九	第一九	○	A	陽部	簡57—簡58—簡59—簡60—簡61
第廿第14句~《爰歷》	第一〇		B	陽部→魚部	簡61—簡62
第廿一	第一一甲		A	魚部	

第二章 北大簡《蒼頡篇》文本整理

續表

漢牘本 章次（板）		章數判讀	押韻形式	韻部	北大本
修正（陰影部分）	原釋				
第廿二（參看下欄 *1）[1]	第二二（缺）		（B）		
第廿三	第四三乙		A	魚部	簡 34
第廿四	失序號第一		B	魚部	簡 24 — 簡 25
第廿五	第八		A	魚部	簡 26 — 簡 27 — 簡 28 — 簡 29
第廿六	第二六	○	B	魚部	簡 29 — 簡 30
第廿七（缺）	第二七（缺）		（A）		
第廿八（參看下欄 *1）[2]	第二八（缺）		（B）		
第廿九	第二九		A	魚部	簡 32
第卅	第三〇	○	B	魚部	簡 32 — 簡 33 — 簡 35 — 簡 36
第卅一	第三一	○	A	魚部	簡 36 — 簡 37
第卅二（參看下欄 *1）	第三二（缺）		（B）		
第卅三 第 7 句~《博學》	第三三	○	A	魚部？→耕部	
第卅四	第三四	○	B	耕部	簡 73 — 缺簡 — 簡 71
第卅五（缺）	第三五甲（缺）		A	耕部	簡 71 — 簡 72 — 簡 68 — 簡 69
第卅六	第三六	○	B	耕部	簡 69 — 簡 70
第卅七	第三七	○	A	耕部	
第卅八	第三八		B	耕部	簡 76
第卅九	第三九	○	A	耕部[3]	簡 66+ 簡 22+ 簡 23 — 缺簡 — 簡 67 — 簡 42
第卌（缺）	第四〇甲（缺）		B	支部	簡 42 — 簡 43
第卌一（參看下欄 2）[4]	第四一（缺）		（A）		

165

續表

漢牘本 章次（板）		章數判讀	押韻形式	韻部	北大本
修正（陰影部分）	原釋				
第卌二（參看下欄3）[5]			（B）		
第卌三（參看下欄2）[6]	[7]		（A）		
第卌四（參看下欄3）[8]	第四四（缺）[9]		（B）		
第卌五	第三五乙		A	支脂合韻部	
第卌六	第四六	○	B	脂微歌文合韻部[10]	簡44
第卌七	第四七	○	A	脂部→之部	簡44－簡45－簡12－簡13
第卌八	第四八	○	B	之部	
第卌九	第四九	○	A	幽部	簡16
第五十	第五〇	○	B	幽部	簡17－簡18
第五十一	第五一	○	A	幽部	
第五十二	第五二	○	B	幽宵合韻部	簡14－簡15－簡20
第五十三	第五三甲	○	A	幽宵合韻部[11]	簡20－簡21
第五十四	第二四		B	幽部	簡19
第五十五[12]	第五三乙[13]		A	幽侯（宵）?合韻部[14]	
*1《爰歷》：相當於第廿二、第廿八、第卅二的其中之一[15]	第一八甲		B	魚部	
	第四〇（乙）		B	魚部	簡75
*2《博學》：相當於第卌一、第卌三的其中之一[16]	第四二		A	支脂合韻部	簡39－缺簡＋簡38－簡40
*3《博學》：相當於第卌二、第卌四的其中之一[17]	第四三甲		B	支部	簡40－簡41

續表

漢牘本 章次（板）		章數判讀	押韻形式	韻部	北大本
修正（陰影部分）	原釋				
	失序號二		韻部不明	韻部不明	
	失序號三		韻部不明	韻部不明	
	失序號五		韻部不明	韻部不明	
	失序號六		韻部不明	韻部不明	
	失序號七		韻部不明	韻部不明	
	失序號八		韻部不明	韻部不明	
	失序號九		韻部不明	韻部不明	
	失序號一〇		韻部不明	韻部不明	
	失序號一一		韻部不明	韻部不明	
	失序號一二		韻部不明	韻部不明	

[1] 括號內前表作"缺"。
[2] 括號內前表作"缺"。
[3] 前表作"耕部→支部"。
[4] 括號內前表作"缺"。
[5] 括號內前表作"缺"。
[6] 前表無括注。
[7] 前表對應原釋"第四二"。
[8] 前表無括注。
[9] 前表對應第四三甲。
[10] 前表作"脂部"。
[11] 前表作"幽部"。
[12] 前表括注"缺"字。
[13] 前表作"第五五（缺）"。
[14] 前表空。
[15] 前表作"章次不明《爰歷》"。
[16] 此部分文字前表無，後面內容同"第卅三"。
[17] 此部分文字前表無，後面內容同"第卅四"。

（三）進一步的驗證

我們在《漢牘本〈蒼頡篇〉讀後》（以下簡稱《讀後》）中首先提到了漢牘本整理者對一些章序（也可稱爲板序）的判斷存在問題，且對其中一部分章序提出了修訂意見。福田先生在表1中有一個十分明顯的工作是對漢牘本的章序進行了全面的修訂：將第五十四板改爲第十板，失序號四改爲第十七板，第十板改爲第廿板，第十一板甲改爲第廿一板，第卅三乙改爲第廿三，失序號一改爲第廿四板，第八板改爲第廿五板，第卅五乙改爲第卅五板，第廿四板改爲第五十四板，第五十三乙板改爲第五十五板；此外還有三處不完全確定的：第十八甲板與第卅乙板應分別改爲第廿二、廿八或卅二板中的一個。第卅二板改爲第卅一或卅三板，第卅三板甲改爲第卅二或卅四板。

其中，將第十板改爲第廿板以及第十一板甲改爲第廿一板是依據我們在《讀後》一文中的意見。這在福田氏文中已經提及。而我們在文中已經強調了整理者所定的所謂兩板一序存在問題。除第十一板甲外，我們還提到了整理者所定的第五十三乙及第卅五乙的章序存在問題，福田氏亦將此兩板改序。將第八板改爲第廿五板，我們在《讀後》完成後亦有此想法，由於福田先生文未對此改序進行詳細解讀，我們在此將考證寫出，以供參考。

第八板押魚部韻，十分可疑。從字迹來看，章序的數字完全無法看清。此板上的內容見於北大簡《蒼頡篇》簡26~29前半部分，漢牘本存13句，缺最後兩句。

相關文句存於北大簡29。爲方便考察，我們將簡29的文字寫出：

蛟龍虫蛇。黿鼉鱉魚。陷阱鐉釣。罾筍罘罝。毛觛縠繒。

而所謂第八板所存最後一句即全章倒數第三句爲"蛟龍黿蛇"，與北大簡29首句相較，除漢牘本作"虵"，①北大簡本作"虫"外，其餘皆同，顯然應爲同一句。就此可知漢牘本此章最後兩句即"黿鼉鱉魚，陷阱鐉釣"（不考慮異文）。北大簡與其後相接的內容爲"罾筍罘罝，毛觛縠繒"。此兩句對應漢牘本第廿六板首兩句"罾筍罘罝。毛觛縠繒"。因此，無疑，整理者所定之第八板當改爲第廿五板，而漢牘本中恰無第廿五板。

---

① 此字整理者原釋"黿"，張傳官先生懷疑應據阜陽漢簡本改釋爲"虵"。詳參第三章對漢牘本第廿五章文字的考釋。

此外，我們也認可福田氏將失序號四改爲第十七板。理由如下。

北大簡63對應漢牘本"失序號第四"，而簡64、56以及簡57前四句則對應漢牘本第十八乙。北大簡整理者及福田哲之均判斷簡63與簡64直接相連，考慮到兩簡簡背劃痕相接及押韻、內容的因素，這個判斷是没有問題的。因此，北大簡63應該對應漢牘本第十七板，也就是説漢牘本整理者所謂的"失序號第四"應爲第十七板。而第十八乙板其實就是第十八板。

福田氏將失序號一改爲第廿四板，將第廿四板改爲第五十四板，將第五十四板改爲第十板，這三者之間是密切相關的。對於失序號與第廿四板的問題，我們最初的想法是：由於北大簡26（章尾簡存兩句）與簡27、28、29（前三句）正好合漢牘本第廿五板，簡29（後兩句）與簡30爲第廿六板的前半部分，而簡24、25與漢牘本失序號第一的内容可對應，簡19則與整理者所定之漢牘第廿四板中的内容相合。失序號第一殘斷比較嚴重，首先可以考慮的是它本爲第廿四板上殘斷下來的，不過漢牘第廿四僅殘缺右下角，缺字僅四字，因此能够肯定失序號第一與第廿四板原非一板。這樣，簡24與25便也一定不會排在第廿四板，因此，將北大簡25與簡26編聯於一處是存在問題的，兩簡不應連接。

而按照福田先生的改序，失序號第一被改爲第廿四板，則北大簡25與26的銜接問題自然也就解决了，也就是説簡24、25與簡26便可直接編聯，這與北大簡25、26的簡背劃痕也基本吻合。不過由於漢牘本按照整理者的意見本來是有第廿四板的，這樣一來就存在兩個廿四板，針對這個問題，福田氏將原第廿四板改爲第五十四板。這樣修改章序後，原本對應第廿四板的北大簡19便被改爲對應漢牘第五十四板。北大簡20、21與漢牘第五十三板内容相合，對應漢牘前面的八句（簡20前兩句對應漢牘第五十二板末尾），如此，則從北大簡的簡序來看，簡19就應調整至簡20與21之後。這樣調整是否準確？我們可以通過簡背劃痕來驗證。我們先將對應的文字寫出（韻脚字已標出）：

　　　　飫猷然稀。丈袤牒膠。竊魟鰔鯖。鱣鮪鯉鰡。憯牸輸羯。B20
（前兩句屬第五十二板）
　　　　蚡犖矜羔。冤寤暖通。坐罋謏求。蒙閽堪況。燎灼煎炮。B21
　　　　快狡息寐。夯瘖□□。訽診辱耽。亶擅隱脩。鮑□淫回。A
　　　　雷簾難條。惡蘭□□。○○○●。○○○○。○○○●。B
（B後三句起爲第五十四板）
　　　　○○○○。○○○●。○○○○。○○○●。○○○○。C
　　　　○○○●。○○○○。○○○○。○○○○。○○○●。D
　　　　○○○○。○○○○。○○○○。○○○○。○○○○。E
　　　　○○○●。○○○●。○○○○。○○○○。○○○●。F

　　其中"快狡息寐"至"惡蘭□□"七句據漢牘第五十三板補足。而接下來的內容按照押韻以"○"及"●"虛補。其中"●"爲押韻字。顯然，第五十四板應包括B簡後三句、C簡、D簡以及E簡前兩句。當然，前提是這幾枚簡均寫滿。如果其中有章尾簡，則第五十四板的結尾會往前進一到四句，最多可進至F簡第一句。北大簡19簡文爲：

　　　　塍簽陘沙。遮迣沓詢。鑄鍵鼙總。納韡戀橐。葬墳驫獵。

　　其中第二句尾字"詢"與第四句尾字"橐"處在韻脚的位置，可知其符合C與E兩句的押韻情況。我們再來看其簡背劃痕。
　　簡21的劃痕左側距簡頂端爲10.2釐米，簡20爲9.5釐米。北大簡《蒼頡篇》的每道簡背劃痕末端在所在簡的位置一般是左側距簡頂端大約12釐米，如簡43，爲12.5釐米，其與簡42（簡背劃痕左側距頂端11.9釐米）相連，兩簡簡背均兩道劃痕，基本可以認定簡43爲此一組由簡背劃痕組成單元的末簡。再如簡34，其左側距簡頂端分別爲1.0釐米與11.7釐米，這顯示簡34應該處於該道劃痕的倒數第二或第一枚簡。按照一般情況，其前一枚簡亦應有兩道劃痕。由於簡背劃痕刻劃不會十分精準，我們認爲前後各浮動兩枚簡應該是可以的。

　　考察《北大藏漢簡〈蒼頡篇〉一覽表》及《簡背劃痕示意圖》可知，每一個劃痕單元組中，劃痕均由左上向右下方斜行，而一枚簡的劃痕走勢自然也與此相同，在一枚簡中，劃痕在左側劃入與右側劃出的兩點間垂直距離一般是 0.7 釐米。① 因此，A 簡、B 簡、C 簡的這個距離應該分別是 10.9 釐米、11.6 釐米以及 12.3 釐米，從 D 簡開始則應爲由下一道劃痕所組成的單元，而北大簡《蒼頡篇》的簡背劃痕一般均應起自簡頂端，② 即 D 簡爲 0 釐米，E 簡爲 0.7 釐米。③ 若簡 19 爲 C 簡，則其簡背劃痕左側應距簡頂端 12.3 釐米左右，若爲 E 簡，則其簡背劃痕左側距簡的頂端應爲 0.7 釐米左右。而實際情況是簡 19 簡背劃痕左側距簡頂端爲 7.8 釐米，與兩者均差距過大。因此，如果按照劃痕的一般規律來判斷，簡 19 的位置不會處在漢牘第五十四板，也就是説福田氏將漢牘第廿四板改爲第五十四板是存在問題的。

　　漢牘本本來有五十四板，因此在將第廿四板改爲第五十四板之時，福田氏亦將原來的第五十四板調整了順序，將其定爲第十板。而漢牘本第九板缺失，因此如果要解決這個問題，應該將着眼點放在第十一板上，我們在將所謂的第十一板甲改爲第廿一板時，發現其所謂的第十一板乙上的序號"十一"比較清楚，因此將其定爲第十一板沒有問題，而第十一板與北大簡 46、47、48 正好相合。北大簡可與漢牘第五十四板相合者僅簡 65，且其上部殘斷，缺失了簡背劃痕信息，無法通過簡背劃痕來驗證與簡 46~48 的位置關係，因此對於漢牘第廿四板與第五十四板的章序應如何調整尚不能作出準確判斷。④

　　福田將漢牘整理者原定爲第卅三板乙者改爲第廿三板。對此，我們

---

① 當然，限於簡的寬度不同，劃痕亦無法做到精準，并非每一枚簡均精確爲 0.7 釐米，但是以 0.7 釐米爲最多，其餘數據亦均以之爲中心上下浮動。
② 這一點，福田哲之先生也是同意的，這從其在編聯簡 64 與 56 時認爲兩簡間存在廢簡即可判斷。參氏著《北京大學藏漢簡〈蒼頡篇〉的綴連復原》，《出土文獻與古文字研究》第八輯，第 271 頁。
③ 比照簡 34 的推斷，這個數據當然也是可以分別增加 1 釐米的。
④ 第五十四板押陽部韻，而相鄰的第五十二板、五十一板等則押幽部韻，因此該板的章序應該存在問題。

前面亦已提出懷疑，認爲所謂的第卅三板乙無法辨識，當存疑，由於其亦是押魚部韻的。我們認爲此亦當爲《爰歷篇》的内容，因此簡序範圍除前面已經確定的第七板及一板疑似的廿八外，當在第廿二、廿三、廿七、廿九、卅二幾個序號之内，若"三"的判斷有據，則最有可能是第廿三板。北大簡與之對應的是簡34，且恰好與其最後五句相合。而與改正後的第廿四板（原失序號第一）相合的北大簡是簡24與25，對比之後可以很容易得知此兩簡恰與後十句相合，則可知所缺五句恰合一枚簡。也就是説第卅三乙確爲第廿三板。因此，簡34與簡24之間應隔一簡。我們可以通過簡背劃痕來檢驗：前面已經提到簡34簡背劃痕爲兩道，其左側距簡頂端分别爲1.0釐米與11.7釐米，其可能屬於這一道劃痕組内的倒數第二枚或第一枚。如此，則其下一枚簡應歸入本道劃痕組内最後一枚或由下一道劃痕所組成的一組中的第一枚。相應地，作爲再下一枚的簡24則一定會屬於下一道編繩組，如果是前者，其劃痕左側距簡頂端的距離應爲0.7釐米，如果是後者，則爲1.4釐米。而簡24簡背劃痕左側距簡頂端3.0釐米。考慮到劃痕的不精準性，數據可以有一定的浮動。如果是後者，也就是簡34是該劃痕組内最後一枚簡，則其與簡24之間的劃痕是大致可以相合的，至少不具有絕對的相矛盾之處。

此外，福田氏還將第卅二板改爲第卅一或卅三，第卅三板甲改爲第卅二或卅四，第卅五板乙改爲第卅五板。將第卅五板乙改爲第卅五板我們可以看出是考慮到了押韻的因素，由於北大簡69最後一句對應漢牘本第卅六板首句，因此簡68及簡69前四句應爲第卅五板的結尾九句，不過與前面的情況類似，漢牘第卅五板内容亦與此兩簡不同。從押韻情況來看，漢牘第卅五板以押脂部韻爲主，此外還有歌部"罳"及耕部"裎"。不過所謂的"裎"字迹已經無法判斷，暫存疑，而其中整理者未釋而認爲假借之字當爲"飛"，屬微部。因此，明確的押韻爲以脂部爲主含歌部與微部字。而第卅四板、卅六至卅九板幾乎均押耕部韻，因此這個所謂的卅五板定非夾雜其間。若從易於造成判斷失誤的角度來看，其似乎應爲第卅五板。第卅四板不存，而第卅六板押脂、微、歌、文四部，與整理者所定的第卅五板押韻極爲近似。

至於前兩處每一木牘的序號調整，我們亦無法看出其用意。由於對北大簡整體排序沒有影響，這裏我們祇能暫時存疑。

福田先生之後，"敢告可于"先生亦對漢牘本的一些章序提出了自己的看法。① 其最主要的看法是漢牘第五十三板乙應爲最後一章，即第五十五板。關於漢牘第五十三板乙的章序問題，我們在《讀後》中已經提出懷疑：第五十三乙板，前面十一句屬於我們一般所説的"羅列式"，而後面四句則爲"陳述式"，陳述式的部分爲"盡得所求，延年益壽，上下敖游，兼吞天下"。從内容上看非常簡單，没有難字，而上面的十一句"羅列式"中則頗有筆畫繁複的文字。因此我們可以斷定此板中的前十一句應當屬於"二十章本"中的一章結尾，而後面四句，若按常理來看，則當爲其他章的開頭内容，但是其實也存在其爲"閭里書師"所加的可能。首先就是其内容比較簡單，與我們已知的《蒼頡篇》的形式大多不類；而其中的"上下敖游""兼吞天下"分別與二十章本的"游敖周章"及"漢兼天下"多字重複，那麼其屬於漢人所加的可能性是很大的。"延年益壽"一句廣泛出現於漢代瓦當、磚文及鏡銘中，似乎也體現了漢人的思想。

"敢"文的理由一方面是字迹的對比，認爲所謂的"三"應是"五"。爲了方便考察，我們將"敢"文所列字形呈現於下：

（第五十三板）（第五板）

作者用以對比的第五板中的"五"確實是清晰可辨的，不過所要討論的第五十三板中的"五"則由於字迹過於模糊實在難以判斷。其另外一個理由是在與水泉子漢簡《蒼頡篇》簡118對比後發現其文字爲"☐字（？）天下扣（？）水（？）☐。·字二千"。他懷疑所謂的"字"可能是"吞"的誤釋，此句很可能也屬於本章。

---

① 敢告可于：《漢牘〈蒼頡篇〉考釋、對讀與章序研究》，復旦大學出土文獻與古文字研究中心網站，2020年8月16日。

现存水泉子《倉頡篇》中每章結尾皆用"百五字"來説明，不可能到"二千"這麼大的字數，它與水泉子簡 100（＝暫 10）裏有不屬於正文的小字"凡七百字"一樣，似乎都是抄手對其所抄字數的統計（當然不是連續的字數統計，而是抄手抄寫到一部分隨機的有間斷的字數統計）。這些足以説明水泉子簡 118 應該是一章之末，甚至是全篇之末，可與應該是《蒼頡篇》篇末的牘 53 乙相發明。[①]

不過這裏仍有一個問題需要注意，即簡 118 末所寫的文字是"二千"，且包括《蒼頡篇》四字"正文"之後的三字。因此，如果祇計算"正文"，應從"二千"中再減去七分之三的字，即大約 857 字，則所餘正文僅 1100 多字，這與五十五章本的 3300 字相比，差距過大。

因此，目前來看，將其定爲第五十五板即《蒼頡篇》末章似乎仍缺乏關鍵的證據。

此外，"敢"文也對整理者所定的一些章序提出了懷疑，除前面福田及我們的討論之外，如認爲第卅板可能是第十板，第廿四板可能是第卅四板，由於并無確鑿的證據，我們這裏暫不采納。

應該説上述福田氏的表格（表 1）能夠比較詳盡地表明北大簡本《蒼頡篇》與漢牘本《蒼頡篇》的對比情況，不過仍然有一些信息不能夠很清楚地體現出來，如北大簡經常有一簡中前後分別在漢牘本中處於不同章者，而該簡如何分屬不同章，福田表中未能表明。爲使這些信息更加明確，我們結合自己的研究及上面的討論，在福田先生表格的基礎上重新製表。具體情況如下：

表 2　北大簡《蒼頡篇》、漢牘本《蒼頡篇》兩版對比

北大簡《蒼頡篇》	漢牘本《蒼頡篇》	兩版對比情況	備注
B1、B2	第三板	北大簡缺 B1 前一簡五句	

[①] 敢告可于：《漢牘〈蒼頡篇〉考釋、對讀與章序研究》，復旦大學出土文獻與古文字研究中心網站，2020 年 8 月 16 日。

第二章　北大簡《蒼頡篇》文本整理

續表

北大簡《蒼頡篇》	漢牘本《蒼頡篇》	兩版對比情況	備注
B3、B4、B5	第四板		
B6、B7、B8、B9（前兩句）	第五板	B7共三句	
B9（後三句）、B10、B11	第六板	北大簡缺B11後兩句	
B46、B47、B48	第十一板		漢牘本整理者編號爲第十一板乙
B49、B50、B51	第十二板		
B52（章尾簡存四句）、B53、B54、B55（首句）	第十三板		
B55（後四句）	第十四板	北大簡缺後面十一句，阜陽漢簡C035有所缺一句	
B63	第十七板	北大簡缺前面十句	漢牘本整理者將其歸爲失序號第四
B64、B56、B57（前四句）	第十八板	北大簡缺前一句	漢牘本整理者編號爲第十八板乙
B57（最後一句）、B58（章尾簡存一句）、B59、B60、B61（前三句）	第十九板		
B61、B62	第廿板		漢牘本整理者編號爲第十板
B34	第廿三板	北大簡缺前面十句	漢牘本整理者編號爲第卅三板乙
B24、B25	第廿四板	北大簡缺前面一簡五句，漢牘本前面亦有殘缺	漢牘本整理者將其歸爲失序號第一
B26（章尾簡存兩句）、B27、B28、B29（前三句）	第廿五板		漢牘本整理者編號爲第八板
B29（後兩句）、B30	第廿六板	北大簡缺後面八句	

續表

北大簡《蒼頡篇》	漢牘本《蒼頡篇》	兩版對比情況	備注
B31（章尾簡存兩句）、B32（前四句）	第廿九板	漢牘第廿九板上部殘，所餘部分首字爲"孤"，與 B31 最後一字同；簡 31 與 32 之間當缺一簡	
B32（最後一句）、B33、B35、B36（前四句）	第卅板		
B36（最後一句）、B37（章尾簡存三句）	第卅一板	北大簡缺後面十一句，阜陽漢簡 C014、C012、C109、C023 有所缺十一句的部分内容	
B73（上部殘，存九字）、B71（前四句）	第卅四板	北大簡缺前面十五字，中間五句	
B71（最後一句）、B72、B68、B69（前四句）	第卅五板（缺）		
B69（最後一句）、B70	第卅六板	北大簡缺後面九句	
B76（上部殘，存七字）	第卅八板	北大簡上下均殘缺過多	
B66+B22+B23、B67（存三句）、B42（首句）	第卅九板	北大簡缺前面一句，中間缺一簡五句	
B42（後四句）、B43	第卌板（缺）		漢牘本整理者編號爲第卌板甲
B39、B38（上部殘，存六字）、B40（前三句）	第卌二板	北大簡缺前面兩句、中間十四字（簡 38 上部）	福田哲之改爲第卌一板或卌三板，存疑
B40（後兩句）、B41	第卌三板	北大簡缺後面八句	漢牘本整理者編號爲第卌三板甲，由於第卌三板乙改序爲第十三板，此可逕稱爲第卌三板；福田哲之改爲第卌二板或卌四板，存疑
B44（前四句）	第卌六板	北大簡缺前面十一句	

續表

北大簡《蒼頡篇》	漢牘本《蒼頡篇》	兩版對比情況	備注
B44（最後一句）、B45（章尾簡僅存一句）B12、B13	第卌七板	北大簡缺後面三句，漢牘本亦殘	
B16	第卌九板	北大簡缺前面兩簡十句	
B17、B18	第五十板	北大簡缺後面一簡五句	
B14、B15、B20（前兩句）	第五十二板	北大簡缺前面三句	
B20（後三句）、B21	第五十三板	北大簡缺後面七句	漢牘本整理者編號爲第五十三板甲
B65（上部殘，存十字）	第五十四板	北大簡缺前面八句，後面十八字	漢牘本整理者所定章序疑誤，福田哲之改定爲第十板，存疑
B19		北大簡前面缺七句，後面缺三句	漢牘本整理者所定章序爲第廿四板，誤，福田哲之改定爲第五十四板，存疑
B78+B77（章尾簡存整字一字）			
B74（下殘，存三字）、B75（上下均殘，存兩字）		北大簡上下均殘缺過多	漢牘本整理者所定章序第卌板，有誤，福田氏懷疑應改爲第廿二、廿八或卅二中之一

　　此表以北大簡爲核心，而福田氏表以漢牘本爲核心。兩表可互相參看。其中，北大簡42的首句對應漢牘本第卅九板最後一句，因此其後四句及可確定與之相連的簡43應爲漢牘本第卌板的前面九句。然而檢查漢牘本第卌板，其文字與北大簡42及43均不同，因此我們懷疑漢牘本整理者所定的章序第卌應該存在問題，由於章序的文字已經無法辨析，祇能暫時存疑。

　　北大簡整理者據簡背劃痕等信息所作的編聯如果從"章"的層面來看，多數還是可以與漢牘本相合的，而整體排序上，則與漢牘本的順序相互參差。這表明簡背劃痕在由包含多道劃痕的完整册書的復原上有時會比較"無力"。①

四 "秦三蒼"的離析與北大簡的復原

經過上面的討論，"秦三蒼"的離析結果也就呼之欲出了。首先，從押韻來看，《蒼頡篇》押之職合韻及陽部韻，《爰歷篇》目前所見押魚部韻，《博學篇》的押韻情況最爲複雜，目前可確定的有耕部、支部、支微歌文合韻部、脂部、支脂合韻部、之部、幽部、幽宵合韻部等。在漢牘本公布之前，我們曾經想過一些方法嘗試離析"秦三蒼"，雖然在漢牘本公布後，此前的"努力"也許意義不大甚至有些地方還不够準確，不過我們打算將當時的考證簡單概述一下，以示我們對此工作的"心心念念"。

在對北大簡《蒼頡篇》整理之後，朱鳳瀚先生總結了以下兩點："同一韻部可有若干章"；"同韻部諸章可能是相連編綴的。"②除此以外，同一章内部均屬一個韻部（含合韻）。前文曾提及在研究了阜陽漢簡《蒼頡篇》的用韻後，胡平生先生提出《蒼頡篇》《爰歷篇》《博學篇》三篇的用韻猜測。爲了進一步詳細論述，我們不妨將其説引述如下：

> 另外一個需要探討的問題是：《蒼頡》三篇，會不會是一篇一韻？這種可能性不能排除。綜觀現有資料，入韻之字基本上集中在之部（包括職部）、魚部、陽部三部。根據第一、第五章皆押之部韻，《爰歷》篇首押魚部韻，我們好像有理由認爲李斯所作《蒼頡》押之部韻，趙高所作《爰歷》押魚部韻，胡母敬所作《博學》押陽部韻。這三部都是先秦古韻的"寬韻"。還有少數不在以上三部的韻脚也可以用"合韻"解釋。③

---

① 福田氏在分析其對北大簡簡序調整中的失誤時亦提及了過度依賴簡背劃痕據有危險性。
② 朱鳳瀚：《北大藏漢簡〈蒼頡篇〉的新啓示》，《北京大學藏西漢竹書》（壹），第173頁。
③ 胡平生：《阜陽漢簡〈蒼頡篇〉的初步研究》，《胡平生簡牘文物論稿》，第6頁。

第二章　北大簡《蒼頡篇》文本整理

從北大簡《蒼頡篇》中的用韻來看，雖然胡先生所説的"一篇一韻"的可能性是可以排除的，[①]但是確實以之（之職合韻，下同）、魚、陽三部字最多，據朱鳳瀚先生的統計，陽部韻四章367字，魚部韻二章274字，之部韻及之職合韻三章249字。[②]雖仍有其他韻部章的存在，但是這三個韻部的内容已經占據了大部分文字，這樣看來以之、魚、陽三部韻爲主體來區分"秦三蒼"具有相當高的可靠性。"寬韻部"章再附以其他"窄韻部"章，大概就是《蒼頡篇》《爰歷篇》《博學篇》三篇的用韻情况。

朱鳳瀚先生曾認爲北大簡《蒼頡篇》中的複字是"秦三蒼"相互不避重複造成的。不過循着朱文的思考再進一步追問，即在《蒼頡篇》《爰歷篇》《博學篇》各自的内部是否有注意複字的問題？

北大本内部的複字出現21例，如果去掉已經討論過的"胡無噍類"等四句中的6例，尚有15例，這15例中，"漢""内"分别見於之職合韻章與陽部章，"端"見於之職合韻章與魚部章，"悝"見於之部章與魚部章，"鄙"見於之部章與陽部章，"姪"見於之部章與耕部章，"決"見於幽部章與脂部章，"請"見於魚部章與耕部章，"展"見於支部章與陽部章，"熱"見於魚部章與耕部章，"漳"見於脂部章與陽部章，"氏"見於脂部章與耕部章，"宛"見於支部章與陽部章。而"鬱"見於陽部章，"雋"見於幽部章，此二字所在重見章押韻情况暫不明。就已知的13例來看，不僅"之""魚""陽"三個大的章内部没有重見字，而且無一例是重見於任何同一韻部章的。我們從這一結果初步可以判斷"秦三蒼"各自的内部應該是儘量不用複字的。

在以上的分析之外，我們還可以作進一步的推論。在分别核查與之、魚、陽三個大的韻部章有重見字的章之後，可以發現：見於耕部的字僅在之、魚二部中重見，有"姪""請""熱"三字，顯示耕部與陽部之間

---

① 關於這一點，胡先生後來在《英國國家圖書館藏斯坦因所獲簡牘中的〈蒼頡篇〉殘片研究》一文中已經有所修正："現在看來，《蒼頡篇》的用韻，大概不是一篇祇有一韻，而是根據章句不斷變换叶韻韻部的。"原載《英國國家圖書館藏斯坦因所獲未刊漢文簡牘》；後收入《胡平生簡牘文物論稿》，第34頁。

② 朱鳳瀚：《北大漢簡〈蒼頡篇〉概述》，《文物》2011年第6期。

有避免出現重見字的關係，而"漳""氏"二字分別見於脂部與耕部和陽部，似乎也可間接説明耕、陽二部具有較爲密切的關係。見於支部的字則僅重見於魚、陽二部，有"展""宛"兩字，顯示支部與之部之間具備無重見字的關係。由於北大本并非全帙，上面的推論如果保守説僅具有一定的參考性，但是這樣的結果大概也無法用"凑巧""偶然"來解釋。則以此結論爲基準，可以得出之部、支部大概屬於《蒼頡篇》，陽部、耕部屬於《博學篇》，魚部屬於《爰歷篇》，耕部含101字，支部含80字，這樣，北大本全部1300多字，有1071字可區分原來的所屬，而且可以在上一段的基礎上更加明確"秦三蒼"各自内部確實是避免出現複字的。

現在看來，除了一部分判斷相合外（如將耕部歸入《博學篇》），陽部爲《蒼頡篇》與《博學篇》共有，且主要出現在《蒼頡篇》中，因此此前的一些相關判斷是存在問題的。不過以重見字來分别"秦三蒼"的方法在存在全本的狀態下仍然有待驗證。

下面，結合文字的新釋及簡序的調整，將北大簡重新按照新考證的順序列於下面：①

《蒼頡篇》

1. 之職合韻部

禄	寬惠善志。	桀紂迷惑。	宗幽不識。	寇□肆宜。	□□獲得。	B1
	賓勸向尚。	馮奕青北。	係孫褭俗。	貌鬻吉忌。	瘛瘇癰痤。	B2
	疨痛遨欬。	毒藥醫工。	抑按啓久。	嬰但指援。	何竭負戴。	B3
	谿谷阪險。	丘陵故舊。	長緩肆延。	渙奐若思。	勇猛剛毅。	B4
	便捷巧巫。	景桓昭穆。	豐盈爨熾。	嬽蓉蜎黑。	婉姆款餌。	B5
	戲叢奢掩。	顛顗重該。	悉起臣僕。	發傳約載。	趣邍觀望。	B6
	行步駕服。	遙逃隱匿。	往來昒昧。		百五十二。	B7
漢	漢兼天下。	海内并廁。	胡無噍類。	菹醢離異。	戎翟給賓。	B8

---

① 據漢牘本等材料還可以將一些文句補充進來，但是據後面的討論可知，不同文本間異文較多，尤其是北大簡本與漢牘本之間，這樣，所謂的復原仍是不精確的，因此這裏僅將北大簡的内容呈現出來。而且下一章我們會以漢牘本爲中心復原五十五章本，所以此兩本可相互參看，亦可互補缺漏。

兼	百越貢織。	飭端脩瀧。	變大制裁。	男女蕃殖。	六畜遂字。	B9
	顓魼觭贏。	馘臾左右。	勞悍驕裾。	誅罰貲耐。	丹勝誤亂。	B10
	固奪侵試。	胡貉離絕。	冢臺棺柩。	巴蜀筴竹。	筐篋籢笥。	B11

2. 陽部（一）

顓	顓頊祝融。	招搖奮光。	頡豫錄恢。	約隋愷襄。	鄢鄧析酈。	B46
頊	宛鄴鄂鄾。	閔劈竈趣。	滕先登慶。	陳蔡宋衛。	吳邗許莊。	B47
	建武牴觸。	軍役嘉臧。	貿易買販。	市旅賈商。	䰠展貢達。	B48
	游敖周章。	黠魘黯黜。	覤勘黥鬺。	黬齔赫赧。	儵赤白黃。	B49
	殣棄臛瘦。	兒孺早殤。	恐懼懷歸。	趨走病狂。	疵疻禿瘻。	B50
	齮齕痍傷。	毆伐疵痕。	朕肽瞢盲。	執囚束縛。	論訊覒詳。	B51
		卜筮紂占。	祟在社場。	寇賊盜殺。	捕獄問諒。	百卅六。	B52
室	室宇邑里。	縣鄙封疆。	徑路衛術。	街巷垣蘠。	開閉門閭。	B53
宇	闕廷廟郎。	殿層屋內。	窗牖戶房。	桴楣櫋榱。	柱枅橋梁。	B54
	屏囷廬廡。	亭庌陛堂。	庫府廥廄。	囷窖廩倉。	桶概參斗。	B55

3. 陽部（二）

輪	䩅畚檸箱。	松柏櫨械。	桐梓杜楊。	鬱棣桃李。	棗杏榆桑。	B63
	葦菫菅葭。	莞蒲藺蔣。	岗末根本。	榮葉莠英。	麋鹿熊羆。	B64
	犀氂豻狼。	貙貍麈豻。	麠麐麞麚。	鴞鴇鳧鴈。	鳩鵃鴛鴦。	B56
	陂池溝洫。	淵泉隄防。	江漢滄汾。	河沛洺漳。	伊雒涇渭。	B57
	維楫船方。				百四。	B58
雲	雲雨霣零。	霧露霅霜。	朔時日月。	星晨紀綱。	冬寒夏暑。	B59
雨	玄氣陰陽。	杲旭宿尾。	奎婁軫亢。	弘競翦眉。	霸暨傅庚。	B60
	崋巒岑崩。	阮嵬陀阬。	阿尉馭瑣。	漆鹵氐羌。	贅拾銚鎔。	B61
	鑄冶容鑲。	顓視歎竪。	偃黽運糧。	攻穿襜魯。	壘鄙墜京。	B62

《爰歷篇》

4. 魚部

	柳櫪檀柘。	柱橈枝扶。	瓦蓋焚樨。	晉溉欙杅。	端直準繩。	B34
	莎荔葦蔓。	蓬蒿蒹葭。	薇薛莪蕐。	蘆藜薊荼。	薺芥萊苴。	B24

	苯臾蓼蕪。	果蓏茄蓮。	粢粟瓠瓜。	堅榖□縈。	饒飽糞餘。	B25
	肸齋尼睆。	餪餓鎌鋪。			百廿八。	B26
幣	幣帛羞獻。	請謁任宰。	禮節揖讓。	送客興居。	鶉鷯鳶雎。	B27
帛	雉兔鳥烏。	雛雛芸卵。	綦菫蓤淔。	貔獺聊豰。	貘齁韶狐。	B28
	蛟龍虫蛇。	黿鼉鱉魚。	陷阱鐕釣。	罾笱罘罝。	毛觓觳矰。	B29
	收繳繁紆。	汁洍流敗。	蠹臭腑胆。	貪欲資貨。	羨溢跂奭。	B30
	○○○○。	○○○●。	○○○○。	○○○●。	○○○○。	
	頑祐械師。	鰥寡特孤。			百廿八。	B31
	○○○○。	○○○●。	○○○○。	○○○●。	○○○○。	
悝	領勃醉酤。	趫文窊窔。	差費歆酺。	細小貧窶。	气匃貰捨。	B32
	歌潘閒簡。	鼙鼓歌醼。	媼娶裹嬽。	鄭舞炊竽。	嬰捐姽嬬。	B33
	媌喩菁華。	姣宨娃嫷。	啜唅黎櫨。	粉朦脂膏。	鏡箴比疏。	B35
	鬘髦鬍搣。	須顉髮膚。	癉熱疥癘。	瘕痹瘱疽。	旂旟篗笠。	B36
	羽扇聶礜。	栩梗柊棘。	條筦欒梓。		百一十二。	B37

《博學篇》

5. 耕部（一）

……院。閎關閻扄。增媶專斯。　　　　　　　B73

曠疑𪄪圉。袤緱糾絣。律丸冘戍。閘踐𨋳朾。戳炌熱𣑳。B71

蘸火燭熒。娒嫨窺𩈷。悪𢝗嫖娙。樊厭妮秩。私酓救醒。

百廿。B72

鶹	鶹鴭牝牡。	雄雌俱鳴。	屈寵趨急。	邁徙覺驚。	狎潯僂繚。	B68
鴭	頗科樹莖。	禔穤姪娣。	叚耕合冥。	跺企瘜散。	賴狁播耕。	B69
	嬰頤姕孃。	婠婆眇靖。	姑鬖姍賸。	訐芆竄縈。	罪蠹訟卻。	B70

6. 未分韻

……萍。虹掔畷□。巂䧂郝鄄。　　　　　　　B76

7. 耕部（二）、支部（一）

狗獳麠䛝。媥譾𤣺𪌶。敨掇謦謨。觿聊□蟄。級絇篁絣。

B66+B22+B23

	箪嬐媰嘗。魁鉅圜矑。與瀕庚請。　　　百五十二。B67
齎	齎購件妖。兼櫎杪柴。箸涎縞給。勸怖樬桂。某枏早蠵。B42
購	窡椅姸觟。戾夰焉宛。邰篗圩畦。狛賜溓滎。薀繰展庫。B43

8. 支脂合韻部（一）、支部（二）

密普諫敦。讀飾柰瑿。瘧斷疕疛。膩偽槃槃。淺汙盰復。B39

○○○●　○○○●　○○○●　○○○●　○○○●

……貘羆。廊欿腴芊。　　　　　　　　　　　B38

娓毃瞥娛。蠻賊赳恚。魆袊姉再。簦暈頓解。妷婞點魄。B40

督甆嫣媞。頮壞螺虢。廊序戊講。癵效姁卧。潞雒鷩赿。B41

9. 脂部（一）、之部（二）

梧域邸造。殔穀朋耆。候騎淳沮。決議篇稽。娓欺蒙期。B44

耒旬隸氏。　　　　　　　　　　　　　　百卌四。B45

闊	闊錯蹙蕔。㝎據赾等。祝匜隖闉。鈐鏥閏悝。騁虧劾柳。B12
錯	媸津䣞鄙。祁絥鐔幅。芒陳偏有。泫沄孃姪。髦弟巠枭。B13

10. 幽部（一）

猜常衾士。橘蘨葽苞。塵埃票風。婺鬢雰擾。嫛敫嬈嬉。B16

媚嬭范廏。陂幓裘褐。辮屨幣袍。鵝決寽愁。雋鑸□□。B17

齠婑齲齘。齧繞黜勀。弄數券契。筆研筭籌。鞠窾訐窞。B18

11. 幽宵合韻部（一）、幽部（二）

瞗煦𡧳閣。泠窯遏包。穟稍苦妭。挾貯施祥。狄署賦寶。B14

猇鷔駥警。贛害輒感。甄殻燔竈。秷秭麻𦯡。燮㷅鞠糟。B15

飫猷然稀。丈𡕒牒膠。竊鮒鰤鱒。鱯鮪鯉鮥。慘𢷍溣羯。B20

粉犖羜羔。冤暈暖通。坐膤讒求。蓼閻堪況。燎灼煎炮。B21

12. 位置存疑

（1）幽部（一）

滕籥陘沙。遮迡沓訽。鏴鍵纛總。納韈戀橐。葬墳氂猭。B19

（2）陽部

……□。堯舜禹湯。頮印趡甗。瞚盼。　　　　　B65

（3）未能分韻（一）

　　……□□鬱奘。窘窮孋陜。百廿八。　　　　　　　B78+B77

（4）未能分韻（二）

　　陕邮寬……　　　　　　　　　　　　　　　　　B74

　　……郡邊……　　　　　　　　　　　　　　　　B75

第三章　漢牘本《蒼頡篇》文本整理及五十五章本復原

前面已述，目前已經公布的《蒼頡篇》諸多版本中，除阜陽漢簡及北大簡本爲二十章本即所謂的"閭里書師""斷章"以前本外，其餘如斯坦因所獲習字削衣簡本、水泉子漢簡七言本、漢牘本以及敦煌、居延等地發現的散見本則均爲五十五章本。其中保存文字最多、文本信息最完整的是漢牘本。漢牘本公布至今已經三年多。相關的研究論著目前來看還較少。研究主要集中於針對整理者所作釋文的校訂以及章序的調整。章序的問題我們在上兩章中已經分別有過集中的討論。本章的重心放到漢牘本《蒼頡篇》的文字校理，以及在此基礎上對五十五章本文本系統進行的復原。

第一節　漢牘本《蒼頡篇》文字整理及校訂

漢牘本《蒼頡篇》整體保存較好，所存文字是目前出土簡牘文本中最多的一種，不過正如在上一章中我們所説的那樣，大概是由於保存及書寫的原因，漢牘本有相當多的文字字迹十分模糊，肉眼難以分辨。這是文本本身存在的問題。另外，整理者所作的釋文也存在一些疏漏。這樣，對文字進行校理就成爲對文本作進一步研究的前提了。由於漢牘本內容較多，與上一章對北大簡的文字梳理不同，這一部分的整理及校訂以章爲單位，每章先列出漢牘本《蒼頡篇》整理者所作的釋文，然後對存在問題的文字進行考察。順序依上一章的研究作出新的調整，整理者所定章序有問題，但是無法判斷新章序的則暫從整理者所釋。

一　章序可辨部分

第一

蒼頡作書。以教後嗣。幼子承詔。謹慎敬［戒。勉力風誦］。
晝夜勿置。苟務成史。計會辯治。超等軼［羣。出尤別異］。
初雖勞苦。卒必有憙。殷願忠信。微密㿃塞。［儇佞□□］。

　　這是漢牘本的第一章，也是《蒼頡篇》的開篇。考察木牘及釋文可知，其下部文字殘缺。整理者據他本進行了擬補。這種做法當然是可以的。但要注意的是如此擬補是無法準確體現漢牘本《蒼頡篇》的原貌的。如果稍加留意，我們就可發現，目前所見各出土本《蒼頡篇》在用字上是存在差異的，更進一步説是不同文本爲某一詞所選用的文字不同。因此，雖然據他本相同內容可以將所缺失的內容補足，但是所據本的用字與所補本之間可能存在差異，而所補內容是無法體現這種差異的。這是需要提前説明的情況。凡整理者所補之字，以方括號標示。

　　其中"殷願忠信"一句中的"殷"，《説文》謂"從上擊下也"。與本句其他內容不符，結合下文來看，此字應用爲"慇"。居延新簡EPT50：1該字誤作"穀"。此前學者們似均未留意，而徑釋作"慇"。

　　"殷"下一字整理者作"願"。居延新簡及習字本均作"愿"。《説文》："愿，謹也。"《廣韻》亦同。"慇"，《説文》亦訓爲"謹"，説明此處當作"愿"而非"願"。蘇芃先生曾對"願""愿"的歷時關係進行過詳細的考察。他通過考察出土文獻的馬王堆帛書《相馬經》《戰國縱橫家書》以及傳世文獻《尚書》《左傳》《國語》《論語》《禮記》《史記》《漢書》，認爲表示"謹""敬"的"愿"在這一時期與"願"用法分明，而這種情況至少一直持續到宋元時期。他提出："傳世文獻裏'願'寫成'愿'字的異文，可能是明清以後刻本所誤改。"[①]因此，此字絕無可

[①] 蘇芃：《"願""愿"的歷時演變研究——兼談在文獻考訂中的應用價值》，《文史》2017年第3輯，中華書局。

第三章　漢牘本《蒼頡篇》文本整理及五十五章本復原

能作"願"，整理者釋爲"願"不確。附帶提一下，漢牘本亦將居延新簡及習字削衣本中的"愿"誤録爲"願"。

第三

賞禄賢智。賜予分貸。莊犯奢强。朋友過克。高嚚平夷。
寬惠善記。桀紂迷惑。宗幽不識。冣穀肄宜。益就獲德。
賓勤向尚。馮亦脊背。係孫褒俗。狠簪吉忌。癭瘃癱痤。

其中的"脊"與"狠"，我們在北大簡釋文校訂中已經討論，應改爲"青"與"貌"。此不贅述。

"冣穀肄宜"一句中"冣"字或作"冣"。阜陽漢簡整理組謂"冣今通作最，古以聚物之聚爲冣"。①北大簡整理者則引述段玉裁之説："冣與聚音義皆同，與冃部之最音義皆别。""至乎南北朝，冣最不分。"②漢牘本整理者則在"冣"後括注爲"聚"，并謂"聚"通"聚"。③所謂的"聚"本就是"聚"的俗寫。漢牘本整理者將此形作爲溝通"冣"與"聚"的橋梁并不合適。對於"冣""最""聚"三字的關係，趙團員先生有過很好的梳理。他認爲："以漢武帝時期爲限，此前'冣'與'聚'爲異體關係，而此後'冣'與'最'相混。"④這是目前爲止最爲精準的考證。漢牘本此字作"冣"，"冖"下顯然有一横畫，因此應該是"最"字。不過按照前述趙團員的觀點，漢武帝時期以後"冣"與"最"開始發生訛混。此本作"最"正與趙説相合。

"益就獲德"一句中，"德"字北大簡及習字削衣本皆作"得"，從詞義通暢考慮也應以作"得"爲確。漢牘本此字較爲模糊，不過細審字形，右側確更近"德"。"得""德"古音聲韻皆同。傳世文獻似未見二字直接相通之例，馬王堆帛書《老子》常將"德"寫作"得"，此處若釋"德"無誤，則增一以"德"表"得"之例。

---

① 阜陽漢簡整理組：《阜陽漢簡〈蒼頡篇〉》，《文物》1983 年第 2 期。
② 北京大學出土文獻研究所：《北京大學藏西漢竹書》（壹），第 72 頁。
③ 劉桓編著《新見漢牘〈蒼頡篇〉〈史篇〉校釋》，第 15 頁。
④ 趙團員：《"冣""最"形音義考》，《語言學論叢》第六十一輯，商務印書館，2020。

第四

疢痛遬欬。毒藥醫工。抑按開久。嬰但棺□。何竭負載。
谿谷阪險。丘陵故舊。長援肆延。灸渙若思。勇猛剛［毅］。
便走巧巫。景桓昭穆。豐滿爨熾。矇苔蜎柔。婉娟款［珥］。

"何竭負載"一句中"載"字殘，無法作出準確判斷。此字阜陽簡C008 原釋"載"，北大簡則爲"戴"。張傳官先生在對比了北大簡"戴"字後認爲阜陽漢簡原釋爲"載"的字"下端筆畫較多，與'載'不符而與'戴'相符，此字應該也是'戴'字"。①考察該字，雖然字形清晰度有限，但是確如張文所説與"戴"更爲接近。而漢牘本整理者并未給出釋"載"而不釋"戴"的理由。我們認爲此字在字形不清的情況下如果是參照他本補釋，則更應該釋爲"戴"。

"矇苔蜎柔"一句中"矇"字作▨，我們曾經認爲："其左側似乎爲'女'形，絶不類'目'。因此亦當改作'嫇'，這樣與北大本也相合。"②張傳官先生亦認同此字左側非從"目"，不過他認爲"與'女'似亦不類，恐當爲'虫'旁。故此字疑當爲'螟'字，'螟''嫇'自可通假"。③

所謂的"柔"字作▨，整理者謂："苔、荅可通，但黑、柔義别，故北大本此句含義與後兩本有所不同（引者按，後兩本即漢牘本及斯坦因所獲習字削衣本）。"④我們在《讀後》中已經提到"仔細觀察此字圖版，雖然上面的部分不甚清晰，但是下面與'黑'字無别，釋'黑'無疑"。⑤因此，漢牘本所謂的"柔"字似應改釋爲"黑"。習字本此字不存。

---

① 張傳官：《據北大漢簡拼綴、編排、釋讀阜陽漢簡〈蒼頡篇〉》，《出土文獻》第八輯，第 175 頁。
② 白軍鵬：《漢牘本〈蒼頡篇〉讀後》，《古文字與出土文獻青年學者論壇（2019）論文集》，第 169 頁。
③ 張傳官：《新見漢牘蒙書三種校讀筆記》，《出土文獻與古文字研究》第九輯，第 353 頁。
④ 劉桓編著《新見漢牘〈蒼頡篇〉〈史篇〉校釋》，第 19 頁。
⑤ 白軍鵬：《漢牘本〈蒼頡篇〉讀後》，《古文字與出土文獻青年學者論壇（2019）論文集》，第 169 頁。

第三章　漢牘本《蒼頡篇》文本整理及五十五章本復原

"婉娟款［珥］"一句中的"娟"作▇，我們認爲可徑釋"娟"，從字形上看沒有問題，且"冐"聲與"每"聲可相通。作者釋"娟"，又輾轉通"媢"，較爲迂曲。

第五

戲叢奢掩。［顛］顟重該。悉起臣僕。發傳約載。趣遽觀望。
行步駕服。逋逃隱匿。往來昒眛。漢兼天下。海内屏厠。
胡無噍類。菹醢離異。戎擢給賓。佰越貢織。飭端脩［灋］。

"戲叢奢掩"：在習字本中與"戲"相應的位置有一個字，其左側所從與"戲"字左側相同，但是右側則似乎是"它"或"包"形。整理者釋"虤"，從字形上看是沒有問題的。北大簡出來後，我們自然都知道這個字與"戲"字所處位置相同，字形也接近。我曾經也討論過此字與"戲"字有可能發生關係的途徑。[①] 整理者謂習字本中"'戲'字是筆者釋出"，實疏於查證。且此字從字形上看亦無法徑釋"戲"。

"飭端脩［灋］"一句中最末一字殘，整理者據北大簡補入"灋"字，根據下一章的考證，此字應補作"法"。

第六

變大制裁。男女潘殖。六畜遂字。顫魷觭贏。骩失左右。
勢旱驕裾。誅罰訾耐。丹勝誤亂。固奪侵試。胡貉離絕。
［冢］槨棺柩。巴蜀蕭竹。筐篋籤笥。廚宰犧豢。甘穀羹菜。

"顫魷觭贏"的"贏"字漢牘本作▇，整理者據字形釋寫并括注爲"贏"，此字北大簡亦作"贏"。秦漢時期該字下面三個部件一般爲"月""貝""月"，漢牘本作"貝""月""貝"，前所未見。與之可作爲平行例證的是"羸"字，其在秦及西漢早期簡牘中下面三個部件均爲"月""羊""月"。[②] 但是在東漢時期的五一廣場簡中則或作▇（簡336），此種寫法亦見於《郭仲奇碑》，後者亦爲東漢之物。而這與前面

[①] 白軍鵬：《讀北大簡〈蒼頡篇〉札記》，《簡帛研究二〇一六·春夏卷》，第254頁。
[②] 可參王輝主編《秦文字編》，中華書局，2015，第613~614頁。

我們對漢牘本年代的判斷亦似可以吻合。①

"固奪侵試"一句中"奪"字作▨，整理者謂："該字形可向上追溯到殷墟甲骨文▨字，字本象一手持隹，另有一手來奪形。"②我們在《讀後》中曾對其說有過分析：暫且不論甲骨此形是否爲"奪"之初形，僅看其對漢牘"奪"字形體的分析就是不準確的。熟悉隸書字形的大概都知道：諸如"大""赤"等，其下部在隸書階段往往寫作"灬"，而"灬"有時又會簡寫作三點，此"奪"字上面被整理者誤以爲"手"形的部分其實就是"大"在漢代的一種變體，第廿一板有"奮"字作▨，正可作爲其參照。

"甘穀羹菽"一句中"穀"字圖版模糊難識，此字水泉子漢簡C018作"酸"。此"穀"字存在爲"酸"之誤釋的可能。

第七

稻粱黍穈。□麥飯食。□□□䬺。疴……麩……
秋釀釋菽。駔徒好美。冠帶環佩。□……
進御狎習。辟愛□□……

此板下部殘斷。首句"稻粱黍穈"一句中"穈"作▨，當爲"穈"，釋"穈"不確。斯坦因所獲習字殘簡1909存三字"粱黍穈"，亦作"穈"。《說文》："穈，穄也。"在此處顯然非本用。一般認爲漢簡中"穈"與"穈"應爲一字，而對應《說文》之"𪎭"。

"麥"前一字，等等貓先生認爲應是"叔"字，而讀爲"菽"。應可信。③

第一行第三句所謂的"䬺"字作▨，整理者認爲應即"餐"字。今按，此字前所未見，我們懷疑此字應爲"𩚳"，亦即《說文》之

---

① 值得指出的是漢牘本此字下面的"月"形有殘缺，因此也不能排除其亦爲"貝"形。如此則可將此寫法視爲"贏"字一般寫法的類化，如漢印中"樂"字有將兩"幺"形類化爲"白"形的情況。不過不管怎樣，其爲"贏"之異寫則是可以肯定的。
② 劉桓編著《新見漢牘〈蒼頡篇〉〈史篇〉校釋》，第237頁。
③ 等等貓：《新見漢牘〈蒼頡篇〉釋文補正及相關問題淺論》，復旦大學出土文獻與古文字研究中心網站，2023年11月16日。

"齏"。①《説文》:"齏,菜也,葉似韭。"此與"稻粱黍糜""麥""飯食"等有關。

"䛐愛"之"䛐"字構形亦很奇怪,此前似亦未見。整理者認爲此應讀爲"嬖愛"之"嬖"。此字圖版模糊難辨,整理者所作釋文是否正確值得懷疑。

居延漢簡9.2與9.1均爲三棱觚,現已知9.1寫有五十五章本《蒼頡篇》的第五章,似可推知9.2上的文字亦屬於《蒼頡篇》。不過此觚文字保存情況較差,此前并未受到過多關注。林素清先生在《〈蒼頡篇〉研究》中將其歸入《蒼頡篇》之列。② 其中僅9.2C保存文字較好,存"進□狎習嬖愛"幾字。今據漢牘本來看,將其歸入《蒼頡篇》的判斷無疑是正確的。此觚另外兩面文字此前釋文存在問題較多,簡牘整理小組據紅外綫重新所作釋文9.2A爲:"……帶□□玡……",9.2C爲"□□□麇豺表……"③ 9.2B則相當於此前的9.2C,釋文同,與此前勞榦等所作釋文及三面的順序均有不同。若與漢牘本相較,可知"帶"字在第二列,即應爲9.2B,而"進□狎習嬖愛"對應漢牘本最後一列,應爲9.2C,"□□□麇豺表……"則應爲9.2A。也就是説勞榦最初所定的順序應是更準確的。9.2A所存三字與漢牘本均不合,不過"麇"處在第四字的位置,再考慮其形體,應即漢牘本的"糜",也因此可確定"表"應爲"麥"之誤釋,兩字在隸書中上部相同,過去釋"表"應爲因形近而誤釋。

第十一（原第十一乙）

顓頊祝融。袑褕奮光。頮豫録恢。均隋愷鑲。鄢鄧［析酈］。
宛鄂鄠鄭。閺劋竃運。滕先登慶。陳蔡宋［衛］。吴邗許［莊］。
建武牴觸。軍役嘉臧。貿易賣販。市旅賈商。鼅展賨［達］。

"宛鄂鄠鄭"一句中"鄂"字與字形相符。不過整理者亦謂"鄂,

---

① 前引敢告可于先生文章中已經將此字改釋爲"蟊"。
② 林素清:《〈蒼頡篇〉研究》,《漢學研究》1987年第1期。
③ 簡牘整理小組:《居延漢簡》(壹),臺灣"中央研究院"歷史語言研究所專刊之一〇九,2014,第30~31頁。

可能是鄂。鄂字不見於字書記載"。① "鄂",《說文》謂 "南陽清陽鄉"。

"貿易賣販" 中第三字整理者認爲是 "賣",并引習字削衣本 2469 "貿易賣" 爲證。今按,漢牘本此字作▨,可徑釋爲 "賣",此外削衣本 2469 第三字作▨,整理者原釋 "賣",應是準確的。

第十二

游敖周章。鉗壓黯黮。顥勠辭賜。黰黇赫赧。[黣]赤白黄。
殣棄朧瘦。兒孺俚殤。恐懼懷遑。趨走病狂。[疵]疕禿瘻。
齮齕痍[傷]。毆▨伐疕[疛]。[胅]脄瞀盲。▨丸囚[束]▨専。論▨卂[既]▨羊。

此板内容又見於北大簡及阜陽簡。所缺文字據兩本補。

"兒孺俚殤" 一句中 "俚" 當釋爲 "悍",前面在考論北大簡相關内容時已經談及。

"恐懼懷遑" 一句中 "遑" 字作▨,可徑釋爲 "歸"。西漢中後期開始,"歸" 字左側多作類似於 "是" 的形體,如居延新簡 EPF22︰30 "歸" 作▨等,例甚多,不煩枚舉。而這種寫法即與漢牘本所謂的 "遑" 相同或至少極爲接近,因此可將其改釋爲 "歸"。

"毆▨伐疕[疛]" 一句中第二字按整理者的意見存右側 "戈" 形,并據北大簡補爲 "伐";"▨丸囚[束]▨専" 一句中第一字與最後一字按整理者的意見均存右側部件 "丸" 與 "專",并據北大簡分別補爲 "執" 與 "縛";"論▨卂[既]▨羊" 一句中第二字與第四字按整理者的意見均存右側部件 "卂" 與 "羊",據北大簡補爲 "訊" 與 "詳"。

第十三

卜筮兆占。祟在社殤。寇賊盗殺。捕獄問諒。室宇邑[里]。
縣鄙封疆。徑路衝術。街巷垣藩。開閉門閒。闕廷廟郎。
殿層屋内。窗牖户房。枰楣榱桷。柱枅橋梁。屏囿廬廡。

"祟在社殤" 一句中 "祟" 作▨,整理者認爲 "祟讀崇",不確。熟悉隸書的可知漢隸中 "士" 與 "出" 常書寫混同,因此該字可徑釋爲

---

① 劉桓編著《新見漢牘〈蒼頡篇〉〈史篇〉校釋》,第 50 頁。

"祟"。類似的情況還有"窗牖户房"一句中的"牖",字作■,其右側上部從"日",也是漢隸的常見寫法,北大簡此字作■,亦從"日",但是學者們亦均徑寫作"牖"。此外,"殤"作■,與第十二板"兒孺悍殤"中的"殤"字同。北大簡"兒孺早殤"之"殤"作■,亦與此同。在第十二板中整理者將其釋寫作"殤",此板則作"殤",我們認爲可徑釋作"殤"。

"縣鄙封彊"一句中的"彊"作■,顯然是"彊"字,而非"疆"。此字北大簡作"疆"。雖然均表示"疆土"之義,但是形體上存在差異。

第十四

亭厃陛堂。庫府廥廐。囷窖廩倉。桶槩參斗。升半實當。
絫量錘銖。銓兩鈞衡。耳目鼻口。面頰頷頤。首頭頤顄。
肩臂股胕。肝肺心腎。脾胃腹腸。骨體牙齒。手足寒□。

"亭厃陛堂"一句中"厃"作■,整理者謂:"'庌',在此處均被隸定爲'庌'(引者按,整理者所作釋文作'厃'),'屯'隸定爲'乇',都是根據隸書寫法,不能視爲錯字。"①此字北大簡50同句"庌"作■,與漢牘本的寫法差別不大。漢簡"乇"形與此有別,如居延新簡EPT53:40"宅"作■。因此漢牘本此字應徑釋爲"庌"。

"絫量錘銖"句:水泉子漢簡《蒼頡篇》114 有"當古之常纍(累)□"殘簡。"當"與"纍(累)"恰與"升半實當""絫量錘銖"兩句相合,而"古之常"爲解釋性的三字。②值得注意的是漢牘本"絫"字水泉子漢簡作"纍"。"絫",《説文》謂:"增也……一曰十黍之重也。"③"纍",《説文》則謂:"綴得理也。一曰大索也。"其顯然是分爲二字的。不過"絫"在傳世文獻中常作"累",出土秦漢文字中有時又作"纍"。如銀雀山漢簡《孫臏兵法·行篡》"正衡再纍……"中即如

---

① 劉桓編著《新見漢牘〈蒼頡篇〉〈史篇〉校釋》,第61頁。
② 張傳官:《談談新見木牘〈蒼頡篇〉的學術價值》,《出土文獻與古文字研究》第九輯,第341頁。
③ "一曰"爲段玉裁所增,從《説文》體例來看,段説似可從。

此作，整理者謂"'纍'指天平所用的權"。①結合簡文及整理者的意見，此義顯然與漢牘本《蒼頡篇》及《説文》所述之"絫"同。徐灝認爲："絫蓋即纍之異文。纍又省爲累，故絫累古通。"②漢簡中有時又將"厽"形上面的"厶"寫作"田"，如敦煌漢簡811"五人累西門外"，簡943"二人累西門外"，前者"累"作▨，後者則作▨。而這種寫法的"累"又見於肩水金關漢簡，説明并非孤例。此類寫法也許可以視爲兩者間形體糾纏的過渡（非時間意義上的）。

"骨體牙齒"一句中"體"字作▨，左側似從"身"。漢代"體"字常從"身"作，因此，該字當作"軆"，與"體"爲異體關係。

第十五

族姓姊妹。親戚弟兄。罷［病］悲［哀］。號［哭死］喪。［遺□心所］。雞豚犧羊。㺃貐彘豶。□［江？］殺……

酋瓮酎醇。脯［肉］酒漿。師□□□。□□圭▨▨。儵倄□□。

此板下部殘缺較爲嚴重。缺字分別據居延新簡及水泉子漢簡文字所補。第三行最後幾字整理者將"儵"屬上句，并謂"倄"後缺兩字，"師"後缺四字。這顯然與《蒼頡篇》句式不合，我們在釋文中已經將其改正。

第一列文字又見於居延新簡EPT56：181及水泉子漢簡C059、C060。胡平生先生最早將居延新簡文字歸入疑似《蒼頡篇》之列。③此爲一六棱觚，僅第一面寫滿，第二面則寫了一個"雞"字。據《居延新簡集釋》，其第一面釋文爲"族姓嫂妹。親戚弟兄。罷病悲哀。號哭死喪。遺□心所"④，恰好五句二十字，爲五十五章本一章的三分之一。與漢牘本相較，兩者有兩處不同。

第一處，漢牘本首句"族姓姊妹"，居延新簡本"姊"作"嫂"。其字作▨，確爲"嫂"字無疑。而漢牘本所謂的"姊"字其實很難辨識。

---

① 銀雀山漢墓竹簡整理小組：《銀雀山漢墓竹簡》（壹），文物出版社，1985，第65頁。
② 參丁福保編《説文解字詁林》，中華書局，2014，第6528頁。
③ 胡平生：《漢簡〈蒼頡篇〉新資料研究》，《胡平生簡牘文物論稿》，第22頁。
④ 張德芳主編《居延新簡集釋》（四），甘肅文化出版社，2016，第424頁。

第三章　漢牘本《蒼頡篇》文本整理及五十五章本復原

整理者謂"嫂妹，當以本板作'姊妹'爲長"①，但是并未指出如此判斷的依據。我們認爲在目前的情况下當以字迹清晰的居延新簡本爲據。當然，文獻中"姊妹"的出現頻率遠遠高於"嫂妹"，因此也不能排除居延新簡作"嫂"是這一版本不同的異文。

第二處，漢牘本第二句"親僦弟兄"中"僦"字《居延新簡集釋》作"戚"，②居延新簡此字作🖼，顯然左側有"亻"，如果嚴格考慮當釋爲"僦"。相關内容在水泉子漢簡《蒼頡篇》C059 中爲"親戚弟兄宗益彊"，後三字爲解釋或順延性質的文字，其中的"戚"爲張存良所釋，字作🖼，顯然亦爲"僦"，釋"戚"不確。當然其所代表的詞均爲"戚"無疑。林澐先生曾對馬王堆帛書中一些"戚"字綴加"亻"形及"心"形有過解釋。他認爲："親戚關係屬人事，故可加人傍，親近之意作爲一種心理狀態，亦可加心傍。"③漢簡中加"亻"形之例并不僅此一見，如"昨"字亦常加"亻"形。如肩水金關漢簡73EJT23：395 作🖼，簡 73EJT23：947 作🖼。兩字"亻"形所加位置亦有區别。④

第二行第二句"貚貐貑貕"見於水泉子漢簡《蒼頡篇》C064。相關的文字爲"貚貐貑貕"。漢牘本整理者謂"均應以水泉子本《蒼頡篇》從豕爲是"。⑤文獻中所見確實多從"豕"，不過漢牘本從"豸"衹是一種特殊寫法，無關是非正誤。而整理者所釋之"貑"作🖼，右側似乎確實從"叚"。不過我們都知道漢隸中"叚"與"段"形近，有時甚至同形。石繼承先生有過較詳細的論述，可參看。⑥我們亦曾對相關問題有過簡單的討論。⑦

---

① 劉桓編著《新見漢牘〈蒼頡篇〉〈史篇〉校釋》，第 63 頁。
② 此前的釋文亦均作"戚"。
③ 林澐：《説戚、我》，《古文字研究》第十七輯，中華書局，1989；後收入《林澐學術文集》，中國大百科全書出版社，1998，第 15 頁。
④ 此外，秦簡中"詐""柞"等字有將"乍"寫作"作"者，亦應與此有關。
⑤ 劉桓：《新見漢牘〈蒼頡篇〉〈史篇〉校釋》，第 62 頁。
⑥ 石繼承：《漢印文字研究》，第 202~205 頁。
⑦ 白軍鵬：《徐廣〈史記音義〉形訛問題考察》，《文獻語言學》第十二輯，中華書局，2021。

第十六

𩫆巨飴餳。鐘磬音聲。藾瑟琴簧。銀錫玖玗。貝琮□□。
璧碧圭玉。璣珠瑗璜。茵蓐席藉。杠机程牀。轒韗□□。
□躞衣裳。裴𧘱縈賁。□忄佳芷薌。巾幭裏虞。衷縢□□。

此牘下部殘缺兩字，第三列文字存在左側部件殘缺的情況。

"𩫆巨飴餳"一句中首字作▇，上部所從爲"敖"沒有問題，不過下面的部件較爲模糊，考慮到作者所釋結合"夌""麥"形近等情況，我們懷疑此字應爲"𩫆"字。據《説文》，此字形爲"熬"字或體。① "巨"字作▇，整理者認爲"似當讀聚"。② 張傳官先生引述陳劍先生的意見認爲應是"豆"字。③ 從字形上看，陳説可從。《説文》："䘵，豆飴也。"段玉裁謂："豆飴者，芽豆煎爲飴也。"④ "飴""餳"義近，因此朱駿聲謂"以芽豆煎爲餳"。⑤ 而"𩫆豆飴餳"即煎芽豆爲飴餳也，爲陳述式。

水泉子漢簡《蒼頡篇》C035 相關文字作"藾瑟琴黃"，C036 爲"璧碧"，C041 則爲"杠端程牀"。兩相比較，可以發現漢牘本"杠机程牀"一句中"机"字水泉子本作"端"。此字，漢牘本保存較好，清晰可辨，確爲"机"字。不過由於水泉子漢簡此簡圖版已經不存，無法判斷張存良先生所作釋文是否準確。漢牘本"程"字水泉子漢簡作"桯"。《説文》："桯，牀前几。"而"程"則爲"品也"。顯然"桯"可與"杠""牀"等義相關聯（《説文》："杠，牀前橫木。"）。而此字漢牘本作▇，確爲"程"字，我們認爲此當爲訛寫。"桯"在秦漢簡牘中較少出現，而"程"則爲十分常見之字，"禾""木"形近，因此很容易造成書寫的訛混。阜陽漢簡《蒼頡篇》C30 "柀科樹莖"，我們懷疑"柀"亦應爲"柀"之訛寫，詳參下章。

此外，兩家對部分文字的隸寫存在問題。對於漢牘本之"藾"與

---

① 等等貓先生亦提出此看法。參《新見漢牘〈蒼頡篇〉釋文補正及相關問題淺論》，復旦大學出土文獻與古文字研究中心網站，2023 年 11 月 16 日。
② 劉桓編著《新見漢牘〈蒼頡篇〉〈史篇〉校釋》，第 65 頁。
③ 張傳官：《談談新見木牘〈蒼頡篇〉的學術價值》，《出土文獻與古文字研究》第九輯。
④ 段玉裁：《説文解字注》，第 207 頁。
⑤ 朱駿聲：《説文通訓定聲》，武漢市古籍書店影印臨嘯閣本，1983，第 709 頁。

"黃"，我們知道漢簡中"艸"與"竹"作爲部件經常不具有區別字形的意義，因此兩字可逕隸寫爲"籟"與"簧"。而漢牘本"□□茈蒞"一句中第三字作█。整理者首先隸寫作"苴"，再括注爲"苴"。這也是不準確的。張傳官先生認爲此字應該還是"苴"。① 這是正確的。關於此字，以往確實由於字形原因而曾被誤釋爲"苴"。如敦煌漢簡 532 號簡的█字，在紅外綫圖版公布之前學者們均將其釋爲"范"。《敦煌馬圈灣漢簡集釋》在紅外綫圖版的基礎上將其改釋爲"苴"，與漢牘本整理者的處理相同。我們將其改釋爲"苴"。② 此句前兩字等等貓先生認爲應是"椒離"，可從。③

"婓□攴萦賣"一句第二字按整理者的意見右側存"攴"字，并補爲"妓"字。其依據是"婓"與"妓"《説文》均訓爲"婦人小物也"，④ 較爲可信。

"□蹵衣裳"一句中第二字、"巾幭裹虞"一句中第四字等等貓先生改釋爲"韉""橐"，可從。⑤

第十七（原失序第四）

□□□□。□□楅械。桐梓杜楊。鬱棣桃李。［棗杏榆桑］。

此板僅存不足一行文字，内容與北大簡 63 相合。部分文字爲漢牘本整理者據北大簡所補。

"楅"字右上部分有筆畫殘缺，整理者據北大簡本補爲"楅"字，由於殘缺較少，所補當可從。

第十八（原第十八乙）

［莠英］。
［麋鹿］能羆。犀犛豺狼。貆貍□豻。鷹［鴲䳺䴊。鳾鵠鴗鴈］。

---

① 張傳官：《談談新見木牘〈蒼頡篇〉的學術價值》，《出土文獻與古文字研究》第九輯。
② 白軍鵬：《敦煌馬圈灣漢簡釋文訂補（六則）》，《簡帛研究二〇一七·秋冬卷》，廣西師範大學出版社，2018。
③ 等等貓：《新見漢牘〈蒼頡篇〉釋文補正及相關問題淺論》，復旦大學出土文獻與古文字研究中心網站，2023 年 11 月 16 日。
④ 劉桓編著《新見漢牘〈蒼頡篇〉〈史篇〉校釋》，第 67 頁。
⑤ 等等貓：《新見漢牘〈蒼頡篇〉釋文補正及相關問題淺論》，復旦大學出土文獻與古文字研究中心網站，2023 年 11 月 16 日。

［鳩］□鴛鴦。［陂池］□溝洫。淵泉隄防。江漢［汾澮。河沛泧漳］。

此板殘缺嚴重，很多字都是整理者據北大簡所補。此外，相關內容還見於水泉子漢簡C092、C093以及C062。

有兩點仍需注意：一是在"犀氂豺狼"一句中，整理者在"氂"與"豺"之間加了一個"□"，這顯然是有問題的，因爲如果加一字則此句爲五個字；第二是"鳴鵠勛鴈"一句，其中的"勛"字我們前面已經論述過其爲"鳧"字。整理者據北大簡補正應參考正確的釋文。

"貙貍□豺"一句第三字僅存上部鹿頭形，整理者據北大簡將其補爲"麈"字；"［陂池］□溝洫"一句後兩字均存右側部件，整理者亦據北大簡補爲"溝洫"兩字；"江漢［□澮］"一句北大簡作"江漢澮汾"。其中第三字僅存左側"氵"形，整理者將其補爲"汾"字，如此則此句當爲"江漢汾澮"。不過由於第四字不存，第三字僅存"氵"形，僅據字形是無法作出如此判斷的。據漢牘本整理者稱水泉子漢簡例十九有"江漢汾"三字，其中"汾"在上，我們檢查張存良文，其所編號C044的相關文字作"江漢澮汾"。①因此漢牘本整理者引述時存在錯誤，并據以將"澮汾"錯爲"汾澮"。

第十九

［伊］雒涇渭。維□聑□方。雲雨賈零。霰露雪霜。朔時日月。
星晨紀剛。冬寒夏暑。玄氣陰陽。杲旭宿尾。奎婁軫亢。
弘競剪眉。霸暨傅庚。嶧巒岑崩。隗阮阤坑。阿尉駇［瑣］。

此板相關內容見於北大簡、阜陽漢簡及水泉子漢簡。其中"隗阮阤坑"一句中"隗阮"，北大簡作"阢嵬"，阜陽漢簡本作"阮嵬"，水泉子漢簡作"阮隗"。漢牘本整理者亦提到此板文字"誤倒"。②

"維□聑□方"一句第二字按整理者的意見僅存右側"耳"形，據北大簡補爲"椙"字。

---

① 張存良：《水泉子漢簡〈蒼頡篇〉整理與研究》，第55頁。
② 劉桓編著《新見漢牘〈蒼頡篇〉〈史篇〉校釋》，第72~73頁。不過他對此句的意義理解有誤，認爲此句與上一句爲"華山的大小高山發生山崩，在隗阮一帶就會砸出大坑"。

第三章　漢牘本《蒼頡篇》文本整理及五十五章本復原

第廿（原第十）

漆鹵氐羌。贅拾挾鈆。鑄冶鎔鑲。𠃊視歊豎。偃亀運粃。
攻穿檐魯。壘鄣隊京。咸地斥鏡。盡薄四荒。豐鐈林禁。
驅馳跌踢。貳曲順□辛。緒業未央。爰磨次弛。□監賣前〔圖〕。

　　此板内容與北大簡、阜陽簡及水泉子漢簡均有重合之處。其中"攻穿檐魯"一句，整理者引《梁書·諸夷傳·東夷》："號所治城曰固麻，謂邑曰檐魯，如中國之言郡縣也。"謂指郡城縣邑。① 此句北大簡作"攻穿襜魯"。有學者認爲應讀爲"幨櫓"。櫓即大盾。幨，帷幔，帳布，可以"禦矢"。本句"攻穿"和"幨櫓"形成動賓結構。《淮南子·兵略訓》："雖有薄縞之幨，腐荷之櫓，然猶不能獨穿也。"② 而漢牘本所謂的"檐"字作▨，如果仔細考察字形，其左側所從應爲"衤"而非"木"，因此應改釋爲"襜"。

　　"壘鄣隊京"一句中"京"字北大簡與水泉子漢簡同，阜陽漢簡此字過去釋"亭"，周飛先生據北大簡將其改釋爲"京"。③ 漢牘本整理者在胡平生先生等在《〈蒼頡篇〉初步研究》一文中將"隊"破讀爲"隧"的基礎上，提出"漢代人'隧''亭'并稱"。④ 其似乎未注意到周飛的改釋。由於北大簡、水泉子簡及漢牘本均作"京"，則阜陽漢簡的該字爲"京"的可能性更大。對於阜陽漢簡的"亭"字，周飛改釋主要應據北大簡，其字形上的依據爲"亭字從亯丁聲，而阜陽簡此字與秦系文字京字相同"。該字作▨，周文謂其與秦系文字"京"字相同，其實還可以進一步詳細討論。目前所見秦漢簡牘中"亭"確實都從"丁"，如嶽麓書院藏秦簡《芮盜賣公列地案》1337"亭"作▨，北大簡《蒼頡篇》簡55"亭"作▨，確與阜陽漢簡該字不同。不過這一時期的"京"字一般亦與其存在差別。如嶽麓書院藏秦簡《尸等捕盜疑讞案》1336"京"作▨，其下部均作"小"形，幾乎沒有例外，此應是造成阜陽漢簡整理者

---

① 劉桓編著《新見漢牘〈蒼頡篇〉〈史篇〉校釋》，第43頁。
② 參劉婉玲《出土〈蒼頡篇〉文本整理及字表》，第104頁。
③ 周飛：《〈蒼頡篇〉綜合研究》，第135~136頁。
④ 劉桓編著《新見漢牘〈蒼頡篇〉〈史篇〉校釋》，第43頁。

誤釋的原因。不過在"就"等以"京"爲偏旁的諸字中,"京"則有與阜陽漢簡之字相同的寫法。因此,釋"京"當可信。

"豐鐈林禁"一句中"豐"作▨,顯然當爲"酆"字。張傳官先生引陳劍先生意見亦認爲此爲"酆"字。①"鐈"字,其他各本均作"鎬"。漢牘本整理者謂:"本板誤作'鐈',當據正。"②秦漢時期"高"與"喬"的差別僅在於後者往往在前者上面加一"又"形,確實容易造成誤寫。

"爰磨次貤"一句中"磨"作▨。漢牘本整理者謂:"'磨'乃'歷'。《漢書·藝文志》和《說文解字叙》都作'爰歷',當從之。"③仔細辨識字形可知此字確爲"磨"。漢簡中將"歷"寫作"磨"的情況較多,如北大簡《反淫》簡2有"磨"字作▨,用爲"霹靂"之"靂",于淼先生將其歸爲"歷"之訛字。④馬王堆帛書《十六經》中兩次將"歷"寫作"磨"。《馬王堆漢墓簡帛文字全編》亦謂"'歷'或訛作'磨'"。⑤我們認爲將這麼多例均視爲訛寫是有問題的,當視爲書寫混同,這與當時的書寫習慣有關。⑥

"鑄冶鎔鑲"一句第二字按整理者的意見僅存左側"冫"形,整理者據他本將其補爲"冶";"偃黿運粮"一句最後一字按整理者的意見僅存左側"米"形,整理者據他本補爲"糧"字,此外,"偃"可徑釋爲"偃",秦漢時期從"亻"之字有時作"彳",馬王堆漢墓遣册"僕"作▨,即將"亻"替換爲"彳"形。⑦"貳曲順辭"一句最後一字按整理者的意見僅存右側"辛"形,整理者補爲"辭"字;"▨▨賣前〔圖〕"一句前兩字按整理者的意見均存右側部件,整理者據他本補爲"繼續"。

---

① 張傳官:《談談新見木牘〈蒼頡篇〉的學術價值》,《出土文獻與古文字研究》第九輯。
② 劉桓編著《新見漢牘〈蒼頡篇〉〈史篇〉校釋》,第40頁。
③ 劉桓編著《新見漢牘〈蒼頡篇〉〈史篇〉校釋》,第40頁。
④ 于淼:《漢代隸書異體字表》,中西書局,2021,第719頁。
⑤ 劉釗主編《馬王堆漢墓簡帛文字全編》,中華書局,2020,第1022頁。
⑥ 類似的情況如秦簡中經常將"冠"寫爲"寇",王偉先生即認爲此非訛寫。參氏著《〈嶽麓書院藏秦簡(肆)〉242號簡文勘誤——兼論秦文字中用爲"冠"的"寇"字》,《簡帛》第二十輯,上海古籍出版社,2020。
⑦ 參劉釗主編《馬王堆漢墓簡帛文字全編》,第283頁。

第三章　漢牘本《蒼頡篇》文本整理及五十五章本復原

第廿一（原第十一甲）

輔廛顆頭。較儋閼屠。賵頌緊均。佟憲辿㚒。撟躋□□。
頓骸醜夫。顑盇重最。鉗齔董豬。拑菹龐顏。嘆詨噍慕。
虞豪貃䁖。䶍鼠即且。購項猗積。虔遽贅挐。煩廥□□。

此板部分文字見於阜陽漢簡。

"撟躋□□"一句中已釋兩字與無法釋讀的兩字位置不確。張傳官先生已經指出此點，應作"□□撟躋"。①

"頓骸醜夫"一句中"夫"作 ，從字形上看當爲"大"字，橫畫下面的痕迹應非筆畫，且其所處的位置也非"夫"字下一橫畫所應當的位置。不過秦漢時人常以"醜夫"爲名，"大"字爲"夫"之誤寫是存在這種可能的。

"顑盇重最"一句中的"盇"作 ，我們在《讀後》一文中將其改釋爲"寧"。②香港中文大學文物館藏簡牘《序寧》中"寧"字常與此同，如簡233"寧"作 ，又敦煌漢簡58"寧"作 ，亦與之同。處在這個位置的"心"形、"止"形如此作者在漢代文字中并不少見。

此外，整理者對一些文字的隸寫亦可徑改爲通常寫法。"佟憲辿㚒"一句中"㚒"可徑作"夸"；"鉗齔董豬"一句中的"豬"可徑作"豬"；"拑菹龐顏"一句中"菹"可徑作"箔"。

"佟憲辿夸"一句中第三字僅存左側"辶"，漢牘本整理者將其補爲"這"，并認爲此即"誕"字。③由於字形模糊，難以辨識，不過"誕"與"夸"的并列確較符合《蒼頡篇》文字的編排。

"購項"，整理者解釋爲"對取得項羽人頭的懸賞"。④由前所述我們已經知道此板內容屬於《爰歷篇》，且據《漢志》及《説文解字叙》可知"秦三蒼"創作之時秦王朝剛剛建立，朝政穩定，因此趙高所作的《爰歷篇》中出現懸賞項羽的內容便不可理解了。整理者的説法顯然是

---

① 張傳官：《新見漢牘蒙書三種校讀筆記》，《出土文獻與古文字研究》第九輯。
② 白軍鵬：《漢牘本〈蒼頡篇〉讀後》，《古文字與出土文獻青年學者論壇（2019）論文集》，第170頁。
③ 劉桓編著《新見漢牘〈蒼頡篇〉〈史篇〉校釋》，第45頁。
④ 劉桓編著《新見漢牘〈蒼頡篇〉〈史篇〉校釋》，第46頁。

存在問題的。

第廿三（原第卅三乙）

窒窾穴竇。氾窪泥塗。霤霃潰漏。水隙浘□。□□□□。
□□□渠。墳壤埶下。浧淖漸洳。梧楷榆柍。榙□□□。
溉穿□柘。柱橈□支［枝］。瓦蓋枌樽。堊墍欚杅。端直［準繩］。

此板下部殘斷。最後一列文字與北大簡 34 合。

"水隙浘□"一句中第二字作 ，左側從"水"。整理者在圖版處所作釋文爲"滰"，與字形相符，而在釋文部分則誤作"隙"。"滰"字此前未見，待考。① 第三字作 ，整理者隸寫作"浘"，與圖版相符，不過此字亦未見於此前各類文獻之中。我們懷疑其爲"浘"字之異寫。古書從"厂"與從"尸"之字有互爲異寫者。《說文》："屏，蔽也。""屏，屏蔽也。"段玉裁認爲"屏蔽"中"屏"爲"複舉字之未刪者"。此二字形體接近，訓解相同，且在傳世文獻中"屏"基本不出現。邵瑛《說文解字群經正字》即認爲"二字音義俱同，蓋一字也"。②

"梧楷榆柍"一句中"梧"字不見於歷代字書，整理者認爲應是一種樹名。我們懷疑此字可能是"梧"字之訛寫，兩字僅爲"口"與"曰"之別，較易訛混，漢簡中從"口"與從"曰"之字亦常見混同。《廣雅·釋器》"梧""柍"均訓爲"杖"。

"柱橈□支［枝］"一句中首字整理者作"柱"，此字北大簡整理者最初亦釋"柱"，前面已經提到有學者將其正確改釋爲"枉"，因此漢牘本該字亦當爲"枉"字。第三字僅存右側"支"形。漢牘本整理者據北大簡將其補爲"枝"字。

此板亦存在隸寫可調整者，"浧淖漸洳"一句中，首字整理者作"浧"，實當徑隸寫作"淫"。隸書中將"爪"形寫作"曰"形的情況十分常見，一般均按通常寫法釋寫，除此字之外，"爭"字情況亦同，無須贅述。

---

① 等等貓先生認爲應是"潦"字，不過字形上仍有差別，存疑。
② 參丁福保編《說文解字詁林》，第 8556 頁。等等貓先生觀點亦同。

第三章　漢牘本《蒼頡篇》文本整理及五十五章本復原

"溉穿□柘"，北大簡34作"柳櫟檀柘"。由於其文字清晰，釋文準確無疑。而漢牘本此數字的圖版則極爲模糊，無法辨識。漢牘本整理者對兩本間的差別解釋爲"説明閭里書師將此敘述樹名之句，改爲敘事之句"。[①]張傳官先生對此持否定意見。他認爲："此四字筆畫漫漶不清，與《北蒼》對校，上引木牘釋文可疑，《新牘》的説法祇是遷就其釋文所做的解釋……'溉穿□柘'很可能也應該是'柳櫟檀柘'，待考。"[②]我們也不贊同漢牘本整理者所作的釋文及解釋，不同版本間是存在異文的，不過一般都是在同一詞下與語音、語義及書寫習慣等相關的書寫差異，類似的幾乎整句的改變尚未見到先例，也是難以理解的。

第廿四（原失序第一）

……其虎薦蓐……

[莎茘墓蕁。蓬蒿蒹葭。薇]薛莪蔓。蘿[藜薊]荼。薺[芥萊荏]。
[茱萸]蓼蘇。[果蓏]□□。[亲]栗瓠瓜。堅穀極榮。饒飽分□。

此板上下殘斷十分嚴重，且所存文字亦漫漶不清。其最後兩行與北大簡24及25相合。漢牘本整理者所作釋文很多都是據北大簡所補。其中"莎茘墓蕁"中的"蕁"可直接隸寫作"蔓"。此爲隸書常見寫法。

第廿五（原第八板）

胅齋尼晥。餛餓餐餔。幣[帛]羞獻。請謁任姑。禮[節揖讓]。
送客興居。鶉鷁戴雒。雉兔鳥烏。雞雛芸卵。禁[菫茷菹]。
貁獸鄹貙□。貛貐[貂狐]。蛟龍黿虵。黿[鼉黿魚。陷阱罾釣]。

此板與北大簡26～29内容相合。阜陽漢簡C015亦有四句與之相合。"鶉鷁戴雒"一句中"鷁"字北大簡作"雒"，且字形清晰沒有疑問。《説文》兩字相連，且爲互訓："鷁，雒屬"，"雒，鷁屬"。因此該字爲"雒"當無可疑，一般認爲此即後來的"鶴"字。而漢牘本此字僅可辨右側"鳥"形，整理者將其釋爲"鷁"又無解釋，不知出於何故，可徑據北大簡改釋爲"雒"。對於"戴"字，整理者引《急就篇》"鳶鵲

[①] 劉桓編著《新見漢牘〈蒼頡篇〉〈史篇〉校釋》，第46頁。
[②] 張傳官：《新見漢牘蒙書三種校讀筆記》，《出土文獻與古文字研究》第九輯，第354頁。

鴟梟驚相視",并注"顔本作鳶,葉本作戴"。①北大簡此字即作"鳶"。《左傳·昭公十五年》:"以鼓子戴鞮歸。"《經典釋文》:"戴,本又作鳶。"②睡虎地秦簡《日書·甲種》簡51"以廣灌爲戴以燔之"作"戴",整理者亦指出此爲"鳶"的異體字。

"貍獺聊鼠"一句中第二字阜陽漢簡及北大簡本均作"獺",然而細審圖版,漢牘本此字確作"獸",敦煌漢簡本則作"㺉"。漢牘本整理者認爲木牘作"獸"應是在"㺉"(羅振玉原釋,詳情參前)基礎上進一步的訛寫。③然而"獸"與"㺉"(獺)并不形近,訛寫的理由似乎不充分。此字由於亦不見於歷代字書,暫時祇能存疑。

"蛟龍龜虵"一句北大簡作"蛟龍虫蛇",阜陽漢簡後兩字過去釋爲"龜蛇",後張傳官先生據北大簡改釋爲"虺"。漢牘本"龜"字殘泐嚴重,無法據圖版判斷字形,張傳官先生據殘存筆畫懷疑此亦應爲"虺",并推測漢牘本應是據阜陽漢簡本舊釋作出的判斷。④綜合來看,張説更爲可信。"虺"與"虫"詞義相關。《山海經·南山經》"多蝮虫",郭璞注謂"(虫),古虺字"。⑤兩字與"蛇"關係皆近,作爲并列關係而連用文從字順。"虵"即"蛇"之異寫,亦無須贅言。

順帶提一下,"龜蛇"在文獻中亦經常連用。《周禮·春官·司常》:"龜蛇爲旐。"《説文》"旐"下亦謂:"龜蛇四游,以象營室。"而此句之後爲"鼅鼊鼈魚"一句。"鼅""鼊"等確與"龜"義相類。

第廿六

曾笴罘罝。毛舳穀增。收絷縈紆。汁洎流敗。蠹臭腑胆。
貪欲資貨。羨涌越奭。詩語報齎。敢告可于。聞此云主。
而乃之於。縱舍提挈。攜空抵扞。拘取佰䘏。牽引汲㪺。

---

① 劉桓編著《新見漢牘〈蒼頡篇〉〈史篇〉校釋》,第38頁。
② 陸德明:《經典釋文》,第282頁。
③ 劉桓編著《新見漢牘〈蒼頡篇〉〈史篇〉校釋》,第37頁。
④ 張傳官:《漢簡牘〈蒼頡篇〉校讀零札》,《古文字研究》第三十四輯,中華書局,2022年。
⑤ 袁珂:《山海經校注》,第3頁。

第三章 漢牘本《蒼頡篇》文本整理及五十五章本復原

此板内容見於北大簡 29~30 及阜陽漢簡相關簡文。

"宰引汲斛"一句首字前所未見。整理者認爲當爲"觳弓"。從後面的敘述來看似乎認爲"宰"即"觳"字。① 張傳官先生引述陳劍先生意見認爲應改釋爲"牽"。② 此字作▨，其下部從"手"，而"牽"字在西漢後期到東漢時期一般均從"手"。③ 陳說可從。

第廿九

……

□□□孤。拓婐軋䍧。㹆右娩□。猇拥脊道。□□□□。
□□諱猗。領勃醉酤。趑文窊宭。□費欱哺。[細小貧寠]。

此板與北大簡 31、32 有重合。部分内容殘缺，最右側一行（即首行）文字皆失，其餘兩行文字的上部缺兩字，下部缺四字，每行存十四字。整理者在"釋文"部分謂第二行下部"缺五字"，不確。第二行所存最後一字"道"與第三行首字"諱"之間當缺六字，如此全章纔能共有六十字。其第三行最後十二字與北大本簡 32 首三句相應，爲"領勃醉酤。趑文窊宭。差費歔酺"。簡 32 後兩句爲"細小貧寠。气勾貰捈"。其中"細小貧寠"正好爲第廿九板之末，而"气勾貰捈"則爲第卅板之首句。整理者認爲第卅板首句與"勾"相應的字是一個左側殘缺、右側從"台"之字，并推測當爲"貽"字。從殘存字迹來看，該字作▨，當爲"勾"字無疑。

此板第二行所存之字爲"□□□孤。拓婐軋䍧。㹆右娩□。猇拥脊道。□□□□"。其中第一句最後一字爲"孤"。我們認爲北大本簡 31 當爲此章内容，該簡爲整簡，無殘缺，但是僅書兩句"頑祐械師。鰥寡特孤。百廿八"，顯然爲"二十章"本的一章之末。而從北大簡《蒼頡篇》簡背劃痕及此前我們所總結的劃痕距簡頂端的數據來看，簡 31（劃痕左側距簡頂端 7.2 釐米）與簡 32（劃痕左側距簡頂端 8.5 釐米）兩簡之間當缺一枚簡，對應漢牘本則爲"拓婐軋䍧。㹆右娩□。猇拥脊

---

① 劉桓編著《新見漢牘〈蒼頡篇〉〈史篇〉校釋》，第 83 頁。
② 張傳官：《談談新見木牘〈蒼頡篇〉的學術價值》，《出土文獻與古文字研究》第九輯。
③ 相關形體可參于淼《漢代隸書異體字表》，第 74 頁。

遣。□□□□。□□諱猗"五句。

這樣，第廿九板前面所缺的二十二字中又有六字可知，即"頑祐械師。鰥寡"。① 也進一步可知北大本簡 31 上一簡中的後四句十六字屬第廿九板，② 首句四字則當爲第廿八板的末句，不過由於漢牘本及北大本相關文字均已殘缺，目前尚不可得知其內容。

"□費□哺"一句最後兩字均僅存右側部件，整理者據北大簡補爲"歠餔"；首字補爲"差"。

第卅

乞□台貰賒。歌潘閒簡。鼖鼓歌醵。盌娶□如。鄭舞□□。規捐媔嫭。茂噲菁華。咬窔娃媱。□㖄□苴。□朡脂□。鏡□顳比疏。□此□□歬戚。須頯敃□盧。癉疛疥癘。痕疕癰［疽］。

此板全部文字與北大簡 32、33、35、36 相關文字相合，且有部分文字見於阜陽漢簡。

"乞□台貰賒"一句第二字北大簡作"匄"。按照漢牘本整理者的意見該字存右側部件"台"，并進一步推測其當爲"貽"字。我們在上面已經提到從殘存字迹來看，該字當爲"匄"字無疑。

"癉疛疥癘"一句第二字北大簡作"熱"，阜陽簡則存"疒"形。周飛先生曾指出此處古書中"癉熱"常連用，因此阜陽簡此處也應與"熱"有關。③ 漢牘本此字無法辨識，整理者對此字的處理是將其視爲與阜陽漢簡同（包括殘缺部分），尚待考證。

"□㖄□苴"一句首字按整理者的意見僅存右側"㕟"形，并據北大簡將其補爲"啜"字；"鏡□顳比疏"一句第二字按整理者的意見僅存右側部件，并據北大簡將其補爲"鑷"字；"□此□□歬戚"一句第一、三、四三字按整理者的意見均僅存右側部件，整理者據北大簡將第三、四字補爲"揃搣"。

---

① 當然，由於文本間異文的存在，漢牘本此六字（詞）是否寫作此形尚不可知。
② 從簡背劃痕看應當非簡 30，北大簡《蒼頡篇》整理者亦未將其置於一章。
③ 周飛：《〈蒼頡篇〉綜合研究》，第 131 頁。

第三章 漢牘本《蒼頡篇》文本整理及五十五章本復原

第卅一

斿翳簦笠。羽扇韇礜。柯梗和□。條楬繺棑。機杼縢椱。
纴綜絉纑。繭［絲枲絡］。布［絮］繫絮。雙駭輦蕩。危亡盛［盇］。
槃案徒几。鐙鐈赤盧。甂箅鬲鍑。銚鉈鼎壺。服□隹利畫。

此板前四句與北大簡 36 最後一句及 37 相合；後面文字與阜陽漢簡相關簡文重復。整理者對釋文的處理在圖版處與釋文處存在差異，主要是圖版處未將缺釋字標示出來，如第二行釋文徑作 "纴綜絉纑繭布繫絮雙駭輦蕩危亡盛"。① 如此處理勢必會對閱讀圖版者造成不必要的麻煩。

"繭［絲枲絡］" 一句按照整理者的意見後三字是據其他文本所補，不過從圖版來看，"枲" 字作▨，十分清楚，比整理者在其他文字中徑釋之字還要清晰，無須作爲補字，可徑釋 "枲"。"絡" 字阜陽漢簡作 "帤"，整理者據胡平生、韓自強文 "帤，絡之假字" 將此字補爲 "絡"。然此字作▨，亦可徑釋爲 "絡"。

"槃案徒几" 一句中 "徒" 字阜陽漢簡過去釋作 "栖"。漢牘本整理者據《左傳》杜注 "徒，空" 的記載認爲 "徒几" 是 "沒有放物品的几"。② 從意義上看這很難成立。此字作▨，雖然與 "徒" 接近，但是其實應爲 "徙" 字。北大簡《蒼頡篇》簡 68 "徙" 作▨可爲其證。阜陽漢簡此字作▨，從殘存筆畫來看，其亦應爲 "徙"，當改釋。

第卅三

騂騩騅駬。驪□□駒……
菝苩□复□。博學深惟。惷愚……
積德繁比。寔□絜貞。聖察……

此板下部殘缺嚴重。"騂" 字整理者認爲應是 "騂"。按，右側作 "幸" 乃其在隸書中的常見異體，因此可徑作 "騂"。

"菝苩□复□" 一句中首字前所未見，字形作▨，"菝" 字似不見於前代字書，我們認爲此字應即 "菝"。其右側爲 "攵" 而非 "殳"。《説

---

① "布" 字釋文處作 "絲"，釋 "布" 不確。
② 劉桓編著《新見漢牘〈蒼頡篇〉〈史篇〉校釋》，第 91 頁。

文》:"菽,細草叢生也。"

"惷愚"中的"惷",張傳官先生引述陳劍先生的意見認爲應是"惷"字。"惷""惷"兩字有別,陳說可從。①

"騂騥騅駠"一句首字可徑作"騂";最後一字整理者據《急就篇》"騂騥騅駁驪騊驢"將其補爲"駁",認爲即"駁"。

第卅四

靜脉慧窺。遇麐蕃蠢。歆袾同嬴。翩扁循睆。閡 [關閾扃]。
增譄專斯。粲齋宕程。□窐宵隤。父嫗姁甥。懲傷蔑女。
嫚捷隗丁。曠疑齰圉。表絽絢絣。律凡卯戍。闒踐鼎杙。

此板第四句至第六句重見於北大簡 73;後四句則與北大簡 71 前四句合。

"閡 [關閾扃]"一句首字北大簡整理者最初釋"閡",我們在前面已經提到有學者改釋爲"閡"。漢牘本此字作▨,"門"內所從顯然亦爲"亥"字,這也進一步印證了北大簡 71 學者改釋的正確性。漢牘本整理者未察新釋,因此誤將此字釋與北大簡初釋同。

"靜脉慧窺"一句中首字可徑釋爲"静"。"慧"字作▨,其上部所從與漢代一般"慧"字寫法存在差異,不過却與漢簡中常見的"槥"相合。如肩水金關漢簡 73EJT6:14"槥"作▨,居延漢簡 157.20"槥"作▨等。

"增譄專斯"一句中"專"與北大簡本同,北大簡作▨,確爲"專"字無疑。漢牘本此字作▨,其上部從"八"形,與"專"并不相符,在其他同期文獻中亦未見此種寫法,如果從整體上看與"尊"似乎更接近。我們認爲此寫法應是受其上兩字"增譄"的影響所致。此二字所從之"曾"上部即作"八"形。這種由於上下文影響導致部分筆畫發生訛變的情況在漢簡中并不罕見。如居延新簡 EPT59:3"未央貧急軟弱"一句中"軟"字作▨,右側所從顯然受下一字"弱"的影響致誤,此外比較常見的如"社稷"之"稷"常受"社"之影響寫作"禝"等。

---

① 張傳官:《談談新見木牘〈蒼頡篇〉的學術價值》,《出土文獻與古文字研究》第九輯。

在古書流傳中亦見有受上下文影響導致偏旁改變的情況，王引之在《經義述聞·通說》中謂："家大人曰：經典之字，多有因上下文而誤寫偏旁者。"王氏所舉有《尚書·堯典》"璿璣玉衡"中"機"作"璣"，《詩經·大雅·緜》"自土沮漆"中"徂"作"沮"，《詩經·周南·關雎》"輾轉反側"中"展"作"輾"等。①

"粲齌宕程"一句中的"齌"是一個未見過的字。漢牘本整理者提到："《說文》載有'齍'，訓'稷也'。字亦作粢。稷就是穀子。"②將該字與"齍"聯繫起來有一定的道理。漢簡中從"禾"與從"米"之字確實經常互作，不煩舉例。傳世文獻"粢盛"均作"粢盛"亦與此相關。不過作者認爲"粢"爲"白粢"之略稱則值得商榷。《說文》："粲，稻重一秅，爲粟二十斗。爲米十斗曰毇，爲米六斗太半斗曰粲。"這說明"粲"本身便有"舂"義。此外《說文》禾部還有一個"䅯"字，訓爲"穧刈"。

"律凡卯戌"一句北大簡原釋作"律丸内戌"。整理者所釋"戌"應爲"戍"之誤。我們在前面已經提到有學者將北大簡"内"改爲"宂"。張傳官先生亦據北大簡及漢牘本字形認爲"凡"當改釋爲"丸"，"卯"當改釋爲"宂"。③

"闉踐鼻杅"一句中第三字北大簡作▆，整理者認爲即《說文》訓爲"壯大也"之義的"奰"，此字亦作"奧"。漢牘本此字與北大簡本同，整理者則釋爲"鼻"，認爲即《說文》訓爲"舉目驚眿然也"的"䁝"。由於"杅"字所能提供的辭例參考價值并不明顯，加之兩字均少見，如果穩妥處理應存疑，不過從字形上看我們更傾向於北大簡整理者的意見。

第卅六
賴狁播秆。毀𣪠□□戲。媔婆眇婧。始䌹□□。訏贔鼠瑩。

---

① 王引之:《經義述聞》，虞思徵、馬濤、徐煒君點校，第1962頁。
② 劉桓編著《新見漢牘〈蒼頡篇〉〈史篇〉校釋》，第94頁。
③ 張傳官:《談談新見木牘〈蒼頡篇〉的學術價值》，《出土文獻與古文字研究》第九輯。

罪蠹訟部。連患□㐌刑。韰鐧鞺韜。鈕繯紛軡。橑□札柧。
楼結屋轊。詢□巨垂缶。釜甞瓵簽。瞠賊躣□。和和□精。

此板前六句與北大簡 69、70 相合，同時一部分內容亦可與阜陽漢簡合。

"賴犹播耕"一句中最後一字北大簡作"耕"。漢牘本整理者也在此字後括注爲"耕"，這應該是没問題的。而且漢代簡牘中將"耕"寫作"秄"的情況也不在少數。如肩水金關漢簡 73EJT23：917"耕"即作 。不過此字作 ，仔細檢查字形，其左側所從亦可能爲"木"。若確實如此，則"耕"在漢代異體又有從"木"作者。①

"始縈□□"一句北大簡作"姑縈姍縢"。兩本首字不同。北大簡該字作 ，確爲"姑"字，而漢牘本作 ，亦爲"始"字無疑。我們認爲此處應以作"姑"爲是。漢牘本作"始"應爲誤字。秦漢簡牘中有些"占"字的寫法與"合"相近。漢牘本將"姑"誤寫爲"始"亦可能與"占""合"形近有關。

"釜甞瓵簽"一句最後一字整理者釋"簽"，并括注爲"罃"。此字作 ，下面筆畫比較模糊。我們認爲此字應可逕釋爲"罃"。漢簡中"垂"形經常寫作與"缶"同或相近，過去亦經常因此造成相關的誤釋。②這應該是溝通從"垂"與從"缶"之字的路徑。

"連患□㐌刑"一句中第三字整理者補爲"弛"；"橑□札柧"一句最後一字整理者補爲"柿"，不確，準確釋寫當作"柹"。

第卅七

涓滿汰濡。襦依嬧婧。佽我臭伏。泄兜詙輕。錦繡繢縵。
紃綸組纓。台佁昏晦。洒缺甌餅。屈空鄰揄。輻枊輮筆。
婬□卓翟□孰。□抌濁清。蚎電涉渡。蹇攣陵萍。俯頄□□。

"佽我臭伏"一句中"我"字整理者亦持有懷疑意見，從字形上看

---

① 當然，由於"木"與"禾"形近，而從"木"之"耕"又未見於他簡，則此亦存在爲"秄"之誤寫的可能。
② 可參于淼《說汲甀》，《古文字研究》第三十三輯，中華書局，2020。

無法確識。整理者認爲這一句意爲"給我吃伏天變質的食物"。①我們認爲可信度不高。

"紃綸組纓"一句中第三字整理者釋"組",從前後文義來看應該是正確的,"紃""綸""組""纓"均爲"繩""綏"之義。不過此字作▨▨,其右側如果仔細觀察似爲"旦"字。與這種寫法類似的"組"在漢簡中亦有其例,如居延漢簡14.23"組"作▨。當然此亦可能爲"組"之誤寫。里耶秦簡《更名方》"故旦今更如此旦"。學者們已經指出:"此處所示兩字形的差別,可能是前者所從的'日'中一橫與兩側的竪筆相接,并寫得易與'且'字相混。"②此處的"組"字右側寫作與"旦"形同正是秦漢文字中兩者形近易混的寫照。

"屈空鄰揄"一句第二字等等貓先生改釋爲"窑"。③可從。

"𧮰珧濁清"一句中首字似僅存右側部件,整理者將其補爲"珨",不過并未解釋。此字不見於早期字書,我們推測將其左側補足的根據大概是下一字的"珧"。

"蹇攣陵萍"一句中,前兩字整理者認爲:"應即蹇連,《漢書·叙傳上》:'紛屯亶與蹇連兮',顔注引《易·蹇卦》六四爻辭曰:'往蹇來連',謂指'險難之時'。古連與聯通用,二字爲古今字(《説文》段注),連可通攣。"④雖然古書"攣""連"通用之例甚多,整理者的解釋也可自圓其説。我們仍打算提出一種新的意見。《説文》:"蹇,跛也。"而"攣"在古書中亦常指手足彎曲之疾,因此從這個意義來看將兩字看作同義(類)并列也是完全可以的。

"俯□頁□□"一句中第二字存右側"頁"形,整理者補爲"頯",不過在具體解釋的時候又謂"俯同頯",并引《説文》及段玉裁等的説法

---

① 劉桓編著《新見漢牘〈蒼頡篇〉〈史篇〉校釋》,第101頁。"佚"字被整理者認爲應讀爲"唊"。
② 陳侃理:《里耶秦方與"書同文字"》,《簡帛文獻與古代史——第二屆出土文獻青年學者國際論壇論文集》,中西書局,2015,第129頁。
③ 等等貓:《新見漢牘〈蒼頡篇〉釋文補正及相關問題淺論》,復旦大學出土文獻與古文字研究中心網站,2023年11月16日。
④ 劉桓編著《新見漢牘〈蒼頡篇〉〈史篇〉校釋》,第102頁。

説明"頫"有低頭之義。其後文又謂此處"'俯頫'連言,猶第五一板'脚脚䏱尻','脚脚'爲同一字而連言"。①這應該是有問題的。最主要的是没有解决"俯"與"俯"的關係,雖然我們亦認爲"俯"當即"俯"之異寫,但是整理者在前者下并未括注爲"俯",後文亦未對兩者關係進行解釋。此外,關於"俯"與"頫"的關係,雖然唐人古注中亦曾謂"頫,古俯字",不過最近一般認爲"頫"讀與"俯"同應爲同義换讀。②清人徐灝在《説文解字注箋》中已經指出:"頫俛俯三字各有本音,因其義同互用并讀爲俯。"③此誠爲卓識。因此簡單地以"同"來判斷兩者的關係自然也是有問題的。

此外,作者還提到了第五十一板"脚脚"的問題,我們亦在此簡單討論一下。漢牘第五十一板有此句,釋文爲"脚脚䏱尻"。考之圖版,第二字作▆,似乎確爲"脚"字,亦與當時一般寫法相合。而首字作▆,其中間部件無法確定爲"去"形,我們很懷疑其爲受下面"脚"字影響而寫錯的字,其中間的筆畫似乎并不成字。而且作爲字書的《蒼頡篇》,没有必要將一個字寫兩遍收入。即使從雙音詞的角度來看,"脚脚"亦不能成詞,因此其本來必非"脚脚"二字。④

第卅八

鼇孔……罯吴。□錯鋆銅。羼豹栽□。
冰滑蠋血。䨢電威營。顧離和頛。鼎甒楢萍。釜挐陂□。
□阤者□阤。□㤊隉□。□殳領□槿。横□□勉。皮□□□。

此板第九句至第十一句重見於北大簡 76。不過漢牘本文字漫漶得比較嚴重,我們祇能將整理者所作釋文列出,并對相關文字的情況進行説明。"吴"字整理者括注爲"興?";"□錯鋆銅"一句首字整理者括

---

① 劉桓編著《新見漢牘〈蒼頡篇〉〈史篇〉校釋》,第 102~103 頁。
② 參裘錫圭《文字學概要》(修訂本),第 211 頁。
③ 參丁福保《説文解字詁林》,第 8851 頁。
④ 張傳官先生亦認爲此非"脚"字,他的意見是此字中間部分爲"桼",而該字應爲"膝"之異體。參《談談新見木牘〈蒼頡篇〉的學術價值》,《出土文獻與古文字研究》第九輯。

注爲"鐵",第三字等等貓先生徑釋爲"鋚";①"冰滑蠾血"一句第三字整理者括注爲"蠾",由於早期文字從"血"與從"益"之字常可互通,考慮到"蠾"字見於字書及文獻,我們認爲可將此字徑釋爲"蠾";"鼎甗楯萍"一句第二字整理者括注爲"垣",《説文》"垣"字籀文作"䇕";"虵挚陬□"一句第二字整理者懷疑爲"挈"字的訛寫,此字北大簡作"挈",整理者亦懷疑爲"挈"字的訛變形體;"□阝者□阝阝"一句中後三字整理者分別括注爲"陼""郝""鄄";"皮□□□"一句第三字整理者括注爲"爕"。

第卅九

䘒盧䵎獉。狗獂躠䟾。婣𥣰娺餀。䉩掇䚇䚇。膈聊脯［䒥］。

級絇絈繏。表裏䫇□䫈。□䪴䊀䊪。濩䐉移惑。短篤翼□。

何繭梟既。犖婏［娪晉］。迊□圧臚。與頻庚請。齋購件［妖］。

此板第二句至第六句重見於北大簡 B66+B22+B23；第十二句至十四句則與北大簡 67 內容相合。

"䘒盧䵎獉"一句首字整理者認爲即"鹽"字,認爲此是"'鹽'不從'臣'的一種寫法",舉趙平安先生文（引者按,即《戰國文字中的鹽及相關資料研究》）中所釋包山楚簡中的"鹽"（引者按,作𥂁形）,認爲"漢隸䘒字實由此形演變而來",又認爲"䘒盧應讀爲鹽鹵"。②不過整理者此説并無字形上的確鑿證據。漢隸中"鹽"字作"䘒"未見其例,直接上溯至戰國文字還存在中間環節的缺失。而由於此字圖版并不十分清楚,其究竟作何形仍有待進一步考察。

"婣𥣰娺餀"一句中第二字北大簡作"𥣰",漢牘本該字作，左側所從確實爲"昔"。不過"𥣰"字似亦未見於字書,雖然這可能是漢牘本的一種獨特寫法,但也不能排除其爲"𥣰"之誤寫的可能。居延漢簡 29.3"陽朔元年六月吏民出入籍",其中"籍"字作，將其右側所

---

① 等等貓：《新見漢牘〈蒼頡篇〉釋文補正及相關問題淺論》,復旦大學出土文獻與古文字研究中心網站,2023 年 11 月 16 日。

② 劉桓編著《新見漢牘〈蒼頡篇〉〈史篇〉校釋》,第 105 頁。

213

從之"昔"訛寫作"黃",與此可相印證。

"斟掇謍譻"一句最後一字應即"譻"字,此字見於《説文》。且隸書中"音""言"形近。此字下部所從應即"言"。整理者釋文處作"謍",不過在後面的解釋處又徑作"譻"。

"級絇絚絣"一句第三字我們在討論北大簡時已經談到有學者將此字改釋爲"笡",則此字應改釋爲"綎","綎"可通"笡"。此外,"絣"可徑作"絟"。

"表裏䚫𧝞"一句最後一字整理者大概是據前一字將其補爲"䚫"。不過此字似亦未見於早期字書;"□翰旄狳"一句中第二字整理者括注爲"翰",最後一字則爲"旄",不過"狳"與"旄"從文字使用的角度來看不具備相通的可能,考慮到前者不見於早期字書,我們懷疑此字也許本就作"旄",圖版不清加之兩形體較爲接近導致了誤釋。①

第卌二

銷錮虢堵。尋尺寸咫。賨普諫敦。櫃飭柰璽。□□□□。
胻偏槊槊。淺汙旰復。季孟端㟷。罷鉚□□。□□餒䗚。
驕獿莫邪。庶欻狼□卒。媚敵蠻如。瞋䀹赲恚。魃□多□□。

此板第三句至第七句見於北大簡39,後五句見於北大簡38及40前三句。此外亦有部分文字見於阜陽漢簡。

第二行"鉚"與"餒"之間整理者認爲"缺六字",然而實際上所缺應爲四字。"餒"後一字字迹漫漶不清,整理者在圖版及釋文處所作釋文不同,釋文處所釋亦顯然不成字,暫依其釋文處所釋。

"庶欻狼□卒"一句中最後一字應據北大簡改釋爲"芈",此不贅述。

"胻偏槊槊"一句首字右側筆畫有殘缺,此字北大簡作"膩",諦審漢牘本該字右側所存筆畫,可徑釋爲"膩";"媚敵蠻如"一句最後一字北大簡作"姝",整理者釋文處未據補;"魃□多□□"一句第二字整理者

---

① 當然,兩種形體由於確實接近,也不排除書寫者將"旄"誤寫爲"狳"或近似形體的可能。

據北大簡補爲"袳"。

第卌三（原第卌三甲）

□□□和。［娭婷點］媿。聲嫛［嬬媞］。頰壞□睘卶。□序叟□。
癗效□旬人。□□學赿。嫥膊姚瀞。滄□每起赴。□忄□㝩。
裂□今是。亻□□奏斬。□犾誘黨亻。池□冷□。□各□□□。

此板前七句重見於北大簡 40 及 41，不過字迹十分模糊，幾乎難以辨識。

"聲嫛［嬬媞］"一句整理者釋文在"嫛"下有一"如"字，顯然不確，如此則此句爲五字，不合於常例。

"［娭婷點］媿"一句中前三字據北大簡補，然而首字北大簡作"娭"；"頰壞□睘卶"一句後兩字據整理者意見分別存右側及左側部件，其據北大簡補爲"螺虢"；"□序叟□"一句首字，整理者將其作爲未釋字，又據北大簡將其括注爲"廎"，第三字據北大簡補爲"戌"；"癗效□旬人"一句後兩字據整理者意見僅存右側部件"旬"與"人"，其據北大簡分別補爲"姁"與"臥"；此外，"滄□每起赴"一句中間兩字整理者分別括注爲"海"與"趡？"。

第卌六

加酌轝羝。放赦亦錯。葦苻編維。稼荬助匹。崔鑽右□。
訽駾譴員。芊種穀多。廕踵煖釘。哭坈由蜫。刑㝮鉤䘸。
肱灰蕈迷。梧域邸造。胼穀玥耆。侯騎淳汨。決議篇稽。

此板最後四句見於北大簡 44 前四句。

"加酌轝羝"一句中第三字作▨▨，整理者認爲此即"輁"字，并引《集韻》："輁，車馬聲。或作駍。"并認爲"羝通砥"，兩字"似指牧場道路之平"。[①] 仔細考察該字，其并非從"馬"從"平"，上部所從當爲"虍"，而下部亦非"平"而是"乎"，[②] 因此當釋爲"虖"。《説文》："虖，哮虖也。"此外，秦漢時代"虖"或表"乎"，如北大簡

---

① 劉桓編著《新見漢牘〈蒼頡篇〉〈史篇〉校釋》，第 116 頁。
② 漢簡中"平"與"乎"形近，亦常互相訛寫。

《老子》138"緜緜若存"等。①

"葦苻編維"一句中首二字整理者釋文作"葦苻",不過在解釋的時候又逕作"箽符"。前面我們已經提到漢簡中"艹"與"竹"作部件時經常不區别,因此該兩字釋文可逕作"箽符"。此外"肬灰薑迷"一句中"薑"似亦當爲"簧"。

"詷駬譴員"一句中首字整理者亦謂"字書無載"。我們認爲此應即"詗"字。兩者僅有"冂"上一點有無的區别,書寫時混同是完全可能的。這與漢簡中從"宀"之字與從"冖"之字的混同是同類的。東漢《張納碑》"迥"字即作"逈"形,更爲我們的説法提供了直接的證據。②

"哭垸由蜫"一句最後一字,等等貓先生認爲出韻,應爲"蠅"字訛寫。③然詞義不明,存疑。

"梧域邸造"一句中,北大簡首字整理者最初亦釋"梧",後被學者改釋爲"悟",不過漢牘本該字確實從"木",釋"梧"無疑。因此北大簡作"悟"、漢牘本作"梧"可視爲異文。

第卅七

如則□蒙期。耒旬絭氏。門□〔錯鏨葆。㞟據趑等。祝匝隃闠〕。
鈐鏽閨悜。馬□丂□柳……
泫沄孃婭。㔿弟絰□。阝□□……〔舉〕

此板下部殘缺嚴重,從所保存的部分來看又重見於北大簡44、簡45、簡12及簡13。

"如則□蒙期"前兩字據整理者意見僅存左側部件,據北大簡補爲"媸欺";"門□"字僅存左側,亦據北大簡補爲"閼";"馬□丂□柳"一句前兩字據整理者意見分别存左側"馬"形與右側"丂"形,亦據北大簡

---

① 等等貓先生亦有此看法,無説。參《新見漢牘〈蒼頡篇〉釋文補正及相關問題淺論》,復旦大學出土文獻與古文字研究中心網站,2023年11月16日。
② 參董憲臣《東漢碑刻異體字研究》,九州出版社,2018,第305頁。
③ 等等貓:《新見漢牘〈蒼頡篇〉釋文補正及相關問題淺論》,復旦大學出土文獻與古文字研究中心網站,2023年11月16日。

第三章 漢牘本《蒼頡篇》文本整理及五十五章本復原

分別補爲"騁"與"虧"。

第卅八

厭歹殘紀。濕䩺劇職。裝裂盡止。瀸綦璊踖。庰諈訶駿。
隆蜹翳鵾。底稷蟬母。瞽夕胜肳。澡潄竭起。逆獨降問。
惝踰攣唌。惶恇忘罵。詰諱舘士。剖判稍辨。鬛□臾□□。

"瀸綦璊踖"一句中"璊"字不見於字書及文獻所載，整理者認爲此即《説文》之"鬗"，從文字構形來看，此説應可信；最後一字整理者認爲應即蹈字。今按，此字可徑釋爲"蹈"。我們在前面討論馬圈灣漢簡 639 中"陶"字（字形作▇）時曾經説過漢代文字中作爲偏旁，從"言"與從"缶"可以相通用，并舉了"瑤"字在《西嶽華山廟碑》及《禮器碑》中分別作▇、▇等爲證。

"庰諈訶駿"一句第三字等等貓先生認爲應是"詾"字，可讀爲"恟"。① 待考。

"底稷蟬母"一句第二字整理者認爲即"稷"，并舉《甲金篆隸大字典》所引武威漢簡《有司》相關文字爲證。此字作▇，確實與武威漢簡《儀禮》中的"稷"相符。② 而這種寫法的"稷"在其他文獻中均未見。武威漢簡《儀禮》甲本的年代據最新的研究應爲始建國二年（公元 10 年）以後的新莽時期。③ 而漢牘本的年代我們前面已經提到，可以到東漢初年，與武威漢簡《儀禮》甲本的年代相當，因此這種形式的"稷"很可能是這一時期的一種"曇花一現"的特殊寫法。

"瞽夕胜肳"一句中"胜"在秦漢簡牘中極爲少見，一般是用爲"腥"；而"肳"則似乎未見於秦漢文字中，傳世文獻中一般與"吻"同。

"惝踰攣唌"一句最後一字等等貓先生認爲應爲"恥"字。④ 存疑。

---

① 等等貓:《新見漢牘〈蒼頡篇〉釋文補正及相關問題淺論》，復旦大學出土文獻與古文字研究中心網站，2023 年 11 月 16 日。
② 參陳榮傑《〈武威漢簡·儀禮〉整理研究》，西南大學碩士學位論文，2006，第 52 頁。
③ 劉大雄、何玉龍:《武威漢簡〈儀禮〉年代問題補説——甲本的抄寫年代及相關問題研究》，《簡帛》第二十一輯，上海古籍出版社，2020，第 257~267 頁。
④ 等等貓:《新見漢牘〈蒼頡篇〉釋文補正及相關問題淺論》，復旦大學出土文獻與古文字研究中心網站，2023 年 11 月 16 日。

217

"惶怚忘罵"一句中整理者在釋文處作"罵",後面解釋的時候作"駡",雖然兩者祇是一字的異寫,但是從書寫嚴謹的角度來看應保持一致。《說文》"罵"即從"网",而目前所見漢代文字均如此作,如武威"王杖十簡"中"罵"作▨,而漢牘本該字作▨,亦從"网"。

第卌九

贖黖黴□會。狂獮㺲獀。嬗婢纂檀。朐姸嬾蕿。嬗騠他脫。
雁阿段□。袒屑穉權。強寄倚留。蒛莽藍蒔。芑杞蒻茅。
猶常衾土。橘蕬萋苞。塵埃票風。嫛婗寄擾。嫛䯂嬈嬉。

此板最後五句與北大簡 16 相合。

"猶常衾土"一句首字北大簡作"猜",字爲▨,確爲"猜"字無疑。而漢牘本文字爲▨,字迹有些漫漶。不過可以確定其左側所從絕非"犭"而似是"亻",因此確實存在釋"倄"的可能。如此,則北大簡爲誤書。《說文》:"猜,恨賊也。"《方言》:"猜,恨也。"《廣雅·釋言》:"猜,疑也。"《說文》:"常,下帬也。从巾尚聲。裳,常或从衣。"段玉裁注:"引伸爲經常字。"北大簡整理者對"猜常"的聯繫提出了三種可能:讀"猜"爲"采","采常"即"彩裳";讀"猜"爲"裁","裁常"即"製裳";讀"猜"爲"載",載裳的聯繫可見於《詩經·小雅·斯干》"載衣之裳"句。① 現在看來確實都很勉強。漢牘本整理者認爲"常"可讀爲"長",則"倄長"可成詞。② 可備一說。③

"嫛䯂嬈嬉"一句中第二字北大簡作"欼"。字爲▨,所釋準確無誤。漢牘本此字作▨,右側并不清楚。不過值得注意的是漢簡中"亥"與"夾"形經常寫得形近。如居延新簡 EPT4:83"乙亥"之"亥"作▨,即與"夾"形近,類似的情況還有很多。漢牘本整理者亦承認

---

① 北京大學出土文獻研究所:《北京大學藏西漢竹書》(壹),第 86 頁。
② 劉桓編著《新見漢牘〈蒼頡篇〉〈史篇〉校釋》,第 123 頁。
③ 由於漢牘本該字并不清楚,無法確釋,而北大簡的"猜"字則可確定,因此從這一角度出發,似乎也可以北大簡作"猜"爲定點,則漢牘本此字或爲"倩","倩"與"猜"相通之例甚多。

"戁"字字書失載,懷疑應讀爲"䫈"。① 這種釋讀并沒有依據,因此將此字釋爲"戁"是有問題的。

再看本句的其他三字:"嫯",《説文》謂"易使怒也";《廣韻》"嫯,輕薄之貌";"嬈",《説文》:"苛也。一曰擾、戲弄也,一曰嬥也。""嬉",《説文》謂:"好枝格人語也。一曰靳也。"段玉裁注:"《左傳》注曰:戲而相媿曰靳。"而"赨"字,《説文》謂"赤黄也。一曰輕易人赨姁也",顯然與其他三字語義相近,由此看來當以作"赨"爲是。

"黷黙黴□會"一句最後一字整理者補爲"黪"字,從前三字均從"黑"作來看,應該是可信的。

第五十

嫺嫻肥庹。帔幨裘褐。毹屨嫛袍。鷸决婁愁。雋儔孽樛。
䪴䪴齫齞。齧繞黜劓。弄數券挈。筆研筭籌。鞠窾訐窞。
陛犴監牢。沈滲染漚。井湛□浮。槃拔攢歃。牒熬□灰□。

此板前兩行文字重見於北大簡 17 及 18,有較多異文。

"嫺嫻肥庹"一句第四字,北大簡作"庹",字爲▓;漢牘本該字則作▓,整理者也承認此字"字書未載",并認爲"從本板押韻看,似即麀麕"字。② 然而《蒼頡篇》本有確定無疑的"麀"字,因此其説不可信。考慮到"人"與"匕"的形近,此字應同北大簡,釋爲"庹"。③ 第三字,北大簡作"范"。而漢牘本此字作▓▓,確爲"肥"字。張傳官先生則認爲此字右側所從亦可視爲"巳"。漢代文字中此形與"巴"均可寫作"巳",如此則可與北大簡"范"相通假。④ 此説確實可將兩本間的異文聯繫起來。不過由於"肥"字不見於早期字書及文獻,加之北大簡"范"字在此處較難理解,而"肥庹"顯然語義比較明確,因此其本作"肥"的可能性也是不能排除的。

"毹屨嫛袍"一句首字未見於字書,北大簡及阜陽簡均作"毻"。該

---

① 劉桓編著《新見漢牘〈蒼頡篇〉〈史篇〉校釋》,第 124 頁。
② 劉桓編著《新見漢牘〈蒼頡篇〉〈史篇〉校釋》,第 125 頁。
③ 不過北大簡"庹"字的寫法此前亦未見。
④ 張傳官:《談談新見木牘〈蒼頡篇〉的學術價值》,《出土文獻與古文字研究》第九輯。

字以"夯"爲聲符,"鯍"當從"卷"聲,據《説文》"卷"從"𢍏"聲,而"𢍏"又從"釆"聲,"夯"與"釆"在《説文》小篆中是不同的兩個字,不過隸變之後兩字作爲偏旁混同。這在漢簡及漢印中均有充分的例證。① 因此"鯍"與"𩶭"的基本聲符相同,可相通假。

"齧繞黜劉"一句中最後一字北大簡作"勠"。"劉"字在傳世字書中最早見於《廣韻》,謂"同勠",而在目前所見漢唐間文字資料中似均未見此寫法,因此可爲該字提供早於《廣韻》的來源。當然,由於漢牘本的時代與《廣韻》時代相隔太遠,加上中間并無其他材料作爲過渡,而古文字及隸書中"刀"與"力"形近,我們也不能排除漢牘本的這個寫法祇是"勠"字訛寫的可能。

"井湛□浮"一句第三字整理者懷疑是"沈"字,雖然字迹模糊,無法辨識,但是由於上句"沈瀏染漚"已有"沈"字,因此該字不太可能再釋爲"沈"。

"䉤拔攢歇"一句中最後一字不見於早期字書及文獻,我們懷疑此應即"劂"字,文獻中亦作"斪",通常作"銚",有"鍬""舌"之義,與"攢"字義正相應。《説文》:"攢,一曰穿也。"

"牒熬□攽□"一句首字漢牘本整理者左側作"斤",我們前文已經提及整理者對類似情況隸寫的問題,此不再贅述,可徑作"牒"。第三字據整理者的意見存右側部件。

第五十一

舜茜領肫。舌脣題頯。匈脅指拇。脚𦚾腓尻。少唯酒肯。
掎投役罩。毀没共涿。殄泛欨仇。渾面澤濮。鄆邘鄑郎。
褗闉媚娓。刪粺具曹。諶對探徵。減把操抱。訶曉孱意。

此板未見於此前各本《蒼頡篇》。其中有個别文字不見於歷代字書。"脚𦚾腓尻"一句中首字的討論已見於第卅七板,此處不再贅述。

---

① 目前所見秦簡及漢初簡帛中"卷"均從"夯"作,提示我們《説文》對它的分析很可能是錯誤的。"釆"與"火"形相近。相關問題可參羅小華《説"关"》,《出土文獻研究》第十七輯,中西書局,2018。

"舜茁領肫"一句中第二字整理者認爲即"肶"字,却并未作出解釋。"肶"字不見於早期字書及文獻,應是一個後起的俗字。我們認爲此應爲"腦"字。《説文》"腦"作"匘"。睡虎地秦簡《封診式》簡57"腦"字作"㗉"。① 馬王堆帛書《五十二病方》則或與此同或加"匕"形,可見在古隸階段已經將"腦"字所從的"囟"寫作"山"形。漢代文字中上部的"止"形與"艹"形常書寫得極爲接近甚至混同,以北大簡"前"爲例,《周馴》簡16"前"字作〔圖〕,《趙正書》簡42"前"字作〔圖〕,其所從之"止"均與"艹"形接近。《周馴》:"爲人君者,不可以不好聽,不好聽則毋(無)從智(知)下之請(情)。故必聽而勿聞,智(知)而默前。此諺之所謂曰'不狂不聾,不能爲人公'者也。"所謂的"前"字作〔圖〕,劉樂賢先生認爲當改釋爲"筋",正確可從,而整理者誤釋的原因亦在於從"止"與從"艹"的形近。②因此將"㗉"形混寫成"茁"形就可以理解了,再追加形符"肉"當然也完全符合文字的構形理據。《墨子・雜守》:"寇至,先殺牛羊、鷄、狗、烏、雁,收其皮革、筋、角、脂、䒑、羽。"孫詒讓引畢沅説:"䒑,即《考工記》剒字,本腦字之訛也。"③《玉篇》:"匘或作腦,亦作𦛗。""䒑"與"腦"亦與"茁"形關係密切,因此將本字釋爲"腦"應是可信的。④

"舌脣題䪻"一句中最後一字不見於歷代字書。整理者認爲此即"頞",亦作"䪻",并舉古注中"頞"與"䪻"相通的例子。⑤《經典釋文》:"頞,顋也。""顋"與"題"義近。從字形及相關文字的意義來看,其意見可從。

"掎投炟罨"一句中最後一字整理者括注爲"罨"。此字作〔圖〕,

---

① 參陳偉主編《秦簡牘合集(釋文注釋修訂本)》(壹、貳),第286頁。
② 劉樂賢:《北大簡第三册形近字辨析二則》,載趙平安主編《訛字研究論集》,中西書局,2019,第214~223頁。
③ 孫詒讓撰,孫啓治點校《墨子閒詁》,中華書局,2001,第634頁。
④ 等等貓先生亦持此觀點。參《新見漢牘〈蒼頡篇〉釋文補正及相關問題淺論》,復旦大學出土文獻與古文字研究中心網站,2023年11月16日。
⑤ 劉桓編著《新見漢牘〈蒼頡篇〉〈史篇〉校釋》,第127頁。

確爲"罒"下"羊",當爲"罺"之異體。《後漢書·馬援列傳》李賢注引《東觀記》曾記載馬援因"罺"字異體繁多的情況上書:"臣所假伏波將軍印,書伏字犬外嚮。成皋令印,皋字爲白下羊,丞印罒下羊,尉印白下人,人下羊。即一縣長吏,印文不同,恐天下不正者多。"①事實上"罺"在兩漢的異寫不僅限於馬援所述,張頷先生在《"成皋丞印"跋》一文中也有過很詳細的討論。②

"殄泛酘仇"一句中第三字可徑釋爲"敵"。

"湩函澤濮"一句中第二字整理者認爲即"函"。此字與西漢後期部分"函"的寫法確實相合,其意見可從,不過該字當徑釋爲"函"。

第五十二

鱗麒詣綬。完矜覤代。究奧傀儒。刵□□閣。泠容遏[包]。
穗稍苦姎。□扰亇施衺。狄署□賓。□舌篤□瞽。鵫害軒感。
□攴燔窯。□秭麻□。□殳藥麴糟。[飫猷然稀。丈衾牒膠]。

此板除前三句外與北大簡14、簡15及簡20前兩句相合。部分文字重見於阜陽漢簡。

"鱗麒詣綬"一句中首兩字整理者認爲相當於典籍中的"麒麟"。其次字確爲"麒",而首字作▨,其右側雖然模糊,但是從下面的捺筆可知其并非"粦"字,從筆畫走勢上看似爲"夌",因此該字或爲"鯪"字。

"□殳藥麴糟"一句中第二字釋文部分作"藥",而解釋内容則作"藥"。此字北大簡作"薬",今通作"藥"。整理者在釋文部分當爲誤錄文字。順帶説一下,"薛"與"薛"在漢代文字中確實形近,有時甚至不易區別。如作爲姓氏的"薛"字,有一部分寫作與"薛"形同,如肩水金關漢簡73EJT37∶779作薛等。施謝捷先生將漢印中的相關文字均改釋爲"薛"。受此影響,一些學者亦將漢簡中的相關文字改釋

---

① 《後漢書》卷二四《馬援列傳》,第839頁。
② 張頷:《"成皋丞印"跋》,《古文字研究》第十四輯,中華書局,1986;收入《張頷學術文集》,中華書局,1995。

爲"薛"。①

此板有相當一部分文字筆畫有殘缺。"泠夻遏［包］"一句中第二字僅存上面"穴"形，整理者據北大簡補爲"竀"；"□大□宁施裹"一句第二字存右側部件，整理者據北大簡補爲"貯"；"狄署□武賨"一句第三字據北大簡補爲"賦"；"□舌□鳥□戓鳖"前三字據北大簡補爲"猺""鶯""馶"；其中，首字前面我們在北大簡釋文的討論中已經談到學者將其改釋爲"猺"，漢牘本整理者據錯誤釋文補，不確；"乾□害軔□感"一句第一字與第三字整理者據北大簡分別補爲"贛"與"輟"；"氏秭麻□"一句首字據北大簡補爲"秅"；"□殳蘗麴糟"一句首字亦據北大簡補爲"釁"。

第五十三（原第五十三甲）

竊鮒解隋。鱣鮪鯉鯌。憯牪瀹羯。魵鱉狞羔。宛暑暖［通］。
坐邌譙求。蓡閻堪況。燎灼煎炮。快狡息寐。㝱寢□□。
訽診辱耽。亶擅隱脩。魳□淫回。雷簾難條。惡蘭攺□。

此板前八句與北大簡20（後三句）及簡21内容相合。

"㝱寢□□"一句中首字未見於字書，漢牘本整理者亦未對該字進行説解。我們認爲此即"夢"字。《説文》謂"夢"字爲"从夕，瞢省聲"。此種寫法與戰國楚文字相合。從東漢碑刻文字來看，其亦與《説文》對字形的分析相近，如傳世《孫叔敖碑》及《劉熊碑》之"夢"字。②此外，漢印所見亦與此同。③不過從秦及漢初文字來看，此字上部所從則與"臺"字上部相同。如馬王堆帛書《經法》"夢"作夣等，而此種寫法與"高"字相近，如北大簡《老子》"高"作高。這是字形上的證據。此字前後文字可識别者分别爲"息""寐""寢"，與今"夢寐"之"夢"義相關，不過此字在《説

---

① 可參沈思聰《肩水金關漢簡人名索引與釋文校訂》，復旦大學碩士學位論文，2018。我們對將漢印中"薛"姓改爲"薛"姓的看法持保留態度，参拙文《漢印"薛"姓"薛"姓新考》，《印學研究》第十九輯，文物出版社，2023。
② 参董憲臣《東漢碑刻異體字研究》，第327頁。
③ 参李鵬輝《漢印資料整理與相關問題研究》，第612頁。

文》中本作"瘳",與"瘖""寐"同部。因此該字當釋爲"夢",其義則爲"瘳"。

"靁簾難條"一句第二字整理者釋爲"簾",并認爲可通爲"廉"。①不過此字并無"竹"字頭。張傳官先生已經指出可徑釋爲"廉"。②

"宣擅隱倏"一句最後一字不見於字書,等等貓先生懷疑是"倏"字之訛寫。③待考。

第五十四

圈屬柔良。國家定度。鉗首驪康。爵仁列□。左庶上[卿]。
欣喜説譯。枚顯訴彭。管晏孔墨。堯舜[禹]湯。毅□趮□。
瞵盼范喪。頠碩疑化。蚩尤典明。洋□□泰。豊戲騷□。

此板部分文字與斯坦因所獲習字簡相合,此外亦有部分内容重見於北大簡及水泉子漢簡。整版文字都比較模糊,不易辨識。"爵仁列□"一句最後一字整理者懷疑爲"義"字;"毅□趮□"一句最後一字據他簡補爲"厥"。

第五十五(原五十三乙)

緇纔紅綃。練縷素繆。氂鑠腰釦。帷幕虛設。弦鞙鞄㲉。
皮韋革鞣。屬廏㓲課。縱眡旋保。觳轅斷狐。撟扶窐陶。
令次睢徧。盡的所求。延年益壽。上下敖游。兼吞天下。

此板内容没有可確定與他本重合者。整理者舉阜陽漢簡"皮"字與此板對應,由於僅是單字,難以確定。我們在《讀後》一文中已經提到此章後幾句文字淺易,與其他部分差異較大。"敢告可于"先生認爲此板應爲第五十五章,即"斷章"後本《蒼頡篇》的最後一章。雖然仍無法視爲定論,但是整體來看這種説法還是值得考慮的。我們將此板亦作爲第五十五章進行解讀。

---

① 劉桓編著《新見漢牘〈蒼頡篇〉〈史篇〉校釋》,第134頁。
② 張傳官:《新見漢牘蒙書三種校讀筆記》,《出土文獻與古文字研究》第九輯。
③ 等等貓:《新見漢牘〈蒼頡篇〉釋文補正及相關問題淺論》,復旦大學出土文獻與古文字研究中心網站,2023年11月16日。

<<< 第三章　漢牘本《蒼頡篇》文本整理及五十五章本復原

"緇纔紅綃"一句最後一字，張傳官先生認爲字形與"綃"不合，應釋爲"繒"。①今按，此字作▨，從字形上看仍應釋"綃"。《急就篇》："烝栗絹紺繒紅繎。"《廣雅·釋器》："綃謂之絹。"因此釋"綃"似亦可與《急就篇》間接相合。②此外，張文還改釋了"屬廠剞䚣"一句最後一字爲"謀"，改"撟扶壘陶"一句首字爲"璚"。③前一字作▨，右側字形較爲模糊，難以判斷；後一字作▨，雖然左側似乎與"玉"形近，不過細審字形，可以發現豎筆的走勢是傾斜的，且於上下均有筆畫，因此仍應爲"撟"字。

"帷募虛叞"一句最後一字，等等貓先生認爲應是"叞"字，并有詳細論述。④當可信。

二　歸屬不明部分

前面我們已經討論了漢牘本的章序問題，結合福田哲之等先生及我們的意見可知，漢牘本整理者原定章序有一些存在問題，尤其是我們所指出的那些兩板同序的章序，其所謂的"甲"或"乙"一般至少有一個序號是不準確的。下面我們將目前尚無法對章序作出準確認定的內容置於一處，仍按整理者原定章序標號。

第十八甲

□听品品。銚鏐督鶩。鱒鮮鈃鈇。錐刀鋋釦。釦戟□□。
劍刃標屎。鏇鋸鏐釦。挬軝轇□各。□□□□。鞅鞥听□。
輦輻乘車。絲［絕］□□。□□□□。□□□□。䪛澤潤□。

此板部分文字重見於阜陽漢簡。整體保存情況較差，很多文字模糊不清，不易辨識。其中"銚鏐督鶩"及"鏇鋸鏐釦"兩句中均有"鏐"

---

① 張傳官：《談談新見木牘〈蒼頡〉的學術價值》，《出土文獻與古文字研究》第九輯。
② 我們懷疑此亦有可能是"絹"字。漢牘本常將一些"口"形寫與"厶"形相近，以從"肙"者爲例，如第卅章"規捐媱嬥"之"捐"作▨，第卅七章"涓滿汱濡"之"涓"作▨。若釋"絹"則與《急就篇》直接相合，語義上更爲順暢。
③ 并見《新見漢牘蒙書三種校讀筆記》，《出土文獻與古文字研究》第九輯。
④ 等等貓：《新見漢牘〈蒼頡篇〉釋文補正及相關問題淺論》，復旦大學出土文獻與古文字研究中心網站，2023年11月16日。

字，雖然無法對字形進行準確辨認，但是這種上下兩句中存在複字的可能性是很低的。

"緜［絕］□□"一句中第二字"絕"作者標記爲補出文字，但是這句話并無他本異文作爲補出的依據，整理者亦未提到所補的理由。檢查圖版，此字已經基本不存筆畫，衹是按照"絕"去考慮，確實從輪廓上有一些相似之處，但是此類情況在漢牘本中十分常見，而整理者處理的方式并不相同。首字"緜"未見於早期字書，若"絕"字所補可靠，我們懷疑此首字可能是"緜"之誤字。"緜絕"應即"緜蕝"，亦作"緜蕞"。據《史記·劉敬叔孫通列傳》載，叔孫通欲爲漢高祖創立朝儀，使徵魯諸生三十餘人。"遂與所徵三十人西，及上左右爲學者與其弟子百餘人爲緜蕞野外。"① 一般認爲，引繩爲"緜"，束茅以表位爲"蕞"。后世謂制定整頓朝儀典章爲"緜蕞"。

第廿四

㴇綮殆□酋。□向崔驦撒。摩剴刷鯈。汇腈齲蝕。胗嚚忍蘐。
俗儈妷姦。悁痕炕憂。臘籥祖沙。遮迣沓詢。鍺鍵縶緦。
皮鞁鞲橐。堊墳□兼獙。皚井始牟。繒絟燥紺。□□□□。

此板第8~12句重見於北大簡19。此外，亦有部分文字與阜陽漢簡合。

"鍺鍵縶緦"一句最後一字北大簡作"緦"，字爲 [圖]，與秦及漢初"緦"字相合，因此該字爲"緦"應無可疑。而漢牘本此字作 [圖]，左側"糸"形可識，右側則僅存部分筆畫，若與北大簡"緦"字相較，其寫法確實不同，不過"緦"在西漢後期寫法開始發生變化，如肩水金關漢簡73ECC:3"緦"作 [圖]，與漢牘本該字相近。而"思"上部大多爲"田"形，與漢牘本存在差異。② 張傳官先生對比了《史篇》中相關文字後提到："可以明顯看出此抄手書寫'恩'和'思'的主要區別是上部的不同，前者'口'形內作'×'形，而後者作'十'形；而此字

---

① 《史記》卷九九《劉敬叔孫通列傳》，第2723頁。
② 東漢碑刻中"思"形上部有將"田"形方向傾斜者，而與"緦"形近。

右上'口'形内作'×'而不是'十',應該是'總'字。"①

值得指出的是"總"與"總"之間的形體糾纏在傳世文獻中已有體現。《廣雅·釋詁》:"總,聚也。"王念孫指出:"諸書無訓總爲聚者,總當爲總。《説文》:'總,聚束也。'總本作總,與總字相似,故總訛作總。曹憲音思,失之也。"②漢牘本的誤釋"總"爲"總"正可爲王説提供有力的證明。曹憲音思,説明此字至遲在隋朝已經被誤識了。

"皮鞁韃囊"一句首字漫漶不清,張傳官先生據北大簡本對應之字作"納"懷疑此字亦應爲"納"。③

"胗齧忍蔆"一句中最後一字處於韻脚,"蔆"字不符。等等貓先生認爲其右下所從應爲"叟"。④不過如此改釋後該字字書不載。暫存疑。

第卅五乙

奚避剪飛。渭巨讒罟。茸鷩檢凡。掌箴秉飛。見龜幾嚳。
遴道遠迡。飢渴止養。煮飱召糳。帞紃緟綠。褢羣裼裎。
郵寺畿飛。沐苣像脂。蓄粲糕粥。煩非錢雔。魂恙公旦。

此板文字未見於其他簡牘。不過大部分文字均能識別。

其中"奚避剪飛""掌箴秉飛""郵寺畿飛"三句最後一字分別作▨▨、▨▨、▨▨。整理者認爲字均難識,懷疑可釋爲"翼"字,而在三處中分別讀爲"夷""彝""驛"。此三字寫法相同。我們在《讀後》一文中提到此可釋爲"飛"。其小篆作飛,從形體上看顯然有繼承關係,明初章黼所編的《直音篇》"飛"字收有一異體作飛,與此字形全同。北齊《姜纂造像記》"飛出六塵","飛"作飛,大概是此形的進一步簡化。不過隸變後一般"飛"字的寫法與此有異。值得注意的是本板中"飛"字出現了三次,分別爲"奚避剪飛""掌箴秉飛""郵寺畿

---

① 張傳官:《談談新見木牘〈蒼頡篇〉的學術價值》,《出土文獻與古文字研究》第九輯,第349~350頁。
② 王念孫:《廣雅疏證》,第95頁。
③ 張傳官:《新見漢牘蒙書三種校讀筆記》,《出土文獻與古文字研究》第九輯。
④ 等等貓:《新見漢牘〈蒼頡篇〉釋文補正及相關問題淺論》,復旦大學出土文獻與古文字研究中心網站,2023年11月16日。

飛"，這種同一字在一章中三次出現的情況在現有《蒼頡篇》材料中尚屬首次，不知是誤寫還是另有他意。

"敢告可于"先生認同我們將前兩字釋爲"飛"的看法，對於第三字他認爲："在圖牘上看不清，從它與'蟣'相連以及下文的'沐莋像脂'看，可能是'虱'字或'虱'字的誤寫。"①

"裹輂裼裎"一句最後一字出韻，等等貓先生懷疑此當爲"袛"字，從字形上看尚無法落實。② 暫存疑。

"蓄氃糇粥"一句第二字不見於字書，整理者認爲即"氃"。該字作 ![字形], 其寫法與"氃"相較主要是"齒"與"舌"的差別。我們在前面討論北大簡72"婿"字時已經提到漢代文字"齒"與"舌"形近甚至無別，因此，此字可逕釋爲"氃"。最後一字作 ![字形]，從字形上看確爲"粥"，整理者認爲即"粥"字。張傳官先生則引述陳劍先生的意見認爲此當爲"糊"，不過未提到改釋的理由。③ "敢告可于"先生則提及漢牘本整理者提到《史篇二》第十"親老終没，飲粥足息"兩句，"粥"字亦作此形，所以認爲此字仍應釋爲"粥"。④

第卌

鏊底𪓒更。釁夻愧邦。阝□陝郝鄔。券□邝隔陊。阝□邯竉邘。
郡邊汃濮。崩予落舣。沑越辰亳。焦軹徵衙。捨□□□。
訍屰謹譁。鬼魅敎時。□卜祖靈□。裔順愁説。諏□□□。

此板"郡邊汃濮"一句中"郡邊"兩字見於北大簡75；"阝□陝郝鄔"一句似亦與北大簡74内容相同。

"釁夻愧邦"一句第三字等等貓先生認爲應是"隗"字。⑤ 可從。

---

① 敢告可于：《漢牘〈蒼頡篇〉考釋、對讀與章序研究》，復旦大學出土文獻與古文字研究中心網站，2020年8月16日。
② 等等貓：《新見漢牘〈蒼頡篇〉釋文補正及相關問題淺論》，復旦大學出土文獻與古文字研究中心網站，2023年11月16日。
③ 張傳官：《談談新見木牘〈蒼頡篇〉的學術價值》，《出土文獻與古文字研究》第九輯。
④ 敢告可于：《漢牘〈蒼頡篇〉考釋、對讀與章序研究》，復旦大學出土文獻與古文字研究中心網站，2020年8月16日。
⑤ 等等貓：《新見漢牘〈蒼頡篇〉釋文補正及相關問題淺論》，復旦大學出土文獻與古文字研究中心網站，2023年11月16日。

第三章 漢牘本《蒼頡篇》文本整理及五十五章本復原

失序號第二

……笏菙若我胥□□媥綠□㱈……父□幼□□□寵……

"菙"字整理者作從"艹",如果考慮到前面的"笏"字,似當徑作"箠"。

失序號第三

□□挎射畢弋羅罔𦉢□□□被鑲銜……塤□□䤴茼□□。

失序號第五

……濫采𠂤𠂤□瑯玕翡翠𥿭敝……

失序號第六

……頗䠹娉□□□。

失序號第七

□匕□媚……相司宮……

失序號第八

皁牢稟……店拳……早□。

失序號第九

……暴皋……

失序號第十

……臺㝵……

失序號第十一

……銳……簸……

"簸"字整理者作從"艹",此可徑作"簸"。

失序號第十二

……考老……

第二節　五十五章本的復原

一　漢牘本發現之前學者們的復原工作

五十五章本即經漢代"閭里書師"改編後的版本，前面已經説過有些學者稱其爲"閭里書師本"。在北大簡本及漢牘本發現之前，五十五章本中衹有首章與第五章是比較完整的。首章内容保存最好的是居延新簡EPT50：1：

蒼頡作書。以教後嗣。幼子承昭。謹慎敬戒。勉力風誦。晝夜勿置。苟務成史。計會辨治。超等軼群。出尤别異。

EPT50：1A

初雖勞苦。卒必有憙。慇愿忠信。微密佱言言賞賞

EPT50：1B①

我們前面已經談及羅振玉、王國維對《蒼頡篇》首句内容的確定："蒼頡作書。"因此上揭簡文爲《蒼頡篇》首章内容是無可懷疑的。此外，在敦煌、居延等地還發現了不少寫有首章内容的簡文，我們可舉一些文字較爲連貫者：

蒼頡作書。以教後嗣。幼子承調。謹慎敬戒。勉力諷　　敦煌漢簡1459A
晝夜勿置。勉成史。計會辯治。超等　　敦煌漢簡1459B
蒼頡作書。以教後嗣。幼子承調。謹慎敬戒。勉力諷誦　　敦煌漢簡1460A
晝夜勿置。苟勉力成史。計會辯治。超等　　敦煌漢簡1460B

---

① "憙"字原作"意"，應爲訛寫；"愿"字各本多誤作"願"，這兩個問題前面我們已經進行過辨析，此不贅述。

第三章　漢牘本《蒼頡篇》文本整理及五十五章本復原

蒼頡作書。以教後嗣。幼子承詔。謹慎敬戒。勉力諷誦。晝夜	敦煌漢簡 1461A
勿置。苟勉力成史。計會辯治。超等	敦煌漢簡 1461B
嗣。幼子承詔。謹慎敬戒。	居延漢簡 167.4A
蒼頡作書。以教後嗣。幼子	居延漢簡 185.20
蒼頡作書。以教後嗣。幼子承詔。	
	額濟納漢簡 2000ES7SF1：123~124

這些文字從書寫情況來看普遍較爲稚拙，有些簡上的文字還有訛寫、脫文及衍文，因此均非範本而僅僅是習字之簡。此外，斯坦因所獲習字削衣部分亦有較多首章內容。①

"斷章"之後的《蒼頡篇》每章十五句，共六十字，而居延新簡EPT50：1 正反兩面的文字至"言"爲止已達十四句，與完整的一章僅相差一句。水泉子漢簡《蒼頡篇》可補充一部分缺失文字。其中一枚殘簡存字"事君微國痃塞天生然侃佞"。"事君"與"天生然"爲《蒼頡篇》正文之外的解釋性文字，而"微國痃塞"及"侃佞"則爲正文。復旦大學出土文獻與古文字研究中心讀書會對相關文字有過討論。

據圖版，"微國"當是"微密"，"侃佞"當是"倪（姦）佞"。改正後可據居延簡"微密言談"等句綴入首章……所謂"談言言"三字，其實是"倓塞"二字。《廣雅》有"愿愫"，訓"安"，即《方言》"猒塞"，可詳參王念孫《廣雅疏證》。據此，我們可知水泉子簡"痃"係"痰"之抄訛，"痰塞"亦可讀如"愿愫"。簡文云"微密愿愫"爲忠臣天性，文從字順。簡文先講忠臣，再講奸佞，

---

① 至於爲何習字簡中《蒼頡篇》首章內容最多，這大概與我們今天的學習習慣很類似，爲了防止遺忘，往往需要從頭開始練習或溫習，而溫習工作又往往不能全部完成。這便導致了很多類似的學習工作都用了最開始部分。漢人習字也是如此，往往提筆都是從頭開始練習，所以我們今天見到的習字簡《蒼頡篇》中，首章的內容最多。

又可證我們的編聯和對"倪(姦)佞"的校讀不誤。①

其將"國"改釋爲"密"等意見是正確的，但是認爲"偈佞"當是"倪(姦)佞"及居延新簡中"談言言"三字其實是"倓塞"二字則有問題。後者圖版作[字]，顯然爲"言言"二字。在習字簡中，經常存在將同一文字重複書寫的現象，而且也常會混入其他文字。②再參考後面"賞"字亦重複書寫，因此作"言言"是没有問題的。而且由下文的討論來看，"言"與"賞"均非《蒼頡篇》首章中的内容。

至於"偈佞"與"倪(姦)佞"的問題，由於水泉子漢簡字形模糊，我們無法據之作出準確判斷。而居延漢簡中的一枚習字殘簡則可以幫助對相關内容的校釋。居延漢簡 24.8A 作"群群出出左左左囗因 異異 塞塞儇儇佞齎齎疾疾 力力"。③其内容與《蒼頡篇》首章相當。祇是過去對其内容認識不足，導致其中一些文字存在誤釋，如所謂的"左"應改釋爲"尤"，該字作[字]，確爲"尤"字無疑，而"因"則爲"別"字之誤釋，此字圖版漫漶不清，但是從前後文字"群""出""尤""異"來看，當爲"別"字無疑，組成的文句爲"群，出尤別異"，正與《蒼頡篇》首章相合。所書爲習字内容，每字書寫兩至三次，因此可以判斷其上一字過去未釋之字也應該是"別"。至於其下面數字，去掉重複文字後爲"塞儇佞齎疾"，亦可與前述水泉子漢簡文字部分相合，由於居延漢簡"儇"作[字]，確定無疑，據此可知水泉子漢簡過去釋爲"偈"或"倪"均不確。

對於水泉子漢簡中的"瘧"字，復旦大學出土文獻與古文字研究中心讀書會認爲當是"瘀"之訛抄，并據《廣雅》將"瘀塞"讀爲"懕塞"。這也是有問題的。《廣雅·釋詁》"懕"與"塞"同訓爲"安"，亦相聯屬，但是并不成詞。張傳官先生在文章中稱裘錫圭先生認爲"倓"

---

① 復旦大學出土文獻與古文字研究中心讀書會：《讀水泉子簡〈蒼頡篇〉札記》，復旦大學出土文獻與古文字研究中心網站，2009 年 11 月 11 日。
② 可參拙文《漢代習字簡初探》，《出土文獻》第十五輯。
③ 釋文據簡牘整理小組《居延漢簡》(壹)，臺灣"中央研究院"歷史語言研究所專刊之一〇九，2014。

第三章　漢牘本《蒼頡篇》文本整理及五十五章本復原

當讀爲"瘱"，訓爲"安"。① 不過玄應《一切經音義·大智度音義》引《蒼頡篇》文爲"佄，恬也"，前述《廣雅·釋詁》該條中亦有與"塞"同訓爲"安"者的"佄"，因此見於居延新簡的"佄"字大概是不需要再破讀爲"瘱"了。根據以上的材料，我們可以將《蒼頡篇》首章補齊：

蒼頡作書。以教後嗣。幼子承詔。謹慎敬戒。勉力諷誦。晝夜勿置。苟務成史。計會辨治。超等軼群。出尤別異。初雖勞苦。卒必有憙。愨愿忠信。微密佄塞。儇佞齊疾。②

除了首章是經歷多年纔復原完整外，在居延漢簡中還有第五章的完整内容，即居延漢簡 9.1 木觚上所書，結合此前各家所作釋文及校釋意見，我們將其移錄於下：

（第五）戲叢奢掩。顛顤重該。悉起臣僕。發傳約載。趣遽觀望。行步駕服。逎逃隱匿。往來盹睬。漢兼天下。海内并廁。胡無噍類。涯醯離異。戎翟給賨。佰越貢織。飭端脩法。

以此章爲定點，在漢牘本發現之前，結合北大簡、阜陽漢簡及水泉子漢簡本可對其前後數章的内容進行擬補。如據北大簡可知此處"往來盹睬"之前的内容屬於北大簡《賞祿》章，"漢兼天下"之後的内容屬於北大簡《漢兼》章。北大簡本《賞祿》章共 152 字，北大簡保存了除首簡 20 字以外的 132 字。爲方便討論，我們亦移錄於下：

---

① 張文情況參下注。
② 詳細情況可參拙文《習字簡中的〈蒼頡篇〉首章及相關問題》，《古文字研究》第三十二輯，中華書局，2018。本文曾在中國古文字研究會四十周年研討會上宣讀，張傳官先生在會上亦宣讀了大作，對《蒼頡篇》首章的復原意見與我們基本相同。張文後發表在《中國語文》2019 年第 5 期，對相關問題的討論更爲詳盡，可參看。

寬惠善志。桀紂迷惑。宗幽不識。冣□肆宜。□□獲得。　B1
賓勷向尚。馮奕青北。係孫襃俗。貌鷖吉忌。癉瘃癃痤。　B2
疢痛遬欬。毒藥醫工。抑按啓久。嬰但掯捘。何竭負戴。　B3
谿谷阪險。丘陵故舊。長緩肆延。渙奐若思。勇猛剛毅。　B4
便建巧巫。景桓昭穆。豐盈爨熾。嬽蓉蜎黑。媕娒款餌。　B5
戲叢奢掩。顛顑重該。悉起臣僕。發傳約載。趣遽觀望。　B6
行步駕服。逌逃隱匿。往來眅睞。

顯然，保存在五十五章本第五章的文字自"戲叢奢掩"始共32字，其餘部分爲120字，則根據"斷六十字以爲一章"，可知"斷章"後的第三、四章與《賞祿》章其餘部分恰好重合。那麼，斷章前，《賞祿》章的上一章當即《蒼頡》章，而該章恰與斷章後的第一、二章相應，即存120字。基於以上的理論依據，張存良先生據北大簡及水泉子漢簡等對第三章、第四章內容進行了擬補：

（第三）賞祿賢知。賜予分貸。莊犯□强。朋友過□。高罷平夷。魍蒠善志。桀紂迷惑。宗幽不識。冣毅肆宜。益就獲得。賓剬向尚。馮奕青北。係孫襃俗。䝟鷖吉忌。癉瘃癃痤。

（第四）疢痛遬欬。毒藥醫工。抑按啓久。嬰但掯捘。何竭負戴。谿谷阪險。丘陵故舊。長緩肆延。渙奐若思。勇猛剛毅。便建巧巫。景桓昭穆。豐盈爨熾。嬽蓉焆黑。媕娒款餌。①

對於第五章之後的第六章，據北大簡及其他文本亦可很容易進行擬補。

（第六）變大制裁。男女蕃殖。六畜遂字。顫觚觭羸。馱奡左右。憝悍驕倨。誅罰賞耐。丹勝誤亂。固奪侵軷。胡貉離絕。豕榔

---

① 張存良：《〈蒼頡篇〉研究獻芹（二）》，簡帛網，2015年11月26日。

棺柩。巴蜀筟竹。筐篋筬笥。厨宰犠豢。甘酸羹胾。①

應該指出的是以上的復原僅僅是從"章"的角度着眼，并未考慮到更加細微的"字"的問題。而事實上，各本間存在較多異文，如北大簡本與漢牘本，兩者書寫時代相差近二百年，受社會上整體的書寫習慣以及書手個人因素的影響，兩者間的異文不下一百處，以往學者們亦較少關注到。而若不作出説明，會給人以復原後的文字均是五十五章本（甚至是某一具體版本）的文字原貌的錯覺，因此我們稱之爲"擬補"。

二 以漢牘本爲基礎的五十五章本《蒼頡篇》復原

由於在五十五章本系統中漢牘本是保存文字最多、文本信息最豐富的一個版本，若復原五十五章本《蒼頡篇》，顯然應以此本爲基礎。前面我們已經對漢牘本的文字進行了校正。其所缺的部分可據此進行擬補，最後就可以呈現出一個目前爲止最爲完整的五十五章本《蒼頡篇》。

不過首先需要談一下漢牘本第二章的問題。在漢牘本《蒼頡篇》中，第二章原缺，張傳官先生通過對比他本信息推定與《蒼頡篇》一同公布的《史篇（一）》第一章應爲五十五章本《蒼頡篇》的第二章。爲方便敘述，我們先將此章文字移録於下：

> 獨中上意。臨官使衆。恭肅畏事。終身毋怠。安樂貴富。
> 詹彼卑賤。固繇無能。馴道至矣。諸産皆備。人名元娬。
> 師用爲俜。百蟲草木。兵甲器械。禽獸虎兕。雜物奇怪。

漢牘本整理者已指出此章文字見於水泉子漢簡《蒼頡篇》及斯坦所獲習

---

① 參梁静《"閭里書師本"〈蒼頡篇〉第五、六章的研究》，《簡帛》第九輯，上海古籍出版社，2014；張存良《〈蒼頡篇〉研究獻芹（二）》，簡帛網，2015年11月26日。

字簡本。如：

……貴富萬石君。瞻被卑賤不	水泉子漢簡 C105
……道至矣可東西。諸産皆備力	水泉子漢簡 C065
……毋怠安樂……	習字簡本 2274

而張文所據材料中最關鍵的是以下内容：

……□齌疾獨……（《英斯補》1844）
……□〔齌〕疾……（《英斯》2667）
……疾獨……（《英斯》3222）①

可見"疾"與"獨"是相連的。而此兩字恰好分別處在《蒼頡篇》首章末尾及所謂《史篇（一）》開頭，因此將其歸入《蒼頡篇》第二章是十分合理的。② 如此，我們又獲得了寶貴的第二章的文本。

結合前面的論述，對五十五章本文本的復原可得到如下内容。需要指出的是通過研讀比勘可知，《蒼頡篇》的不同版本間異文較多，這一點前面我們也曾提到，不加區别地將他本文字補入以漢牘本爲底本的文本中是不合適的。因此，漢牘本整字殘缺而據他本補足者以方括號加以標示，漢牘本部件殘缺而據他本補足者在該章後以注釋形式標示。

第一章

蒼頡作書。以教後嗣。幼子承詔。謹慎敬〔戒。勉力諷誦〕。

---

① 《英斯》及《英斯補》爲張文中稱呼。前者指《英國國家圖書館藏斯坦因所獲未刊漢文簡牘》。後者則爲汪濤、胡平生、吳芳思《〈英國國家圖書館藏斯坦因所獲未刊漢文簡牘〉補遺釋文》，《出土文獻研究》第十五輯；張存良、巨虹《英國國家圖書館藏斯坦因所獲漢文簡牘未刊部分》，《文物》2016 年第 6 期。

② 詳細論證可參張傳官《談談新見木牘〈蒼頡篇〉的學術價值》，《出土文獻與古文字研究》第九輯。

晝夜勿置。苟務成史。計會辯治。超等軼[羣。出尤別異]。
初雖勞苦。卒必有憙。殼愿忠信。微密瘱塞。[儇佞齊疾]。

第二章
獨中上意。臨官使衆。恭肅畏事。終身毋怠。安樂貴富。
詹彼卑賤。固繇無能。馴道至矣。諸產皆備。人名元蠅。
師用爲俥。百蟲草木。兵甲器械。禽獸虎兕。雜物奇怪。

第三章
賞禄賢智。賜予分貸。莊犯耆强。朋友過克。高嚻平夷。
寬惠善記。桀紂迷惑。宗幽不識。最穀肆宜。益就獲德。
賓勸向尚。馮亦青背。係孫褒俗。貌簪吉忌。癒瘇癰痤。

第四章
疚痛逮欮。毒藥醫工。抑按開久。嬰但搯□。何竭負戴。
谿谷阪險。丘陵故舊。長援肆延。免渙若思。勇猛剛[毅]。
便走巧巫。景桓昭穆。豐滿爨熾。螻蓊蜎黑。婉媚款[珥]。

第五章
戲藂奢掩。[顛]顧重該。悉起臣僕。發傳約載。趣邊觀朢。
行步駕服。遁逃隱匿。往來昒睐。漢兼天下。海内屏廁。
胡無噍類。菹醢離異。戎擢給賓。佰越貢織。飭端脩[法]。

第六章
變大制裁。男女潘殖。六畜遂字。顫魾觭羸。衃失左右。
勢旱驕裾。誅罰訾耐。丹勝誤亂。圅奪侵試。胡貉離絕。
[冡]槨棺柩。巴蜀蕭竹。筐篋籤筒。廚宰犧豢。甘穀羹䴨。

第七章
稻粱黍穈。叔麥飯食。□□□壟。痀……麩……
秋釀釋䴨。駔徒好美。冠帶環佩。□……
進御狎習。辭愛□□……

第十一章

顓頊祝融。裯褊奮光。顉豫録恢。欨隋愷襄。鄢鄧［析酈］。
宛鄂鄴鄭。閱翦竈運。滕先登慶。陳蔡宋［衛］。吳邘許［莊］。
建武牴觸。軍役嘉臧。貿易賣販。市旅賈商。鰓展賁［達］。

第十二章

游敖周章。鉗厭黯黜。甑勮黔錫。黔黗赫赦。[儵] 赤白黃。
殪棄臞瘦。兒孺悍殇。恐懼懷歸。趨走病狂。[疵] 疕禿瘻。
齮齕痍［傷］。毆伐疧［痡］。[朕] 朕瞢盲。執囚［束］縛。論訊［既］詳。①

第十三章

卜筮兆占。祟在社殤。寇賊盜殺。捕獄問諒。室宇邑［里］。
縣鄙封疆。徑路衝術。街巷垣藩。開閉門閭。闕廷廟郎。
殿層屋內。窻牖戶房。桴楣榱槾。柱枅橋梁。屏圂廬廡。

第十四章

亭庙陛堂。庫府廥廄。菌窖廩倉。桶槃參斗。升半實當。
絫量錘銖。銓兩鈞衡。耳目鼻口。面頰領顙。首頭頤顧。
肩臂股胠。肝肺心腎。脾胃腹腸。骨體牙齒。手足蹇□。

第十五章

族姓姊妹。親戚弟兄。罷［病］悲［哀］。號［哭死］喪。遣□心所。
雞豚犧羊。奚狵貑豵。□江殺……
酋瓮酎醇。脯肉酒漿。師□□□。□□甴鼉鼍。儛傛□□。

第十六章

黎豆飴餳。鐘磬音聲。籟瑟琴簧。銀錫玖玕。貝琮□□。
璧碧圭玉。璣珠瑗璜。茵蓐席藉。杠机桯牀。轊軭□□。
□韄衣裳。斐妓縈賁。椒離茝薌。巾幭裹橐。衷縢□□。

---

① "伐""執""縛""訊""詳"漢牘本左側部件均殘，此據北大簡本補足。

第十七章
□□□□。□□檋械。桐梓杜楊。鬱棣桃李。［棗杏榆桑］。

第十八章
［荔英］。
［麋鹿］能羆。犀犛豺狼。貚貍□豻。麢［麞麐麕。鴟鵠梟鴈］。
［鳩］□鴛鴦。［陂池］溝洫。淵泉隄防。江漢［滄汾。河沛洺漳］。①

第十九章
［伊］雒涇渭。維楫□方。雲雨賈零。霧露雪霜。朔時日月。
星晨紀剛。冬寒夏暑。玄氣陰陽。呆旭宿尾。奎婁軫亢。
弘競蕑眉。霸暨傅庚。崋巒岑崩。隗阮阤坑。阿尉駮［瑣］。②

第廿章
漆鹵氐羌。贅拾挾鉛。鑄冶鎔鑲。凱視歆豎。偃黽運糧。
攻穿襜魯。壘部隊京。咸地斥鏡。盡薄四荒。鄘鐈林禁。
驅馳趺踢。貳曲順辭。緒業未央。爰磨次弛。繼續前［圖］。③

第廿一章
輔廛顆頭。載儋開屠。賵頌緊均。佟憲這夸。撟蹻□□。
頓骸醜大。顒寧重最。鉗齔董豬。拑箝龐顏。嗘詨噍慕。
虞豪魊䫞。齡鼠即且。購項猗積。虔遽贊挐。煩廬□□。

第廿三章
室窫穴寶。氾窪泥塗。霈霂潰漏。水潦涯□。□□□□。
□□□渠。墳壤埶下。淫淖漸迦。椯楢榆柍。樢□□□。
柳櫟檀柘。枉橈枝［枎］。瓦蓋枌樠。堊墼欛杆。端直［準繩］。④

---
① "溝洫"二字漢牘本左側部件殘，據北大簡本補。
② "楫"字漢牘本左側部件殘，據北大簡本補。
③ "冶""糧"漢牘本右側部件殘，"繼續"二字漢牘本左側部件殘，此據北大簡本補。
④ "柳櫟檀柘"一句漢牘本原作"溉穿□柘"，因模糊不清，暫據北大簡本補；"枝"字漢牘本左側部件殘，據北大簡本補。

第廿四章

……其虎薦蓀……
［莎茘蔂蔓。蓬蒿兼葭。薇］薛我蔓。蘿［藜薊］茶。薺［芥萊荏］。
［茱萸］蓼蕪。［果蓏］□□。［亲］栗瓠瓜。堅穀極榮。饒飽分□。

第廿五章

朊齋尼睆。餛餓镰餔。幣［帛］羞獻。請謁任姑。禮［節揖讓］。
送客興居。鶉離戠䧿。雉兔鳥烏。鸐雛芸卵。䪥［菫蔣葅］。
貁貖聊鼶。鼬貈［貂狐］。蛟龍虺虵。黿［鼉鱉魚。陷阱錙釣］。

第廿六章

窞笱罤罝。毛觡縠增。收繳縈紆。汁洎流敗。蠹臭腑胆。
貪欲資貨。羨洫赳奭。詩語報齎。敢告可于。聞此云主。
而乃之於。縱舍提挈。攜空抵抒。拘取佰袥。牽引汲槲。

第廿七章

［猝遇弗虞。貪默□虘。辈斐□］

第廿九章

□□□□。□□□□。□□□□。□□□□。［頑祐械師］。
［鰥寡］□孤。拓娟軋䍹。狯右娩□。㺅拥脊遣。□□□□。
□□諱犄。領勃醉酤。趑文窣篌。差費歈酺。［細小貧窶］。①

第卅章

乞匀貰賒。歙潘閜蘭。鼛鼓歌釀。媼娶□如。鄭舞□□。
規捐婍嫮。茂噲菁華。姣佼娃姣。啜唊□苴。□臗脂□。
鏡鑼比疏。□□揃搣。須頷肢□盧。癉疝疥癘。瘕疟癰［疽］。②

第卅一章

旂旟簦笠。羽扇聶聲。柯梗和□。條枑繐桴。機杼榺榎。

---

① "歈酺" 二字漢牘本左側部件殘，據北大簡本補。
② "啜" "鑼" "揃搣" 幾字漢牘本左側部件殘，據北大簡本補。

纴綜縿纑。繭［絲］枲絡。布［絮］繫絮。雙輢鞰蕩。危亡盛［盂］。

槃案徙几。鐙鐈赤盧。觚箅鬲鍑。銚鉇鼎壺。服□隹利晝。

第卅三章

駢駬騅駉。驪□□駒……

荍芑□复□。博學深惟。慭愚……

積德緐比。寁□絜貞。聖察……

第卅四章

静脉慧窺。遇麠蕃螽。歆袾同贏。翩扁循睕。閡［關闈肩］。

增增專斯。粲齋宕程。□窒宵隤。父嫗妁甥。懯傷蔑女。

嫚捷隗丁。曘疑齰固。表紅絢絣。律丸兌戍。闠踐虡杸。

第卅五章

［戳烄熱構。蓶火燭熒。媨爐窺鬢。㤛憐嫖婞。樊厭妮秩。

私醓救醒。鷢鵻牝牡。雄雌俱鳴。屆寵趨急。邁徙覺驚。

犴瀞僂繚。頗科樹莖。裡稰婬娣。叚粺合冥。踝企癏散］。

第卅六章

賴狵播耕。毁䦉□□戳。媚婆眇婧。始縈□□。訏費亶熒。

罪蠱訟邵。連患□地刑。犛鎃轕韜。鈕繯紛軨。憭□札柿。

桵結屋轞。洶□垂缶。釜甞甂甇。瞶矋涩□。和和□精。

第卅七章

渭滿汰濡。襦依爐婧。俲我臭伏。泄兌訬輕。錦繡繢縵。

紃綸組纓。台怡昏晦。洒缺瓴缾。屈窀鄰揄。輻枊輮肇。

娗□卓□孰。□谷玼濁清。挓電涉渡。寒攣薐萍。俯□頁□□。

第卅八章

鼇孔…罯興。鐵鍇銼銅。屪豹栽□。

冰滑蠲血。靁電威營。顧離和賴。鼎甂楯萍。瓫瞓陬□。

□邘陼郝鄄。□忌隉□。□殳領□包櫍。橫□□勉。皮□欒□。①

第卅九章

亶盧黿𤡅。狗獮踵跰。媥䊇䋈䭈。斠掇𧥂警。䐓聊脯［䰞］。
級絇綑絟。表裏髳□𦁒。□且翰㡧旌。濩臁移惑。短篤翼□。
何繭梟既。𤰈嬐□□。迌鉅圖臚。與頻庚請。齎購件［妖］。②

第卅章

［兼櫰杪柴。箸涏縞給。勸怖樮桂。某柎早蠷。窫椅姘𩨹。
㦿弇馬宛。郃篹垀畦。狛賜溓榮。鹽繶展庫］。

第卅二章

銷鋦虢堵。尋尺寸咫。賓晉諫敦。櫝䬈柰璽。□□□□。
膩偋𤐫槳。淺汙盰復。季孟端辈。罷鉩□□。□□䭃罵。
驕獌莫邪。麃欹狼芊。媚敝蠻婐。瞋䁈趂恚。魃袶□□。③

第卅三章

□□□和。［姎婥黠］魄。聲嫛［嬬媞］。頼壞蠉虩。［廫］序戉□。
癘效姁臥。□□學趆。嫥䙑姚浄。滄海趨赴。□帢□𡩬。
裂□今是。㑧□奏斬。□𠘭誘黨㑧。池□𣲖□。□各□□□。④

第卅六章

加酌虜羝。放赦亦錯。筭符編維。稼茭助匹。崔鑽右□。
訓駙譴員。芉種穀多。㢹踵煊釘。哭院由鯤。刑窬鈎㨖。
肢灰簟迷。梧域邸造。殍穀玥者。侯騎淳沮。決議篇稽。

第卅七章

媸欺蒙期。耒旬隸氏。閼［錯蹙葆。㽾據趆等。祝魗隖闈］。

---

① "陼郝鄄"三字漢牘本左側部件殘，據北大簡本補。
② "鉅"字漢牘本左側部件殘，據北大簡本補。
③ "婐""袶"二字漢牘本左側部件殘，據北大簡本補。
④ "蠉虩""姁臥"四字漢牘本左側部件殘，"戉"字漢牘本上面部件殘，均據北大簡本補。

鈐鐕閨悝。騁虩□柳……
泫沄孃姪。㚇弟經□。阝□臼……〔舉〕①

第卅八章

厭歹殘紀。濕輾颭職。裝裂盡止。瀾蓁蟎蹈。屏謑訶駇。
隆蝺鷖鶪。底稷蟬母。嘗夕胜胹。澡漱竭起。逆獦降問。
惝蹛攣𠱟。惶恒忘罵。詰誶錧士。剖判稍辨。鱷□奧□□。

第卅九章

黷默黴黯。狂獫猭獀。嬋婢纂櫝。朐姸嬚薛。嬗駘他脫。
雁阿段□。袒屑稚權。強寄倚留。蒎莽藍蒔。芑杞蔚茅。
脩常袞土。橘薽蔞苞。塵埃票風。婺謨雺擾。螫蕀嬈嬬。

第五十章

嫺嫦肥庶。柀帴裘褐。鯠屢嫛袍。鵑決婁愁。雋饎孼樛。
齱齼齵齞。齧繞黜剚。弄數券挈。筆研笇籌。鞠竀訐訥。
陛犴監牢。沈漻染漚。井湛□浮。櫟拔樻欿。牒熬□戍□。

第五十一章

舜腦領肫。舌脣題頎。匈脅指拇。脚腳膞尻。少唯迊肯。
掎投役睪。毀没洪淥。彡泛敵仇。渾函澤濮。鄆邟鄭郈。
褖閵姷娨。刪粺具曹。諶對探徵。減把操抱。訶嘵屏意。

第五十二章

鯪魾詣綏。完矜凫代。究奧傀儒。胊鮪□閣。洽竉遏〔包〕。
穗秱苦㛸。□扰貯施裒。狄署賦賽。猛鶩駃警。贛害輳感。
□□攵燔窯。耗秭麻□。蓼蘱麴糟。〔飫猒然稀。丈亥牒膠〕。②

---

① "嬞欺""閣""騁虩"幾字漢牘本右側部件殘，據北大簡本補。
② "竉"字漢牘本下面部件殘，"貯""賦""猛鶩駃""耗""蓼"幾字漢牘本左側部件殘，"贛""輳"兩字漢牘本右側部件殘，均據北大簡本補。

第五十三章

竊魪解隋。鱣鮪鯉鮌。憯怵瀹羯。羒鷩狞羔。兔暑暖［通］。
坐遷謥求。蓼闟堪況。燎灼煎炮。快狡息寐。夢寤□□。
訥診辱耽。亶擅隱脩。鮑□淫回。雷廉難條。惡蘭□□。

第五十四章

圈屬柔良。國家定度。鉗首驪康。爵仁列□。左庶上［卿］。
欣喜說譯。枚顯訢彭。管晏孔墨。堯舜［禹］湯。毅印躁厥。
瞵盼范喪。頎碩疑化。蚩尤典明。洋□□泰。豐戴騷□。[①]

第五十五章

緇纔紅絹。練縷素繆。氂鑠腰□。帷募虛弢。弛韉鞄鼜。
皮韋革鞣。屬廠剡課。縱耵旋保。彀鞻斷狋。撟扶畚陶。
令次睢徧。盡的所求。延年益壽。上下敖游。兼吞天下。

前面我們已經討論了漢牘本的章序問題，結合福田哲之及我們的意見可知，漢牘本整理者原定章序有一些存在問題，尤其是那些兩板同序的章序，所謂的"甲"或"乙"一般至少有一個的序號是不準確的。下面我們將目前尚無法對章序作出準確認定的內容置於一處，仍按整理者原定章序標號。

第十八甲

□听品品。銚鏐督鷔。鱒鮮鈃鈇。錐刀鋋□。□戟□□。
劍刃標尿。鏇鋸鏐□。捋軭轙□各。□□□□。鞅韃□听。
輦韜乘車。縣［絕］□□。□□□□。□□□□。唫澤潤□。

第廿四

潢縈殆□酋。□向崔驡撒。摩剴刷儵。汜脪齲蝕。胵罶忍薆。

---

① "印""厥"二字漢牘本左側部件殘，據北大簡本、水泉漢簡本及斯坦因所獲削衣本補。

俗儈姎姦。悁痕忼憂。臘籥袓沙。遮迣沓誻。鐎鍵鑿總。
皮韈䪅韇。蓳墳䔎獧。鎧井姶牟。繒絡燥紺。□□□。

第卅五乙

奚避蓒飛。渭巨讒詈。茸鷲檢凡。掌篋秉飛。見黿幾窨。
遴逎遠迊。飢渴止養。煑飬召糶。帑紃繳綠。袌羣褐裎。
郵寺畿飛。沐苴像脂。蓄槩糯粥。煩非錢雌。魂羔公旦。

第卅

鏊底𠛬更。犫夻隗邦。阝陝邟鄒。劵□邔𨺅陁。阝邯鼀邗。
郡邊邛濮。崩予落舭。泙趡辰亳。焦䡈徵術。捨□□□。
訂卑謹譁。鬼魅敎時。□卜祖靈□。裔順憖說。諏□□□。

失序號第二
……笏箠若我胥□□媚綠□陪……父□幼□□□寵……

失序號第三
□□挎射畢弋羅罓𦥑□□□袚鑲銜……塤□□㫇茵□□。

失序號第五
……濫采𣂁采□瑯玕翡翠𣂁甫敝……

失序號第六
……頗詛娉□□□。

失序號第七
□匕□媚……相司宮……

失序號第八
皁牢稟……㢉拳……早□。

失序號第九
……暴皋……

　　　　　　　　失序號第十
……臺髳……
　　　　　　　　失序號第十一
……巚……簸……
　　　　　　　　失序號第十二
……考老……

第四章　簡牘本《蒼頡篇》異文研究

　　百餘年來，隨着兩漢簡牘的陸續出土，簡牘本《蒼頡篇》的發現數量也已經較爲可觀。尤其是近三四十年，更是有幾批較爲完整的漢代簡牘本《蒼頡篇》被發現。在第一章中我們對各批材料進行了介紹。可以説，單從版本的豐富程度上看，目前已公布的出土文獻所見古書大概衹有《老子》可與之抗衡。前面我們已經在一些地方的討論中談及簡牘本《蒼頡篇》的異文，本章則以迄今所見各版《蒼頡篇》的異文爲研究對象，以期考察其中透露出來的用字的動態變化，并對相關整理及考釋工作進行反思。

　　如前所述，已知漢代簡牘本《蒼頡篇》有阜陽雙古堆漢墓出土簡本、北京大學藏漢簡本、水泉子漢墓出土七言簡本、斯坦因所獲習字簡本、漢代木牘本以及居延敦煌等漢代烽燧遺址發現的零星簡本。①

---

① 各本所據釋文如下：阜陽漢簡本主要據阜陽漢簡整理小組《阜陽漢簡〈蒼頡篇〉》，《文物》1983年第2期；同時參考張傳官《據北大漢簡拼綴、編排、釋讀阜陽漢簡〈蒼頡篇〉》，《出土文獻》第八輯；梁静《出土〈蒼頡篇〉研究》；周飛《〈蒼頡篇〉綜合研究》等。北大簡本釋文主要參考北京大學出土文獻研究所《北京大學藏西漢竹書（壹）》；相關的校讀意見參前面我們所作的校訂等。水泉子本主要參考張存良《水泉子漢簡〈蒼頡篇〉整理與研究》。斯坦因所獲削衣本主要參考汪濤、胡平生、吴芳思《英國國家圖書館藏斯坦因所獲未刊漢文簡牘》；白軍鵬《〈英國國家圖書館藏斯坦因所獲未刊漢文簡牘〉的初步整理與研》，《中國文字》新三十九期。漢牘本主要參考劉桓編著《新見漢牘〈蒼頡篇〉〈史篇〉校釋》以及上一章我們所作的校訂。零見本則均據相關最新整理本釋文。各本編號均仍其舊。

第一節 《蒼頡篇》異文與秦漢用字習慣的更替

綜合考察各本《蒼頡篇》中的異文，可知各版本之間的整體關係是同中存異。在這種"錯落"的關係中，首先可以體現出用字的時代差異。

一 "斷章"前後《蒼頡篇》文本中用字習慣的變化

隨着漢代簡牘本《蒼頡篇》的陸續發現以及相關研究的推進，目前學界已經達成一致的看法是阜陽漢簡《蒼頡篇》和北京大學藏漢簡《蒼頡篇》均是"斷六十字以爲一章"之前的版本。阜陽漢簡發現於汝陰侯夏侯竈墓，由於夏侯竈卒年在漢文帝十五年，由此可以確定此本的抄寫年代不晚於這一年。[①]北大漢簡的抄寫年代據朱鳳瀚先生推測不晚於漢武帝後期。[②]以上兩本從形式上更接近秦本。而其餘所見均爲"斷章"之後的本子。其中削衣本、水泉子漢簡本以及敦煌、居延等地零星簡本從時代上看一般認爲屬於西漢後期，而漢牘本的時代則可能晚至東漢初年。如此，我們便有了西漢前、西漢中、西漢後以及東漢初這四個時代抄寫的《蒼頡篇》，這大概也是研究其他出土古書所不具備的條件。

北大簡2"馮奕青北"，"北"字漢牘本及削衣本均作"背"。關於"北"，北大簡整理者僅引《說文》（"乖也，从二人相背"）及《玉篇》（"方名"）而無進一步的解說。從漢牘本及削衣本作"背"來看，北大簡"北"當爲"背"義。而在此意義上，"北"與"背"具有明確的古今字關係。《國語·吳語》"三戰三北"，韋注："北，古之背字。"[③]在目前所見秦簡中尚未見"背"字，而均以"北"表"背"，如睡虎地秦簡

---

① 安徽省文物工作隊、阜陽地區博物館、阜陽縣文化局：《阜陽雙古堆西漢汝陰侯墓發掘簡報》，《文物》1978年第8期。
② 朱鳳瀚：《北大漢簡〈蒼頡篇〉概述》，《文物》2011年第6期。
③ 韋昭注《國語》卷十九《吳語》，上海師範大學古籍整理組校點，上海古籍出版社，1978，第627頁。

《封診式·賊死》:"某頭左角刃痏一所,北二所,皆從頭北。"① 其中的"北"即表"背"義,整理者亦將"北"括注爲"背"。漢代早期的簡帛文獻情況相同。馬王堆帛書不見"背"字,均以"北"表"背",如《胎産書》:"取爵甕中蟲青北者三。"② 張家山漢簡"背"僅一見,確以之表"背",不過其形體爲左右結構,與西漢晚期以後的寫法不同。其餘均以"北"表"背",共 21 例,③ 如《引書》簡 13~18 屢見之"手北"即以"北"表"背"。④ 而"背"在西漢後期纔逐漸被應用,如居延漢簡 24.13 之人名"青背"。因此,漢牘及削衣本作"背"整體反映了此時由"北"到"背"的替换。阜陽簡此句不存,但是可以推想其當作"北"而非"背"。

北大簡 9 "飭端脩灋",阜陽漢簡同。削衣本及居延漢簡"灋"作"法"。北大簡整理者謂"'灋',今作'法'"。⑤ "灋"與"法"的古今字關係古人早已言之。《周禮·天官·大宰》:"以八灋治官府。"《經典釋文》:"灋,古法字。"⑥ 孫詒讓謂:"凡經皆作灋,注皆作法。經例用古字,注例用今字也。"⑦ 目前所見秦詔版均用"灋"字,睡虎地秦簡亦均用"灋"而未見"法"。而在時代稍晚的嶽麓秦簡中則"灋"與"法"并存,但是用法有較明顯的分别。用"法"之例幾乎都集中於《嶽麓書院藏秦簡》(貳),而衆所周知,本輯所收爲《數》篇,"法"大多爲"方法"義,而在表"法律"義時則仍作"灋"。⑧ 這與漢初的張家山漢簡相合,在張家山漢簡中,除《算數書》用"法"表"方法"之義外,其餘各篇均用"灋"。⑨ 在馬王堆帛書中,多用"法"而少用"灋",且

---

① 陳偉主編《秦簡牘合集(釋文注釋修訂本)》(壹、貳),第 285 頁。
② 裘錫圭主編《長沙馬王堆漢墓簡帛集成》(陸),第 96 頁。
③ 申月:《〈張家山漢簡〉用字研究》,青島大學碩士學位論文,2016,第 9 頁。
④ 張家山二四七號漢墓竹簡整理小組:《張家山漢墓竹簡(二四七號墓)》(釋文修訂本),第 172~173 頁。
⑤ 北京大學出土文獻研究所:《北京大學藏西漢竹書》(壹),第 78 頁。
⑥ 《周禮注疏》卷二,中華書局影印阮元校刻《十三經注疏》,1980,第 646 頁。
⑦ 孫詒讓撰,王文錦、陳玉霞點校《周禮正義》,第 63 頁。
⑧ 有例外,但是數量極少。
⑨ 整理者一律作"法",不確,《算數書》以外部分應據字形改作"灋"。

未見兩者在表示詞義上的對立，不過在稍晚於此的北大簡中則又多用"灋"而少用"法"，體現了漢初兩字在使用上的"糾纏"。而在西漢後期的居延新簡、居延漢簡以及肩水金關漢簡中，則僅見"法"而不見"灋"。因此，"法"字的使用是隨着時代的發展而逐步廣泛并最終替代"灋"字的。

漢牘本缺此字，整理者據北大簡本補以"灋"字。我們認爲其所補之"灋"值得商榷，按照當時的書寫習慣，漢牘本所缺文字極有可能是作"法"的。

北大簡 21 "坐䙴譴求"，漢牘本"䙴"作"遷"。在目前所見秦及漢初出土文獻中，除里耶秦簡地名"遷陵"之"遷"寫作"遷"外（在秦印中亦偶有以"遷"作人名者），在秦簡中基本以"䙴"字用作動詞之"遷"，如里耶秦簡 9-719 "䙴者包非是"，① 睡虎地秦簡《秦律十八種·軍爵律》"有皋灋耐䙴其後"，②《封診式·毒言》"外大母同里丁坐有寧毒言，以卅餘歲時䙴"等。③ 此外，在馬王堆帛書、張家山漢簡等漢初簡牘帛書中亦多以"䙴"表動詞"遷"，如張家山漢簡《二年律令·賊律》"其殺馬牛及傷人，船人贖耐；船嗇夫、吏贖䙴"。④ 李園先生等認爲"䙴"與"遷"的分工在於前者與法律相關而後者則表示遷徙或官職調動。⑤ 由於其文中第 5、6 例里耶秦簡及嶽麓秦簡中兩"遷"字確與"遷官"相關，其説在一定程度上確能反映當時兩字的用字區別，但是在放馬灘秦簡中共出現兩次的"䙴"則明確表示"遷徙"之義，而里耶秦簡中亦一見"䙴陵"的寫法（9-899），而且法律術語"䙴"與"遷徙""遷官"在語義上顯然有很密切的聯繫，因此與上揭"灋""法"的使用分工近似，此亦存在例外情况。當然，偶見的例外顯然不能代

---

① 陳偉主編《里耶秦簡牘校釋》（第二卷），武漢大學出版社，2018，第190頁。
② 陳偉主編《秦簡牘合集（釋文注釋修訂本）》（壹、貳），第123頁。
③ 陳偉主編《秦簡牘合集（釋文注釋修訂本）》（壹、貳），第295頁。
④ 張家山二四七號漢墓竹簡整理小組：《張家山漢墓竹簡（二四七號墓）》（釋文修訂本），第8頁。
⑤ 李園、張世超：《社會歷史變遷對字詞關係的影響——以秦簡牘爲語料分析》，《西南交通大學學報》（社會科學版）2018年第3期。

表當時通常的習慣寫法，僅可視爲兩字間的偶然混用。而"遷"在西漢後期的西北漢簡中廣泛使用并徹底取代了"䙴"，如居延新簡EPT53：212"遷爲司馬令史"，居延漢簡142.34"候史徐輔遷補城倉令史"等。這説明從歷時層面來看，兩字在使用時間上是存在先後關係的。

漢牘本第卅五乙有"見龜幾䙴"一句，最後一字字迹漫漶比較嚴重，不過由上面的討論來看，其釋爲"䙴"的可能性不大。

此外，避諱字的使用一般應與用字習慣的先後相關。北大簡3"抑按啓久"，阜陽漢簡"啓"作"剖"，當爲"啓"之異體[①]；漢牘本作"抑按開久"，水泉子漢簡僅存"開灸"二字。北大簡5"豐盈爨熾"，阜陽漢簡同；漢牘本則作"豐滿爨熾"。北大簡47"閱彻寵趣"，漢牘本作"閱通寵運"，削衣本亦有多處出現，均作"通"，與漢牘本同。"盈""啓""彻（徹）"分别是漢惠帝、漢景帝與漢武帝之名。漢牘本整理者謂："本章'啓'作'開'，顯係避漢景帝諱改，是北大本年代早於漢牘本之證。"[②]有學者研究，漢代的避諱至宣帝後始嚴格。[③] 此三處避諱均爲"斷章"後本避諱而"斷章"之前本未避諱。

總之，由上面諸例來看，在各版《蒼頡篇》的異文中，時代更早的阜陽漢簡與北大簡本用字往往能够體現較早的用字習慣，而相應文字在"斷章"後諸本中則改爲與同時期書寫習慣相同的寫法。這一方面可以進一步證明過去對這些版本時代先後判斷的準確性，另一方面也説明作爲字書，尤其是在漢代具有重要地位的《蒼頡篇》，雖然在文字的使用上本應更趨於保守，但是當全社會的用字習慣發生改變時，也難免會受到影響并在不同文本中體現出變化的痕迹。

二 北大簡與阜陽簡《蒼頡篇》用字的不同

雖然均爲"斷章"之前的版本，在用字習慣上保持了一定程度上的

[①] 參周飛《〈蒼頡篇〉綜合研究》，第126頁。爲書寫方便，下文出現時均作"啓"。
[②] 劉桓編著《新見漢牘〈蒼頡篇〉〈史篇〉校釋》，第19頁。
[③] 陶哲：《秦至西漢宣帝時期避諱研究》，四川師範大學碩士學位論文，2009，第52頁。此外，唐蘭先生亦曾提到漢初避諱不嚴的看法。參氏作《馬王堆出土〈老子〉乙本卷前古佚書的研究——兼論其與漢初儒法鬥争的關係》，《考古學報》1975年第1期。

一致性，但是在北大簡與阜陽簡之間，亦存在一定數量的異文。這些異文中有一些屬於"異寫"，如前述的"啟"與"剌"等；有些異文當為通假關係而無法判斷使用時間的先後，如北大簡 30 "收繳繁紆"，阜陽簡"繳"作"條"；北大簡 42 "某柟早蠸"，阜陽簡"柟"作"晏"等。但是仍有一部分異文與歷時的用字有關，考察這些異文可以發現兩本在用字習慣上的先後變化。

北大簡 69 "頗科樹莖"，阜陽簡"頗"作"秛"。北大簡整理者認為"頗"當據阜陽漢簡作"秛"解，并引《玉篇》"秛，禾租也"及《廣雅·釋詁》"秛，稅也"為證，認為此"秛"應"即田租"。而對"科"字則據《說文》訓"程"立說，認為"'科'字訓'程'，有度量及品級諸義，與'秛'訓'禾租'亦即'田租'，在字義上有聯繫"。① 今按，此說未必為確詁。在目前出土秦漢簡牘中"秛"字僅此一見，而秦簡中則常見"柀"字，我們懷疑此字本作"柀"，因受下面"科"字從"禾"影響而寫作"秛"。類似的情況在出土文獻中并不稀見。② "柀"字，《說文》："一曰折也。"段玉裁改"折"為"析"。段氏亦指出此字傳世文獻多作"披"，謂"披行而柀廢矣"。③《韓非子·揚權》："數披其木，毋使木枝扶疏。"《史記·魏其武安侯列傳》："此所謂'枝大於本，脛大於股。不折必披'。"④ 可見"柀"常與"本""枝"等發生關聯。《廣雅·釋詁》"樹""莖"與"科"同訓為"本"。如此則此句整體似為動賓式。對於秦簡中"柀"字的理解，各家說法不一，具體可參孟峰《秦簡"柀"字及相關史料補詮》一文。⑤

---

① 北京大學出土文獻研究所：《北京大學藏西漢竹書》（壹），第 135~136 頁。
② 漢牘本第十六章"杠机程牀"一句中"程"字水泉子漢簡作"桯"。《說文》："桯，牀前几。"而"程"則為"品也"，顯然"桯"可與"杠""牀"等義相關聯。漢牘本作"程"當為訛寫。"桯"在秦漢簡牘中較少出現，而"程"則為十分常見之字，"禾""木"形近，因此很容易造成書寫的訛混。詳細情況參第三章對漢牘本文字的梳理。
③ 段玉裁：《說文解字注》，第 242 頁。
④ 《史記》卷一〇七《魏其武安侯列傳》，第 2851 頁。
⑤ 孟峰：《秦簡"柀"字及相關史料補詮》，《寧夏大學學報》（社會科學版）2020 年第 1 期。

第四章 簡牘本《蒼頡篇》異文研究

　　單育辰先生最早注意到與"陂"字相當的詞義在漢簡中作"頗"："在《睡虎地秦墓竹簡》中,我們没有發現'頗'字,然而抄寫年代在漢初,與睡虎地秦簡抄寫時間非常接近的張家山漢墓（二四七號墓）竹簡中,'頗'字却屢見,其語法地位與秦簡'陂'字相當。"①其説可信。同時也可以很好地證明"陂""頗"在秦漢兩代使用習慣的變化。

　　北大簡 11"冢椁棺柩",水泉子漢簡及漢牘本同。阜陽簡"柩"作"匛"。《説文》無"匛"字,而在"柩"字下謂："柩,棺也。"段玉裁據《玉篇》補入"匛"。《玉篇》："匛,棺也。亦作柩。"段氏補後之《説文》作"匛,棺也"。則其認爲"柩"之正篆應作"匛",并稱"後柩行匛廢"。②周飛先生認爲阜陽本"匛"可能是漏掉木旁的誤字。③雖然不無可能,但是此説缺乏足够的證據。若依段説,則"匛"與"柩"具有古今字的關係。④

　　北大簡 55"困窖廩倉",阜陽簡"窖"作"窌"。此二字在秦漢出土文獻中均不常見。在銀雀山漢簡中,"天窖"與"天窌"并見。《説文》："窌,窖也。"周朋升先生認爲"窌""窖"爲古今字關係。⑤《吕氏春秋·仲秋紀》"穿竇窌"中的"窌",《淮南子·時則訓》作"窖"。放馬灘秦簡《日書甲種·十二支占盗》"取者藏豯谷窌穴中"中,⑥字亦用"窌"。以上諸例似可爲"窌"與"窖"在使用習慣上的早晚關係提供一定的例證。

　　由於阜陽漢簡與北大簡分别抄寫於西漢早期與中期,依照常理,自然可以得出阜陽簡本早於北大簡本的結論。不過有些學者通過研究北大簡的文字,得出了相反的結論。周飛先生舉了一些北大簡《蒼頡篇》中

---

① 單育辰:《秦簡"陂"字釋義》,《江漢考古》2007 年第 4 期。
② 段玉裁:《説文解字注》,第 637 頁。
③ 周飛:《〈蒼頡篇〉綜合研究》,第 129 頁。
④ 一般來説,如果古今字雙方在形體上具有包含關係時,"今字"基本上是在"古字"形體上追加形符,這也符合漢字發展的規律,除了"智"與"知"外,確定無疑的相反例證很少。
⑤ 周朋升:《西漢初簡帛文獻用字習慣研究（文獻用例篇）》,吉林大學博士學位論文,2015,第 291 頁。
⑥ 陳偉主編《秦簡牘合集（釋文注釋修訂本）》（肆）,第 18 頁。

與小篆相合的文字，認爲"北大簡《蒼頡篇》可能直接從秦本轉抄而來"。①不過周文認爲阜陽本亦爲秦本，而未對兩者產生前後關係作出明確判斷。許文獻先生則在對比考察兩本文字的基礎上作出如下判斷。

> 阜陽簡本《蒼頡篇》之時代雖然較早，但其所據底本未必早於北大簡《蒼頡篇》，而北大簡本時代雖然稍晚，且經漢人修訂之內容較多，尤其在字形方面或改爲較通行之字形，但從部分音義相通異文所呈現出來結果，可知其沿用秦本之可能性甚高，故或可推定，北大簡本《蒼頡篇》所據底本可能更近於古本，即秦代之最早版本。②

不難發現，兩位學者主要是據形體立說。不過陳文波先生認爲"文字形體在多大程度上近似小篆和是否由小篆直接隸定而來這兩件事之間并不存在唯一確定的因果關係"③。此說值得重視。而從前述幾例來看，北大簡《蒼頡篇》在用字習慣上亦透露出晚於阜陽漢簡本的特點。如果綜合考慮阜陽漢簡、北大簡以及"斷章"後諸本，北大簡本似乎表現出介於其餘兩種（這裏將"斷章"後諸本視爲整體）之間具有過渡特點的用字習慣。而前引陳文波文還提到"它們（引者按，指具有較晚時期寫法特徵的字）與周飛所討論的保存秦篆正體或早期古隸的寫法的形體共同構成了北《蒼》文字形體新舊雜錯這一重要特徵"。④這與我們經由用字習慣作出的判斷相吻合。

值得注意的一個例子是北大簡 62"鑄冶容鑲"一句，有學者曾進行過解讀。整理者謂："容，盛也。引申爲'容受'，亦謂容貌。字通

---

① 周飛：《出土〈蒼頡篇〉版本探討》，《出土文獻》第八輯。
② 許文獻：《出土〈蒼頡篇〉"寬惠"續說——兼談漢代閭里書師本之修訂與抄訛情況》，《第三十屆中國文字學國際學術研討會論文集》，2019，第231頁。
③ 陳文波：《北大漢簡〈蒼頡篇〉抄寫時代新探——兼論隸變中書風的變遷》，《中國書畫》2018年第5期。
④ 陳文波：《北大漢簡〈蒼頡篇〉抄寫時代新探——兼論隸變中書風的變遷》，《中國書畫》2018年第5期。

'鎔',義爲熔化。《玉篇》:'鎔,鎔鑄也。'《慧琳音義》:'金銷在爐未鑄曰鎔。'"① 蘇建洲先生認同整理者將"容"讀爲"鎔"的意見,但是認爲"鎔"在此處非熔化之義,而應爲"容受""包蘊"的意思;并引陳劍先生意見:"此義與'作型中腸也'之'鑲'更合。馬王堆帛書《太一祝圖》有黃龍題記'黃龍持鑪',青龍題記'青龍奉容',李家浩先生疑'容'應讀爲'鎔',指鑄造器物的模型,顯是。其字亦以'容'爲之。由漢初文字看尚如此,加義符'金'作'鎔'是後來的事。"② 陳、蘇兩位的意見應該是可信的。不過陳劍先生認爲"容"的此義加"金"符作"鎔"是漢初以後的事則值得商榷。阜陽漢簡有與北大簡此句相應的文句,其"容"即已作"鎔"。而阜陽漢簡的時代顯然是早於北大簡的,與馬王堆帛書的時代幾乎相當。

此外還要注意的是北大簡61有"贅拾鋏鎔"一句,此句與簡62"鑄冶容鑲"正好銜接,"鋏鎔"兩字均與冶鑄相關,而阜陽漢簡"鑄冶鎔鑲"前一句則爲"贅拾鋏鉛"。"鉛",《說文》謂"可以句鼎而及鑪炭"。鈕樹玉曾提到"鉛鎔二字疑古本通",并舉出兩字在《史記》《漢書》中互爲異文。③ 誠爲卓識。如此,北大簡本的"贅拾鋏鎔。鑄冶容鑲"及阜陽漢簡本的"贅拾鋏鉛。鑄冶鎔鑲"之間的異文便可以溝通。而值得關注的是兩本四字間的交互使用均避免了各自內部出現文字的重複。當然,回到字詞的早晚關係上來,如果從文字發展的基本規律來看,"容"的產生一般當早於"鎔",因此北大簡在此處相較於阜陽漢簡本來看是使用了更早的文字。

三 "斷章"後各版用字差異

文本在流傳過程中用字習慣的改變也會受到底本的影響,正如早期《蒼頡篇》版本用字習慣有時與同時期簡牘不同而體現出最初用字習慣一

---

① 北京大學出土文獻研究所:《北京大學藏西漢竹書》(壹),第130頁。
② 蘇建洲:《北大簡〈蒼頡篇〉釋文及注釋補正》,載《出土文獻與傳世典籍的詮釋》,第215~216頁。
③ 參丁福保編《說文解字詁林》,第13516頁。

樣，在"斷章"後的版本中亦有一些保持了與早期版本相同的用字習慣。

北大簡 3 "抑按啓久"，阜陽簡本、削衣本及漢牘本均同用"久"；而水泉子漢簡"久"則作"灸"。從秦漢簡帛文獻來看，"久"與"灸"亦存在很明確的古今字關係。漢初的張家山漢簡、馬王堆帛書均以"久"表"灸"，①西漢晚期的武威醫簡則"灸"與"久"并用且出現頻率大體相當。這説明"灸"在此時大概已經取得了與"久"相當的地位。因此，反映到《蒼頡篇》用字上來即大致同時期的削衣本、漢牘本以及水泉子漢簡本分別選用了"久"與"灸"。

北大簡 9 "百越貢織"，"百"，削衣本同，居延漢簡及漢牘本均作"佰"。《説文》謂："百，十十也。"而"佰"下則謂："相什伯也。"依許説，則"佰"本應專表百倍，與"百"略有別。②馬王堆帛書《老子》甲本"使十百人之器毋用"，乙本文字小異而亦作"十百"。王弼本"十百"作"什佰"。年代上晚於馬王堆本的北大簡本"十百"亦作"什佰"。徐富昌先生將"十"與"什"、"百"與"佰"均歸爲古今字。③從"百""佰"在秦漢時期的使用來看，在某種意義上將兩字視爲古今字大概是可以的。首先就是《蒼頡篇》與《老子》兩書在使用上確實體現了前後的替換。其次，在秦至漢初簡帛中"佰"均用爲"阡陌"之"陌"，如睡虎地秦簡《法律答問》簡 64 "封即田千佰"，④《爲吏之道》簡 14 叄"千佰津橋"，⑤張家山漢簡《二年律令·田律》"畝二畛，一佰道；百畝爲頃，十頃一千道，道廣二丈。恒以秋七月除千佰之大草"。⑥而未見用爲"百"者，尤其是《二年律令》中"百""佰"同見，用法判然有別。

---

① 馬王堆帛書中僅《天下至道談》17.28 一見"灸"字，該字作炱，形體怪異，上部與"久"不類，下部所從與帛書"火"在下部時亦不同。
② 《過秦論》："倔起什佰之中。"《漢書音義》謂："首出十長、百長之中。此謂十人之長爲什，百人之長爲佰也。"依此則"百"與"佰"亦有別，不過并非倍數與基數之別。
③ 徐富昌：《從簡帛本〈老子〉觀察古籍用字問題——以古今字與通假字爲中心》，《簡帛》第二輯，上海古籍出版社，2007。
④ 陳偉主編《秦簡牘合集（釋文注釋修訂本）》（壹、貳），第 206 頁。
⑤ 陳偉主編《秦簡牘合集（釋文注釋修訂本）》（壹、貳），第 308 頁。
⑥ 張家山二四七號漢墓竹簡整理小組：《張家山漢墓竹簡（二四七號墓）》（釋文修訂本），第 42 頁。

這些似乎都説明"百"與"佰"的使用存在早晚的差別。

北大簡 46"柖榣奮光",削衣本同,漢牘本"柖榣"作"招榣",傳世文獻如《史記》《漢書》皆作"招摇"。此二字,睡虎地秦簡《日書》甲種均作"柖榣";張家山漢簡《蓋盧》簡 17~18"柖榣在上、大陳其後可以戰",①亦作"柖榣"。又馬王堆帛書《相馬經》屢見之"動榣"顯然即"動摇",亦作"榣"。②《史》《漢》之作"招摇"當為受較晚用字習慣影響更改"柖榣"所致,漢牘本作"招榣"未見於秦及漢初簡帛文獻,情況當與"招摇"同。

北大簡 65"頪印趮厤","趮",水泉子漢簡同,漢牘本作"躁"。《說文》:"趮,疾也。"徐鉉謂:"今俗別作躁,非是。"段玉裁亦謂"今字作躁"。③就徐、段意見來看,"趮"與"躁"是古今字無疑。從出土文獻來看,漢初簡帛文獻均以"趮"表"躁",如馬王堆帛書《相馬經》之"狄筋不趮動",④張家山漢簡《蓋盧》簡 37 之"有趮氣,義有静志"等。⑤此外,馬王堆帛書《老子》甲本及北大簡《老子》之"清(静)爲趮君""趮則失君"等亦作"趮",而未見有作"躁"之例。因此漢牘本作"躁"當與徐、段等所述用字情況相合。

漢牘第三章"賞禄賢智",削衣本"智"作"知"。"智"與"知"從文字發展的早期階段看,具有較爲明確的古今字關係。⑥在睡虎地秦簡及目前已經公布的里耶秦簡中未見"知"而均用"智"字,時代更晚的嶽麓秦簡中"知"字雖然出現,但是遠遠不及"智"字普遍。漢初馬王堆帛書始大規模以"知"表"知"或"智",而同期其他文獻中仍然

---

① 張家山二四七號漢墓竹簡整理小組:《張家山漢墓竹簡(二四七號墓)》(釋文修訂本),第 163 頁。
② 據陳怡彬統計,馬王堆帛書"榣"共出現 23 次,均表"摇"。參氏著《馬王堆帛書用字研究》,華東師範大學碩士學位論文,2020,第 26 頁。
③ 段玉裁:《説文解字注》,第 64 頁。
④ 裘錫圭主編《長沙馬王堆漢墓簡帛集成》(伍),第 175 頁。
⑤ 張家山二四七號漢墓竹簡整理小組:《張家山漢墓竹簡(二四七號墓)》(釋文修訂本),第 165 頁。
⑥ 參李冬鴿《從出土文獻看"智"與"知"》,《文獻》2010 年第 3 期;林志强、林婧筠《"知""智"關係補説》,《漢字漢語研究》2019 年第 4 期。

多作"智",如張家山漢簡"智"凡68見而未見"知";時代稍晚的銀雀山漢簡中則多見"知"而少用"智",但是與之時間相近的北大簡,已公布的前五卷中"智"出現106次,而"知"則僅出現4次。① 到了以西漢晚期爲主的西北漢簡中,則普遍使用"知"字,而"智"字便很少出現了。如在居延漢簡中"智"僅一見,肩水金關漢簡共兩見,居延新簡則不見"智"字。因此,削衣本作"知"顯然是受同時期的用字習慣影響所致。

從以上五例來看,"斷章"後各本中,水泉子漢簡之用"灸"、居延漢簡及漢牘本之用"佰"、漢牘本之用"裯襬""躁"以及削衣本之用"知",均分別體現了較晚的用字習慣。若進一步說,大概可以這樣認爲:并没有哪一種晚期版本在用字習慣上一直與早期文本保持一致或對立,而是或多或少受到當時用字習慣的影響。這種"參差不齊"的用字差異一方面更説明了西漢中後期整個社會用字習慣在變化中的"挣扎",另一方面也能體現書寫者個人的書寫習慣對文本的獨特影響,這種影響是可以獨立於整個時代書寫習慣之外的。關於底本與書寫者個人書寫習慣的關係,馮勝君先生有過如下闡述:"即使抄手刻意模仿底本的用字習慣及形體特點,也不可避免地參雜有個人的書寫風格和特徵⋯⋯所謂'忠實於底本',也衹是相對而言的。"② 《蒼頡篇》從最初的秦本發展到漢代多本間用字的諸多不同,除了受漢字整體發展的影響外,書手本身所具有的個人書寫特徵對文本的介入顯然也是不能忽視的。③ 如就北大簡與阜陽簡的比較來看,除了前面分析的個別字的使用可能體現了當時用字習慣的變遷外,就通假字與本字的使用來看,似乎阜陽簡《蒼頡篇》更喜歡使用通假字,如前引"條"與"晏",阜陽簡均用通假字。北大簡29"毛艛穀贈",阜陽簡"艛"作"栖"。周飛先生認爲北大簡此四

---

① 申月:《〈張家山漢簡〉用字研究》,第8頁;王斯泓:《北大漢簡用字研究》,華東師範大學碩士學位論文,2019,第97~98頁。
② 馮勝君:《從出土文獻看抄手在先秦文獻傳布過程中所產生的影響》,《簡帛》第四輯,上海古籍出版社,2009,第421頁。
③ 如果進一步細分,在大的社會性書寫習慣與書手個人書寫習慣之間還應該有一個"書寫集團"所具有的書寫習慣,這個集團最有可能由具有共同師承關係的群體建立起來。

字均與射具弓矢有關,因此"阜陽簡中'栖'應是'䲷'的假借字"。①這大概也與書寫者個人的書寫習慣有着密不可分的關係。

第二節 《蒼頡篇》異文中的通假字及相關問題

一 異文中通假字與本字的使用

《蒼頡篇》各本間異文的産生確有相當一部分與通常所謂通假字的使用有關。相對來説,相較於"斷章"前的版本,晚期版本在通假字的使用上似乎頻率更高。而這些本字與通假字的使用一般難以判斷時代的早晚。②我們可通過一些比較典型的用例來考察《蒼頡篇》不同文本中通假字的使用情況。③

北大簡 4 "長緩肆延",漢牘本"緩"作"援"。北大簡整理者已經指出"本句此四字皆有於空間、時間伸展之意"。④從此四字來看,其説可信。而"援"字《説文》謂其本義爲"引",這從先秦兩漢傳世文獻的用例來看是基本接近事實的。秦漢簡牘"援"字的使用亦同,如張家山漢簡《奏讞書》簡 155 "吏、新黔首皆弗救援,去北"。⑤所用即爲其本義之直接引申。因此,漢牘本此處用"援"當視爲通假字。

北大簡 5 "便聿巧亟",漢牘本同,削衣本"聿"則作"接"。《説文》:"聿,疾也。"此與"便""巧""亟"三字義近。"接"則爲"交接""接續"義,在秦及漢初簡帛中常用本義,如馬王堆漢簡《天下至道談》"八動:一曰接手……五曰交股……"⑥"交""接"義近。削衣

---

① 周飛:《〈蒼頡篇〉綜合研究》,第 130 頁。
② 當然,在可判斷的異文中亦存在均用通假字的情況。北大簡 34 "瓦蓋棼楊",所謂漢牘第廿三章作"瓦蓋枌楊"。北大簡整理者已經指出"棼"可讀爲'枌'"。《説文》謂"複屋棟也"。而"枌"按《説文》爲"榆也",爲木名。
③ 需要指出的是,無論是本字還是通假字,我們所論都包含其本義及語義關係密切的引申義。
④ 北京大學出土文獻研究所:《北京大學藏西漢竹書》(壹),第 74 頁。
⑤ 張家山二四七號漢墓竹簡整理小組:《張家山漢墓竹簡(二四七號墓)》(釋文修訂本),第 104 頁。
⑥ 裘錫圭主編《長沙馬王堆漢墓簡帛集成》(陸),第 168 頁。

本"疌"作"接"顯然是用通假字。傳世文獻常以"捷獵"之"捷"表"疌",而"捷""接"在傳世文獻中相通之例甚多。《荀子·大略》:"先事慮事謂之接。"楊倞謂:"接,讀爲'捷',速也。"① 又《爾雅·釋詁》:"際、接、翜,捷也。"郭璞:"捷謂相接續也。"② 雖然"捷"在此處表"接續"還是"迅捷"尚有爭議,③ 但是兩字間的密切關係是無法否認的。④

北大簡8"海内并厠",阜陽漢簡同;"并"字水泉子漢簡及漢牘本則分別用"庰"與"屏"。《急就篇》"分別部居不雜厠",顯然"并厠"與"雜厠"義近。《玉篇》謂:"并,雜也。"而"屏"與"庰"的本義爲"蔽",⑤ 即"藩屏"之義。《急就篇》:"屏厠清溷糞土壤。"前四字爲同義連用。而在秦漢簡牘中"屏"亦多作爲此義出現。如睡虎地秦簡《日書乙種·圂忌日》"凡癸爲屏圂,必富",⑥ 居延新簡EPT59:41"候樓無屏",皆用爲此義。當然,此"屏"亦當由"蔽"義引申而來,因此本句"屏(庰)"顯然爲通假字。

北大簡9"百越貢織",削衣本作"百越貢識",居延漢簡作"佰越貢識",漢牘第五章整理者作"佰越貢織"。⑦ 此句上一句作"戎翟給賓"。"賓",《說文》謂:"南蠻賦也。"《後漢書·南蠻西南夷列傳》:"漢興,改爲武陵。歲令大人輸布一匹,小口二丈,是謂賨布。"⑧《說

---

① 王天海:《荀子校釋》,上海古籍出版社,2006,第1051頁。
② 郝懿行:《爾雅義疏》,第310頁。
③ 郝懿行已經指出翜字與際、接義異而同訓捷。
④ 馬王堆帛書《戰國縱橫家書·謂燕王章》"王何不使可信者棲收燕、趙",其中的"棲"字《戰國策·燕策》及《史記·蘇秦列傳》均作"接"。對於這個異文,整理者認爲是通假的關係;裘錫圭先生則認爲"棲"爲"捷"之訛寫,而傳世本作"接"則應爲與"捷"音近而致誤。參《中國出土古文獻十講》,復旦大學出版社,2004,第381~382頁。這自然也是"捷""接"關係密切的又一有力證據。
⑤ 《說文》:"庰,蔽也。""屏,屏蔽也。"段玉裁認爲"屏蔽"中"屏"爲"複舉字之未刪者"。此二字形體接近,訓解相同。且在傳世文獻中"庰"基本不出現。邵瑛《說文解字群經正字》即認爲"二字音義俱同,蓋一字也"。參丁福保編《說文解字詁林》,第8556頁。
⑥ 陳偉主編《秦簡牘合集(釋文注釋修訂本)》(壹、貳),第518頁。
⑦ 最後一字圖版不清,整理者釋爲"織",當是根據北大簡而補,從削衣本及居延漢簡均作"識"來看,其作"識"的可能性似乎更大。
⑧ 《後漢書》卷八六《南蠻西南夷列傳》,第2831頁。

文》謂："常也，一曰知也。"因此削衣本及居延漢簡本此句作"識"爲通假字無疑。在北大簡公布之前，我們曾懷疑削衣本及居延漢簡本之"識"可讀爲"職"。①《呂氏春秋》及《禮記·月令》均有"貢職之數以遠近土地所宜爲度"，《淮南子·原道訓》亦有"四夷納職"，因此雖然作"識"可確認爲通假字，但是本字爲"織"還是"職"還是可以再討論的。

北大簡9"男女蕃殖"，水泉子漢簡"蕃"作"藩"，漢牘本作"潘"。《説文》："蕃，草茂也。"古書常見之"蕃息"義當與此有引申關係。因此，北大簡之"蕃"當爲本用。而"藩"《説文》訓"屏"，此亦古書常義，毋庸贅言。《説文》："潘，淅米汁也；一曰水名，在河南滎陽。"其顯然均與"蕃息"義無關。"潘"在此亦爲通假用法。

北大簡55"囷窖廩倉"，阜陽漢簡同，漢牘本"囷"作"菌"。《説文》："囷，廩之圓者。"因此，本句北大簡所用爲本字。鳳凰山漢墓簡牘屢見"囷一枚""囷一"等，均用本字。此外，香港中文大學文物館藏簡牘中簡121"囷一"亦用本字。②

北大簡59"星辰紀綱"，漢牘本"綱"作"剛"。《説文》："綱，維紘繩也。""剛，彊斷也。"顯然，本句中作"剛"爲通假字。不過需要指出的是在漢初簡帛文獻中常以"剛"表"綱"，如張家山漢簡《蓋盧》簡6"參辰爲剛，列星爲紀"，③銀雀山漢簡《孫臏兵法·地葆》"直者爲剛，術者爲紀"，④均以"剛"表"綱"。而在西漢晚期以後，則更多以本字"綱"表"綱"，如居延漢簡332.16"綱紀人倫"等。

從以上七例來看，北大簡在通假字與本字的選擇上似乎更傾向於使用本字。前面曾論及阜陽簡與北大簡相較更易於使用通假字，也從反面說明北大簡傾向使用本字。有時甚至與當時的通常用字習慣相悖，如

---

① 白軍鵬：《〈英國國家圖書館藏斯坦因所獲未刊漢文簡牘〉的初步整理與研究》，《中國文字》新三十九期。
② 陳松長編著《香港中文大學文物館藏簡牘》，香港中文大學文物館，2001，第52頁。
③ 張家山二四七號漢墓竹簡整理小組：《張家山漢墓竹簡（二四七號墓）》（釋文修訂本），第161頁。
④ 銀雀山漢墓竹簡整理小組：《銀雀山漢墓竹簡》（壹），文物出版社，1985，第61頁。

"星辰紀綱"一句對"綱"的使用即是一例。事實上北大簡是有"剛"字的，簡4有"勇猛剛毅"一句，且其所用正爲本義。與此相類似，北大簡8有"海内并厠"，而簡55有"屏圂廬廡"；北大簡9有"百越貢織"，簡1有"宗幽不識"。而漢牘第四章亦有"勇猛剛毅"，第十三章有"屏圂廬廡"，削衣本1963有"不識"。由此，其内部便出現了一字表多詞的情況。而北大簡中"并"與"屏"、"綱"與"剛"以及"織"與"識"均爲本用，使字詞的對應更加準確，且由此避免了複字的過多出現。①

有一個問題需要注意，在《蒼頡篇》各本間所見與通假相關的異文中，一般多共用同一聲符。②而削衣本中有幾處似乎與通假相關的異文却較爲不同。漢牘第三章"朋友過克"，削衣本"克"作"刻"。漢牘本整理者謂："克，《英斯》（引者按，即我們這裏所説之削衣本）作'刻'，意爲刻薄。"③今按，"克"與"刻"古音均溪母職部字，且古書中有兩字相通之例。④因此，此處的異文爲通假關係當無可疑。不過由於無法準確解釋"過克"或"過刻"的含義，對兩者間本字與借字的判斷暫作存疑處理。⑤

北大簡3"疢痛趀欬"，阜陽漢簡及漢牘本均同。《説文解字注》引《周禮注》"嗽，欬也。上氣，逆喘也"，認爲"嗽"即《説文》之"欶"。⑥北大簡整理者認爲"趀"當通"嗽"。⑦因此，"趀欬"即"欬趀"，亦即今之"咳嗽"。而削衣本"趀"作"送"。北大簡65"頟印趀蠚"，水泉子漢簡作"頟迎趀厥"，漢牘本僅存"趮厥"二字。"趀"與

---

① 這并不是説北大簡《蒼頡篇》中無複字，其内部仍存在一定數量的複字，但是就這個問題來看，確實因使用本字而減少了複字的出現。
② 有學者將這種情況視爲"聲符替代"。參徐莉莉《論〈馬王堆帛書〉（肆）的聲符替代現象及其與古今字的關係》，《華東師範大學學報》（哲學社會科學版）1997年第4期。
③ 劉桓編著《新見漢牘〈蒼頡篇〉〈史篇〉校釋》，第14頁。
④ 參高亨纂著，董治安整理《古字通假會典》，齊魯書社，1989，第384頁。
⑤ 《南齊書·武十七王傳》："租估過刻，吹毛求瑕。"若依此，似當以"刻"爲本字。不過此書證時代過晚，因此僅在此提出作爲參考。
⑥ 段玉裁：《説文解字注》，第413頁。
⑦ 北京大學出土文獻研究所：《北京大學藏西漢竹書》（壹），第73頁。

"躁"所體現的用字習慣變化前文已經談到。削衣本作"毅印奏厥"。北大簡65存"瞵盼"二字，①漢牘本同；削衣本則作"賓分"。

此三組異文中，"遬"與"送"、"趡（躁）"與"奏"以及"瞵"與"賓"從形體上均無訛混的條件，且削衣本中作"送"與"賓"均非一見，則其爲偶然誤書似亦無可能，從詞義上看，兩者亦相距甚遠，因此大概與音近相關。"送"古音在心母東部，"遬"則爲心母屋部字，東、屋有嚴格的對轉關係。若從音理上看，兩字是存在通假的可能的；"奏"上古音爲精母侯部字，"趡"爲精母宵部字，兩字聲母相同；"瞵"上古音爲來母真部字，"賓"爲幫母真部字，兩字韻同而聲異。不過古音來母字常與其他各紐字相互諧音，有學者認爲此與複輔音問題有關，如裘錫圭先生曾論及來母與明母字的密切關係。②而幫母與明母又同爲唇音字，如此則幫母與來母之間似乎亦可間接關聯。因此，這三組異文確實在語音上存在音同或音近的關係，但是在目前所見材料中又無明確相通的例證。削衣本書寫地爲漢代敦煌郡，因此我們推測或許與當時的方音相關。

此外，北大簡49"游敖周章"，漢牘本及敦煌漢簡均同，而阜陽漢簡作"戠"。整理者認爲："戠章，通作周章，雙聲聯綿字。戠、周上古皆端母，戠爲職部字，周爲幽部字，音近可通。"③然而二字古音雖雙聲，韻却并不相近，尤其是在傳世及出土文獻中亦均無相通之例。阜陽漢簡該字僅存部分筆畫，加之無由相通，因此，所謂的"戠"字的釋讀是否準確尚需進一步考察。

二　《蒼頡篇》中的通假字與秦漢時期用字習慣問題

對於《蒼頡篇》中通假字的使用，胡平生先生基於對阜陽漢簡《蒼頡篇》文本用字的認識，認爲"在周秦文獻中，通假字的使用十分廣泛，

---

① 此從周飛所釋，參劉婉玲《出土〈蒼頡篇〉文本整理及字表》，第107頁。
② 裘錫圭：《西周銅器銘文中的"履"》，《裘錫圭學術文集·金文及其他古文字卷》，復旦大學出版社，2012，第28頁。
③ 阜陽漢簡整理組：《阜陽漢簡〈蒼頡篇〉》，《文物》1983年第2期。

《蒼頡篇》也不例外"。①朱鳳瀚先生亦稱:"僅就北大簡本即可得知,《蒼頡篇》對文字的訓解,假借是經常運用的原則。"②而針對北大簡中的通假字使用,胡平生先生認爲:"冷僻字要能連綴成句、成文,就需要使用通假的辦法讓一般人理解其義。至於該字的本義及其他的意義則由閭里書師教授,請他們慢慢道來。"③考察近年相關的考釋文章,不難發現,一些學者經常通過破通假來解讀《蒼頡篇》中的文字,以期找到一句內四字或兩字間的同義或反義關係。如果從前述異文中的通假字來看,認爲《蒼頡篇》使用了通假或假借字當然是沒有問題的,但是這些通假字的確認是通過異文中與本字的對比得到的,是確定無疑的通假字,而以上諸說及相關文章中所謂的通假字或通假字的使用則均與異文無關。

如果從不同版本通假字的使用來看,由於有使用本字的版本,那麼顯然不能簡單說《蒼頡篇》使用了通假字,而祇能認爲在流傳過程中,某一種或幾種版本使用了通假字。這種情況在其他傳世文獻的不同版本中也是經常出現的,當然不能就此推知李斯等人在最初也使用了這些通假字。不過,即便如此,下面的問題也呼之欲出了:李斯等人所作的"秦三蒼"中是否使用通假字?前揭朱鳳瀚先生文已經通過對北大簡的研究,指出其對文字的訓解是經常使用假借的。單就北大簡《蒼頡篇》來看,其說基本可信,祇是"經常"這個概率有多高還是值得考慮的。但是就我們下面所要討論的可以確定無誤的"破讀"來看,雖然簡文中使用的確非本字,但是與當時用字習慣相合,而本字在當時或者尚未產生,或者經常不作本用。

北大簡11"圉奪侵試",漢牘本同。北大簡整理者:"'試'假借爲'弑'。"④從目前所見秦漢出土文獻來看,凡表"弑"均用"試"字。申紅義先生考察了阜陽木牘《儒家者言》以及定州漢簡《論語》等例,亦謂:"這表明'弑'字的通行當晚於漢初。""作爲文字,'弑'字後起,

---

① 胡平生:《阜陽漢簡〈蒼頡篇〉的初步研究》,《胡平生簡牘文物論稿》,第7~8頁。
② 北京大學出土文獻研究所:《北京大學藏西漢竹書》(壹),第178頁。
③ 胡平生:《讀北大漢簡〈蒼頡篇〉札記》,《出土文獻研究》第十五輯,第281頁。
④ 北京大學出土文獻研究所:《北京大學藏西漢竹書》(壹),第80頁。

在西漢前期的文獻中尚未見到。"①

北大簡 16 "塵埃票風",漢牘本同。北大簡整理者:"《說文》:'票,火飛也。'字通'飄'";并列舉了典籍中的"飄風"用例。②秦漢簡牘中"票"字并不常見,《秦文字編》中"票"字凡三見,均見於睡虎地秦簡《日書》甲種,其中一例用作"剽",其餘兩例均作"票風",而秦簡中目前尚未見"飄"字。馬王堆帛書《老子》作"飈風",但是漢代簡帛文獻中亦僅此一見,在更晚的北大簡《反淫》中則仍作"票風"。這些可以表明"票風"較"飄風"的使用是更早的。③

北大簡 33 "鄭舞炊竽",整理者:"炊,通'吹'。"④從秦簡來看,"炊"常表"炊爨"之義,然而亦不乏以之表"吹"者。如周家臺秦簡《病方及其他·人所恒炊者》"人所恒炊者",即以"炊"表"吹";⑤馬王堆帛書《五十二病方》:"巢塞直者,殺狗,取其脬,以冒籥,入直中,炊之,引出徐以刀剝去其巢。"其中的"炊"亦表"吹"。⑥而"吹"字雖然亦見於漢代簡帛文獻,却均表"欠"。如馬王堆帛書《陰陽十一脉灸經》乙本之"數吹"與"强吹"中"吹"均表"欠"。⑦武威漢簡《儀禮·甲本·士相見之禮》"君子吹申",今本作"君子欠申"。可見在西漢晚期時仍以"吹"表"欠",則北大簡《蒼頡篇》以"炊"表"吹"亦與當時的用字習慣相合。

北大簡 35 "鏡籋比疏",漢牘本同。北大簡整理者:"'疏'通'梳','比'通'篦'。"⑧從目前所見秦及西漢出土文獻來看,"篦""梳"二字在此時尚未產生。居延漢簡 41.20 "疏比一具",亦作"疏""比"。《急就篇》:"鏡籢疏比各異工。"傳世本有作"梳"者,然而敦煌漢簡

---

① 申紅義:《從簡帛文獻看〈經典釋文〉異文成因及來源》,《青海師範大學學報》(哲學社會科學版)2015 年第 3 期。
② 北京大學出土文獻研究所:《北京大學藏西漢竹書》(壹),第 86 頁。
③ 此外,銀雀山漢簡、北大簡中亦有作"剽風"者。
④ 北京大學出土文獻研究所:《北京大學藏西漢竹書》(壹),第 101 頁。
⑤ 陳偉主編《秦簡牘合集(釋文注釋修訂本)》(叁),第 230 頁。
⑥ 裘錫圭主編《長沙馬王堆漢墓簡帛集成》(伍),第 264 頁。
⑦ 張家山漢簡《脉書》亦見"强吹""數吹",亦爲"强欠"與"數欠"。
⑧ 北京大學出土文獻研究所:《北京大學藏西漢竹書》(壹),第 104 頁。

2356作"疎",即"疏"之異體。① 至於"笓"字,其產生比"梳"更晚。目前所見唐前文獻中尚未發現用例。

北大簡52"捕獄問諒",他本均同。北大簡整理者:"諒,《說文》:'信也。从言京聲。'即誠信,誠實。"② 胡平生先生認爲:"此處應讀爲'掠'。"③ 漢牘本整理者:"讀'諒'爲'掠'。"④《說文》無"掠"字。從秦漢出土文獻來看,"問掠"之"掠"均作"諒",如睡虎地秦簡《封診式·治獄》"毋治諒而得人請爲上,治諒爲下,有恐爲敗",⑤ 即以"諒"寫"掠",張家山漢簡《奏讞書》簡120"吏笞諒毛"亦同。⑥

北大簡54"闕廷廟郎",水泉子漢簡C039及漢牘本同。北大簡整理者:"郎,通'廊'。"⑦ 目前所見西漢以前簡牘文獻尚無"廊"字。《說文》亦未收錄。因此,以"郎"寫"廊"亦符合當時的用字習慣。

因此,正如前文所說,雖然我們承認北大簡《蒼頡篇》(也包括其他版本)確實使用了非本字的假借字,但是由以上諸例來看,這些非本字的假借并非簡單臨時借用,而是代表了一段時間內的通常寫法。張世超等先生曾指出"在實際的書面語言中,文字并非都是表示它們的本義的,在每一個歷史時期內,總有一些字被固定地用來表示假借義"。⑧ 在列舉了秦簡中的相關例字後,又謂:

> 這些字,或者從文字學的角度看,屬於假借,或者僅僅是從後代的角度看,是没有用應當的字。實則它們各是當時書面語中相應詞義的合法代表者,儘管它們中的一些所表達的意義與字的形體結構所反映的意義不合,却是爲社會所承認、接受的。反之,

---

① 可參張傳官《急就篇校理》,中華書局,2017,第247頁。
② 北京大學出土文獻研究所:《北京大學藏西漢竹書》(壹),第120頁。
③ 胡平生:《讀北大漢簡〈蒼頡篇〉札記》,《出土文獻研究》第十五輯,第294頁。
④ 劉桓編著《新見漢牘〈蒼頡篇〉〈史篇〉校釋》,第59頁。
⑤ 陳偉主編《秦簡牘合集(釋文注釋修訂本)》(壹、貳),第264頁。
⑥ 張家山二四七號漢墓竹簡整理小組:《張家山漢墓竹簡(二四七號墓)》(釋文修訂本),第101頁。
⑦ 北京大學出土文獻研究所:《北京大學藏西漢竹書》(壹),第122頁。
⑧ 張世超、張玉春:《秦簡文字編·漢語言書面形態學初探》,第24~25頁。

第四章 簡牘本《蒼頡篇》異文研究

則即使字所表達的意義與形體結構相合，也要造成交際上的困難，甚至混亂。①

結合新出秦簡中的用字情況，可以想見，李斯等作《蒼頡篇》《爰歷篇》《博學篇》時大概亦難免使用相關的假借甚至通假字，但是這些字一定與當時的用字習慣相合，因此不需要人們在思維上進行"破讀"這一過程。更何況我們所謂的本字一般認爲是從以《説文》爲代表的東漢經學家解字的觀念出發的。洪誠先生謂："從語言的角度看，無所謂本字，約定俗成的用法和意義就是文字的本義。"②此與前引張説不謀而合。

儘管如此，我們仍然相信，最初《蒼頡篇》在用字時一定是以使用"本字"爲主并且儘量踐行這一準則。這一方面由《蒼頡篇》的性質所決定，作爲"字書"，相較於其他文獻而言，客觀上要求它更要"努力"地使字詞統一以便於記誦。另一方面，正如前面我們已經提及的也更重要的是，李斯等人編寫"秦三蒼"的首要目的是爲"書同文字"。《説文解字叙》："秦始皇帝初兼天下，丞相李斯乃奏同之，罷其不與秦文合者。斯作《倉頡篇》，中車府令趙高作《爰歷篇》，太史令胡母敬作《博學篇》。"③這裏已經説得十分清楚。胡平生先生認爲"秦統一中國後，要'書同文字'，《蒼頡》《爰歷》和《博學》就是作爲全國統一的教科書加以頒布的"。④梁靜先生也提到"《蒼頡篇》的初創應該是出於規範文字的需要，特別是秦代統一六國文字的需要"。⑤這都是接近事實的認識。而在這一過程中，除了正字形外，學者們一般認爲還包括正用字與正用語。⑥而這些在里耶秦簡《更名方》中有清楚的體現。考察戰國及秦代簡牘，便可以發現《更名方》中的規定"得到了較好的落實"。

---

① 張世超、張玉春：《秦簡文字編・漢語言書面形態學初探》，第25~26頁。
② 參《洪誠文集・訓詁學》，江蘇古籍出版社，2000，第32頁。
③ 段玉裁：《説文解字注》，第757~758頁。
④ 胡平生：《阜陽漢簡〈蒼頡篇〉的初步研究》，《胡平生簡牘文物論稿》，第1頁。
⑤ 梁靜：《出土文獻與〈蒼頡篇〉研究》，《簡帛》第十輯，第264頁。
⑥ 最新的相關研究可參田煒《論秦始皇"書同文字"政策的內涵和影響》，《"中央研究院"歷史語言研究所集刊》第八十九本第三分。

不過《更名方》中的規定實在太有限了。我們也很難想象在"正用字"這一問題上在當時會對每一個字與詞的對應作出規定。陳侃理先生認爲：

> "書同文字"政策最重要也最見成效的方面，即用秦系文字取代六國文字，不太可能通過國家規定每一個字的字形和寫法來完成。這個變化完成的主要途徑，應是在"以吏爲師"的教育模式下，眾多秦吏對文字的大量使用和傳習。由此形成的"書同文"，一定是"大同"中存有"小異"。所謂"大同"是大體上同用秦系文字，"小異"是不同的書寫者在具體寫法、通假和用字習慣上存在差異。①

這應該是符合實際的推斷。因此，如前所述，我們認爲即使是《蒼頡篇》，在其初本中也一定有以當時的"常用字"代替本字書寫的情況，而通假或假借字便包括在其中。不過至少從目前的情況來看，前面我們所述之以"試"表"弑"等例中，相應詞的本字一般在秦代尚未產生，顯然李斯等人也不會爲這些詞去專門造字。因此，從這一角度來看，以往將"試""票""炊""疏""比""諒""郎"等簡單地視爲通假字或以通假術語進行解讀就不那麽準確了。至於北大簡或阜陽簡異文中實際存在的通假字，如阜陽簡"條""晏""栖"等字，由於有他本作本字之對比，就更不能因此而認爲是《蒼頡篇》本身使用通假字了。

三 謹慎"破讀"《蒼頡篇》的通假字

經過異文比對確定的通假字較爲明確可信，而如前所述，這些通假字大多數是共用諧聲偏旁者。漢簡中的通假字與本字之間多數具有諧聲關係。雷黎明先生曾統計敦煌馬圈灣漢簡中的通假字使用情況，其中通

---

① 陳侃理：《里耶秦方與"書同文字"》，《簡帛文獻與古代史——第二屆出土文獻青年學者國際論壇論文集》，第130頁。

假字與本字間有形體聯繫者占全部通假字的77.1%。而所謂的有形體聯繫包括借字爲本字的聲符、本字爲借字的聲符以及本字與借字聲符相同三種情況，也就相當於我們所說的共用諧聲偏旁。①這與趙平安先生所統計秦漢簡帛文獻中"通假字與被通假字爲相互包容關係以及含有相同聲符的接近70%"的數據也是很接近的。②因此，在研究中能夠正確破讀無形體聯繫的通假字雖然似乎更顯高明，但是同時也需要格外謹慎。當然，這也是"破讀"《蒼頡篇》中"通假字"應該持有的態度。若非與諧聲偏旁有關，且無十分充足的音理條件與佐證，最好不要隨意解讀。

北大簡2"係孫褒俗"，阜陽漢簡、漢牘本同。削衣本"褒"作"葆"。北大簡整理者認爲"褒"與"葆"通，而"葆"又通"保"，因此"保俗"即"保其舊俗以安民"。③從秦及漢初簡帛文獻來看，確實常以"葆"表"保"，④且這種情況直到西漢晚期仍未完全消失，但是未見以"褒"表"保"之例。

北大簡12有"闒錯蹴葆"一句，整理者認爲"蹴"當讀爲"蹙"，有促進、逼急義，讀"葆"爲"保"，安守義，如此，則兩字意義相反，爲并列結構。胡平生先生認爲"'蹴'當讀爲'僦'，秦漢時雇傭運輸謂之'僦'"，"'葆'當讀爲後世之'城堡'之'堡'"。"'僦堡'，應指運輸生活軍事物資到前綫之'葆（堡）'中。"⑤王寧則讀"蹴"爲"蹙"，并由迫、促等義引申爲縮小，讀"葆"爲"褒"，有使衣袍寬大之意，認爲二字組合猶今之"收放"。⑥楊振紅等先生引《玉篇》"葆，草茂盛貌，又羽葆也"，將"葆"理解爲"羽葆"，即儀仗用具，是舉行葬禮前朝拜祖廟時，匠人用於指揮隊伍的工具，并認爲本句講的是葬禮"升正

---

① 參雷黎明《敦煌馬圈灣漢簡通假字系統量化研究》，《西北師大學報》（社會科學版）2019年第9期。
② 趙平安：《秦漢簡帛通假字的文字學研究》，《河北大學學報》1991年第4期；又收入《隸變研究》（修訂本），上海古籍出版社，2020，第142頁。
③ 北京大學出土文獻研究所：《北京大學藏西漢竹書》（壹），第72頁。
④ 參周朋升《西漢初簡帛文獻用字研究》，第27~28頁。
⑤ 胡平生：《讀北大漢簡〈蒼頡篇〉札記》，《出土文獻研究》第十五輯，第284頁。
⑥ 王寧：《北大漢簡〈蒼頡篇〉讀札（上）》，復旦大學出土文獻與古文字研究中心網站，2016年2月22日。

柩"儀式。①

考慮到當時的用字習慣是以"葆"表"保",而"保"可引申爲"保辜""保任"之義,因此北大簡12"葆"當爲"保"無疑,此義在西北漢簡中習見,如肩水金關漢簡73EJF3:140"累山亭長富隆,葆,昭武安信里房君賓,年三十五。"②簡73EJF3:137:"葆,同縣長息里上造張悝,年卅,長七尺寸,黑色。"而"蹴"則當從胡平生先生所釋,應爲"僦"義,"蹴"與"僦"均從"就"聲,與前述《蒼頡篇》異文中通假字多共用諧聲偏旁無違。"僦"與"保"同爲受雇傭者,爲并列結構。如此,則"係孫褒俗"之"褒"再讀爲"葆",并進一步通"保"則值得懷疑。我們認爲此字應即"褒揚"之義。段玉裁在"褒"下注稱"引伸爲凡大之稱,爲褒美"。③此義秦漢及以後古書常見,無須贅舉。而"褒俗"與"保俗"從文義上看均無障礙,衹是前者與當時的用字不相衝突,因此更爲可靠。

前文在論及北大簡《蒼頡篇》多用本字時曾提到"并"與"屏"、"綱"與"剛"、"織"與"識"等同出北大簡并均爲本用的情況。如果考慮到這一層,在北大簡本中有"闒錯蹴葆"而仍將"係孫褒俗"一句中"褒"讀爲"葆(保)"的看法就更加站不住腳了。

北大簡60"霸暨傅庚",漢牘本同;阜陽漢簡"傅"作"專"。張存良先生認爲:

傅庚,即伏庚,傅通伏。傅字古音爲幫鈕魚部,伏字古音爲並鈕職部,幫、並二鈕衹是清濁之分,職部與之部是平入對轉,而之部與魚部又相爲鄰鈕,故傅、伏二字古音相近,可以通假。伏庚指夏曆三伏,亦謂之伏日。④

---

① 楊振紅、單印飛:《北大藏漢簡〈蒼頡篇·闒錯〉的釋讀與章旨》,《歷史研究》2017年第6期。
② "賓"整理者誤爲"實",此徑改。
③ 段玉裁:《說文解字注》,第393頁。
④ 張存良:《〈蒼頡篇〉"霸暨傅庚"試解》,《文獻》2016年第2期。

張說雖然從語義上看是比較圓通的，但是并不可靠。首先，"伏"與"傅"古音并不接近，魚部與職部相隔較遠，從音理上無法溝通；且張文亦未舉出兩字相通之證（事實上也并沒有），因此謂"傅通伏"可信度不高。其次，所謂"伏庚"，張文認爲即"庚伏"，且不論此說是否可信，單就"庚伏"僅見於宋代以後文獻來看（張文亦承認此點），對其說便是大大不利的。

　　從秦漢時期用字來看，"專"與"傅"經常表"敷"。最具代表性的是馬王堆帛書《五十二病方》，"傅"字常見，且均用爲"敷"，如《諸傷》："以刃傷，燔羊矢，傅之。"整理小組："傅，外敷。"[①]里耶秦簡9-1633+9-2131有"日一洗、傅藥"及"洗、敷藥六十日"。其中的"傅藥"顯然即"敷藥"。[②]馬王堆帛書《陰陽五行甲篇·雜占之四》"專之芙"，整理者將"專"括注爲"敷"。北大醫簡2870："一洒一傅。"其中的"傅"亦用爲"敷"。[③]例多不備舉。此外，傳世文獻中的例子亦不稀見，如《漢書·文帝紀》："上親策之，傅納以言。"顏師古謂："傅讀曰敷，敷陳其言而納用之。"[④]因此，雖然目前尚無法準確解讀"傅庚"的含義，但是張文所論不確應是無疑的，而對"傅"或"專"進行解讀，大概可以從"敷"入手。

　　張氏的破讀似乎已經成爲定論，取得了一些支持意見，[⑤]但是仔細推敲，不無破綻。這一方面由於對《蒼頡篇》使用通假字認識得不夠準確，另一方面則由破讀通假時謹慎不足所致。

　　在對出土及傳世文獻進行釋讀時，破通假確實是十分重要的方法或途徑，但是風險并存。前輩學者早已指出要慎重對待。前人在取得相關成績時也不免經常犯下誤讀（甚至是濫讀）通假的錯誤。王力先生曾謂："以古音求古義的原則是對的，但是把聲近義通作爲臆斷的護符則

---

① 裘錫圭主編《長沙馬王堆漢墓簡帛集成》（伍），第217頁。
② 陳偉主編《里耶秦簡牘校釋》（第二卷），第339頁。
③ 可參鄧佩玲《從北大醫簡"一洒一傅"談簡帛醫藥文獻所見"洒"與"傅"》，《中醫藥雜誌》2013年第24期。
④ 《漢書》卷四《文帝紀》，第127頁。
⑤ 參劉婉玲《出土〈蒼頡篇〉整理及字表》，第101頁。

是不對的。語言有社會性，文字也有它的社會性，不能設想古人專愛寫別字。王氏父子治學嚴謹，所證也還不能盡是。俞樾、章炳麟則每況愈下，借聲近義通的原則來助成武斷，此風至今未泯。"①這在今天仍具警醒意義。

第三節　《蒼頡篇》異文的學術價值

一　異文與《蒼頡篇》文本校勘

居延新簡 EPT50：1"卒必有意"，削衣本及漢牘本均作"卒必有憙"。關於居延新簡中的"意"字，胡平生先生曾經提出兩種可能，一種據《急就篇》"勉力務之必有喜"一句推測《蒼頡篇》作"意"是"喜"之訛（彼時并無削衣本及漢牘本）。在漢簡中"喜"作"熹"，與"意"形近。②另外一種可能是"意"字不誤，而是"懿"的假借字。③不過由削衣本及漢牘本來看，居延新簡本作"意"顯然應爲訛字，訛寫的原因也正如胡文所說的那樣，與形近有關。

漢牘第十九章"隗阮阤坑"一句中的"隗阮"，北大簡本作"阢嵬"，阜陽漢簡本作"阬嵬"，水泉子漢簡作"阮隗"。可見後三者是相似的，因此，漢牘本作"隗阮"應爲抄寫時的誤倒。以上所述均可見異文對訛字及語序倒誤等的判定是有重要價值的。

漢牘第卅六章"姑縈□□"一句，北大簡作"姑縈姍媵"。首字北大簡作 ，確爲"姑"字，而漢牘本作 ，亦爲"始"字無疑。《說文》："姑，小弱也。一曰女輕薄善走也。一曰多技藝也。"而"始"字《說文》則謂："女字也。一曰無聲。"漢印中確實有以之爲名字者，如《虛無有齋摹輯漢印》0301 有"陳始私印"，3685 有"乘馬始——乘馬少

---

① 王力：《中國語言學史》，山西人民出版社，1981，第 172 頁。
② 事實上，漢簡中的"熹"很可能是"憙"之誤釋，參張傳官《說漢代的"憙"與"熹"》，載復旦大學出土文獻與古文字研究中心編《戰國文字研究的回顧與展望》，中西書局，2017。
③ 胡平生：《漢簡〈蒼頡篇〉新資料研究》，《胡平生簡牘文物論稿》，第 18 頁。

娃"雙面印,此印顯然爲女子所有,可證許説可信。從上下文語義來看,此處似以作"姑"爲是。而漢牘本作"始"應爲誤字。秦漢簡牘中有些"占"字的寫法與"合"相近,如武威漢簡《儀禮·少牢》簡3"占"作 ▢,《特牲》簡3作 ▢,與"合"祇差一横畫,十分相近。敦煌漢簡2018:"……占 騾牡馬一匹,齒十四歲,高五尺。""占"作 ▢,勞榦《敦煌漢簡校文》將其釋爲"合",《中國簡牘集成》等均同勞釋。我們將其改釋爲"占"。①《史記·扁鵲倉公列傳》:"合色脉表裏有餘不足順逆之法。"徐廣曰:"合,一作'占'。"此異文的産生亦由於"占"與"合"相近所致。漢牘本將"姑"誤寫爲"始"亦應與"占""合"形近有關。居延漢簡68.17:"隧長公乘孫第自占書功勞錢。""占"作 ▢,從字形上看當爲"合",亦爲將"占"誤寫爲"合"之例。

北大簡68"邁徙覺驚",阜陽簡"徙"作"送"。所謂的"送"字作 ▢,從僅存的右半來看,與秦漢時期的"送"字確實相合,如居延新簡EPT49:73"送"字作 ▢ 等,因此釋"送"無誤。不過"送"與"徙"在語義上有較大差别,而這種差異不太可能與由音、義有關。

睡虎地秦簡《日書甲種·徙》"正月、五月、九月,北徙大吉,東北小吉"一句中,"徙"字作 ▢,方勇先生在《秦簡牘文字編》裏將此字歸入"送"字之下,認爲是"徙"字之訛,②這當是正確的。同簡"若以是月殿東徙","徙"字作 ▢,學者們亦認爲此當爲"送"字之訛。③張家山漢簡《二年律令·效律》:"雖不免、送,居官盈三歲,亦輒遣都吏案效之。"整理者將"送"括注爲"徙"。④比照睡虎地秦簡,亦當視之爲訛寫。而這些都説明在秦漢簡時期"徙"字常因形近而誤寫作"送"。北大簡中"徙"字作 ▢,與"送"字形體確實較爲接近。

慧琳《一切經音義》卷二十六"覺觀"條引《玉篇》:"覺,驚也,察也。"《説文》:"邁,遠行也。"《爾雅·釋言》:"邁,行也。""徙",

---

① 參拙著《敦煌漢簡校釋》,第87頁。
② 方勇:《秦簡牘文字編》,福建人民出版社,2012,第42頁。
③ 陳偉主編《秦簡牘合集(釋文注釋修訂本)》(壹、貳),第357頁。
④ 張家山二四七號漢墓竹簡整理小組:《張家山漢墓竹簡(二四七號墓)》(釋文修訂本),第56頁。

《説文》訓"移",即"遷徙"之義,如《莊子·逍遥游》"海運則將徙於南冥",這與"邁"的"遠行"義顯然是相近的,而"送"則無此義。從同義羅列的角度來看,此處作"徙"顯然優於作"送",因此阜陽漢簡《蒼頡篇》"邁送覺驚"中"送"當爲"徙"字之訛。

北大簡 30"羨溢跂奠",漢牘本作"羨汯趆奠"。北大簡整理者認爲"羨"當讀爲"漾",并根據《廣韻》訓爲"水溢蕩貌",而將其與"滿溢"之"溢"聯繫起來。① 漢牘本整理者認爲"羨汯"即"羨溢",并謂其有"富足"義。② 對於"羨"與"羨"之間的異文,則認爲"屬於改字"。

"羨溢"乃秦漢時常語,然而從其所引《漢書·董仲舒傳》"富者奢侈羨溢,貧者窮急愁苦"來看,"羨溢"與"奢侈"同列,顯然非"富足"義,當與"貪欲"相近。《廣雅·釋詁》"羨""貪"皆訓爲"欲"。而《蒼頡篇》"羨汯(溢)趆奠"上一句爲"貪欲資貨",則"羨溢"與"貪欲"相關。"奠"字《説文》訓爲"目袤也"。段注謂:"奠之目袤淫視。"《禮記·曲禮上》:"毋淫視。"孔穎達疏:"毋淫視者,淫謂流移也。目當直瞻視,不得流動邪眄也。"③ 此義與"貪欲"之義亦有關。

對於漢牘本整理者認爲"羨""羨"爲"改字"的判斷,我們認爲亦不可信。漢初"羨""羨"兩字形近,如張家山漢簡《算數書》簡 24"羨"字作■,而北大簡"羨溢跂奠"句中"羨"字作■,差別不大,因此,我們懷疑北大簡之"羨"當爲"羨"之誤書。北大簡 42"羨櫨杪柴","羨"字已見,若此處爲"羨"之誤字,則兩者即不存在"複字"關係。

北大簡 16 有"猜常衺土"一句。《説文》:"猜,恨賊也。""常,下帬也。"兩字之間没有語義聯繫。北大簡整理者對"猜常"的聯繫提出了三種可能:讀"猜"爲"采","采常"即"彩裳";讀"猜"爲"裁","裁常"即"製裳";讀"猜"爲"載",載裳的聯繫可見於《詩

---

① 北京大學出土文獻研究所:《北京大學藏西漢竹書》(壹),第 99 頁。
② 劉桓編著《新見漢牘〈蒼頡篇〉〈史篇〉校釋》,第 82 頁。
③ 《禮記正義》卷二《曲禮》,中華書局影印阮元校刻《十三經注疏》,1980,第 1240 頁。

經·小雅·斯干》"載衣之裳"句。①不過這些解釋都比較勉强。"猜"字作㼌，所釋無誤。漢牘本該字作▨，字迹有些漫漶。不過可以確定其左側所從絕非"犭"而似是"亻"，右側也與"脩"字所從接近，因此確實存在釋"脩"的可能。如此，則北大簡當爲書寫訛誤。漢牘本整理者認爲"常"可讀爲"長"，則"脩長"可成詞。②目前來看這確實比"猜常"聯用更爲妥當。

二 異文與《蒼頡篇》字（詞）義解讀

北大簡 14 "狄署賦賓"，漢牘本同。阜陽漢簡"狄"作"惕"。③對於"狄"字，北大簡整理者既舉《説文》《玉篇》之訓"赤狄""北狄"，又引《詩經·魯頌·泮水》之"狄彼東南"中鄭箋"狄當作剔，剔，治也"、《廣雅·釋詁三》"狄，敫也"、《廣雅·釋詁四》"敫，置也"等古注，④不過對兩者并無取捨的判斷。我們推測其後一説是爲了與其對下一字"署"訓"置"相配合。但是由於"狄"之"夷狄"義更爲常見，所以兩説并存。漢牘本整理者謂"狄，通逖，遠"。⑤

古書從"易"與從"狄"之字常相通。除北大簡整理者所引外，如《詩經·大雅·抑》"用遏蠻方"，《潛夫論·勸將》作"用逖蠻方"。《説文》"惕"之或體作"悐"，説明"惕"與"狄"在秦漢間確有較密切的關係。睡虎地秦簡《爲吏之道》簡 37 貳有"術悐"，整理者括注爲"怵惕"，訓爲"戒懼"。⑥張家山漢簡《脈書》簡 24："聞木聲則狄然驚，心惕然欲獨閉户牖而處。"整理者將"狄"括注爲"惕"。⑦此與下"心惕

---

① 北京大學出土文獻研究所：《北京大學藏西漢竹書》（壹），第 86 頁。
② 劉桓編著《新見漢牘〈蒼頡篇〉〈史篇〉校釋》，第 123 頁。
③ "惕"前一字此前均釋爲"慹"，然此字殘缺嚴重。而北大簡 14 "狄署賦賓"上一句爲"挾貯施祁"。細審字形，所謂的"慹"下之"心"形當爲"衣"下之部之誤釋。因此參照北大簡，此字亦當爲"祁"。
④ 北京大學出土文獻研究所：《北京大學藏西漢竹書》（壹），第 84 頁。
⑤ 劉桓編著《新見漢牘〈蒼頡篇〉〈史篇〉校釋》，第 130 頁。
⑥ 參陳偉主編《秦簡牘合集（釋文注釋修訂本）》（壹、貳），第 307 頁。
⑦ 張家山二四七號漢墓竹簡整理小組：《張家山漢墓竹簡（二四七號墓）》（釋文修訂本），第 120 頁。

然"之"惕"顯然代表同詞。在同一書寫者筆下相連兩句的同一詞而分別以不同兩字來寫,更可見當時"惕""狄"在書寫中的互用極爲常見。

北大簡 8 有"戎翟給賓"一句。此處"戎翟"連用,因此"翟"表"夷狄"之義當無可疑。又漢牘第五章此字作"擢",顯然亦與"翟"有關。此似可説明《蒼頡篇》是以"翟"表"狄"的。如果從前引秦漢簡牘及《説文》"狄""惕"相通的情况下都是表"惕"的這一現象來看,也許"狄署賦賓"之"狄"當與"怵惕"之義有關。《説文》:"惕,敬也。"則"惕署賦賓"大概爲"敬署賦賓"之義。從文獻用字來看,無論傳世文獻還是出土文獻均未見有以"惕"表"夷狄"之"狄"之例,此亦可作爲此説的旁證。

北大簡 18"弄數券契",漢牘本"契"作"挈"。由於與"券"字連用,因此,漢牘的"挈"應是用爲"契"的。在西北漢簡中常見"挈令",如敦煌漢簡 2027 之"大鴻臚挈令",玉門關漢簡Ⅱ 98DYT4:5 之"北邊挈令"。"挈"又作"絜",如敦煌漢簡 982 有"太尉絜令",居延漢簡 10.28 有"北邊絜令"。傳世文獻中,《史記·酷吏列傳》有"廷尉絜令",《漢書·張湯傳》作"廷尉挈令"。韋昭注謂"在章挈也"。又《後漢書·應劭傳》作"廷尉章令"。段玉裁據此認爲"挈"或"絜"均當爲"栔"之借字。①大庭脩先生謂段説"多少有些望文生義"。他認爲取《方言》將"挈"釋爲"特"及《廣雅》釋爲"獨"更能準確體現"挈令"的意思,即"廷尉""光禄勳"等的獨令、特令等。②此外,相關的解説還有多種,如高恒先生則認爲當以"絜"爲其本意,《説文》"絜,束也"。高氏謂:"所謂'絜令',通俗一點説就是'令集'。"③李均明等先生依《説文》"挈"字釋義"懸持",認爲"挈"有"提綱挈領"之意,"挈令"爲朝廷有關執法機構根據本部門的需求,從國家法令條款中抄録有關内容,另編成册,并冠機構名。④前引各家似乎均能自圓

---

① 段玉裁:《説文解字注》,第 644 頁。一般認爲"契"與"栔"爲一字分化。
② 大庭脩:《秦漢法制史研究》,徐世虹等譯,中西書局,2017,第 66 頁。
③ 高恒:《秦漢簡牘中法制文書輯考》,社會科學文獻出版社,2008,第 185 頁。
④ 李均明、劉軍:《簡牘文書學》,廣西教育出版社,1999,第 386~387 頁。

其説。而在籾山明"簡牘刻齒"説的基礎上，胡平生先生認爲："'挈'，或寫作'絜'，應當還是'契刻'的意思……實際上，'挈令'就是在書寫律令的簡牘邊側加以刻齒，以防僞造和篡改。"①

以"挈"表"契"，在漢代簡帛文獻中是有明確例子的。馬王堆帛書《五十二病方》"以蚤挈虒令赤"一句中，整理者將"挈"括注爲"契"，并謂"刻劃"。②此外，《相馬經》中屢見"挦挈"一詞，而未見有相關解釋。《廣雅·釋詁》"挦"與"刏""鍼"等同訓爲"刺"，則"挈"在此亦極可能表"契"義。若《蒼頡篇》中亦有以"挈"表"契"之例，則目前所見漢代出土文獻似乎是以"挈"寫"契"爲常態，也因此大大增加了"挈令"之"挈"作"契"解的可能性。而如前所述，北大簡往往更傾向於寫本字，因此亦寫作"契"。

北大簡35"鏡籋比疏"，漢牘本"籋"作"鑷"。《急就篇》有"鏡籢疏比各異工"。顔師古注："鏡籢，盛鏡之器，若今鏡匣也。"③漢牘本整理者對"鑷"字無説，僅説"鏡鑷比疏都是梳妝用具"。④北大簡整理者認爲"'鏡籢疏比'與本句簡文'鏡籋比疏'近同，顯然有承繼關係。而簡文'籋'因其恰在'鏡'下而又可以讀作'籢'。"⑤可知其應是受《急就篇》的影響認同將"籋"讀爲"籢"。

《説文》："籋，箝也。"段玉裁謂："夾取之器曰籋，今人以銅鐵作之，謂之鑷子。"⑥《説文》無"鑷"字，徐鍇在"籋"下謂"今俗作鑷"。⑦事實上，"鑷"字雖然《説文》未收，却見於《釋名》。《釋名·釋首飾》："鑷，攝也，攝取髮也。"其所記均爲聲訓材料，因此該字在書中最初便作"鑷"字無疑。而劉熙亦指出其與"髮"之關係。值得注意的是《太平御覽·服用部》所引《齊書》的相關内容："高祖恒

---

① 胡平生：《簡牘刻齒可釋讀》，《中國文物報》1996年3月3日；後收入《胡平生簡牘文物論稿》，第100頁。
② 裘錫圭主編《長沙馬王堆漢墓簡帛集成》（伍），第239頁。
③ 張傳官：《急就篇校理》，第246頁。
④ 劉桓編著《新見漢牘〈蒼頡篇〉〈史篇〉校釋》，第88頁。
⑤ 北京大學出土文獻研究所：《北京大學藏西漢竹書》（壹），第104頁。
⑥ 段玉裁：《説文解字注》，第195頁。
⑦ 徐鍇：《説文解字繫傳》，第88頁。

令左右拔白髮，隆王昌，高祖之孫，年五歲，戲於床前，帝曰：'兒言我是誰？'答曰：'太翁。'帝曰：'豈有爲人曾祖拔白髮乎？'即擲去鏡、鑷。"①這説明"鑷"是當時人常用的拔取鬚髪或白髪等的工具，而且常與鏡同用。肩水金關漢簡 73EJT23：615："箭鑷一。"此"箭鑷"之"鑷"當與漢牘本《蒼頡篇》之"鑷"字同義。漢牘本用"鑷"而北大簡作"爾"大概也與用字習慣不同有關。

漢牘本發現以前，學者們在對此進行解讀時主要是受到《急就篇》"鏡籢疏比"的影響。由於其與北大簡《蒼頡篇》"鏡爾比疏"極爲接近，所以一般都會習慣性地將不常見的"爾"讀爲更常見的"籢"。而事實上，"爾"與"鑷"古音均泥母葉部字，而"籢"則爲來母談部字。雖然從語音上看，"爾"與"籢"聲母發音部位相同，韻爲對轉，但是文獻中并無相通之例。兩者之間很可能本來就不具備異文關係。循此思路，我們認爲《蒼頡篇》之"鏡爾"與《急就篇》之"鏡籢"當并非一物，前者爲"鏡鑷"，而後者則爲"鏡奩"，也就是説《急就篇》此句雖然應是受到了《蒼頡篇》的影響，但是前者在此處却替換了一個詞。從李斯等作《蒼頡篇》到史游作《急就篇》，其時代相隔近兩百年，很可能在後者編纂的時候"鏡""籢（奩）"在日常經常配合使用，因此史游將"鏡爾"改爲"鏡籢"。②而《蒼頡篇》中本有"籢"字，北大簡 11"筐篋籢笥"，其義與"鏡籢"之"籢"正同，亦可使字詞的對應更加精確。

第四節　《蒼頡篇》異文所見的字（詞）替換

在上面關於"爾"與"籢"的論述中我們談到了《急就篇》在對《蒼頡篇》的繼承中存在换字的情况，由於兩者并非一書，這種現象當然是很容易理解的。不過事實上，就不同版本的《蒼頡篇》異文來看，《蒼頡篇》在流傳的過程中亦存在换字的情况，更確切地説應是换

---

① 李昉等：《太平御覽》，藝文印書館，1997，第 3305 頁。
② 林素清先生曾比較阜陽漢簡《蒼頡篇》與《急就篇》中的"語彙"，指出："不難看出一些秦、漢日用口語演變的現象。"參氏著《蒼頡篇研究》，《漢學研究》1987 年第 1 期。

詞。吴辛丑先生將簡帛典籍與傳世典籍之間以同義詞替換的現象稱爲"同義換用"。① 不過就《蒼頡篇》來看，異文間的這種換詞有些并非同義詞。

北大簡 3 "抑按启久"，漢牘本及水泉子漢簡 "启" 均作 "開"，此與避諱有關，前文已論。而削衣本 3551 作 "刻"，3559 作 "剑"。作 "刻" 與 "剑" 實當爲 "刺" 之誤釋。② 北大簡整理者已經指出北大藏漢代醫簡亦見 "启久（灸）"。關於 "启"，馬王堆帛書《脉法》"用砭启脉者必如式"，張家山漢簡《脉書》同。整理者謂 "启，開"，③ 顯然無法準確地解讀文義。馬繼興先生認爲 "所謂'启脉'也就是切破血脉"。④ 周祖亮先生將此句譯爲 "用砭石刺破血脉進行治療的時候，必須遵循一定的規則"。⑤ 馬、周之説相同。削衣本作 "刺"，顯然亦與通假及文字訛誤無關。《急就篇》"灸刺和藥逐去邪"，武威醫簡 25 "年過百歲者不可灸刺"，此二者與削衣本時代接近而均作 "灸刺"。這似乎表明：作爲醫用詞語，"刺" 在此時當已取代了 "启"，因此，在《蒼頡篇》不同版本間的用字（詞）中亦體現出來。若進一步考察，用詞的改變應與醫療中使用工具的變化有關。作爲一種起源甚早的方法，砭法作爲鍼法的前身已無可疑。在馬王堆帛書的相關文獻中僅見灸法與砭法而未見鍼法。⑥《黄帝内經·靈樞·九鍼十二原》："余欲勿使被毒藥，無用砭石，欲以微鍼通其經脉。"⑦ 其中亦明確提到以鍼法代砭法。而在西漢後期的文獻中則可清楚地看到 "鍼刺" 法在此時已經取代了 "砭启" 法：居延漢簡 159.9A："久脛刺廿鍼。" 武威醫簡記述刺灸療法的簡文亦均以 "箴（鍼）" 與 "刺" 連用。

---

① 吴辛丑：《簡帛典籍異文研究》，中山大學出版社，2002，第 53 頁。
② 參拙文《〈英國國家圖書館藏斯坦因所獲未刊漢文簡牘〉的初步整理與研究》，《中國文字》新三十九期。
③ 張家山二四七號漢墓竹簡整理小組：《張家山漢墓竹簡（二四七號墓）》（釋文修訂本），第 126 頁。
④ 馬繼興：《帛書〈脉法〉初探》，《湖南考古輯刊》第 3 輯，嶽麓書社，1986。
⑤ 周祖亮：《簡帛醫藥文獻校釋》，學苑出版社，2014，第 62 頁。
⑥ 參馬繼興《中國出土古醫書考釋與研究》，上海科學技術出版社，2015，第 207 頁。
⑦ 《黄帝素問靈樞經》，四部叢刊景趙府居敬堂本，第 1 葉。

阜陽漢簡《蒼頡篇》整理者曾認爲"启久"即"刻久",并舉秦簡中屢見之"刻久"與"久刻"爲證。① 然而秦簡中"刻久"或"久刻"乃"刻記"之義,而《蒼頡篇》"抑按启久"前兩句爲"疢痛遨欬,毒藥醫工"。"抑""按"亦爲與醫、病相關的詞語,并常見於同時期的醫藥文獻。尤其值得注意的是《易林·萃·節》"鍼頭刺手,百病瘳愈;抑按捫灸,死人復起",② 將其與"刺""灸"同用,這與《蒼頡篇》正相合。

北大簡 50 "趨走痫狂",敦煌漢簡"痫"作"病";水泉子漢簡則作"疾"。"痫",《説文》謂"卧驚病也"。《廣韻》亦作"驚病"。楊振紅先生認爲:"後世多將'痫'訛作'病'。""今本《漢書》中有'病狂',據文義,其正字均當爲'痫狂'。"③ "痫"與"病"的關係是否確如楊先生所説,由於缺乏相關文獻,難以遽下結論。這裏不能排除前者是作爲後者的異體存在的。需要注意的是水泉子本之作"疾"。此簡圖版未見,如果公布的釋文無誤,那麽由"痫"或"病"到"疾"顯然亦屬改换文字。

漢牘本第十五板首句"族姓姊妹",居延新簡 EPT56:181 作"族姓嫂妹"。"嫂"字作㛮,從字形上看確爲"嫂"字無疑。而漢牘本所謂的"姊"字其實很難辨識。整理者謂:"嫂妹,當以本板作'姊妹'爲長。"④ 不過該説缺乏必要的論證。我們在前一章考察漢牘本釋文時認爲在目前的情况下當以字迹清晰的居延新簡本爲據,但是同時也提出了文獻中"姊妹"的出現頻率遠遠高於"嫂妹",因此也不能排除居延新簡作"嫂"是這一板本不同的異文。如果後説可靠,則由"嫂妹"到"姊妹"亦屬於文字改换。其原因應是將稀見之詞改换爲常見之詞。

前引吴辛丑書中曾舉多例(以《老子》《周易》爲主)出土本與

---

① 阜陽漢簡整理組:《阜陽漢簡〈蒼頡篇〉》,《文物》1983 年第 2 期。
② (舊題)焦延壽撰,徐傳武、胡真校點集注《易林彙校集注》,上海古籍出版社,2012,第 1688 頁。
③ 楊振紅:《北大藏漢簡〈蒼頡篇·顓頊〉補釋》,《簡帛》第十五輯,上海古籍出版社,2017,第 174 頁。
④ 劉桓編著《新見漢牘〈蒼頡篇〉〈史篇〉校釋》,第 63 頁。

傳世本間的"同義换用"。①事實上，在傳世文獻的不同傳本之間改换用字（詞）的情况亦極爲常見。《史記·周本紀》："石父爲人佞巧善諛好利。"《集解》引徐廣曰："佞，一作'諂'。"可見《史記》此處在流傳的過程中產生了"佞"與"諂"之異文，而《廣韻》"佞，諂也"，二字可歸爲吴氏所説之"同義换用"。前引"病""疾"的换用當屬此類。

尤其需要注意的是這些異文間的歷時演變問題。真大成先生認爲："就異文發生而言，除了小部分異文具有共時性外，絕大多數異文都有時代先後的差異，也就是具有歷時性。"②而前述"啓"與"刺"的異文就很明顯地體現了歷時性的變化。如從秦及西漢簡牘文獻來看，"佞"字常見，而"讇（諂）"則未見。因此，成書於西漢中期的《史記》初本極有可能是作"佞"的，而作"諂"當是後世流傳過程中依據當時的常用習慣對"佞"進行的替换。

餘 論

在衆多版本《蒼頡篇》的對比研究中，若從大處着眼，可以考察文本結構的演變。而從文本的最末端——文字來看，異文所呈現出來的用字習慣的更替無疑是最值得關注的問題。作爲"字書"，③《蒼頡篇》的文字本應具有相當的穩定性，但是以實際情况看，在流傳的過程中，書寫者在對底本忠實的基礎上亦常以當時的書寫習慣來更改用字。而在出土本之外，傳世文獻所見佚文《蒼頡篇》亦可提供更晚的用字習慣改變的信息，如《史記·匈奴列傳》"比余一"，《集解》引徐廣曰："或作'疏比'也。"《索隱》："案：《漢書》作'比疏一'。""比疏""疏比"與《蒼頡篇》《急就篇》分别相合。其又謂："《蒼頡篇》云'靡者爲比，麄

---

① 吴辛丑：《簡帛典籍異文研究》，第53~69頁。
② 真大成：《中古文獻異文的語言學考察——以文字、詞語爲中心》，上海教育出版社，2020，第63頁。
③ 雖然《蒼頡篇》在秦代首先是作爲正字規範存在的，但是在漢代其意義發生了變化，此時正字的需求已减少，而其作爲識字之書的價值則是首要的。

者爲梳'。"① 顯然此處應爲解釋"鏡籭比疏"一句中之"比"與"疏"。然而用"梳"而不用"疏",可知此時(至遲在《史記索隱》時代)的"疏"已經改用"梳"了。玄應《一切經音義》卷九"考掠"條,引《蒼頡篇》"掠,問也",并進一步解釋"謂搒捶治人也"。② 此外,《後漢書·章帝紀》:"掠者爲得榜、笞、立。"李賢注亦引《蒼頡篇》謂"掠,問也"。③ 由此可見,在東漢以後唐代之前,《蒼頡篇》"捕獄問諒"一句中"諒"已經改寫作"掠"。

另外,由於用字習慣的改變非一蹴而就,而在改變的過程中整個社會的用字會新舊并存,而這也能在《蒼頡篇》的異文中透露出來。當然,書寫者個人或一部分區域内群體的書寫習慣也會與之產生糾葛。④

---

① 《史記》卷一一〇《匈奴列傳》,第2897~2898頁。
② 黄仁瑄:《大唐衆經音義校注》,第367頁。
③ 《後漢書》卷三《肅宗孝章帝紀》,第146頁。
④ 馬王堆帛書在用字上似乎經常更傾向於使用"今"字,如前文所論中對"知""法"的使用,都與同時期文獻用"智"及"灋"不同。

附錄 簡牘本《蒼頡篇》異文表

本書編號	阜陽簡本	北大簡本	水泉子本	削衣本	漢讀本	備注
1			C003: 勉力諷誦	3367: 勉力諷	第一章: 勉力風誦	居延新簡 EPT50: 1: 勉力風誦
2				3659: 會辯	第一章: 計會辯治	居延新簡 EPT50: 1: 計會辯治
3				3380: 卒必有意	第一章: 卒必有意	居延新簡 EPT50: 1: 卒必有意
4					第一章: 設恳忠信	居延新簡 EPT50: 1: 穀恳忠信
5				2472: 樣賢知	第三章: 賞樣賢智	削衣本 2506: 賢知，3582: 賢知
6	C46 朋友			2673: 朋友	第三章: 朋友過克	削衣本 3073: 友過剋，朋友 2987 者強 2673 強，朋友□
7		B1: 覓惠善忠			第三章: 覓惠善記	
8		B1: 敢□肆宜			第三章: 最穀肆宜	
9		B1: 益就獲得		1843: 益就獲得	第三章: 益就獲德	削衣本 3170: □獲得; 2522: 宜益就獲得

283

續表

本書編號	阜陽簡本	北大簡本	水泉子本	削衣本	漢牘本	備注
10		B2: 馮奕青北		3696: 馮亦青罝	第三章: 馮亦青青	削衣本 2942: 馮亦，3340: 青青，2973: □亦青青
11	C7: 係孫裦俗	B2: 係孫裦俗		1817: 係孫裦俗	第三章: 係孫裦俗	
12		B2: 癰澤癱瘥			第三章: 癰澤癱瘥	
13	C37: 印按剆久	B3: 抑按啓久		3551: 按剆久	第四章: 抑按閉久	削衣本 3559: 剆久
14	C7: 疢痛遝欨	B3: 疢痛遝欨		1847: 疢痛遝欨	第四章: 疢痛肆延	削衣本 3429: □送欨
15		B4: 長緩肆延			第四章: 長援肆延	
16		B4: 泆免若思			第四章: 免泆若思	
17		B5: 便盈巧呕		3032: 便走巧呕	第四章: 便走巧呕	
18	C5: 豐盈蘩熾	B5: 豐盈蘩熾			第四章: 豐滿蘩熾	
19		B5: 娬姆款餌		3438: 娬冒款珥	第五章: 娬娟款	
20		B6: 顛顗重詨		3516: 顛顗重詨	第五章: □顗重詨	3558: 顛顗重刻
21	C1: 趣遽觀望	B6: 趣遽觀望		3519: 趣遽觀□	第五章: 趣遽觀望	削衣本 3583: 趣據，2074: 趣據
22		B8: 胡熊類類		2024: 熊類	第五章: 胡無熊類	削衣本 2549: 胡無熊類，3139: 胡無熊
23	C2: 海內幷廁	B8: 海內幷廁	C011: 海內屏厠		第五章: 海內屏厠	
24		B8: 戎翟給賨			第五章: 戎翟給賨	
25		B9: 百越貢織		2543: 百越貢識	第五章: 佰越貢識	居延漢簡 9.1: 佰越貢識；削衣本 2914: 貢識

續表

本書編號	阜陽簡本	北大簡本	水泉子本	削衣本	漢牘本	備注
26	C2：飭端脩灋	B9：飭端脩灋		3248：飭端脩法		居延漢簡 9.1：□端脩法；削衣本 1821：飭端脩法
27		B9：男女蕃殖	C013：男女蕃殖		第六章：男女潘殖	
28		B9：六畜遂字			第六章：六畜遂字	
29		B10：詠罰賞耐			第六章：誅罰瞥耐	
30	C3：政勝誤亂	B10：丹勝誤亂	C016：丹勝誤亂		第六章：丹勝誤亂	
31	C：憝捍驕裾	B10：勞捍驕裾			第六章：勞旱驕裾。	
32	C89：歆羑佐宥	B10：歆羑左右	C014：歆羑左右		第六章：歆失左右	
33	C4：家椁棺匠	B11：家椁棺柩	C017：家椁棺柩		第六章：家椁棺柩	
34		B11：巴蜀筡竹	C018：甘酸羹菽		第六章：巴蜀蕭竹	
35					第六章：甘穀羹菽	
36		B46：稻稻奮光		1827：稻稻奮光	第十一章：稻稻奮光	
37		B46：鈞隋燈鑲			第十一章：均隋燈鑲	
38		B46：頤豫錄灰		3098：頤豫錄灰	第十一章：頤豫錄侯	削衣本 3447：頤豫錄灰，3554：頤豫錄灰
39		B47：宛鄂鄂鄭			第十一章：宛鄂鄂鄭	
40		B47：閔鬻鼀醒		3465：閔通鼀畢	第十一章：閔通鼀醒	削衣本 3617：閔通鼀畢，2333：閔通鼀，3050：閔通□
41		B47：勝先登慶			第十一章：勝先登慶	

285

續表

本書編號	阜陽簡本	北大簡本	水泉子本	削衣本	漢牘本	備注
42		B47: 吳邗許莊		3445: 吳干許莊	第十一章: 吳邗許口	削衣本 2663: 吳干口
43		B48: 貿易買販			第十一章: 貿易買販	
44	C32: 游敖散章	B49: 游敖周章			第十二章: 游敖周章	敦煌漢簡 1836: 游敖周章
45		B49: 對廉黠點			第十二章: 針廉黠點	
46	C34: 殰棄隱瘦	B50: 殰棄隱瘦			第十二章: 殰棄朣瘦	
47		B50: 趙走病狂	C049: 疾狂		第十二章: 趙走病狂	敦煌漢簡 2098: 趙走病狂
48	C34: 兒孺早殤	B50: 兒孺早殤	C021: 兒孺早殤		第十三章: 兒孺悍殤	
49		B52: 卜筮兆占			第十三章: 卜筮兆殤	
50		B52: 崇在社場			第十三章: 崇在社場	
51	C27: 縣鄙封彊	B53: 縣鄙封彊	C037: 縣鄙封彊		第十三章: 縣鄙封彊	
52	C20: 屏圂廬廡	B55: 屏圂廬廡			第十四章: 屏圂廬廡	
53	C35: 囷窌廩倉	B55: 囷窌廩倉			第十四章: 囷窌廩倉	
54			C114: 纍	3641: 兩均	第十四章: 絫量錘銖	
55					第十五章: 銓兩鈞衡	
56			C041: 杠端桯牀		第十六章: 族姓姊妹	居延新簡 EPT56: 181: 族姓姊妹
57			C036: 璧碧		第十六章: 杠机桯牀	
58					第十六章: 璧碧圭玉	
59		B64: 麃鹿能羆			第十八章: 能羆	

附錄 簡牘本《蒼頡篇》異文表

續表

本書編號	阜陽簡本	北大簡本	水泉子本	削衣本	漢韻本	備注
60	C26：弘竸蔪眉	B60：弘竸蔪眉	C032：弘竸前眉		第十九章：弘竸蔪眉	
61	C26：霸聖車庚	B60：霸聖傅庚			第十九章：霸聖傅庚	
62		B59：星辰紀綱			第十九章：星辰紀綱	
63	C26：華鎰岑朋	B61：華鎰岑朋			第十九章：華鎰岑朋	
64	C26：阮鬼	B61：阮鬼陀阮	C033：阮鬼陀阮		第十九章：陨阮陀阮	
65	C36：贅拾鋏鉿	B61：贅拾鋏鉿			第廿章：贅拾挾鉿	
66	C36：鑄冶鎔鑲	B62：鑄冶鎔鑲			第廿章：鑄冶鎔鑲	
67	C031：□郫隊亭	B62：畢郫隊京			第廿章：畢郫隊京	
68	C031：咸地斥鏡				第廿章：咸地斥鏡	
69	C031：盡薄四荒				第廿章：盡薄四荒	
70	C031+63 豐鎬林禁		C027：鎬林禁		第廿章：豐鎬林禁	
71	C10：妥磨次阤		C055：妥磨次阤		第廿章：妥磨次阤	
72	C093：多				第廿一章：侈懣迆夸	
73		B34：瓦蓋扶榜			第廿三章：瓦蓋枌榜	
74		B34：晉溉壤杆			第廿三章：軍溉壤杆	
75		B25：饒飽糞餘			第廿四章：饒飽分口	
76		B25：堅毅□紫			第廿四章：堅毅極榮	
77		B26：胼胼尼阮			第廿五章：胼胼尼阮	

續表

本書編號	阜陽簡本	北大簡本	水泉子本	削衣本	漢讀本	備注
78		B27：請謁任辜			第廿五章：請謁任姑	
79		B27：鶡離鷙雒			第廿五章：鶡離鷙雒	
80		B28：猴獺卿殼			第廿五章：猴蟄卿殼	敦煌漢簡2129：猴蟄卿殼
81	C15：鹽駒貂狐	B28：鹽駒			第廿五章：鹽駒	
82	C15：蛟龍虺蛇	B29：蛟龍虺蛇			第廿五章：蛟龍虺地	
83	C13：罾笱罘罝	B29：罾笱罘罝			第廿六章：罾笱罘罝	
84	C17：毛楠□□	B30：毛鯌穀繒			第廿六章：毛鯌穀繒	
85	C17：收條縈紆	B30：收條縈紆			第廿六章：收條縈紆	
86					第廿六章：羨溢趑頭	
87	C19：詞語				第廿六章：詩語報齎	
88	C21：縱舍攜摯				第廿六章：縱舍提摯	
89	C21：攜拴抵扞				第廿六章：攜空抵扞	
90	C21：拘取佰柎				第廿六章：拘取佰柎	
91		B32：亏勾貫捈			第卅章：亏勾貫捈	
92		B33：娶捐妧壚			第卅章：規捐妧壚	
93		B35：妯噲菁華			第卅章：茂噲菁華	
94		B35：咬姿娃娉			第卅章：咬姿娃娉	
95		B35：嗷陷黎植			第卅章：嗷嗾□亘	

288

附錄 簡牘本《蒼頡篇》異文表

續表

本書編號	阜陽簡本	北大簡本	水泉子本	削衣本	漢讀本	備注
96		B35：鏡鏽比疏			第卅章：鏡鏽比疏	
97		B36：須穎髮膚			第卅章：須穎鼓䪴	
98	C16+92：瘢痍癰疽	B36：瘢痍癰疽			第卅章：瘢疕癰□	
99		B37：條箠棠棓			第卅一章：條槌鎞棓	
100	C12：繭絲枲絡				第卅一章：繭絲枲絡	
101		B73：院			第卅四章：翻扁徧阮	
102		B71：暧疑鱛單			第卅四章：暧疑鱛囿	
103		B71：裦綵糾絣			第卅四章：表氣絇絣	
104	C6：屆寵䈲急	B68：屆寵䈲急				
105	C6：邁徒黽驁	B68：邁徒黽驁				
106	C30：頗科樹莖	B69：頗科樹莖				
107	C30：稺穤姪嬬	B69：稺穤姪嬬				
108		B69：賴抌撥秹			第卅六章：賴抌撥秹	
109		B70：嬰嫠			第卅六章：毄䤘□嫠	
110		B70：婠嫈眇婧			第卅六章：婠嫈眇婧	
111		B70：始縈姗嬹			第卅六章：始縈□□	

续表

本书编号	阜阳简本	北大简本	水泉子本	削衣本	汉牍本	备注
112		B66: 狗獳驧駢			第卅九章: 狗獳驧駢	
113		B66+B22+23: 婳觿媛觎			第卅九章: 婳觿媛觎	
114		B66+B22+23: 斟掇訾謍			第卅九章: 斟掇訾謍	
115		B66+B22+23: 觸聊脯□			第卅九章: 觸聊脯□	
116		B23: 級絢絓絓			第卅九章: 級絢絓絓	
117		B67: 魁鉅闔爐			第卅九章: 迋咥闔爐	
118		B67: 與瀨庾請			第卅九章: 與瀨庾請	
119		B39: 岙昏諌教			第卅二章: 賓昏諌敎	
120	C45: 崇墅	B39: 讀飭崇墅			第卅二章: 積飭崇墅	
121		B38: ……覆			第卅二章: 驕浸莫邪	
122		B38: 麀敫狼半			第卅二章: 麀敫狼半	
123		B40: 娓殻蠻如			第卅二章: 媚敬蠻如	
124		B40: 蠺贓鶩忐			第卅二章: 瞋贓鶩忐	
125		B41: 脩雖鶩栲			第卅三章: □□學栲	
126		B16: 猗常衺土			第卅九章: 脩常衺土	
127		B44: 悟城邸造			第卅六章: 悟城邸造	

290

附錄　簡牘本《蒼頡篇》異文表

續表

本書編號	阜陽簡本	北大簡本	水泉子本	削衣本	漢牘本	備注
128		B16: 謷毚鶩獋			第卅九章：謷謨鶩獋	
129		B16: 謷歗嬈墝			第卅九章：謷歗嬈墝	
130		B17: 斕斒范廮			第五十章：斕斒肥腴	
131		B17: 觗屢嫛袍			第五十章：飽屢嫛袍	
132		B17: 鵒決弁愁			第五十章：鵒決雙愁	
133		B18: 齬姟齰齨			第五十章：齰姟齬齨	
134		B18: 謷繞齺劉			第五十章：謷繞齺劉	
135		B18: 弄數券挈			第五十章：弄數券挈	
136		B18: 鞠窆訏箭			第五十章：鞠窆訏箭	
137	C79: 愓署	B14: 狄署賦賓			第五十二章：狄署賦賓	
138		B15: 叚襞䊵糟			第五十二章：叚襞䊵糟	
139		B20: 鯨鮒鰺鰭			第五十三章：鯨鮒鰺鰭	
140		B20: 鱧鮪鯉鰭			第五十三章：鱧鮪鯉鰭	
141		B20: 扮棻㪍兼			第五十三章：扮棻㪍兼	
142		B21: 坐眷謢求			第五十四章：坐遷謢求	
143			C034: 黔首驪康		第五十四章：鉗首驪康	
144		B65: 額叩㩖殹	C058: 額迎㩖殹	1852: 穀叩羔殹	第五十四章：□□㒼殹	

续表

本書編號	阜陽簡本	北大簡本	水泉子本	削衣本	漢牘本	備注
145		B65：隣盼			第五十四章：隣盼	
146		B19：膣簫粗沙		1852：賓分	分章不明：鹽簫粗沙	漢牘本整理者所定章序有誤，下同。
147		B19：鐻鍵櫜總			分章不明：鐯鍵櫜總	
148		B19：紈靾櫜嚢			分章不明：皮靾輓櫜	
149		B19：莝墳鬚獯			分章不明：墼墳謙獯	
150	C44+75：箸筳綢給	B42：箸筳綢給				
151	C91：某晏早□	B42：某槁早罐				

參考文獻

A

安徽省文物工作隊、阜陽地區博物館、阜陽縣文化局:《阜陽雙古堆西漢汝陰侯墓發掘簡報》,《文物》1978年第8期。

B

白軍鵬:《〈英國國家圖書館藏斯坦因所獲未刊漢文簡牘〉的初步整理與研究》,《中國文字》新三十九期,藝文印書館,2013。

白軍鵬:《〈蒼頡篇〉的兩種漢代版本及相關問題研究》,《文獻》2015年第3期。

白軍鵬:《讀北大簡〈蒼頡篇〉札記》,《簡帛研究二〇一六·春夏卷》,廣西師範大學出版社,2016。

白軍鵬:《敦煌馬圈灣漢簡釋文訂補(六則)》,《簡帛研究二〇一七·秋冬卷》,廣西師範大學出版社,2018。

白軍鵬:《習字簡中的〈蒼頡篇〉首章及相關問題》,《古文字研究》第三十二輯,中華書局,2018。

白軍鵬:《敦煌漢簡校釋》,上海古籍出版社,2018。

白軍鵬:《漢代習字簡初探》,《出土文獻》第十五輯,中西書局,2019。

白軍鵬:《漢牘本〈蒼頡篇〉讀後》,《古文字與出土文獻青年學者論壇(2019)論文集》,上海古籍出版社,2023。

白軍鵬:《漢印"薛"姓"薛"姓新考》,《印學研究》第十九輯,文物出版社,2023。

白軍鵬：《試説漢簡"蘩"字的一種異體》，《古文字研究》第三十五輯，中華書局，2024。

（漢）班固：《漢書》，中華書局，1962。

北京大學出土文獻研究所：《北京大學藏西漢竹書概説》，《文物》2011年第6期。

北京大學出土文獻研究所：《北京大學藏西漢竹書（壹）》，上海古籍出版社，2015。

C

陳侃理：《里耶秦方與"書同文字"》，《簡帛文獻與古代史——第二屆出土文獻青年學者國際論壇論文集》，中西書局，2015。

陳君：《潤色鴻業——〈漢書〉文本的形成與早期傳播》，北京大學出版社，2020。

陳黎明、張晗：《"三百千"的用字及其流向》，《漢字文化》2010年第1期。

（清）陳其榮：《增訂倉頡篇》，光緒十六年《觀自得齋叢書》本。

陳榮傑：《〈武威漢簡·儀禮〉整理研究》，西南大學碩士學位論文，2006。

陳世慶：《〈蒼頡篇〉"丹勝誤亂"獻疑》，《阜陽師範大學學報》（社會科學版）2021年第4期。

陳松長編著《香港中文大學文物館藏簡牘》，香港中文大學文物館，2001。

陳松長：《〈蒼頡篇〉與"書同文"再議》，《書法研究》2021年第1期。

陳偉主編《秦簡牘合集》（釋文注釋修訂本），武漢大學出版社，2016。

陳偉主編《里耶秦簡牘校釋》（第二卷），武漢大學出版社，2018。

陳文波：《北大漢簡〈蒼頡篇〉文字形體研究》，復旦大學碩士學位論文，2017。

陳文波：《北大漢簡〈蒼頡篇〉抄寫時代新探——兼論隸變中書風的變遷》，《中國書畫》2018年第5期。

陳怡彬：《馬王堆帛書用字研究》，華東師範大學碩士學位論文，2020。

陳垣：《中國佛教史籍概論》，上海書店出版社，2005。

陳昭容:《急就篇研究》,臺灣私立東海大學碩士學位論文,1982。

陳昭容:《秦系文字研究》,臺灣"中央研究院"歷史語言研究所專刊之一○三,2003。

陳直:《居延漢簡研究》,中華書局,2009。

程鵬萬:《簡牘帛書格式研究》,上海古籍出版社,2017。

崔慶會:《北大漢簡〈蒼頡篇〉簡 23 補釋》,《出土文獻》第十五輯,中西書局,2019。

D

〔日〕大庭脩:《秦漢法制史研究》,徐世虹等譯,中西書局,2017。

鄧佩玲:《從北大醫簡"一洇一傅"談簡帛醫藥文獻所見"洒"與"傅"》,《中醫藥雜誌》2013 年第 24 期。

丁福保編纂《說文解字詁林》,中華書局,2014。

董憲臣:《東漢碑刻異體字研究》,九州出版社,2018。

董秀芳:《詞彙化——漢語雙音詞的衍生和發展》,商務印書館,2011。

(清)段玉裁:《說文解字注》,上海古籍出版社,1981。

F

(南朝·宋)范曄等:《後漢書》,中華書局,1965。

方勇:《秦簡牘文字編》,福建人民出版社,2012。

(唐)房玄齡等:《晉書》,中華書局,1974。

馮勝君:《從出土文獻看抄手在先秦文獻傳布過程中所產生的影響》,《簡帛》第四輯,上海古籍出版社,2009。

馮友蘭:《我的讀書經驗》,《書林》1983 年第 1 期。

〔日〕福田哲之:《中國出土古文獻與戰國文字之研究》,佐藤將之、王綉雯合譯,萬卷樓,2005。

〔日〕福田哲之:《北京大學藏漢簡〈蒼頡篇〉的綴連復原》,《出土文獻與古文字研究》第八輯,上海古籍出版社,2019。

〔日〕福田哲之:《〈蒼頡篇〉的押韻與章序》,《簡牘學研究》第十一輯,甘肅人民出版社,2021。

阜陽漢簡整理組:《阜陽漢簡簡介》,《文物》1983年第2期。

G

高大倫:《張家山漢簡〈引書〉研究》,巴蜀書社,1995。

高亨纂著,董治安整理《古字通假會典》,齊魯書社,1989。

高恒:《秦漢簡牘中法制文書輯考》,社會科學文獻出版社,2008。

(清)顧廣圻:《思適齋書跋》,上海古籍出版社,2007。

顧實:《漢書藝文志講疏》,上海古籍出版社,2009。

(清)顧炎武著,(清)黄汝成集釋《日知錄集釋》,上海古籍出版社,2006。

(清)桂馥:《説文解字義證》,上海古籍出版社,1987。

郭鋒:《斯坦因第三次中亞探險所獲甘肅新疆出土漢文文書——未經馬斯伯樂刊布的部分》,甘肅人民出版社,1993。

郭國慶:《〈小學鉤沉〉述論》,《語文學刊》2013年第12期。

郭沫若:《詛楚文考釋》,《郭沫若全集·考古編》第九卷,科學出版社,1982。

H

(清)郝懿行:《爾雅義疏》,上海古籍出版社,1983。

洪誠:《洪誠文集》,江蘇古籍出版社,2000。

胡敕瑞:《"弄""美""箕""兵"的形誤》,《歷史語言學研究》第十三輯,商務印書館,2019。

胡平生、韓自强:《〈蒼頡篇〉的初步研究》,《文物》1983年第2期。

胡平生、韓自强:《阜陽漢簡〈詩經〉研究》,上海古籍出版社,1988。

胡平生:《漢簡〈蒼頡篇〉新資料研究》,《簡帛研究》第二輯,法律出版社,1996。

胡平生:《簡牘刻齒可釋讀》,《中國文物報》1996年3月3日。

胡平生:《英國國家圖書館藏斯坦因所獲簡牘中的〈蒼頡篇〉殘片研究》,《英國國家圖書館藏斯坦因所獲未刊漢文簡牘》,上海辭書出版社,2007。

胡平生：《阜陽雙古堆漢簡〈呂氏春秋〉》，《古文字與古代史》第四輯，臺灣"中央研究院"歷史語言研究所會議論文集之十四。

胡平生：《〈英國國家圖書館藏斯坦因所獲未刊漢文簡牘〉補遺釋文》，《出土文獻研究》第十五輯，中西書局，2016。

胡平生：《胡平生簡牘文物論稿》，中西書局，2012。

黃德寬、陳秉新：《漢語文字學史》（增訂本），安徽教育出版社，2014。

黃仁瑄：《玄應〈大唐衆經音義〉校勘舉例》，《語言研究》2013年第2期。

黃仁瑄：《玄應〈大唐衆經音義〉校勘舉例》（續一），《語言研究》2016年第2期。

黃仁瑄：《大唐衆經音義校注》，中華書局，2018。

J

嘉峪關市文物保管所：《玉門花海漢代烽燧遺址出土的簡牘》，《漢簡研究文集》，甘肅人民出版社，1984。

簡牘整理小組編《居延漢簡》（壹——肆），臺灣"中央研究院"歷史語言研究所專刊之一〇九，2014~2017。

（舊題·漢）焦延壽撰，徐傳武、胡真校點集注《易林彙校集注》，上海古籍出版社，2012。

金少華：《敦煌吐魯番〈文選〉輯校》，浙江大學出版社，2017。

L

勞榦：《蒼頡篇與急就篇文》，《居延漢簡考釋之部·居延漢簡考證》，臺灣"中央研究院"歷史語言研究所專刊之四十。

雷黎明：《敦煌馬圈灣漢簡通假字系統量化研究》，《西北師大學報（社會科學版）》2019年第5期。

（唐）李綽：《尚書故實》，清光緒年間刻《畿輔叢書》本。

李春桃：《北大漢簡〈蒼頡篇〉研究札記》，《古漢語研究》2023年第2期。

李冬鴿：《從出土文獻看"智"與"知"》，《文獻》2010年第3期。

（宋）李昉等：《太平御覽》，藝文印書館，1997。

李桂森、劉洪濤：《"蚖""虺"關係補説》，《漢語字詞關係研究》第二輯，中西書局，2021。

李家浩：《唐寫本〈説文〉木部殘卷真僞研究》，李宗焜主編《古文字與古代史》第五輯，臺灣"中央研究院"歷史語言研究所會議論文集之十八。

李家浩：《北大漢簡〈蒼頡篇〉中的"秭"字》，《出土文獻研究》第十六輯，中西書局，2017。

李均明、劉軍：《簡牘文書學》，廣西教育出版社，1999。

李若暉：《早期中國的經典形成與思想成熟》，《光明日報·國學版》2023年11月18日。

李鵬輝：《漢印文字資料整理與相關問題研究》，安徽大學博士學位論文，2017。

李士彪：《魏晉南北朝文體學》，上海古籍出版社，2004。

李園、張世超：《社會歷史變遷對字詞關係的影響——以秦簡牘爲語料分析》，《西南交通大學學報》（社會科學版）2018年第3期。

梁春勝：《楷書部件演變研究》，線裝書局，2012。

梁静：《出土〈蒼頡篇〉姓名簡研究》，《簡帛》第八輯，上海古籍出版社，2013。

梁静：《"閭里書師本"〈蒼頡篇〉第五、六章的研究》，《簡帛》第九輯，上海古籍出版社，2014。

梁静：《出土文獻與〈蒼頡篇〉研究》，《簡帛》第十輯，上海古籍出版社，2015。

梁静：《出土〈蒼頡篇〉研究》，科學出版社，2015。

林素清：《蒼頡篇研究》，《漢學研究》1987年第1期。

林澐：《説威、我》，《古文字研究》第十七輯，中華書局，1989。

林志强、林婧筠：《"知""智"關係補説》，《漢字漢語研究》2019年第4期。

劉大雄、何玉龍：《武威漢簡〈儀禮〉年代問題補説——甲本的抄寫年代及相關問題研究》,《簡帛》第二十一輯,上海古籍出版社,2020。

劉桓:《新見漢牘〈蒼頡篇〉〈史篇〉校釋》,中華書局,2019。

劉姣:《漢簡病名"支滿"補證——兼說〈韓詩外傳〉"十二發"》,《醫療社會史研究》2016年第2期。

劉婉玲:《出土〈蒼頡篇〉文本整理及字表》,吉林大學碩士學位論文,2018。

(清)劉毓崧:《通義堂文集》,《求恕齋叢書》本。

劉釗:《"舌"字源流考》,《古文字研究》第三十輯,中華書局,2014。

劉釗主編《馬王堆漢墓簡帛文字全編》,中華書局,2020。

(後晉)劉昫等:《舊唐書》,中華書局,1975。

(南朝·宋)劉義慶著,劉孝標注《世說新語》,上海古籍出版社,1982。

(唐)劉知幾:《史通》,上海古籍出版社,2008。

羅振玉、王國維:《流沙墜簡》,中華書局,1993。

羅福頤主編《故宫博物院藏古璽印選》,文物出版社,1982。

羅福頤編,羅隨祖增訂《漢印文字徵》,紫禁城出版社,2010。

M

馬繼興:《帛書〈脉法〉初探》,《湖南考古輯刊》第3輯,嶽麓書社,1986。

馬繼興:《中國出土古醫書考釋與研究》,上海科學技術出版社,2015。

馬王堆漢墓帛書整理小組:《馬王堆帛書·戰國縱橫家書》,文物出版社,1976。

毛遠明:《漢魏六朝碑刻異體字研究》,商務印書館,2012。

孟峰:《秦簡"柀"字及相關史料補詮》,《寧夏大學學報》(社會科學版)2020年第1期。

孟蓬生:《"匹""正"同形與古籍校讀》,《中國語文》2021年第1期。

孟琢:《秦漢小學字書的歷史沿革與文化精神》,《光明日報·國學版》2022年8月27日

〔日〕籾山明:《削衣、觚、史書》,《英國國家圖書館藏斯坦因所獲未刊

漢文簡牘》，上海辭書出版社，2007。

苗壯：《古注本〈蒼頡篇〉考》，《古典文獻研究》第二十二輯上卷，鳳凰出版社，2020。

Q

齊繼偉：《秦簡"冗""内""穴"辨誤——兼論秦至漢初隸書的規範化問題》，《古漢語研究》2018年第3期。

（清）錢大昕：《十駕齋養新録》，上海書店出版社，1983。

裘錫圭：《漢簡零拾》，《文史》第十二輯，中華書局，1981。

裘錫圭：《西周銅器銘文中的"履"》，《甲骨文與殷商史》第三輯，上海古籍出版社，1991。

裘錫圭：《文字學概要》（修訂本），商務印書館，2013。

裘錫圭主編《長沙馬王堆漢墓簡帛集成》，中華書局，2014。

R

（清）任大椿：《字林考逸》，光緒十六年江蘇書局刻本。

任攀：《居延漢簡釋文校訂及相關問題研究（居延舊簡部分）》，復旦大學碩士學位論文，2012。

（清）任兆麟：《蒼頡篇》，《有竹居集》，嘉慶二十四年兩廣節署刊本。

（清）阮元校刻《十三經注疏》，中華書局，1980。

S

山東博物館、中國文化遺産研究院編，張海波整理《銀雀山漢墓簡牘集成·貳》，文物出版社，2021。

單育辰：《秦簡"柀"字釋義》，《江漢考古》2007年第4期。

上海師範大學古籍整理組校點《國語》，上海古籍出版社，1978。

申紅義：《從簡帛文獻看〈經典釋文〉異文成因及來源》，《青海師範大學學報》（哲學社會科學版）2015年第3期。

申月：《〈張家山漢簡〉用字研究》，青島大學碩士學位論文，2016。

沈思聰：《肩水金關漢簡人名索引與釋文校訂》，復旦大學碩士學位論文，2018。

施謝捷：《虛無有齋摹輯漢印》，藝文書院，2014。

石繼承：《漢印文字研究》，上海古籍出版社，2021。

睡虎地秦墓竹簡整理小組：《睡虎地秦墓竹簡》，文物出版社，1978。

（漢）司馬遷等：《史記》，中華書局，1959。

（北宋）宋祁等：《新唐書》，中華書局，1975。

蘇建洲：《北大簡〈蒼頡篇〉釋文及注釋補正》，《出土文獻與傳世典籍的詮釋》，中西書局，2019。

蘇建洲：《新訓詁學》，上海古籍出版社，2020。

蘇芃：《"顚""願""愿"的歷時演變研究——兼談在文獻考訂中的應用價值》，《文史》第3輯，中華書局，2017。

孫濤：《說"早殤"》，《出土文獻研究》第十八輯，中西書局，2019。

孫新梅：《〈蒼頡篇〉之流傳與"蒼頡""倉頡"孰是考》，《圖書館理論與實踐》2018年第8期。

（清）孫星衍：《問字堂集·岱南閣集》，中華書局，2006。

（清）孫詒讓撰，孫啓治點校《墨子閒詁》，中華書局，2001。

（清）孫詒讓撰，梁運華點校《札迻》，中華書局，2006。

（清）孫詒讓撰，王文錦、陳玉霞點校《周禮正義》，中華書局，2008。

孫占宇：《天水放馬灘秦簡集釋》，甘肅文化出版社，2013。

T

陶哲：《秦至西漢宣帝時期避諱研究》，四川師範大學碩士學位論文，2009。

唐蘭：《馬王堆出土〈老子〉乙本卷前古佚書的研究——兼論其與漢初儒法鬥爭的關係》，《考古學報》1975年第1期。

〔日〕藤田高夫：《大英図書館藏スタイン將來漢簡の研究現狀報告》，日本秦漢史學會會報第2號。

田煒：《論秦始皇"書同文字"政策的内涵和影響》，《"中央研究院"歷史語言研究所集刊》第八十九本第三分。

W

〔英〕汪濤、胡平生、〔英〕吴芳思:《〈英國國家圖書館藏斯坦因所獲未刊漢文簡牘〉補遺釋文》,《出土文獻研究》第十五輯,中西書局,2016。

(漢)王充:《論衡》,上海人民出版社,1974。

王國維:《王國維遺書》,上海古籍書店,1983。

王國維:《觀堂集林》,中華書局,1999。

王冀青:《斯坦因第四次中亞考察所獲漢文文書》,《敦煌吐魯番研究》第三卷,北京大學出版社,1998年。

王力:《詞和仂語的界限》,《中國語文》1953年第9期。

王力:《中國語言學史》,山西人民出版社,1981。

王利器:《顏氏家訓集解》(增補本),中華書局,1993。

(清)王念孫:《廣雅疏證》,中華書局,2004。

王斯泓:《北大漢簡用字研究》,華東師範大學碩士學位論文,2019。

王天海:《荀子校釋》,上海古籍出版社,2006。

王偉:《〈嶽麓書院藏秦簡(肆)〉242號簡文勘誤——兼論秦文字中用爲"冠"的"寇"字》,《簡帛》第二十輯,上海古籍出版社,2020。

王先虎:《北大藏西漢竹書〈蒼頡篇〉七七號殘簡試補》,《書法研究》2021年第1期。

(清)王先謙:《漢書補注》,書目文獻出版社,1995。

(清)王引之著,虞思徵、馬濤、徐煒君點校《經義述聞》,上海古籍出版社,2016。

王樾:《略説尼雅發現的"蒼頡篇"漢簡》,《西域研究》1998年第4期。

王重民:《蒼頡篇輯本述評》,《輔仁學志》1933年第1期。

魏德勝:《也説漢簡中的"舌"》,《文獻語言學》第九輯,中華書局,2019。

(唐)魏征等:《隋書》,中華書局,1973。

吴辛丑:《簡帛典籍異文研究》,中山大學出版社,2002。

吳毅強:《北大簡〈蒼頡篇〉"丹勝誤亂"解》,《出土文獻》第十三輯,中西書局,2018。

(元)吾丘衍:《學古編》,《夷門廣牘》明刻本。

X

謝桂華等:《居延漢簡釋文合校》,文物出版社,1987。

邢義田:《漢代〈蒼頡〉〈急就〉、八體和"史書"問題——再論秦漢官吏如何學習文字》,李宗焜主編《古文字與古代史》第二輯,臺灣"中央研究院"歷史語言研究所會議論文集之九。

徐富昌:《從簡帛本〈老子〉觀察古籍用字問題——以古今字與通假字爲中心》,《簡帛》第二輯,上海古籍出版社,2007。

(南唐)徐鍇:《說文解字繫傳》,中華書局,1998。

徐莉莉:《論〈馬王堆帛書〉(肆)的聲符替代現象及其與古今字的關係》,《華東師範大學學報》(哲學社會科學版)1997年第4期。

徐時儀:《玄應和慧琳〈一切經音義〉研究》,上海人民出版社,2009。

徐時儀:《一切經音義三種校本合刊》,上海古籍出版社,2010。

(漢)許慎:《說文解字》,中華書局,1963。

許維遹:《呂氏春秋集釋》,中華書局,2009。

許文獻:《北大漢簡〈蒼頡篇〉殘字考》,《古文字研究》第三十二輯,中華書局,2018。

許文獻:《出土〈蒼頡篇〉"寬惠"續說——兼談漢代閭里書師本之修訂與抄訛情況》,《第三十屆中國文字學國際學術研討會論文集》,2019。

許雄志:《秦印文字彙編》,河南美術出版社,2001。

許學仁:《"存古"與"合時"——兩漢至唐代之正字運動管窺》,《傳統中國研究集刊》第七輯,上海人民出版社,2010。

Y

楊振紅、賈麗英:《北大藏漢簡〈蒼頡篇·顓頊〉校釋與解讀》,《簡帛研究二〇一六·春夏卷》,廣西師範大學出版社,2016。

楊振紅、單印飛：《北大漢簡〈蒼頡篇·闊錯〉的釋讀與章旨》，《歷史研究》2017年第6期。

楊振紅：《北大藏漢簡〈蒼頡篇·顓頊〉補釋》，《簡帛》第十五輯，上海古籍出版社，2017。

姚曉鷗：《"漢興""大收篇籍"考》，《歷史研究》2007年第2期。

（清）姚振宗：《漢書藝文志條理》，清華大學出版社，2011。

銀雀山漢墓竹簡整理小組：《銀雀山漢墓竹簡（壹）》，文物出版社，1985。

于淼：《漢代隸書異體字表與相關問題研究》，吉林大學博士學位論文，2015。

于淼：《說汲甄》，《古文字研究》第三十三輯，中華書局，2020。

于淼：《漢代隸書異體字表》，中西書局，2021。

余建平：《〈保傅〉的生成、流傳與編纂——兼論中國早期經典文本的生成特徵》，《北京社會科學》2022年第1期。

袁珂：《山海經校注》，上海古籍出版社，1980。

Z

曾良：《俗字及古籍文字通例研究》，百花洲文藝出版社，2006。

詹福瑞：《論經典》，人民文學出版社，2015。

張標：《"書同文"正形說質疑》，《河北師範大學學報》1986年第1期。

張標：《阜陽出土〈倉頡篇〉的若干問題》，《河北師範大學學報》1990年第4期。

張傳官：《據北大漢簡拼綴、編排、釋讀阜陽漢簡〈蒼頡篇〉》，《出土文獻》第八輯，中西書局，2016。

張傳官：《急就篇校理》，中華書局，2017。

張傳官：《漢簡〈蒼頡篇〉人名校正二則》，《出土文獻與古文字研究》第八輯，上海古籍出版社，2019。

張傳官：《談談新見木牘〈蒼頡篇〉的學術價值》，《出土文獻與古文字研究》第九輯，上海古籍出版社，2020。

張傳官：《新見漢牘蒙書三種校讀筆記》，《出土文獻與古文字研究》第九輯，上海古籍出版社，2020。

張傳官：《北大漢簡〈蒼頡篇〉拼合一則》，《出土文獻與古文字研究》第九輯，上海古籍出版社，2020。

張傳官：《漢簡牘〈蒼頡篇〉校讀零札》，《古文字研究》第三十四輯，中華書局，2022。

張存良：《水泉子漢簡七言本〈蒼頡篇〉蠡測》，《出土文獻研究》第九輯，中華書局，2010。

張存良：《英國國家圖書館藏斯坦因所獲漢文簡牘未刊部分》，《文物》2016年第6期。

張存良：《〈蒼頡篇〉"霸暨傅庚"試解》，《文獻》2016年第2期。

張存良：《水泉子漢簡〈蒼頡篇〉整理與研究》，蘭州大學博士學位論文，2015。

張德芳、郝樹聲：《斯坦因第二次中亞探險所獲敦煌漢簡未刊部分及其相關問題》，《英國國家圖書館藏斯坦因所獲未刊漢文簡牘》，上海辭書出版社，2007。

張頷：《"成皋丞印"跋》，《古文字研究》第十四輯，中華書局，1986。

張家山二四七號漢墓竹簡整理小組：《張家山漢墓竹簡（二四七號墓）》（釋文修訂本），文物出版社，2006。

張慶利：《尚奇的漢賦》，《文史知識》2022年第3期。

張世超、張玉春：《秦簡文字編》，中文出版社，1990。

張世超等：《金文形義通解》，中文出版社，1996。

張新俊：《鑒印山房藏古璽印文字考釋二則》，《紀念于省吾先生誕辰120周年、姚孝遂先生誕辰90周年學術研討會論文集》，2016年7月。

（唐）張彥遠纂輯，劉石校理《法書要錄校理》，中華書局，2021。

張涌泉：《敦煌文獻整理導論》，浙江大學出版社，2015。

章太炎：《章太炎全集·膏蘭室札記》，上海人民出版社，2014。

趙培：《"貳""弍"同形及其影響考論》，《中國語文》2019年第3期。

趙平安：《秦漢簡帛通假字的文字學研究》，《河北大學學報》1991年第4期。

趙團員：《"冣""最"形音義考》，《語言學論叢》第六十一輯，商務印書館，2020。

趙岩：《簡帛文獻詞語歷時演變專題研究》，中國社會科學出版社，2013。

真大成：《中古文獻異文的語言學考察——以文字、詞語爲中心》，上海教育出版社，2020。

鄭阿財、朱玉鳳：《敦煌蒙書研究》，甘肅教育出版社，2002。

鄭邦宏：《出土文獻與古書形近訛誤字校訂》，中西書局，2019。

周飛：《出土〈蒼頡篇〉版本探討》，《出土文獻》第八輯，中西書局，2016。

周飛：《蒼頡篇綜合研究》，清華大學博士學位論文，2017。

周朋升：《西漢初簡帛文獻用字習慣研究（文獻用例篇）》，吉林大學博士學位論文，2015。

周祖亮：《簡帛醫藥文獻校釋》，學苑出版社，2014。

周祖謨：《校讀玄應一切經音義後記》，《問學集》，中華書局，1981。

周祖謨：《方言校箋》，中華書局，2004。

朱鳳瀚：《北大漢簡〈蒼頡篇〉概述》，《文物》2011年第6期。

朱湘蓉：《秦簡詞彙初探》，中國社會科學出版社，2012。

祝永新、楊懷源：《〈蒼頡篇〉定名研究》，《漢語史研究集刊》第三十輯，四川大學出版社，2021。

祝永新：《漢簡〈蒼頡篇〉及"蒼頡"相關問題研究》，西南大學博士學位論文，2021。

蹤凡：《古代語言文字學著作中的漢賦資料》，《文獻》2008年第1期。

宗福邦等編《故訓匯纂》，商務印書館，2003。

網絡文章

白軍鵬：《漢牘本〈蒼頡篇〉讀後》，復旦大學出土文獻與古文字研究中心網站，2019年12月26日。

蔡偉：《讀北大漢簡〈蒼頡篇〉札記》，復旦大學出土文獻與古文字研究中心網站，2011年7月9日。

等等貓:《新見漢牘〈蒼頡篇〉釋文補正及相關問題淺論》,復旦大學出土文獻與古文字研究中心網站,2023 年 11 月 16 日。

〔日〕福田哲之:《水泉子漢簡七言本〈蒼頡篇〉考——在〈説文解字〉以前小學書中的位置》,簡帛網,2010 年 11 月 26 日。

〔日〕福田哲之:《漢牘〈蒼頡篇〉的押韻與章次》,復旦大學出土文獻與古文字研究中心網站,2020 年 6 月 27 日。

復旦大學讀書會:《讀水泉子簡〈蒼頡篇〉札記》,復旦大學出土文獻與古文字研究中心網站,2009 年 11 月 11 日。

傅希明:《斯坦因第四次中亞考察所獲尼雅遺址〈蒼頡篇〉漢簡一枚》,簡帛網,2018 年 10 月 19 日。

敢告可于:《漢牘〈蒼頡篇〉考釋、對讀與章序研究》,復旦大學出土文獻與古文字研究中心網站,2020 年 8 月 16 日。

華東師範大學中文系出土文獻研究工作室:《讀新出版〈北京大學藏西漢竹書〉書後（一）》,簡帛網,2015 年 11 月 12 日。

Jileijilei:"北大漢簡《蒼頡篇》釋文商榷"主題帖,復旦大學出土文獻與古文字研究中心論壇,2015 年 11 月 14 日。

陸希馮:《關於〈北京大學藏西漢竹書（壹）〉釋文注釋的幾點意見》,復旦大學出土文獻與古文字研究中心網站,2015 年 11 月 17 日。

秦樺林:《北大藏西漢簡〈倉頡篇〉札記（一）》,簡帛網,2015 年 11 月 14 日。

秦樺林:《北大藏西漢簡〈蒼頡篇〉札記（二）》,簡帛網,2015 年 11 月 15 日。

孫濤:《敦煌馬圈灣漢簡〈蒼頡篇〉中的人名用字"箅"》,簡帛網,2017 年 10 月 7 日。

王寧:《北大漢簡〈蒼頡篇〉讀札（上）》,復旦大學出土文獻與古文字研究中心網站,2016 年 2 月 22 日。

許文獻:《北大漢簡〈蒼頡篇〉讀札——簡 5 "媿姆"試解》,復旦大學出土文獻與古文字研究中心網站,2017 年 11 月 21 日。

許文獻:《北大漢簡〈蒼頡篇〉簡 2 "青北"或爲"青丘"小考》,簡帛網，2018 年 9 月 26 日。
張存良：《〈蒼頡篇〉研讀獻芹（二）》，簡帛網，2015 年 11 月 26 日。
張存良：《〈蒼頡篇〉研讀獻芹（四）》，簡帛網，2015 年 12 月 18 日。
周飛：《北大簡〈蒼頡篇〉初讀》，清華大學出土文獻研究與保護中心網站，2015 年 11 月 16 日。

後　記

　　我的《蒼頡篇》研究，始於讀博期間對《英國國家圖書館藏斯坦因所獲未刊漢文簡牘》一書中削衣簡的關注。在最開始閱讀這些材料時，我發現不少文字多次重見於不同殘片，更重要的是這些重見內容互相參差，當時便萌生了可以"聯綴"（與綴合不同）這些殘片從而得出更爲完整內容的想法。後來看到書中所附胡平生先生文章也提到"可以通過'接龍'的形式相互連綴，或與雙古堆漢簡《蒼頡篇》的簡文連綴，這樣就形成了更長的片段"，并舉了一些例子。不過從該書出版的2007年到我開始關注這批材料的2012年間并未見有學者進一步從事這項工作。於是便"夜以繼日"地進行聯綴，當時幾乎達到廢寢忘食的程度，最後將所得成果中較爲完整者整理成文《〈英國國家圖書館藏斯坦因所獲未刊漢文簡牘〉的初步整理與研究》，於2013年發表在《中國文字》新39期上。這大概是國內外第一篇全面聯綴這批削衣簡的文章，在聯綴內容的同時還校正了一些釋文，結論亦可與後來公布的北大簡《蒼頡篇》中的內容相合。彼時北大簡的一部分內容已經披露，我在進行這項工作的同時，又完成了《〈蒼頡篇〉的兩種漢代版本及相關問題研究》，文章後來發表在《文獻》2015年第3期上。

　　現在看來，這兩篇文章還有一些不足，但於我個人而言却打開了學術研究的一片新天地。此後對《蒼頡篇》的關注便一直未間斷。2018年，我幸運地獲批了國家社科基金青年項目，可以更好地從事《蒼頡篇》的研究。這前後也陸續在《簡帛研究》《出土文獻》《歷史文獻研究》《古文字研究》等刊物上發表了數篇相關文章，并成爲在2022年項目順利按期完成的一部分支撐。本書的主體就是國家社科基金項目的結項內容。

關於本書的內容有幾個地方還需要說明一下。

第二章爲"北大簡《蒼頡篇》文本整理"，其中一部分爲北大簡《蒼頡篇》的釋文校訂，共42處。2021年《北京大學藏西漢竹書》（壹）第二次印刷時根據學界的一些意見對初印本中的釋文作了部分修訂（以下簡稱修訂本），據我們統計共有如下17處。簡2"狠鷥吉忌"首字改釋爲"貌"，簡6"戲藂書插"後兩字改釋爲"奢掩"，簡12"梲尵隑闠"首字改釋爲"梲"，簡15"豽鶩騀䯀"首字改釋爲"猲"，簡15"枆補麻苔"第二字改釋爲"秭"，簡18"美數券契"首字改釋爲"弄"，簡20"支裦牒膠"首字改釋爲"丈"，簡28"雒雛芸卵"首字改釋爲"雓"，簡34"柱橈枝枎"首字改釋爲"柱"，簡44"梧域邸造"首字改釋爲"梧"，簡65"趁蠡𦣞𦣞"後兩字補釋爲"瞵盼"，簡71"律丸內戍"第三字改釋爲"宂"，簡73"閫關闠肩"首字改釋爲"閬"。以上13處均直接體現在釋文及注釋中。簡27"鵠離戲誰"第三字改釋爲"鳶"，簡56"鴄鴶勮鴈"第三字改釋爲"鳧"。以上兩處在釋文處未體現，而是在注釋時提及，并認爲屬於訛寫或異體。簡20"慘㤿𢢽□"首二字改釋爲"慘㤿"，但是最後一字未新釋爲"羯"，簡23"級絇管繩"最後一字改釋爲"綷"，但是第三字未改釋爲"筦"。

這17處與本書的42處校訂均有重合。不過在對書稿進行修改時我們還是將這些重合部分的校訂予以保留。一方面，考慮到要完整展示北大簡公布後學界在釋文校訂方面的研究進展；另一方面，這17處的考訂，我們均有不同於修訂本的闡釋，自忖尚有一定的參考價值。

本書的題名爲"漢簡《蒼頡篇》研究"，但是并未研究漢代簡牘本《蒼頡篇》的方方面面。這自然與我個人的畏難、惰怠性格密不可分，也與《蒼頡篇》研究的實際情況相關。比如《蒼頡篇》釋文整理的下一個步驟便是文字的解讀，但是由於文本的特殊性——四字爲句的陳述式與羅列式，其中又以羅列式爲主，而羅列式的四字之間除去兩兩成詞者外均無語法關係，這使得相當一部分文字的意義晦澀不明。加之有些文

後記

字以《説文》爲標準來看并非本字（但是這其中仍有一部分是符合當時用字習慣的），需要進一步"破讀"。有一些學者從事過這類考證工作，雖然也不乏真知灼見，但是過度聯想的情況也比較嚴重。我個人對此項工作并無突破，因此在本書中未作專門的討論。不過北大簡、漢牘本的整理本中均有相關工作，爲進一步的考證提供了很多有價值的資料，此外劉婉玲、鄒瑩、陶冰晴等先生的碩士學位論文也對相關的研究進行了匯集，有時也提出了一些新見，可以參考。

漢牘本《蒼頡篇》的文字校訂工作目前來看還遠未達到理想的狀態，這主要與書中公布的照片清晰度不足有關，相信將來如果能夠見到紅外綫圖版，相關工作一定也可取得更多進展。

傅希明（Christopher Foster）先生是近年來國外《蒼頡篇》研究的代表性學者，他對《蒼頡篇》的研究十分深入，我們也曾就相關問題進行過多次交流。他的 Study of the Cang Jie pian: Past and Present（哈佛大學博士論文，2017年）我曾嘗試翻譯，但是由於個人能力有限，始終未能實現，這也導致本書中對傅希明先生的觀點没有很充分地吸收，在此，也希望他的博士論文能夠早日翻譯過來，以彌補這一缺憾。

在最初的工作中我曾對唐代以前文獻中所見《蒼頡篇》的佚文進行了輯佚，工作也已經基本完成。原來的設想是將這部分內容也納入書中，但是考慮到它們與簡牘本《蒼頡篇》文本研究的關係過於疏遠，爲更契合"漢簡《蒼頡篇》研究"的題名，最後還是決定暫不討論輯佚材料，留待以後再作打算。

本書初稿完成於2022年，即前面提到的國家社科基金青年項目結項成果。經過修改，於2023年夏提交給出版社。修改校樣前蒙徐世權師兄提醒，看到等等貓先生在復旦大學出土文獻與古文字研究中心網站發表的《新見漢牘〈蒼頡篇〉釋文補正及相關問題淺論》（2023年11月16日）一文。文中有很多新見，其中也有一部分觀點與本書初稿所論相合，這些均已在書內相應處補充說明。

在出土文獻領域，《蒼頡篇》研究是一個小衆方向，受到的關注較少，這對研究者來說當然會有一定的弊端，比如文章更容易被忽略、較

311

少有機會被引用等，如果説對這本小書有哪些期待，就是希望它的出版能爲這一小衆研究增加一點"熱度"。

　　自 2004 年進入東北師範大學文學院讀本科，到 2014 年從吉林大學古籍研究所博士畢業，恰好十年。大學四年中我在圖書館裏找到了研究的方向，當年每天徜徉於圖書館五樓新版古籍閲覽室的情景仍歷歷在目，除古文字書籍外，四部叢刊、四部備要、叢書集成、萬有文庫等民國時期大型叢書亦時時翻檢，也得以初窺古人治學門徑；桂林路的學人書店是我大學時另一精神故鄉，至今仍記得每次要去書店之前内心的興奮。吉林大學古籍研究所是國内古文字研究的重鎮，從各位老師那裏學到了治學精神以及做人的品格，這些都讓我受用無窮。在古籍所學習了六年，從研一時喊所有人師兄師姐到畢業時"熬"成了大多數人的師兄，倏忽間便已度過了作爲學生的最後階段。

　　在我的學術生涯中，最應該感謝的是導師吴振武先生，無論在學習中還是工作後，老師都給了我很多關心和幫助。讀書期間我很喜歡背古書，老師知道後很高興，在課堂上以及課下都曾欣慰地對人講起此事；因爲酷愛買書，也曾被老師戲稱爲"書蟲"。工作後，每次見面，老師往往還是會先問"最近又買什麽好書了"。偶爾在學術上取得一點"進展"也會第一時間向老師匯報，而老師的鼓勵也都成爲我繼續前進的動力。在本書出版之際，老師又欣然題寫書名，并使用了一方此前從未用過的印章以示支持。希望這本小書能不負老師的期望。

　　2014 年博士畢業，很慶幸能够回到母校文學院工作。圖書館、逸夫樓、北苑、静湖，離開後，再回來。此種親切感對我這樣一個戀舊的人而言是很獨特的。張世超老師是我的博士後合作導師，我在本科時曾就研究生學校的選擇問題請教過張老師，他爲我指明了選擇方向，回校作"師資博士後"期間，張老師也對我多有關照。學院的幾任領導以及很多老師都在不同階段給予過我很多幫助，在此一并感謝。

　　感謝湖南大學"古文字與中華文明傳承發展工程"協同攻關創新平臺將本書納入"出土文獻與古史研究叢書"中并資助出版。感謝本書編輯李建廷老師在書稿編校過程中對我的幫助。

⋘ 後 記

　　從開始工作到這本小書出版之時又過了十餘年。若以三十年計，我的"工作生命"已經走完了大約三分之一。光陰似箭，大概祇有經歷了纔能有深刻感悟。

　　感謝家人一直以來對我的支持和包容。

2023 年 6 月初稿，2025 年 4 月修改寫定

圖書在版編目(CIP)數據

漢簡《蒼頡篇》研究 / 白軍鵬著. -- 北京：社會科學文獻出版社, 2025.6. --（嶽麓書院出土文獻與古史研究叢書）. --ISBN 978-7-5228-5598-1

Ⅰ. K877.54

中國國家版本館 CIP 數據核字第 2025ER5059 號

嶽麓書院出土文獻與古史研究叢書
漢簡《蒼頡篇》研究

著　　者 / 白軍鵬

出 版 人 / 冀祥德
責任編輯 / 李建廷
責任印製 / 岳　陽

出　　版 / 社會科學文獻出版社
　　　　　地址：北京市北三環中路甲 29 號院華龍大廈　郵編：100029
　　　　　網址：www.ssap.com.cn
發　　行 / 社會科學文獻出版社（010）59367028
印　　裝 / 北京聯興盛業印刷股份有限公司

規　　格 / 開　本：787mm × 1092mm　1/16
　　　　　印　張：19.75　字　數：295 千字
版　　次 / 2025 年 6 月第 1 版　2025 年 6 月第 1 次印刷
書　　號 / ISBN 978-7-5228-5598-1
定　　價 / 128.00 圓

讀者服務電話：4008918866

版權所有 翻印必究